"十四五"职业教育国家规划教材

高职高专经管类专业精品教材系列

会计学基础（第四版）
——非财务会计类专业使用

陈强 主编
李莉 陈腾 副主编

清华大学出版社
北京

内 容 简 介

本书为"十四五"职业教育国家规划教材。本书充分考虑非财务会计类专业学生的特点、需求及就业多样化和创新创业能力培养的需要，注重学生可持续发展能力与职业迁移能力的培养，立足于通过"懂会计"达到为其专业服务的目的，以学生未来的发展和知识结构的必需、够用为度，帮助学生普及会计、税收常识，能阅读、分析会计报表，并能运用所掌握的会计信息提高管理和科学决策的实际能力。

本书内容与时俱进，涵盖会计基础、出纳知识、会计实务、税收基本知识、财务报表分析与利用，共三篇八个项目，分了解会计（会计的基本理论与基本技能）、走进会计（如何核算会计日常业务）及运用会计（如何阅读财务报表并进行分析）三篇，弱化了对非财务会计类专业学生"填制凭证—登记账簿—编制报表"的操作技能要求，淡化了一些抽象且技术性较强的会计核算，基于"业财融合"，帮助学生理解并学会运用借贷记账法。

本书可作为高职高专院校非财务会计类专业学生的教材，也可作为财务会计类专业学生及经济管理人员的自学参考用书。

本书封面贴有清华大学出版社防伪标签，无标签者不得销售。
版权所有，侵权必究。举报：010-62782989，beiqinquan@tup.tsinghua.edu.cn。

图书在版编目(CIP)数据

会计学基础：非财务会计类专业使用/陈强主编.—4版.—北京：清华大学出版社，2021.2(2024.1重印)
高职高专经管类专业精品教材系列
ISBN 978-7-302-54417-3

Ⅰ.①会… Ⅱ.①陈… Ⅲ.①会计学－高等职业教育－教材 Ⅳ.①F230

中国版本图书馆 CIP 数据核字(2019)第 264157 号

责任编辑：左卫霞
封面设计：傅瑞学
责任校对：李 梅
责任印制：沈 露

出版发行：清华大学出版社
网　　址：https://www.tup.com.cn, https://www.wqxuetang.com
地　　址：北京清华大学学研大厦 A 座　　　邮　编：100084
社 总 机：010-83470000　　　　　　　　　邮　购：010-62786544
投稿与读者服务：010-62776969，c-service@tup.tsinghua.edu.cn
质量反馈：010-62772015，zhiliang@tup.tsinghua.edu.cn
课件下载：https://www.tup.com.cn, 010-83470410

印 装 者：三河市龙大印装有限公司
经　　销：全国新华书店
开　　本：185mm×260mm　印　张：18　字　数：435 千字
版　　次：2004 年 9 月第 1 版　2021 年 2 月第 4 版　印　次：2024 年 1 月第 7 次印刷
定　　价：54.00 元

产品编号：086559-01

第四版前言

　　党的二十大报告对加快构建新发展格局，着力推进高质量发展作出了重大部署，提出"构建高水平社会主义市场经济体制"的要求。在如今以大数据为主要特征的数字经济时代，会计工作所生成的数据、信息已经成为重要生产要素，包括计划预算、合同履约、债务风险、人力资本、研发创新、设备使用、坏账确认等经营活动相关的流量数据发挥着尤为重要的作用。本书始终坚持"会计服务于经济发展"的总原则，以实用的知识、典型的案例体现会计作为信息载体的重要作用，推动经济持续和高质量发展。"国无德不兴，人无德不立"，党的二十大报告提出"用社会主义核心价值观铸魂育人"。对于广大非财务会计类专业学生而言，会计知识的学习更要体现诚实守信的核心思想。本教材坚持正确的思想导向，树立正确的价值观，将"立德树人"思想融入到一言一句、一案一技之中。

　　对于非财务会计类专业学生，不是让他们简单地了解和应用会计业务技术，而是培养他们通过会计信息的处理、把握，提高自身的管理水平和管理能力。因此，《会计学基础（第三版）——非财务会计类专业使用》自2014年9月面市以来，再次得到了全国很多高职院校的关注，国内许多开设市场营销、电子商务、移动商务、物流管理、计算机营销、商务秘书等专业的职业院校把它作为指定教材。根据《关于深化增值税改革的公告》（财政部 税务总局 海关总署公告2019年第39号），自2019年4月1日起全面实施新的增值税税率，以及《企业会计准则——金融工具确认和计量》《企业会计准则——收入》等财经法规的变化，我们对第三版教材进行了全面修订，推出了本书。

　　本书分三篇八个项目，第1篇了解会计，即项目1和项目2，主要介绍会计的基本理论构架，以及会计信息生成方法，包括会计的概念、基本假设、会计要素、会计信息质量要求及会计信息生成方法，重点是借贷记账法的原理和实务。通过该部分内容的学习，学生可以初步了解会计的基本理论和基本核算方法，为学习会计核算业务打下坚实的基础。第2篇走进会计，即项目3~项目7，主要介绍各会计要素的确认、计量与记录。该部分内容是整个会计课程的核心，也是学习的难点所在。通过该部分内容的学习，学生可以掌握资产负债表各要素和利润表各要素的会计处理程序与方法。第3篇运用会计，即项目8，主要介绍资产负债表、利润表、所有者权益变动表的结构和编制方法，以及重要财务指标的计算与分析。通过该部分内容的学习，学生能够了解资产负债表、利润表的编制原理，掌握各相关项目的财务分析思路和技巧，在诠释财务数据的基础上，准确发现财务数据背后隐含的问题及原因所在。

与第三版相比，本版修订工作主要体现在以下几个方面。

（1）本书按职业教育"工作过程导向"和"工作任务引领"的项目课程为建设的基础，采用 PBL(problem based learning)教学模式，工作任务以实际问题调研为基础，以学习要点、关键术语、项目引入、项目要求等作为各项目开篇。其中，项目要求，一是要求学生熟悉本项目内容在报表中的位置；二是要求学生根据该项目内在知识点的逻辑关系，制作该项目思维导图；三是要求学生学完该项目后，完成项目引入任务、该项目内容在报表上的列报、拓展阅读以及进一步的项目训练。

（2）本书深入探索了课程思政的实践：一是诚信守法教育，由不做假账的基本职业道德要求开始，给学生树立"方圆固本、诚信强国"的职业理念。其中项目8每一个任务都由财务报表的编制分析引出对会计诚信实际问题的调研和思考。二是工匠精神，精益求精而勇于创新，对由基本能力到策略能力的跃升提供认识上的支持。同时，项目1中要求学生上课携带座席卡进教室，座席卡上的内容包括学校、班级、姓名及自己的座右铭。

（3）本书充分考虑非财务会计类专业学生的特点、需求及就业多样化和创新创业能力培养的需要，注重学生可持续发展能力与职业迁移能力培养的需要，立足于通过"懂会计"达到为其专业服务的目的。内容安排上从非财务会计专业角度作了相应调整，删除了长期股权投资核算、应付债券核算、长期应付款核算以及现金流量表的编制等相关内容。本书从"业财融合"角度帮助学生理解和运用借贷记账法，强调"借""贷"二字比较深刻地把握了资金运动的内在本质，即对于一笔经济业务的会计处理，让学生理解资金从哪里来，资金用到哪里去，涉及什么账户，记入相关联的哪些账户的贷方和哪些账户的借方，这是由资金运动的内在本质决定的。"业财融合"的核心思想就是"业务即会计，会计即业务"，帮助学生初步了解"业财融合"。

（4）本书内容由浅入深，系统完整，注重实务性、可操作性。同时，考虑到学生不同的知识层次，推荐和选用了深度不同的阅读材料和实例，并在每个项目末附有项目训练，学生可根据自身需要有针对性地学习。

本书配套建设有在线开放课程，网址为 https://mooc.icve.com.cn/course.html? cid=HJJZJ721877。

本书由浙江商业职业技术学院陈强教授担任主编，四川商务职业学院李莉教授、汇誉投资管理(湖州)有限公司陈腾注册会计师担任副主编，北京财贸职业学院梁毅炜副教授、中国兵器内蒙古北方重工业集团有限公司培训中心王颖毅副教授、包头职业技术学院常化滨教授、浙江商业职业技术学院张丹丹会计、泉州职业技术大学郑伟清会计师、杭州杭氧股份有限公司马菁审计部部长参加了本书的修订和资源的制作工作。

本书在编写过程中得到了清华大学出版社及相关院校领导和教师的大力支持，并借鉴了财务、会计等方面的书籍、报纸和杂志的有关观点，以及会计法规辅导讲解资料，编者在此一并表示感谢！同时限于编者的认知水平及能力，加之时间仓促，书中难免有不足之处，敬请专家和广大读者批评指正。

编　者

2022 年 12 月

第三版前言

《会计学》第二版于 2008 年 3 月正式面市以来,再次得到了全国很多高职院校的关注:国内许多开设市场营销、电子商务、物流管理、计算机营销、商务秘书等专业教育的高职院校把它作为指定教材。但由于自 2009 年 1 月 1 日起,全国范围内实施增值税转型改革、自 2012 年 1 月 1 日起,营业税改征增值税试点、《企业产品成本核算制度(试行)》等相关财经法规的变化,同时根据自 2013 年 10 月 1 日起施行的《会计从业资格管理办法》,从业资格证考试《会计基础》考试大纲要求,编者对《企业会计(第二版)》一书进行了全面修订,进而推出目前这本新版《会计学基础——非财务会计类专业使用(第三版)》。

本书分三大篇 8 章,第一篇了解会计,即教材第 1 章、第 2 章,主要介绍会计的基本理论构架,以及会计信息生成方法,包括会计的概念、基本假设、会计要素、会计信息质量要求以及会计信息生成方法,重点是借贷记账法的原理和实务。通过这部分内容的学习,初学者可以初步了解会计的基本理论和基本核算方法,为学习会计核算业务打下坚实的基础。第二篇走进会计,即教材第 3 章～第 7 章,主要介绍各会计要素的确认、计量与记录。该部分内容是整个企业会计课程的核心,也是学习的难点所在。通过该部分内容的学习,读者可以掌握资产负债表各要素和利润表各要素的会计处理程序与方法。第三篇运用会计,即教材第 8 章,主要介绍资产负债表、利润表和现金流量表的结构和编制方法,以及重要财务指标的计算与分析。通过该部分内容的学习,读者能够掌握资产负债表、利润表和现金流量表的编制原理,掌握损益、资产负债和现金流量相关项目的财务分析思路和技巧,在诠释财务数据的基础上,准确发现财务数据背后所隐含的问题及原因所在。

与第二版相比,本版修订工作主要体现在以下几个方面。

一是教材名称。对于非财务会计类专业学生不是培养他们简单地了解和应用会计业务技术,而是培养他们通过会计信息的处理、把握,去提高自身的管理水平和管理能力。根据市场反馈,把原《企业会计》教材名称改为《会计学基础——非财务会计类专业使用》。

二是内容安排。第二版教材的内容选取根据高职高专非财务会计类专业人才培养目标,以学生未来的发展和知识结构必需够用为度的要求,构建适合高职非会计专业学生学习的企业会计课程框架体系;而新版的教学内容更注重强调学生职业道德和职业素养的培养。

三是编写依据。以《中华人民共和国会计法》《企业财务会计报告条例》、企业会计准则体系、《会计基础工作规范》《会计从业资格管理办法》以及增值税等现行财经法规为依据，参照现代会计惯例和要求而编写。

　　四是配套网站。建有国家精品课程专业会计课程网站：http://kjjp.zjvcc.cn。该网站为有兴趣进一步学习专业会计，进行自主学习、自我训练、研究性学习和扩充性学习的学生以及教师交流提供了一个功能强大的远程会计教育平台。同时为实现课堂教学和网络教学有机结合的混合教学模式创造了条件。工业企业会计人员岗位工作职责请登录http://kjjp.zjvcc.cn/first/qyjob.asp，阅读相关内容。

　　五是从业考试。本书附有最新会计从业资格考试方面的相关信息，读者能够了解自2013年7月1日起施行的《会计从业资格管理办法》及2013年会计从业资格无纸化考试等内容，为获取会计从业资格证书作信息准备。

　　本书在编写中，力图做到由浅入深，系统完整，注重实务性、可操作性。同时，考虑到读者的知识层次不同，本书分别选用了深度不同的阅读材料和实例，并在每章后附有习题，读者可根据自身需要有针对性地学习。

　　本书在编写过程中得到了清华大学出版社及相关院校领导和教师的大力支持，并借鉴了财务、会计等方面的书籍和报纸杂志的有关观点，以及会计法规辅导讲解资料，编者在此一并表示感谢！同时限于编者的认知水平及能力，加之时间仓促，书中难免有不足之处，敬请专家和广大读者批评指正。

编　者
2014年6月

第一版前言

会计学是经济管理类学生的一门必修课程。对于那些不断涌现的具有复合性特征的专业，诸如电子商务、物流管理、计算机营销等专业，会计学也是一门极其重要的专业课程。初学者往往因大量的会计术语，而对这门理论性与操作性都极强的课程产生畏惧心理，因此，为高职高专院校学生，尤其是为非会计专业学生提供一本合适的教材就显得十分重要。基于上述认识，编者对现有会计学知识进行了整合，使之涵盖初学者学习会计所必须具备的基本理论知识和实务操作技能。

本书在编写中，力求突出高职高专教育的特点和要求，并以《会计法》《企业会计准则》《企业会计制度》以及《会计基础工作规范》等现行会计法规制度为依据，参照现代会计惯例和要求而编写。全书共12章，第1章~第2章主要介绍会计的基本理论构架，以及会计核算方法的原理和实务操作，包括会计的概念、要素、前提、原则以及会计核算方法，重点是借贷记账法的原理和实务。通过这部分内容的学习，初学者可以初步了解会计的基本理论和基本核算方法，为学习会计核算业务打下坚实的基础。第3章~第10章主要介绍各会计要素的确认、计量与记录。该部分内容是整个会计学课程的核心，也是学习的难点所在。通过该部分内容的学习，读者可以掌握资产负债表各要素和利润表各要素的会计处理程序与方法。第11章主要介绍资产负债表、利润表和现金流量表的结构和编制方法，以及重要财务指标的计算与分析。通过该部分内容的学习，读者能够掌握资产负债表、利润表和现金流量表的编制原理，掌握损益、资产负债和现金流量相关项目的财务分析思路和技巧，在诠释财务数据的基础上，准确发现财务数据背后所隐含的问题及原因所在。第12章主要介绍会计电算化的基本知识和基本操作，通过该部分内容的学习，读者能够运用前面所学知识进行会计电算化的基本操作。

本书在编写中，力图做到由浅入深，系统完整，注重实务性、可操作性。同时，考虑到读者的知识层次不同，本书分别选用了深度不同的阅读材料和实例，并在每章后附有小结、复习思考题，读者可根据自身需要有针对性地学习。

本书在编写过程中得到了清华大学出版社及相关院校领导和教师的大

力支持,并借鉴了财务、会计等方面的书籍和报纸杂志的有关观点,以及会计法规辅导讲解资料,编者在此一并表示感谢! 同时限于编者的认知水平及能力,加之时间仓促,书中难免有不足之处,敬请专家和广大读者批评指正。

编 者
2004 年 8 月

目 录

第1篇 了解会计

项目1 会计认知 ……………………………………………………… 2

学习目标 ………………………………………………………………… 2
项目引入 ………………………………………………………………… 2
项目要求 ………………………………………………………………… 3
任务1.1 会计概述 ……………………………………………………… 4
 1.1.1 会计的概念 …………………………………………………… 4
 1.1.2 会计目标 ……………………………………………………… 4
 1.1.3 会计基本职能 ………………………………………………… 5
任务1.2 会计假设与会计基础 ………………………………………… 6
 1.2.1 会计基本假设 ………………………………………………… 6
 1.2.2 会计基础 ……………………………………………………… 8
 1.2.3 会计信息质量要求 …………………………………………… 9
任务1.3 会计要素与会计等式 ………………………………………… 12
 1.3.1 会计对象 ……………………………………………………… 12
 1.3.2 会计要素及其确认 …………………………………………… 13
 1.3.3 会计等式 ……………………………………………………… 20
任务1.4 会计规范 ……………………………………………………… 20
 1.4.1 会计规范体系 ………………………………………………… 20
 1.4.2 会计规范具体内容 …………………………………………… 21
 1.4.3 会计机构与会计人员 ………………………………………… 23
拓展阅读 ………………………………………………………………… 24
项目训练 ………………………………………………………………… 25

项目2 会计信息生成方法 ………………………………………… 28

学习目标 ………………………………………………………………… 28
项目引入 ………………………………………………………………… 28
项目要求 ………………………………………………………………… 29

任务 2.1 会计核算的内容及方法 ………………………………………………………… 29
    2.1.1 会计核算的内容 ………………………………………………………… 29
    2.1.2 会计信息生成方法 ……………………………………………………… 30
任务 2.2 会计科目与账户 …………………………………………………………………… 31
    2.2.1 会计要素的再分类——会计科目 …………………………………… 31
    2.2.2 账户 ……………………………………………………………………… 35
任务 2.3 借贷记账法及其应用 …………………………………………………………… 36
    2.3.1 复式记账原理 …………………………………………………………… 36
    2.3.2 借贷记账法的基本原理 ………………………………………………… 37
    2.3.3 借贷记账法的应用 ……………………………………………………… 39
    2.3.4 借贷记账法的应用实例 ………………………………………………… 41
任务 2.4 会计凭证填制与审核 …………………………………………………………… 44
    2.4.1 原始凭证填制与审核 …………………………………………………… 45
    2.4.2 记账凭证填制与汇总 …………………………………………………… 48
任务 2.5 会计账簿设置与登记 …………………………………………………………… 52
    2.5.1 会计账簿的种类 ………………………………………………………… 52
    2.5.2 会计账簿的设置与登记 ………………………………………………… 53
    2.5.3 错账更正的方法 ………………………………………………………… 58
任务 2.6 财产清查与结账 …………………………………………………………………… 59
    2.6.1 财产清查 ………………………………………………………………… 59
    2.6.2 对账和结账 ……………………………………………………………… 63
任务 2.7 账务处理程序 ……………………………………………………………………… 65
    2.7.1 记账凭证账务处理程序 ………………………………………………… 65
    2.7.2 科目汇总表账务处理程序 ……………………………………………… 66
任务 2.8 财务报告 …………………………………………………………………………… 67
    2.8.1 财务报告的目标 ………………………………………………………… 67
    2.8.2 财务报告的组成及分类 ………………………………………………… 68
    2.8.3 财务报告的作用 ………………………………………………………… 69
拓展阅读 ………………………………………………………………………………………… 70
项目训练 ………………………………………………………………………………………… 70

第 2 篇 走 进 会 计

项目 3 流动资产核算 ………………………………………………………………………… 76
  学习目标 ……………………………………………………………………………………… 76
  项目引入 ……………………………………………………………………………………… 76

项目要求 …… 77

任务 3.1　货币资金核算 …… 78
　3.1.1　库存现金的核算 …… 78
　3.1.2　银行存款的核算 …… 81
　3.1.3　其他货币资金的核算 …… 91

任务 3.2　交易性金融资产核算 …… 92
　3.2.1　交易性金融资产概述 …… 92
　3.2.2　交易性金融资产的核算 …… 93

任务 3.3　应收及预付账款核算 …… 95
　3.3.1　应收票据的核算 …… 95
　3.3.2　应收账款的核算 …… 97
　3.3.3　预付账款的核算 …… 99
　3.3.4　其他应收款的核算 …… 100
　3.3.5　应收款项减值的核算 …… 101

任务 3.4　存货核算 …… 105
　3.4.1　存货概述 …… 105
　3.4.2　原材料的核算 …… 107
　3.4.3　其他存货的核算 …… 113
　3.4.4　存货清查的核算 …… 116
　3.4.5　存货减值的核算 …… 118

拓展阅读 …… 119
项目训练 …… 119

项目 4　非流动资产核算 …… 127

学习目标 …… 127
项目引入 …… 127
项目要求 …… 128

任务 4.1　固定资产核算 …… 128
　4.1.1　固定资产概述 …… 129
　4.1.2　固定资产核算的账户设置 …… 131
　4.1.3　固定资产的核算 …… 132

任务 4.2　无形资产及其他资产核算 …… 140
　4.2.1　无形资产的核算 …… 140
　4.2.2　其他资产的核算 …… 145

拓展阅读 …… 146
项目训练 …… 147

项目 5　负债核算 ……………………………………………………………………… 151

学习目标 ……………………………………………………………………………… 151
项目引入 ……………………………………………………………………………… 151
项目要求 ……………………………………………………………………………… 152
任务 5.1　短期借款核算 ……………………………………………………………… 153
任务 5.2　应付和预收款项核算 ……………………………………………………… 154
  5.2.1　应付票据的核算 …………………………………………………………… 154
  5.2.2　应付账款的核算 …………………………………………………………… 155
  5.2.3　预收账款的核算 …………………………………………………………… 156
  5.2.4　其他应付款的核算 ………………………………………………………… 157
任务 5.3　应付职工薪酬核算 ………………………………………………………… 158
任务 5.4　应交税费核算 ……………………………………………………………… 161
任务 5.5　长期借款核算 ……………………………………………………………… 167
拓展阅读 ……………………………………………………………………………… 169
项目训练 ……………………………………………………………………………… 169

项目 6　收入、费用和利润核算 ………………………………………………………… 173

学习目标 ……………………………………………………………………………… 173
项目引入 ……………………………………………………………………………… 173
项目要求 ……………………………………………………………………………… 174
任务 6.1　收入核算 …………………………………………………………………… 175
  6.1.1　收入概述 …………………………………………………………………… 175
  6.1.2　在某一时点履行的履约义务的收入 ……………………………………… 178
  6.1.3　在某一时段内履行的履约义务的收入 …………………………………… 183
任务 6.2　成本费用核算 ……………………………………………………………… 185
  6.2.1　费用概述 …………………………………………………………………… 185
  6.2.2　生产成本的核算 …………………………………………………………… 188
  6.2.3　营业成本的核算 …………………………………………………………… 193
  6.2.4　期间费用的核算 …………………………………………………………… 193
任务 6.3　利润核算 …………………………………………………………………… 196
  6.3.1　利润的构成 ………………………………………………………………… 196
  6.3.2　营业外收入和营业外支出的核算 ………………………………………… 197
  6.3.3　所得税费用的核算 ………………………………………………………… 198
  6.3.4　本年利润的核算 …………………………………………………………… 199
拓展阅读 ……………………………………………………………………………… 200
项目训练 ……………………………………………………………………………… 201

项目 7 所有者权益核算 ………………………………………………………… 205

学习目标 ……………………………………………………………………… 205
项目引入 ……………………………………………………………………… 205
项目要求 ……………………………………………………………………… 206
任务 7.1 实收资本和股本核算 ……………………………………………… 207
    7.1.1 实收资本概述 …………………………………………………… 207
    7.1.2 有限责任公司实收资本的核算 …………………………………… 207
    7.1.3 股份有限公司股本的核算 ………………………………………… 208
    7.1.4 实收资本（或股本）增减变动的核算 …………………………… 209
任务 7.2 资本公积核算 ……………………………………………………… 210
    7.2.1 资本公积概述 ……………………………………………………… 210
    7.2.2 资本公积的核算 …………………………………………………… 211
任务 7.3 留存收益核算 ……………………………………………………… 212
    7.3.1 利润分配 …………………………………………………………… 212
    7.3.2 盈余公积 …………………………………………………………… 214
拓展阅读 ……………………………………………………………………… 215
项目训练 ……………………………………………………………………… 216

第 3 篇 运 用 会 计

项目 8 财务报表与分析 ………………………………………………………… 222

学习目标 ……………………………………………………………………… 222
项目引入 ……………………………………………………………………… 222
项目要求 ……………………………………………………………………… 223
任务 8.1 资产负债表编制 …………………………………………………… 224
    8.1.1 资产负债表的作用 ………………………………………………… 224
    8.1.2 资产负债表的结构 ………………………………………………… 225
    8.1.3 资产负债表的内容 ………………………………………………… 227
    8.1.4 资产负债表的编制方法 …………………………………………… 232
    8.1.5 资产负债表的编制实例 …………………………………………… 232
任务 8.2 利润表编制 ………………………………………………………… 240
    8.2.1 利润表的作用 ……………………………………………………… 240
    8.2.2 利润表的结构 ……………………………………………………… 241
    8.2.3 利润表的内容 ……………………………………………………… 241
    8.2.4 利润表的编制方法 ………………………………………………… 243
    8.2.5 利润表的编制实例 ………………………………………………… 243
任务 8.3 所有者权益变动表编制 …………………………………………… 245

任务 8.4　附注的编写 ··· 248
任务 8.5　财务报表分析 ··· 249
　　8.5.1　财务报表分析方法 ·· 249
　　8.5.2　财务报表质量分析 ·· 251
　　8.5.3　常用财务分析指标 ·· 253
拓展阅读 ·· 266
项目训练 ·· 266

参考文献 ·· 273

第1篇 了解会计

项目 1 会 计 认 知

学习目标

素质目标：
1. 以会计职业责任为起点，培养职业自律的工作意识。
2. 以会计职业内容为基础，培养爱岗敬业的工作操守。
3. 以会计职业价值为核心，培养诚信求实的工作态度。

知识目标：
1. 选择周围某一家企业，能够分析其经济活动和会计工作的内容。
2. 能够说明会计基本假设的内容，理解其对会计政策选择的作用。
3. 区别权责发生制和收付实现制，证明其对会计信息处理的作用。
4. 能够收集企业有关信息，整理识别会计要素的具体表现形式。
5. 归纳会计制度规范的层次，能够说明其在法规体系中的作用。

能力目标：
1. 能够对某一类业务进行初步分析，形成确认、计量和报告的基本处理思路。
2. 模拟会计工作场景，能够联系并运用会计信息质量要求，理解会计工作态度。
3. 能够设计企业会计工作中某一岗位的工作制度或某类业务的处理程序。
4. 探知会计工作环节风险，尝试运用会计监督等功能，制订风险管理方案。

项目引入

经济与会计的关系越来越密切，尤其是世界经济一体化的趋势让各国会计准则制定机构走上了会计准则的国际趋同与等效之路，我国的会计改革也紧跟我国经济和世界经济发展的步伐，尽力趋同，积极创新。任何企业的生存与发展都离不开财务会计。企业的会计人员在会计原则的指导下，用具体的技术和方法将经济活动处理为会计语言，加工成有用的决策信息，并在企业经济活动中加以运用，实现有效的价值管理。同时，通过会计的服务——提供财务报表等综合信息接受社会的评判。因此，财务会计记载了企业的过去，监督且体现了企业的现在，不断预测和调整企业的未来，使企业获得更多的盈利。对会计语言理解、运用得越好，企业的财务管理活动越成功。

项目要求

(1) 学生上课时请携带座席卡进教室,座席卡上的内容包括学校、班级、姓名及自己在专业学习方面的座右铭。

(2) "中国的昨天已经写在人类的史册上,中国的今天正在亿万人民手中创造,中国的明天必将更加美好。"2019 年 10 月 1 日,习近平总书记在庆祝中华人民共和国成立 70 周年大会上发表重要讲话,回顾了中国的昨天,总结了中国的今天,宣示了中国的明天,亿万中华儿女无不为此激情澎湃、热血满腔。请查阅相关资料,了解我国会计改革与发展历程中的重大事件,理解会计工作与经济发展的密切关系。

(3) 根据本项目知识点内在的逻辑关系,制作本项目思维导图。

(4) 搜集与本项目有关的反映当前经济和社会热点问题的真实案例。

任务 1　会计概述

任务调研:了解会计工作在企业管理中的重要作用。

任务 2　会计假设与会计基础

任务调研:了解某企业会计信息质量要求的执行情况。

任务 3　会计要素与会计等式

任务调研:了解会计要素在企业经济活动中的具体表现形态及其之间的关系。

任务 4　会计规范

任务调研:了解《中华人民共和国会计法》。

会计(accounting)是一门通用的商业语言。在市场经济中,要搞好经济工作而不懂得会计学的基本知识,就如同在商业中不懂得商业交往的语言。在现代经济社会中,会计是一个使用普遍、出现频繁的概念。会计已被公认为现代企业经营管理中不可缺少的基本组成部分。它是特定社会经济环境的产物,社会经济环境的变化引起会计的职能及其内容的变化。会计不仅为企业管理当局,也为企业的股东、债权人以及与企业有关联的各种利害关系人提供对他们的决策有用的信息。

本项目会计理论性较强,是会计的基本理论部分,也是全书内容的导论和引言。通过本项目的学习,为后续项目学习会计要素的确认、计量和报告奠定理论基础。其中,会计确认,是指依据一定标准,确认某经济业务事项,应记入会计账簿,并列入会计报告的过程。会计计量,是指在会计核算过程中,对各项财产物资都必须以某种尺度为标准确定它的量。会计报告又称财务会计报告,是指以账簿记录为依据,采用表格和文字形式,将会计数据提供给信息使用者的书面报告。会计确认、计量和报告构成了完整的财务会计处理系统。

本项目内容对于刚开始接触会计的学生来说,理解起来稍有困难,学生可通过以后的学习慢慢予以消化。学生在学完本课程之后再回过头来体会本项目内容,特别是会计信息质量要求方面的内容,就会有更加深入的理解。

任务1.1 会计概述

1.1.1 会计的概念

"会计"一词,与人们日常生活有着密切的联系。在人们的日常生活中,往往将"会计工作""会计学科""会计职务"和"会计理论"等均简化为"会计"二字。总之,"会计"一词含义丰富,而人们所要学习的"会计",应该是会计的基本理论和基本方法,是人们对会计工作实践的理论总结。

由于会计是一门随着社会经济环境的变化而变化、发展而发展的动态科学,因此,会计至今尚无一个完整而公认的定义。为了教学的需要,理论界往往把会计工作的具体内容概括为会计的定义,具体表述如下:会计是以货币为主要计量单位,以会计凭证为依据,运用专门的方法和程序,对特定对象的经济活动进行全面、综合、连续、系统的核算和监督,并向有关方面提供以会计信息为主的经济信息管理系统。

1.1.2 会计目标

会计目标,即会计工作完成的任务或达到的标准,它决定了会计工作的具体程序和方法。作为价值管理信息系统,会计工作将经济业务中零散的会计信息进行一系列专门的加工分析整理汇总,通过凭证、账簿、报表的记录与报告,提供对企业经营有用的、与企业发展相关的经济信息并在企业管理中加以运用,最终实现提高经济效益的总目标。

从提供信息的角度来说,会计目标具体要解决三个问题:谁需要信息?需要哪些信息?怎样提供信息?首先,会计信息的使用者既有企业内部管理者,也有企业外部利益相关者,包括企业管理层、投资者、债权人、银行等金融机构、政府主管部门、税务机关等国家有关部门、企业职工、社会公众等。其次,企业经济活动多种多样,会计信息也需要进行比较分析、归类整理,不同的信息使用者基于不同的目的,需要的信息也是不同的,例如,企业的投资人关心的是企业的盈利能力,而债权人更关注偿债能力,税务部门更关注企业纳税能力与纳税负担是否相匹配。最后,这些信息通过全面、连续、系统、综合的会计方法体现在会计凭证、账簿、报告等档案资料中,而在众多的信息使用者中,投资者的信息需要是首要出发点,如果满足了这一群体的信息需求,通常情况下也可以满足其他使用者的大部分信息需求,因此统一格式的财务会计报告作为提供信息的载体以最终结果呈现在信息使用者面前,作为考核经营业绩、预测发展前景、参与决策制定的依据,因此会计目标有时也被称为财务会计报告目标。

我国《企业会计准则——基本准则》明确规定:财务会计报告的目标是向财务会计报告使用者提供与企业财务状况、经营成果和现金流量等有关的会计信息,反映企业管理层受托责任履行情况,有助于财务会计报告使用者做出经济决策。

1.1.3 会计基本职能

职能是指某一事物本身所固有的功能。会计职能,是指会计在经济管理中所具有的功能。《中华人民共和国会计法》(以下简称《会计法》)对会计的基本职能表述为会计核算与会计监督。会计的基本职能体现了会计的本质特征。但随着生产的发展、经济关系的复杂化和管理理论的成熟,新的职能不断出现,根据会计多功能论,会计除了传统的核算和监督职能外,还有预测、决策、控制及分析等延伸职能。这里主要阐述会计的基本职能。

1. 进行会计核算

会计核算职能也称反映职能,是指会计能够按照会计准则的要求采用一定的程序和方法,全面、系统、及时、准确地将一个会计主体所发生的会计事项表现出来,以达到揭示会计事项本质,为经营管理提供经济信息的目的。从数量方面反映经济活动,可以采用三种量度:实物量度(用实物量表示)、货币量度(用价值量表示)和劳动量度(用劳动工时表示)。会计核算主要利用货币计量从价值量方面综合反映各单位的经济活动情况。但货币计量不是唯一手段,有的经济活动还要有实物计量和劳动计量作辅助。

会计核算职能具有如下特点。

(1) 会计核算应对各单位经济活动的全过程进行反映。传统会计的核算职能主要是对已发生的经济业务进行事后的反映;现代会计不仅进行事后的反映,还要为各单位的经营决策和管理控制提供依据,因此还包括事前的反映和事中的反映。

(2) 会计核算应具有完整性、连续性和系统性。所谓完整性,是指凡属于会计反映的内容都必须加以记录,不能遗漏;所谓连续性,是指对各种经济业务应当按照其发生的时间顺序依次进行登记,而不能有所中断;所谓系统性,是指会计提供的数据资料,必须在科学分类的基础上形成相互联系的有序整体,而不能杂乱无章。只有依据完整连续和系统的数据资料,才能全面、综合地反映各单位的经济活动情况,考核它的经济效益。

(3) 随着计算机引入会计领域,传统的会计方法同现代计算机相结合,会计反映的方式从手工簿记系统,逐步发展为电子数据处理系统。这就极大地加强了会计获取多种经济信息的能力和传递各种信息的能力,使会计信息变得更为完善、更加及时、灵敏和准确,更能满足多方面、多层次信息使用者的需求。

2. 实施会计监督

会计监督职能,是指会计按照一定的目的和要求,利用会计信息系统所提供的信息,对会计主体的经济活动进行控制,使之达到预期的目标。会计监督可分为单位内部监督、国家监督和社会监督,构成了"三位一体"的会计监督体系。根据《会计法》《会计基础工作规范》及其他相关法规制度的规定,各单位的会计机构、会计人员对本单位的经济活动进行会计监督。县以上各级人民政府财政部门是《会计法》的执行主体,也是会计工作国家监督的实施主体。注册会计师及其所在的会计师事务所依法对受托单位的经济活动进行审计、鉴证,是会计工作社会监督的实施主体。

现代会计监督职能具有以下特点。

（1）会计监督主要是利用会计核算职能提供的各种价值指标进行的货币监督。会计监督的基础是会计核算资料，会计核算是以货币为主要计量单位，因此会计监督也必然通过价值指标来进行。例如，利用资产指标可以了解企业在一定时期资产的总额及其结构，考核企业资产的利用情况，以提高资产的利用效果。

（2）会计监督是在会计核算等各项经济活动的同时进行的，包括事前、事中和事后的监督。事前监督是指会计部门在参与制定各种决策以及相关的各项计划费用预算时，对各项经济活动的可行性、合理性、合法性和有效性的审查；事中监督是指在日常会计工作中对已发现的问题提出建议，促使有关部门采取措施，使其按照预定的目标和要求进行。事后监督是通过分析与取得的会计资料，对已进行的经济活动的合理性、合法性和有效性进行的考核和评价。

（3）会计监督以国家的财经法律、法规和制度为准绳，具有强制性和严肃性。《会计法》强调："单位负责人对本单位的会计工作和会计资料的真实性、完整性负责"，同时赋予了会计人员监督的权力，明确了监督责任。

会计的核算职能和监督职能是不可分割的，两者的关系是辩证统一的。没有会计核算提供可靠、完整的会计资料，会计监督就没有客观依据；没有科学、有效的会计监督，会计核算就失去了目标和方向，就不能发挥会计在经济管理中的作用。

除具有核算和监督两项基本职能外，会计还具有预测经济前景、参与经济决策、组织经济活动以及绩效评价等职能。随着生产力水平的日益提高、社会经济关系的日益复杂和管理理论的不断深化，会计的职能也在不断丰富和发展，会计所发挥的作用将日益重要。

任务1.2　会计假设与会计基础

1.2.1　会计基本假设

会计是在一个具有不确定性因素的社会环境中从事工作的。而要使会计能连续、系统、全面和综合地反映企业的经济活动，提供会计信息使用者制定决策所需的信息，就必须对会计的环境做出合理的假设，即建立会计的基本假设。

会计基本假设（basic assumptions of accounting）是对会计核算所处的时间、空间所做的合理设定。会计核算对象的确定、会计政策的选择及会计数据的搜集都要以一系列的基本前提为依据，是企业会计确认、计量和报告的前提。会计基本假设一般包括会计主体、持续经营、会计分期和货币计量四个方面。

1. 会计主体假设

会计主体，是指企业会计确认、计量和报告的空间范围。实际工作中，会计主体一般是指独立核算的商品生产、经营企业及其他经济组织。不论独资、合伙企业、有限责任公司或股份有限公司，还是行政、事业单位，再或者是一个公司或单位内部的某个部门，都可能是一个会计主体。会计主体规定了会计核算的空间范围和会计报告应予揭示的对象。

在会计主体假设下，企业应当对其本身发生的交易或者事项进行会计确认、计量和报告,反映企业本身所从事的各项生产经营活动。明确界定会计主体是开展会计工作的重要前提。因此,会计主体假设明确了会计人员在会计核算中应采取的立场。它要求会计工作应当区分会计主体自身的经济活动和其他会计主体以及投资者的经济活动,目的是明确各自的经济利益和经济责任。会计人员只有站在自己服务的特定会计主体的立场上,核算企业本身发生的各项经济业务,才能独立地反映某一特定主体的经济活动,实现会计的目标。

应当指出的是,会计主体与法律主体(法人)不能画等号。从会计的角度看,会计主体应是一个独立核算的经济实体,特别是需要独立反映其经营成果、财务状况和现金流量,编制独立的会计报表。而按照法律规定,法人组织是可用本身名义掌握财产、享受利益和履行各种法律上的有效行为的,因此,一般来说,法律主体往往是一个会计主体,但会计主体不一定是法律主体。如控股关系形成的企业集团情况下,一个母公司拥有若干个子公司,企业集团在母公司的统一领导下开展生产经营活动。各子公司虽然是不同的法律主体,但为了全面反映企业的经营成果、财务状况和现金流量,就有必要将这个企业集团作为一个会计主体编制合并会计报表。

2. 持续经营假设

持续经营,是指在可预见的将来,企业不会进行清算、解散和倒闭。在持续经营的假设前提下,会计核算应当以企业持续、正常的生产经营活动为前提,不会停业,也不会大规模削减业务。

明确这一基本假设,就意味着会计主体将按照既定的用途使用资产,按照既定的合约条件清偿债务,会计人员就可以在此前提下选择会计程序及会计处理方法,进行会计核算。例如,企业在对会计要素进行计量时,以历史成本为主要计量属性,对长期资产的折旧和摊销方法,以及有关企业偿债能力的计算等,都是基于这一前提。也正是在这一前提条件之下,会计程序才得以保持稳定,才得以在持续的基础上恰当记录和披露企业的经济活动,从而提供可以信赖的会计信息。

当然,在市场经济环境下,任何企业都存在破产、清算的风险,即企业不能持续经营的可能性总是存在的。因此,需要企业定期对其持续经营基本前提做出分析和判断。一旦企业宣告破产而清算,则此假设就不再适用,会计处理方法也要进行相应改变,按国家关于企业清算的规定办理。

3. 会计分期假设

会计分期,是指企业将持续不断的经营活动人为分割为若干个相等的期间,据以结算账目和编制财务报告,从而及时地向有关方面反映企业财务状况、经营成果和现金流量的信息。会计分期假设是对持续经营假设的一个必要的补充。

企业的经营活动在时间上是持续不断的。从理论上说,企业的经营成果,只有企业最后结束,变卖所有财产,清偿所有负债,将所剩余资金与投资人投资的数额比较后,才能准确确定下来。但实际上会计人员无法知道企业将于何时结束它的全部业务,也就是不能等到它结束经营时才反映财务状况和计算净收益。为了满足企业内部和外部制定决策所需的经济信息,就不得不把企业经营的全部经营期间人为地划分为首尾相接、间距相等的会计期间,在连续反映的基础上,提供企业不同期间的会计信息。根据《会计法》和《企业会计准则》等相关规定,会计期间均按公历起讫日期确定,分为年度和中期。会计年度自公历1月1日起至12月31日至。中期是指短于一个完整的会计年度的报告期间,如半年度、季度和月度。

明确会计分期假设的意义重大,由于会计分期,产生了本期和非本期的差别,才使不同类型的会计主体有了记账的基础,进而出现了应收、应付、折旧、摊销等会计处理方法。

4. 货币计量假设

货币计量,是指会计主体在进行财务会计确认、计量和报告时以货币进行计量,反映会计主体的财务状况、经营成果和现金流量情况。

货币计量包括三个方面的内容:首先,财产物资可以采用不同的计量单位,例如劳动量度、实物量度与货币量度等。但在商品货币经济条件下,很难将物化劳动换算为时间量度,不同质的财产物资不能用相同的实物量度单位进行汇总计算比较,因此,会计确认计量和报告选择货币作为计量单位,可以系统、全面、连续地记录、汇总、分析和揭示企业的经营过程和财务成果。其次,在几种或多种货币同时存在的情况下,或某些业务是用外币结算时,就需要确定某一种货币为本位币,编制分录和登记账簿时,须采用某种汇率折算为记账本位币登记入账。例如,直接标价法下,1美元=6.823 7元人民币;间接标价法下,1元人民币=0.146 5美元。我国《会计法》明确规定,会计核算以人民币为记账本位币,业务收支以外币为主的企业,可以采用某种外币作为记账本位币,但是编报的财务会计报告应当折算为人民币。最后,货币计量单位实际上是借助于价格来完成的,而价格是商品在市场的交换中形成的。同时货币计量还包含币值稳定、币值不变这样一个前提,一般情况下不考虑币值变动对财务报告的影响。在现实生活中,通货膨胀和通货紧缩都可能使货币的购买力发生变动,对币值产生影响,从而使单位货币所包含的价值随着现行价格的波动而变化。这时运用币值不变的货币进行计量的缺陷就显露出来:资产不能反映其真实价值,严重影响了会计信息的质量及其对决策的有用性。币值不变的假设所面临的挑战在我国依然存在,因此,有必要寻找解决这一问题的途径。

统一采用货币计量也存在缺陷。例如,某些影响企业财务状况和经营成果的因素,如企业经营战略、研发能力、市场竞争力等,往往难以用货币来计量,但这些信息对于使用者决策很重要。为此,企业可以在财务报告中补充披露有关非财务会计信息来弥补上述缺陷。

1.2.2 会计基础

会计基础,是指会计确认、计量和报告过程中,对会计事项进行会计处理时采用的标准。在会计上有两种不同的核算基础,一种是权责发生制,另一种是收付实现制。

1. 权责发生制

权责发生制(accrual basis),是指对以营利为直接目的的经济组织的各项业务,应当以权利、责任的发生作为确认收入和费用的标准。凡是当期已经实现的收入和已经发生或应当负担的费用,不论款项是否收付,都应作为当期的收入和费用处理;凡是不应归属当期的收入和费用,即使款项已经在当期收付,也都不应作为当期的收入和费用。例如,某企业7月发生水电费10 000元,该款项于8月15日支付。该业务应按照权责发生制确认7月费用10 000元,同时确认应付账款10 000元;8月15日记录该笔应付账款支付即可,而不能作为8月的费用处理。

权责发生制的会计基础,属于财务会计的基础问题,在企业会计核算中发挥了统驭作用。为了更加真实、公正地反映特定会计期间的财务状况和经营成果,我国《企业会计准则——基本准则》明确规定:企业应当以权责发生制为基础进行会计确认、计量和报告。

2. 收付实现制

收付实现制(cash basis of accounting),是以收到或支付的款项为依据,进而确认收入和费用归属期间的制度。与权责发生制不同的是,收付实现制下,凡是当期实际收到或付出的款项,不论其是否属于当期实现的收入或应由当期负担的费用,都作为本期收入和费用处理;凡是当期没有实际收到或支付的款项,即使属于当期实现的收入和负担的费用,也不作为当期的收入和费用处理。上例中如果采用收付实现制,因为款项是在8月支付的,即使应当由7月负担,也将作为8月的费用处理。

收付实现制是与权责发生制相对应的一种会计基础。目前,我国政府财政总预算会计采用收付实现制,与本级政府财政部门发生预算拨款关系的行政机关、军队、政党组织、社会团体、事业单位和其他单位要求在同一会计核算系统中实现财务会计和预算会计双重功能,财务会计采用权责发生制,预算会计采用收付实现制。

1.2.3 会计信息质量要求

会计信息质量(quality of accounting information)要求是为会计目标服务的,是会计系统为达到会计目标而对会计信息进行的约束,它是确立会计目标与实现会计目标之间的桥梁。在会计目标被定义为对决策有用的前提下,会计信息质量要求就是使会计信息对决策有用,是对企业财务报告中所提供的会计信息质量的基本要求,是使财务报告中所提供会计信息对使用者决策有用所应具备的基本特征。为了统一企业会计标准,规范会计行为,保证会计信息质量,我国《企业会计准则》根据几十年会计实践经验,同时借鉴国际惯例,规定了会计信息的八条质量要求。

1. 可靠性要求

可靠性(reliability)要求企业应当以实际发生的交易或者事项为依据进行会计确认、计量和报告,如实反映符合确认和计量要求的各项会计要素及其他相关信息,保证会计信息真实可靠,内容完整。

具体包括以下要求:①企业应当以实际发生的交易或事项为依据进行会计确认、计量和报告,应当如实反映其所反映的交易或者事项,将符合会计要素定义及其确认条件的资产、负债、所有者权益、收入、费用和利润等如实反映在财务报表中,准确反映企业的财务情况;②企业应当在符合重要性和成本效益原则的前提下,保证会计信息的完整性,其中包括编报的报表及其附注内容等应当保持完整,与使用者决策相关的有用信息都应当充分披露;③会计信息应当是中立的,企业生成会计信息的过程应当公正地反映经济活动,不受任何利益相关者的影响,没有掺入个人偏见或舞弊,不会误导信息使用者的决策。

2. 相关性要求

相关性(relevance)要求企业提供的会计信息应当与财务报告使用者的经济决策需要相关,有助于财务报告使用者对企业过去、现在或者未来的情况做出评价或者预测。

会计信息的价值,关键是看其与使用者的决策需要是否相关,是否有助于决策或者提高决策水平。相关的会计信息应当有助于使用者评价企业过去的决策,证实或者修正过去的有关预测,因而具有反馈价值。相关的会计信息还应当具有预测价值,有助于使用者根据财务报表所提供的会计信息预测企业未来的财务状况、经营成果和现金流量。

为了满足会计信息质量的相关性要求,企业应当在确认、计量和报告会计信息过程中,充分考虑使用者的决策模式和信息需要。当然,对于某些特定目的或者用途的信息,财务报告可能无法完全提供,企业可以通过其他形式予以提供。

3. 可理解性要求

可理解性(understandability)要求企业提供的会计信息应当清晰明了,便于财务报告使用者理解和使用。

企业编制财务报告、提供财务信息的目的在于使用,而要使使用者有效地使用会计信息,应当能让其了解会计信息的内涵,弄懂会计信息的内容。这就要求财务报告所提供的会计信息应当清晰明了,易于理解。只有这样,才能提高会计信息的有用性,实现财务报告目标,满足为使用者提供决策有用信息的要求。

4. 可比性要求

可比性(comparability)要求企业提供的会计信息应当具有可比性,这主要包括以下两层含义。

(1) 同一企业不同时期可比。为了便于投资者等财务报告使用者了解企业财务状况、经营成果和现金流量的变化趋势,比较企业在不同时期的财务报告信息,全面、客观地评价过去、预测未来,从而做出决策,会计信息质量的可比性要求同一企业对于不同时期发生的相同或者相似的交易或者事项,应当采用一致的会计政策,不得随意变更。但满足会计信息可比性要求,并非表明企业不得变更会计政策。如果按照规定或者在会计政策变更后可以提供更可靠、更相关的会计信息,可变更会计政策。有关会计政策变更的情况,应当在附注中予以说明。

(2) 不同企业相同时期可比。为了便于投资者等财务报告使用者评价不同企业的财务状况、经营成果和现金流量及其变动情况,会计信息质量的可比性要求不同企业发生的相同或者相似的交易或者事项,应当采用规定的会计政策,确保会计信息口径一致、相互可比。即对于相同或者相似的交易或者事项,不同企业应当采用一致的会计政策,以使不同企业按照一致的确认、计量、记录和报告基础提供有关会计信息。

5. 实质重于形式要求

实质重于形式(substance over form)要求企业应当按照交易或者事项的经济实质进行会计确认、计量、记录和报告,不应仅以交易或者事项的法律形式为依据。

实质是指业务的经济实质,形式是指业务的法律形式。有时,经济业务的外在法律形式并不能真实反映其实质内容。为了真实反映企业的财务状况和经营结果,就不能仅仅根据经济业务的外在形式来进行核算,而要反映其经济实质。实质重于形式原则实际上强调的是经济实质重于法律形式,是指企业应当按照交易的经济实质进行会计核算,而不应当仅仅按照它们的法律形式作为会计核算的依据。遵循实质重于形式原则,体现了对经济实质的尊重,能够保证会计核算信息与客观经济事实相符。如《企业会计准则——收入》要求收入的确认不但要看产品是否发出,更重要的是看它的实质,也就是这个产品的控制权是否转移给了对方。如果形式上发出产品,但控制权没有转移给对方,就不能确认收入。再如企业以融资租赁方式租入大型设备,合同中约定租赁期内承租企业有权支配该资产并从中受益,租赁期结束时企业拥有优先购买选择权,虽然从法律形式上承租企业并不拥有该租入设备的所有权,但从其实质上来看企业已经能够控制该设备所创造的未来经济利益,因此应当视为企业资产进行管理。

6. 重要性要求

重要性(materiality)要求企业提供的会计信息应当反映与企业财务状况、经营成果和现金流量等有关的所有重要交易或者事项。

重要性是指如果财务报表某项目的省略或错报会影响使用者据此做出经济决策,则该项目具有重要性。重要性要求企业的会计人员在具体的实务中,应当根据企业所处环境,从项目的性质和所处环境两方面加以判断,来选择合适的会计方法和程序。重要性的应用需要依赖职业判断。

对重要的项目要单独反映,不重要的项目可以简化。在会计核算中有些问题,如买笔墨纸张这些办公用品,虽然其使用期限不限于一个会计期间,但根据重要性要求可允许将这些项目的成本在发生时即作为费用处理。

7. 谨慎性要求

谨慎性(conservatism)要求又称稳健要求,企业对交易或者事项进行会计确认、计量和报告应当保持应有的谨慎,不应高估资产或者收益、低估负债或者费用。它是随着企业外部经济环境的剧烈变化和复杂化而出现的必然产物。

会计核算中对会计要素的确认、计量都是基于谨慎性要求,如对资产计提减值准备或跌价准备等。企业应当合理地计提各项资产减值准备,但不得计提秘密准备,也就是不得滥用谨慎性要求。若有确凿证据表明企业不恰当地运用了谨慎性原则计提秘密准备的,应当作为重大会计差错予以更正,并在会计报表附注中说明事项的性质、调整金额,以及对企业财务状况、经营成果的影响。如本年全额计提坏账准备计入当期损益,下一年收回应收账款时作为收益就属于一个典型的设置秘密准备的例子。

8. 及时性要求

及时性(timeliness)要求企业对于已经发生的交易或者事项,应当及时进行会计确认、计量、记录和报告,不得提前或者延后。会计信息的价值在于有助于信息使用者预测未来状况、制定经济决策,具有时效性。如果没有及时报送信息,失去了时效性,会大大降低甚至失去信息的效用。

在会计核算中坚持及时性要求,一是要求及时收集会计信息;二是要求及时对会计信息进行加工处理;三是要求及时传递会计信息,将编制出的会计报表传递给会计报表的使用者。

任务1.3 会计要素与会计等式

1.3.1 会计对象

1. 会计对象的一般说明

会计对象是会计核算和监督的内容,即特定主体能够以货币表现的经济活动。明确会计对象,就应清楚会计核算什么,监督什么,这对正确了解会计的内容,采取相应的方法合理组织会计工作是非常必要的。从宏观上来说,会计对象是再生产过程中的资金运动;从微观上来说,会计对象是一个单位能够以货币表现的经济活动。这里讲社会再生产过程包括生产、分配、交换和消费四个方面,它是由各个企业、行政事业单位共同进行的。在商品、货币经济条件下,社会再生产过程既可以表现为使用价值的运动(就是各种物资的生产和交换),也可以表现为价值的运动(也就是价值的形成、实现和分配)。会计是主要利用货币计量,对再生产过程的经济活动进行核算和监督的一项管理工作,因此,再生产过程中发生的、能用货币表现的经济活动叫作资金运动,就构成了会计的一般对象。从这个论述当中可以看到,会计对象不是再生产过程中的全部经济活动,而是其中能够用货币表现的部分。

2. 会计对象在企业中的具体表现

资金运动包括各特定对象的资金投入、资金运用及资金退出等过程,而具体到企业、事业和行政单位又有较大差别。企业是国民经济的细胞,是从事生产、流通或服务性等活动,为满足社会需要并获得盈利,进行自主经营,自负盈亏,享有民事权利和承担民事责任的团体法人。即使同样是企业,工业、农业、商业、交通运输业、建筑业及金融业等也均有各自资金运动的特点,其中尤以工业企业最具代表性。下面以工业企业为例,说明企业会计的具体对象。

1) 资金投入

工业企业是从事工业产品生产和销售的营利性经济组织。为了从事产品的生产与销售活动,企业必须拥有一定数量的资金。企业从外部筹集资金主要有两个渠道:一是债权人对企业的借款,即企业向金融机构、其他法人或个人举债,会计上通常称为负债;二是业主即企业所有者对企业的投资,会计上通常称为所有者权益。企业无论从哪条渠道筹集资金,在生产经营过程中都发挥着同样的作用。企业从外部筹集的资金,是以各种各样的形态而存在的,最常见的有现金、银行存款、原材料、商品、机器设备、房屋建筑物、专利权、商标权和土地使用权等,这些资金都是企业进行生产经营活动必须具备的基础。

2) 资金运用

资金进入企业后,随着生产经营活动的进行,其形态不断发生变化。工业企业的生产经营过程分为供应、生产和销售三个阶段。在供应过程中,企业主要的经济活动是原材料的采购、储存和固定资产、无形资产的处置,通过支付购买价款及采购费用、验收入库等业务,现金、银行存款转化为原材料,企业的资金由货币资金形态转化为储备资金。在生产过程中,企业的主要经济活动是生产产品,企业生产部门领用材料,工人利用劳动手段加工产品,使材料变成产成品入库,通过原材料的耗用、工资支付、固定资产磨损及水电动力费用的支付等业务,企业的储备资金、货币资金和固定资产转化为生产资金,表现为产品形态,同时也形成了一些不计入产品成本的管理费用和财务费用;在产品加工完后成为商品,企业的资金就由生产资金转化为商品资金。在销售过程中,企业主要的经济活动是销售商品,通过销售商品取得收入,企业的资金由商品资金转化为货币资金,同时销售过程要支付广告宣传、运输和包装等费用而形成销售费用。企业取得的货币资金用以抵补生产成本及销售费用、管理费用和财务费用之后,就可以计算出企业的经营成果。因此,工业企业的资金从货币资金开始,依次转化为储备资金、生产资金和商品资金,最后又形成货币资金。会计要依次反映这些阶段的经济活动。上述资金的运动过程如图1-1所示。

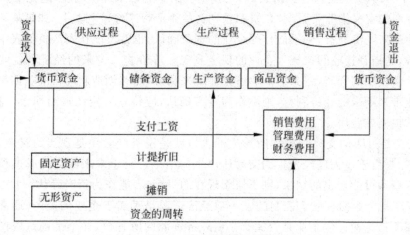

图1-1 资金的运动过程

3)资金退出

企业在正常的生产经营活动过程中,由于种种原因,资金需要退出企业,不再参与企业经济活动,如偿还借款、缴纳税金、分配利润、派发股利和减资等。

在上述过程中,由于资金的投入、运用和退出等经济活动所引起的各项财产和资源的增减变化情况,在经营过程中各项生产费用的支出和产品成本形成的情况,以及企业销售收入的取得和企业纯收入的实现分配情况,构成了工业企业会计的具体对象。将上述企业会计对象的具体内容按其经济特征进行分类,即可以确定出企业的会计要素。

1.3.2 会计要素及其确认

会计要素(accounting elements)是为实现会计目标,以会计基本假设为基础,对会计对象的基本分类,是会计核算对象的具体化,是会计用于反映会计主体财务状况,确定经营成果的基本单位。

会计要素是通过国家法规制度进行划分界定的。我国《企业会计准则——基本准则》规定,企业应当按照交易或者事项的经济特征确定会计要素。具体包括资产、负债、所有者权益、收入、费用和利润,其中,资产、负债、所有者权益要素侧重于反映企业的财务状况;收入、费用和利润侧重于反映企业的经营成果。会计要素是了解会计实务的一个非常重要的切入点。会计要素的界定和分类可以使财务会计系统更加科学严密,并为使用者提供更加有用的信息。按照我国《企业会计准则——基本准则》的规定,具体分述如下。

1. 资产

资产(assets),是指企业过去的交易或者事项形成的、企业拥有或者控制的、预期会给企业带来经济利益的资源。一个企业从事生产经营活动,必须具备一定的物质资源,或者说物质条件。

1) 资产的特征

(1) 资产从本质上是一种经济资源,它预期会给企业带来经济利益,这是资产最重要的特征。在资产的定义中非常强调"该资源预期会给企业带来经济利益"。如果某一项目预期不能给企业带来经济利益,则不能作为企业的资产确认,也就不能在资产负债表中反映。所谓经济利益,是指直接或间接流入企业的现金或现金等价物。未来的经济利益就是今天反映在资产负债表中的资产,将来应能够给企业带来利益,能够创造新的价值。如果一项资产不能给企业带来未来的经济利益,则不作为资产确认,应将这一资产在当期予以核销,转化为利润表的损失或费用。

(2) 资产是过去的交易和事项所形成的。也就是说资产必须是现实的资产,而不能是预期的资产,是由于过去已经发生的交易所产生的结果。至于未来的交易或事项以及未发生的交易或事项可能产生的结果,则不属于现在的资产,不能作为资产确认。

(3) 资产是企业拥有或者控制的。一项经济资源是否属于企业的资产,通常要看其所有权是否属于该企业。但企业是否拥有一项经济资源的所有权,并不是确认资产的绝对标准。那些所有权不属于特定企业,但为该企业所实际控制的经济资源,也是该企业的资产。所谓"实际控制"一项经济资源,从形式上看,意味着企业对该经济资源具有实际经营管理权,能够自主地运用它从事经营活动,谋求经济利益;从实质上看,它意味着企业享有与该项经济资源的所有权有关的经济利益,并承担着相应的风险。例如,企业以融资租赁方式租入的固定资产,尽管所有权不属于承租企业,但由于受承租企业实际控制,按照实质重于形式的原则,在会计实务中都将其列作承租企业资产。

2) 资产的确认

将一项资源确认为资产,需要符合资产的定义,并满足以下两个条件。

(1) 与该资源有关的经济利益很可能流入企业。根据资产的定义,能够给企业带来经济利益是资产的一个本质特征。但由于经济环境瞬息万变,与资源有关的经济利益能否流入企业或者能够流入多少,实际上带有不确定性。因此,资产的确认应当与经济利益流入企业不确定性程度的判断结合起来。如果根据编制财务报表时所取得的证据,与该资源有关的经济利益很可能流入企业,那么就应当将其作为资产予以确认。

(2) 该资源的成本或者价值能够可靠地计量。可计量性是所有会计要素确认的重要前提,只有当有关资源的成本或者价值能够可靠地计量时,资产才能予以确认。企业取得的许多资产一般都是发生了实际成本的,对于这些资产只要实际发生的购买或者生产成本能够可靠地计量,就应视为符合了资产的可计量性确认条件。而在某些情况下,企业取得的资产没有发生实际成本或者发生的实际成本很小,例如企业持有的某些衍生金融工具形成的资产,尽管它们没有实际成本或者发生的实际成本很小,但如果其公允价值(fair value)能够可靠地计量,也被认为符合了资产可计量性的确认条件。

因此,资产只有在符合规定的资产定义的确认条件时,才能确认为资产,列入资产负债表;符合资产定义但不符合资产确认条件的项目,不应当列入资产负债表。

3) 资产的分类

为了正确反映企业的财务状况,通常将企业的全部资产按其流动性分为流动资产和非流动资产。根据《企业会计准则——财务报表列报》规定,当资产满足下列条件之一时,应当归类为流动资产:一是预计在一个正常营业周期中变现、出售或耗用;二是主要为交易目的而持有;三是预计在资产负债表日起一年内(含一年,下同)变现;四是在资产负债表日起一年内,交换其他资产或清偿负债的能力不受限制的现金或现金等价物。流动资产主要包括货币资金、交易性金融资产、应收票据、应收账款、预付账款、其他应收款、存货等。

非流动资产是流动资产以外的资产,主要包括长期股权投资、固定资产、在建工程、无形资产等。长期股权投资是指企业持有的对其子公司、合营企业及联营企业的权益性投资以及企业持有的对被投资单位不具有控制、共同控制或重大影响,并且在活跃市场中没有报价、公允价值不能可靠计量的权益性投资。固定资产是指符合下列特征的有形资产:一是为生产商品、提供劳务、出租或经营管理而持有的;二是使用寿命超过一个会计年度。无形资产是指企业拥有或者控制的没有实物形态的可辨认非货币性资产,例如专利权、非专利技术、商标权、著作权、土地使用权、特许权等。

2. 负债

负债(liabilities),是指企业过去的交易或者事项形成的、预期会导致经济利益流出企业的现时义务。现时义务是指企业在现行条件下已承担的义务,而未来发生的交易或者事项形成的义务不属于现时义务,不应当确认为负债。

1) 负债的特征

(1) 过去的交易和事项形成的现时义务。作为现时义务,负债是过去已经发生的交易或事项所产生的结果,是现时的义务。只有过去发生的交易或事项才能增加或减少企业的负债,而不能根据谈判中的交易或事项或计划中的经济业务来确认负债。如银行借款是因为企业接受了银行贷款而形成的,如果企业没有接受贷款,则不会发生银行借款这项负债。

(2) 义务包括法定义务和推定义务。法定义务是依照国家的法律、法规产生的义务,它既包括由法律、法规直接规定的义务,如依法纳税的义务,也包括由于法定经济合同造成的义务,例如购买合同中,依照合同规定付款的义务。推定义务则是指企业在特定情况下产生或判断出的责任,它是因企业的某些行为而发生。判断企业是否承担了推定义务的关键是企业是否拥有避免结算义务的选择权。如果有,则不能认为存在推定义务;如果没有,则可认为企业承担了推定义务。例如,在年末不能因为要在次年1月发放该月工资而认为承担了推定义务,因为企业有权通过辞退工人而避免工资的支出。虽然推定义务与法定义务之间存在着上述的不同,但是它们的共同之处是它们都是现时义务,都可能构成负债。由于推定义务的确认存在着更多的人为判断,所以可以说推定义务更有可能造成或有负债。

(3) 义务的履行必然会导致经济利益的流出。清偿负债导致经济利益流出企业的形式多种多样,如用现金偿还或以实物资产偿还;通过提供劳务偿还;部分转移资产、部分提供劳务偿还。对此,企业不能或很少可以回避。如果企业能够回避,则不能确认为企业的负债。

2) 负债的确认

将一项现时义务确认为负债,需要符合负债的定义,并同时满足以下两个条件。

(1) 与该义务有关的经济利益很可能流出企业。根据负债的定义,预期会导致经济利益流出企业是负债的一个本质特征。鉴于履行义务所需流出经济利益带有不确定性,尤其是与推定义务相关的经济利益通常需要依赖于大量的估计,因此,负债的确认应当与经济利益流出不确定性程度的判断结合起来。如果根据编制财务报表时所取得的证据判断,与现时义务有关的经济利益很可能流出企业,那么就应当将其作为负债予以确认。

(2) 未来流出的经济利益的金额能够可靠地计量。负债的确认也需要符合可计量性的要求。对于与法定义务有关的经济利益流出金额,通常可以根据合同或者法律规定的金额予以确定。考虑到经济利益的流出一般发生在未来期间,有关金额的计量通常需要考虑货币时间价值等因素的影响。对于与推定义务有关的经济利益流出金额,通常需要较大程度的估计。为此,企业应根据履行相关义务所需支出的最佳估计数进行估计,并综合考虑有关货币时间价值、风险等因素的影响。

因此,负债只有在符合规定的负债定义的义务,与该义务有关的经济利益很可能流出企业,且未来流出的经济利益的金额能够可靠地计量时,才确认为负债。符合负债定义和负债确认条件的项目,应当列入资产负债表。

3) 负债的分类

为了正确反映企业的财务状况,通常将企业的全部负债按其流动性分为流动负债和非流动负债。负债满足下列条件之一时,应当归类为流动负债:一是预计在一个正常营业周期中清偿;二是主要为交易目的而持有;三是在资产负债表日起一年内到期应予以清偿;四是企业无权自主地将清偿推迟至资产负债表日后一年以上。流动负债主要包括短期借款、应付票据、应付账款、预收款、应付职工薪酬、应交税费、其他应付款等。

非流动负债是指流动负债以外的负债,主要包括长期借款、应付债券和长期应付款等。

3. 所有者权益

所有者权益(equity),是指企业资产扣除负债后由所有者享有的剩余权益。公司的所有者权益又称为股东权益,所有者权益是所有者对企业资产的剩余索取权。

1) 所有者权益的特征

(1) 所有者权益无须偿还。除非发生减资、清算,所有者权益无须偿还,可作为长期性资金在企业周转使用。

(2) 所有者权益滞后于债权人权益。负债有规定的偿还期,到期时必须由企业无条件地偿还。所有者权益在法律上排在债权人的要求权之后,由出资者所拥有的权益只能是资产总额减去负债总额后的剩余权益,即净资产。因此,企业清算时,负债往往优先清偿,而所有者权益只有在清偿所有的负债之后才返还给所有者。

(3) 所有者权益能够分享企业实现的利润,而负债则不能参与企业利润的分配,只能按照预先约定的条件取得利息收入。

2) 所有者权益的确认

由于所有者权益体现的是所有者在企业中的剩余权益,因此所有者权益的确认主要依赖于其他会计要素,尤其是资产和负债的确认;所有者权益金额的确定也主要取决于资产和负债的计量。

3) 所有者权益的分类

对于不同组织形式的企业,其所有者权益的构成不同。本书仅以公司制企业为例进行说明。

所有者权益的来源包括所有者投入的资本、直接计入所有者权益的利得和损失、留存收益等。

(1) 所有者投入的资本,指企业实际收到的各投资者以现金、实物资产、无形资产等形式投入企业的资本总额,即实收资本(或股本)和资本公积。

(2) 直接计入所有者权益的利得和损失,指不应计入当期损益、会导致所有者权益发生增减变动的、与所有者投入资本或者向所有者分配利润无关的利得或者损失,即其他综合收益。它们既不是投资者投入企业的资本,也不是企业生产经营活动产生的盈余,它们无须偿还,也不分享企业的利润或承担企业的亏损。其中,利得是指由企业非日常活动所形成的、会导致所有者权益增加的、与所有者投入资本无关的经济利益的流入;损失是指由企业非日常活动所发生的、会导致所有者权益减少的、与向所有者分配利润无关的经济利益的流出。

(3) 留存收益,指企业历年实现的净利润留存于企业的部分,主要包括计提的盈余公积和未分配利润。盈余公积是企业按照规定从税后利润(净利润)中提取的各种积累资金。未分配利润是企业留待以后年度进行分配的结存利润。

4) 负债与所有者权益的区别

负债与所有者权益同属于权益,负债是债权人的权益,而所有者权益是所有者对企业净资产的权益。从是否需要偿还来看,负债是企业承担的现时义务,履行该义务预期会导致经济利益流出企业;而所有者权益,在一般情况下企业不需要归还其投资人。从是否支付费用来看,使用负债所形成的资金通常需要企业支付费用,如支付借款利息等;使用所有者权益所形成的资金不需要支付费用。从是否优先清偿来看,在企业清算时,债权人有优先清偿的权利;清偿债权人的负债后剩余的部分再分配给投资人。从是否参与分配来看,债权人一般不能参与企业的利润分配;投资人可以参与企业的利润分配。

4. 收入

收入(income),是指企业在日常活动中形成的、会导致所有者权益增加的、与所有者投入资本无关的经济利益的总流入。收入只有在经济利益很可能流入从而导致企业资产增加或者负债减少,且经济利益的流入额能够可靠计量时才能予以确认。符合收入定义和收入确认条件的项目,应当列入利润表。

1) 收入的特征

(1) 收入来源于企业的日常活动,而不是偶发的交易或事项,如工商企业销售商品、提供劳务的收入等。有些交易或事项也能为企业带来经济利益,但却不属于收入范畴,而属于利得。利得是指收入以外的其他收益,通常从偶发的经济业务中取得,属于那种不经过经营过程就能取得或不曾期望获得的收益,如企业接受捐赠或政府补助取得的资产、因其他企业违约收取的罚款、处理固定资产净损益、流动资产价值的变动等。利得属于偶发性的收益,在报表中通常以净额反映。

(2) 收入可能表现为企业资产的增加,如银行存款、应收账款的增加等;也可能表现为企业负债的减少,如以商品或劳务抵偿债务;或者二者兼而有之。但货币资产的流入并非都是收入,如股东追加投资、向银行取得借款、收到购货单位的预付款,都会增加货币资金,这只是资本或负债的增加,并不形成企业的收入。只有当企业销售商品、提供劳务而取得货币资金或取得收取款项的权利时,才是企业的收入,企业内部的事项一般不会形成收入。

(3) 收入能导致企业所有者权益的增加。这里仅指收入本身导致的所有者权益的增加,而不是指收入扣除相关成本费用后的毛利对所有者权益的影响。因为,收入扣除相关成本费用后的净额,可能会增加所有者权益,也可能会减少所有者权益。这就是将收入定义为"经济利益的总流入"的一个原因。

(4) 收入只包括本企业经济利益的流入,不包括为第三方或客户代收的款项,如增值税、代收利息等。代收的款项,不属于本企业的经济利益,不能作为本企业的收入。

2) 收入的确认

收入在确认时除了应当符合收入定义外,还应当满足严格的确认条件。收入只有在经济利益很可能流入,从而导致企业资产增加或负债减少,且经济利益的流入额能够可靠计量时才能予以确认。

5. 费用

费用(cost),是指企业在日常活动中发生的、会导致所有者权益减少的、与向所有者分配利润无关的经济利益的总流出。

1) 费用的特征

(1) 费用应当是企业在日常活动中发生的。这些日常活动的界定与收入定义中涉及的日常活动相一致。将费用界定为日常活动,目的是将其与损失相区别。因企业非日常活动所形成的经济利益的流出不能确认为费用,而应当计入损失,如处置固定资产产生的损失。

(2) 费用应当会导致经济利益的流出,该流出不包括向所有者分配的利润,从而导致资产的减少或者负债的增加(最终也会导致资产的减少)。例如,存货、固定资产和无形资产等的流出或者消耗等。鉴于企业向所有者分配利润也会导致经济利益的流出,而该经济利益的流出属于所有者权益的抵减项目,因而不应确认为费用,应当将其排除在费用之外。

(3) 费用应当最终会导致所有者权益的减少。与费用相关的经济利益最终会导致所有者权益的减少,不会导致所有者权益减少的经济利益的流出不符合费用的定义,因而不应确认为费用。

2) 费用的确认

费用的确认,除了应当符合费用定义外,还至少应当满足其确认条件。费用只有在经济利益很可能流出从而导致企业资产减少或者负债增加,且经济利益的流出额能够可靠计量时才能予以确认。符合费用定义和费用确认条件的项目,应当列入利润表。企业为生产产品、提供劳务等发生的可归属产品成本、劳务成本等的费用,应当在确认产品销售收入、劳务收入等时,将已销售产品、已提供劳务的成本等计入当期损益。企业发生的支出不产生经济利益的,或者即使能够产生经济利益,但不符合或者不再符合资产确认条件的,应当在发生时确认为费用,计入当期损益。企业发生的交易或者事项导致其承担了一项负债而又不确认为一项资产,应当在发生时确认为费用,计入当期损益。

企业的费用主要包括主营业务成本、其他业务成本、税金及附加、销售费用、管理费用和财务费用。

6. 利润

利润(profit)，是指企业在一定会计期间的经营成果，反映的是企业的经营业绩情况，是业绩考核的重要指标。

1) 利润的构成

利润包括收入减去费用后的净额、直接计入当期利润的利得和损失等。

(1) 收入减去费用后的净额，反映的是企业日常活动的业绩。

(2) 直接计入当期利润的利得和损失，反映的是企业非日常活动的业绩，是指应当计入当期损益、最终会引起所有者权益发生增减变动的、与所有者投入资本或者向所有者分配利润无关的利得或者损失。

企业应当严格区分收入和利得、费用和损失之间的区别，以更加全面地反映企业的经营业绩。

2) 利润的确认

利润反映的是收入减去费用、利得减去损失后的净额。因此，利润的确认主要依赖于收入和费用以及利得和损失的确认，其金额的确定也主要取决于收入、费用、利得、损失金额的计量。利润项目应当列入利润表。

以上就企业会计六要素的有关内容做了简要说明，本书后面各章将分别进行深入阐述。

此外，需要说明的是，就会计原理或基础工作规范而言，各行业中各单位的会计工作程序与方法基本相同，但政府预算资金收支业务采用的是收付实现制而不是权责发生制，由此导致相关会计主体的会计要素设置及定义与企业单位有所区别。

自 2019 年 1 月 1 日起，与本级政府财政部门直接或者间接发生预算拨款关系的国家机关、军队、政党组织、社会团体、事业单位和其他单位将开始执行统一的《政府会计制度——行政事业单位会计科目和报表》，采用政府会计"财务会计"和"预算会计"适度分离并相互衔接的核算模式，即在同一会计核算系统中通过资产、负债、净资产、收入、费用五个要素，采用权责发生制进行财务会计核算，形成财务报告；通过预算收入、预算支出和预算结余三个要素，采用收付实现制进行预算会计核算，形成决算报告；从而实现财务会计和预算会计"双功能""双基础""双报告"。①在会计要素的定义上，财务会计中的资产是指政府会计主体过去的经济业务或事项形成的，由政府会计主体控制的，预期能够产生服务潜力或者带来经济利益流入的经济资源，主要包括货币资金、投资、应收及预付款项、存货、固定资产、无形资产、公共基础设施、政府储备资产、保障性住房、自然资源资产等。②负债是指政府会计主体过去的经济业务或者事项形成的，预期会导致经济资源流出政府会计主体的现时义务，主要包括借款、应付政府债券、应付及预收款项、应缴款项等。③净资产是指政府会计主体资产扣除负债后的净额，包括本期盈余及累计盈余、本年盈余分配、以前年度盈余调整、专用基金、无偿调拨净资产等。④收入是指报告期内会导致政府会计主体净资产增加的、含有服务潜力或者经济利益的经济资源的流入，包括财政拨款收入、非财政拨款收入、事业收入、经营收入、投资收益、其他收入、附属单位上缴收入等。⑤费用是指报告期内会导致政府会计主体净资产减少的、含有服务潜力或者经济利益的经济资源的流出，包括上缴上级费用、业务活动费用、单位管理费用、经营费用、所得税费用、其他费用、对附属单位补助费用等。⑥而预算会计中的预算收入是指政府会计主体在预算年度内依法取得的并纳入预算管理的现金流入。⑦预算支出是指政府会计主体在预算年度内依法支付的并纳入预算管理的现金流出。⑧预算结余是指政府会计主体在预算年度内的预算收入扣除预算支出后的资金余额以及历年滚存的资金余额,包括结余资金和结转资金。按照政府会计相关制度规定,对于纳入年度部门预算管理的现金收支业务,在采用财务会计核算的同时应当进行预算会计核算;对于其他业务,仅需进行财务会计核算。

1.3.3 会计等式

以上六个会计要素有着十分密切的联系。任何一个会计主体为了进行生产经营活动,都需要拥有一定的资产,资产进入企业时总有其提供者,这些提供者对资产的要求权包括投资者权益(会计上表现为所有者权益)和债权人权益(会计上表现为负债)。它们之间的关系可用公式表示为

$$资产 = 负债 + 所有者权益$$

这一等式表明某一会计主体在某一特定时点所拥有的各种资产及债权人和投资者(所有者)对企业资产要求权的基本状况,静态的表明资产与负债和所有者权益之间的恒等关系。

随着企业经济活动的进行,企业一方面取得收入,因而增加了资产或减少了负债;另一方面企业要发生费用,因而减少了资产或增加了负债,所以,在期末结账之前,会计等式表现为

$$资产 = 负债 + 所有者权益 + (收入 - 费用)$$

这一等式表明,企业经营过程中,企业平时只有资产、负债、所有者权益、收入和费用这五个要素,而没有利润概念,利润这个概念是月底或期末才结出来的。而收入和费用的发生影响企业所有者权益。企业在一定期间实现的利润将使企业资产增加或负债减少;反之,发生的亏损将使企业资产减少或负债增加。因此,企业在会计期末结账之前,这五个要素之间也存在等量关系。这一等式动态地反映了企业财务状况和经营成果之间的关系,被称为会计等式的扩展等式。

但到了会计期末,收入减去费用产生利润(或亏损),并按规定程序进行分配,剩余的又归入所有者权益项目。这样,在会计期末结账之后,上述扩展的会计等式又恢复到"资产=负债+所有者权益"的形式。这就是会计各要素之间的本质联系。会计等式是在会计核算中反映各个会计要素数量关系的等式,又称为会计方程式或会计平衡公式。它是复式记账、试算平衡及编制会计报表的理论依据,是会计核算方法体系的理论基础。

任务1.4 会计规范

1.4.1 会计规范体系

会计规范(accounting standards),是会计人员正确处理工作所要遵循的行为标准,是指导和约束会计行为向着合法化、合理化和有效化方向发展的目标。为了保证会计信息的真实性、完整性和可比性,目前我国通过各种法律、财经法规和制度、企业会计准则、会计制度

等加以规范。

我国会计法规体系从立法的规划来看,大体有以下几个层次。

(1) 会计法律,指由国家最高权力机关——全国人民代表大会及其常务委员会经过一定立法程序制定的有关会计工作的法律,包括《会计法》和《中华人民共和国注册会计师法》。

(2) 会计行政法规,指由国家最高行政管理机关——国务院制定并发布,或者国务院有关部门拟定并经国务院批准发布,调整经济生活中某些方面会计关系的法律规范。会计行政法规制定的依据是《会计法》,它通常以条例、办法、规定等具体名称出现。会计行政法规主要有1990年发布的《总会计师条例》和2001年实施的《企业财务会计报告条例》。

(3) 国家统一会计制度,指由国务院、财政部根据《会计法》制定的关于会计核算、会计监督、会计机构和会计人员,以及会计工作管理的制度,包括规章和规范性文件。会计规章如《财政部门实施会计监督办法》和《企业会计准则——基本会计准则》等。会计规范性文件如《企业会计准则——具体准则》《企业会计准则——应用指南》《小企业会计准则》等。

(4) 地方性会计法规,指由各省、自治区、直辖市人民代表大会及其常务委员会在与宪法和会计法律、行政法规不相抵触的前提下制定发布的会计规范性文件,也是我国会计法律制度的重要组成部分。如计划单列市、经济特区的人民代表大会及其常务委员会制定的会计法规,如《深圳市会计条例》。

1.4.2 会计规范具体内容

本书主要讲解内容为企业会计的核算,因此,在会计规范的具体内容中,以下主要介绍会计核算方面的法规,包括《会计法》《企业财务会计报告条例》及《企业会计准则》等。

1.《会计法》

会计法是调整会计关系的法律规范,用来规范会计机构、会计人员在办理会计事务过程中以及国家管理会计工作过程中的经济权利和义务。我国于1985年首次颁布实施《会计法》;1993年12月,经第八届全国人民代表大会常务委员会第五次会议第一次修正;1999年10月,经第九届全国人民代表大会常务委员会第十二次会议修订,由国家主席下令公布,于2000年7月1日起施行;2017年11月,再经第十二届全国人民代表大会常务委员会第三十次会议第二次修正。为贯彻落实全面依法治国要求,切实提高会计信息质量,促进会计更好地服务经济社会发展,全国人大对《会计法》进行修订,并逐步按照科学民主立法要求,以之为中心构建系统完备、科学规范、运行有效的制度体系,把我国的制度优势更好地转化为国家治理效能,推进会计改革与发展。

1999年修订后的《会计法》共7章52条。强调了会计信息的真实完整,严禁弄虚作假;突出单位负责人对会计信息的真实负责;特别关注公司、企业的会计核算;要求各单位强化会计监督。2017年修正的内容取消了会计从业资格认定,要求会计人员应当具备从事会计工作所需要的专业能力;强调了"因有提供虚假财务会计报告,做假账,隐匿或者故意销毁会计凭证、会计账簿、财务会计报告,贪污、挪用公款,职务侵占等与会计职务有关的违法行为被依法追究刑事责任的人员,不得再从事会计工作"。

2.《企业财务会计报告条例》

企业对外财务信息通常以财务会计报告的形式出现,为了规范企业财务会计报告,保证财务会计报告的真实、完整,我国于 2000 年 6 月 21 日依据《会计法》由国务院制定和颁布《企业财务会计报告条例》。条例明确了会计要素的确认和计量标准,规范了财务会计报告的内容构成、编制基础、编制依据、编制原则和方法。该条例于 2001 年 1 月 1 日起施行。

3.《企业会计准则》

我国多年来一直重视会计准则的建设,尤其是自改革开放以来,会计制度不断改革创新。财政部于 2006 年发布了包括《企业会计准则——基本准则》(以下简称《基本准则》)、38 项具体准则及《应用指南》,并自 2007 年 1 月 1 日起在上市公司施行,逐步扩大到其他企业,这标志着我国构建了一套涵盖各类在中华人民共和国境内设立的企业(小企业除外)各项经济业务,独立实施的会计准则体系,这是我国会计发展史上新的里程碑。

最近几年,为解决我国现行准则实施中存在的具体问题,财政部又相继发布了《企业会计准则——公允价值》等准则及解释,并对《企业会计准则——金融工具确认和计量》等准则进行了修订,规范了企业会计准则体系体例。由此,适应我国市场经济发展要求、与国际财务报告准则持续趋同的新企业会计准则体系得到了进一步完善并有效实施,切实满足实践需要。

(1) 基本会计准则,在整个准则体系中起到统驭的作用。一方面,它是"准则的准则",指导具体会计准则的制定;另一方面,当出现新的业务,具体会计准则暂未涵盖时,应当按照基本准则所确立的原则进行会计处理。基本准则规定了整个准则体系的目的、假设和前提条件、基本原则、会计要素及其确认与计量、会计报表的总体要求等内容。

(2) 具体会计准则,是指确认、计量、记录和报告某一会计主体的具体业务对财务状况和经营成果的影响时所应遵循的准则。具体会计准则是根据基本准则的要求,对经济业务的会计处理做出具体规定的准则。它由以下三类准则组成。

① 一般业务准则,主要规范各类企业普遍适用的一般经济业务的确认和计量,如存货、投资、固定资产、无形资产、资产减值、借款费用、收入、外币折算等准则项目。

② 特殊行业的特定业务准则,主要规范特殊行业中特定业务的确认和计量,如石油天然气开采、农业、金融工具和保险合同等准则项目。

③ 报告准则,主要规范普遍适用于各类企业的报告类准则,如现金流量表、合并财务报告、中期财务报告、分部报告等准则项目。

(3) 会计准则应用指南,是为促进新企业会计准则的顺利实施,对会计准则正文的进一步解释、说明,对具体准则的一些重点、难点问题作出的操作性规定,指导企业会计处理。

(4) 会计准则解释公告,是随着企业会计准则的贯彻实施,就实务中遇到的实施问题而对准则作出的具体解释。

本书主要依据《企业会计准则》说明一般企业会计的基本理论和方法。我国企业会计准则体系如图 1-2 所示。

4.《小企业会计准则》

《小企业会计准则》于 2011 年 10 月 18 日由财政部以财会〔2011〕17 号印发。该准则分总则、资产、负债、所有者权益、收入、费用、利润及利润分配、外币业务、财务报表、附则 10 章 90 条,自 2013 年 1 月 1 日起施行。

为贯彻落实《中华人民共和国中小企业促进法》和《国务院关于进一步促进中小企业发

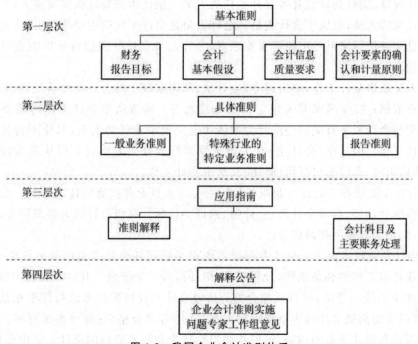

图 1-2 我国企业会计准则体系

展的若干意见》(国发〔2009〕36号),工业和信息化部、国家统计局、发展改革委、财政部研究制定了《中小企业划型标准规定》(工信部联企业〔2011〕300号)。中小企业划分为中型、小型、微型三种类型,具体标准根据企业从业人员、营业收入、资产总额等指标,结合行业特点制定。

《小企业会计准则》适用于在中华人民共和国境内依法设立的、符合《中小企业划型标准规定》所规定的小型企业标准的企业。

目前,企业会计标准体系基本建成并在大、中、小型企业全面实施。

1.4.3 会计机构与会计人员

1. 会计机构

会计机构(accounting department),是指单位内部设置的办理会计事务和组织领导会计工作的职能部门。设置会计机构要考虑单位的具体情况,根据会计业务的需要设置会计机构。一个单位是否需要设置会计机构,一般取决于三方面的因素:一是单位规模的大小;二是经济业务和财务收支的繁简;三是经营管理的需要。

2. 会计人员

为贯彻落实国家"放管服"改革,积极推进会计行政审批制度改革,2017年修订的《会计法》取消了会计从业资格行政许可,从事会计工作不再设定准入门槛。2018年12月,财政部发布了《会计人员管理办法》,并于2019年1月1日起施行。办法明确了会计人员范围和专业能力要求,强化会计人员管理工作,满足了规范会计秩序和提高会计信息质量要求的需要。

会计人员是指根据《会计法》的规定,在国家机关、社会团体、企业、事业单位和其他组织中从事会计核算、实行会计监督等会计工作的人员。担任单位会计机构负责人(会计主管人员)、总会计师的人员,也属于会计人员。会计人员是会计工作的主要执行者,承担着生成提供会计信息和维护国家财经纪律等重要职责,会计人员素质的高低直接影响会计工作和会计信息质量。

会计人员从事会计工作,应当遵守《会计法》和国家统一的会计制度等法律、法规;具备良好的职业道德;按照国家有关规定参加继续教育;具备从事会计工作所需要的专业能力。因发生与会计职务有关的违法行为被依法追究刑事责任的人员,单位不得任用(聘用)其从事会计工作。因违反《会计法》有关规定受到行政处罚五年内不得从事会计工作的人员,处罚期届满前,单位不得任用(聘用)其从事会计工作。

(1) 会计专业职务。会计专业职务是区别会计人员业务技能的技术等级。会计专业职务分为正高级会计师、高级会计师、会计师、助理会计师。高级会计师为高级职务,会计师为中级职务,助理会计师为初级职务。

(2) 会计专业技术资格。会计专业技术资格是指担任会计专业职务的任职资格,是从事会计专业技术工作的必备条件,分初级、中级和高级三个级别。其中,初级、中级会计师资格必须参加全国统一考试,并且成绩合格;高级会计师资格实行考试与评审相结合的评价办法,凡申请参加高级会计师资格评审的人员,须经考试合格后,方可参加评审。用人单位根据工作需要和德才兼备的原则,可以从获得会计专业技术资格的会计人员中择优聘任。

(3) 会计人员继续教育。国家机关、企业、事业单位以及社会团体等组织(以下称单位)具有会计专业技术资格的人员,或不具有会计专业技术资格但从事会计工作的人员,应当根据岗位和职业发展的要求,积极参加继续教育,提升专业水平。会计专业技术人员继续教育内容包括公需科目和专业科目,实行学分制管理,每年参加继续教育取得的学分不少于90学分。其中,专业科目一般不少于总学分的2/3。会计专业技术人员继续教育应当紧密结合经济社会和会计行业发展要求,以能力建设为核心,突出针对性、实用性、兼顾系统性、前瞻性,为经济社会和会计行业发展提供人才保证和智力支持。

3. 会计岗位

各单位应当根据会计业务需要设置会计工作岗位,对各个岗位的会计人员按照岗位责任进行考评。

我国《会计基础工作规范》第十一条规定:"会计工作岗位一般可分为会计机构负责人或会计主管人员,出纳,财产物资核算,工资核算,成本费用核算,财务成果核算,资金核算,往来核算,总账报表,稽核,档案管理等。"开展会计电算化(accounting EDP)和管理会计(management accounting)的单位,可以根据需要设置相应工作岗位,也可以与其他工作岗位相结合。企业常设出纳、会计、会计主管等会计工作岗位。

拓展阅读

《中华人民共和国会计法》
《企业会计准则——基本准则》
《小企业会计准则》

项目训练

一、简答题

1. 什么是会计？会计的基本职能是什么？
2. 简述会计信息质量要求。
3. 会计的基本假设有哪些？
4. 什么是会计要素？各个要素的含义是什么？它们之间有什么相互联系？
5. 简述我国的会计法规体系。

二、单项选择题

1. 会计以（　　）为主要计量单位。
   A. 货币　　　　　B. 实物　　　　　C. 工时　　　　　D. 劳动耗费

2. 下列企业中不具有法人地位的是（　　）。
   A. 生产性企业　　B. 流通性企业　　C. 合伙企业　　　D. 公司制企业

3. 会计分期是（　　）。
   A. 为了将持续经营期间人为地划分为若干个相等的会计期间
   B. 为了适应生产经营过程中自然存在的阶段性时间间隔
   C. 为了及时地加工、获得会计信息
   D. 为了和人类的公元纪年方法保持一致

4. 下列各项中，属于资金退出企业的资金运动是（　　）。
   A. 支付购货款　　　　　　　　　　B. 从银行提取现金
   C. 支付产品生产工人工资　　　　　D. 支付给股东现金股利

5. 下列不属于资产特征的是（　　）。
   A. 资产必须是由过去的交易或事项形成并由企业拥有或控制的经济资源
   B. 资产必须具有一定的实物形态
   C. 资产作为一项资源，必须具有能为企业带来经济利益的能力
   D. 资产作为一项资源，其成本或者价值能够可靠地计量

6. 在会计核算的基本前提中，既是企业会计处理方法和程序的前提条件，也是企业会计处理方法和程序保持稳定的基本假设是（　　）。
   A. 会计主体　　　B. 会计分期　　　C. 持续经营　　　D. 货币计量

7. （　　）既反映了会计要素间的基本数量关系，同时也是复式记账法的理论依据。
   A. 会计科目　　　B. 会计恒等式　　C. 记账符号　　　D. 账户

8. 同一会计主体在不同会计期间尽可能采用相同的会计处理方法和程序，这一要求在会计上称为（　　）。
   A. 可比性要求　　B. 一贯性要求　　C. 相关性要求　　D. 及时性要求

9. 企业会计核算必须符合国家的统一规定，这是为了满足（　　）。
   A. 一贯性要求　　B. 重要性要求　　C. 可比性要求　　D. 谨慎性要求

10. 企业采用的会计处理方法不能随意变更,是依据(   )。
    A. 一贯性要求   B. 可比性要求   C. 客观性要求   D. 重要性要求

三、多项选择题

1. 会计信息的使用者主要包括(   )。
    A. 社会公众   B. 政府及其有关部门
    C. 投资者   D. 债权人

2. 会计的基本职能有(   )。
    A. 计划   B. 预测   C. 核算   D. 监督

3. 下列各单位中,属于会计主体的有(   )。
    A. 股份有限公司   B. 有限责任公司
    C. 企业集团   D. 自然人创办的独资与合伙企业

4. 下列各项,属于反映企业经营成果的会计要素有(   )。
    A. 收入   B. 费用   C. 所有者权益   D. 利润

5. 下列会计等式正确的有(   )。
    A. 资产＝负债＋所有者权益
    B. 资产＝所有者权益＋负债
    C. 资产＝权益
    D. 资产＝负债＋所有者权益＋（收入－费用）

6. 下列项目中属于资产的有(   )。
    A. 银行借款   B. 存货   C. 对外投资   D. 设备

7. 下列会计要素中,属于企业会计对象具体内容的有(   )。
    A. 收入、支出和结余   B. 收入、费用和利润
    C. 资产、负债和所有者权益   D. 资产、负债和净资产

8. 资产当满足(   )之一时,应当归类为流动资产。
    A. 预计在一个正常营业周期中变现、出售或耗用
    B. 主要为交易目的而持有
    C. 预计在资产负债表日起一年内(含一年)变现
    D. 在资产负债表日起一年内,交换其他资产或清偿负债的能力不受限制的现金或现金等价物

9. 下列要素中,属于资产负债表要素的有(   )。
    A. 收入   B. 资产   C. 所有者权益   D. 费用

10. 会计信息质量要求的客观性要求包括(   )。
    A. 真实反映   B. 准确反映
    C. 及时反映   D. 具有可检验性

四、判断题

1. 会计是一种管理活动,以货币作为唯一计量单位进行核算。   (   )
2. 明确会计主体可确定会计核算的范围。   (   )
3. 资产是指由于过去的交易或事项引起的,企业拥有或控制的经济资源。   (   )

4. 企业在一定期间发生亏损,则企业在这一会计期间的所有者权益一定减少。（ ）

5. 某一会计事项是否具有重要性,在很大程度上取决于会计人员的职业判断。对于同一会计事项,在某一企业具有重要性,在另一企业则不一定具有重要性。（ ）

6. 企业提供的会计信息应当具有可比性,包括同一企业不同时期或不同企业发生的相同或者相似的交易或者事项,应当采用规定的会计政策,确保会计信息口径一致。（ ）

7. 会计信息质量要求中,企业应当以实际发生的交易或者事项为依据进行会计确认、计量、记录和报告,如实反映符合确认和计量要求的各项会计要素及其他相关信息,保证会计信息真实可靠,内容完整。（ ）

8. 我国《企业会计准则》规定：企业应当以权责发生制为基础进行会计确认、计量和报告。（ ）

9. 未来发生的交易或者事项形成的义务,属于现时义务,应当确认为负债。（ ）

10. 企业采用的会计政策前后各期应保持一致,一经选定则不得变更。（ ）

项目 2　会计信息生成方法

学习目标

素质目标：
1. 以具体业务内容为基础，培养认真细致、求真务实的工作处理态度。
2. 以企业经济活动为内容，培养链条完整、信息相关的工作处理方式。
3. 以会计信息所反映的价值为核心，培养相关有用、及时明晰的处理方法。

知识目标：
1. 以生产企业为例，选择某些业务，能够分析借贷记账法的处理程序。
2. 能够说明会计凭证、账簿、报表的关系，归纳会计信息形成的过程。
3. 区别会计科目和账户，证明其对会计要素信息具体处理的作用。
4. 整理识别不同账簿，能够推断账账、账表的数字间的勾稽关系。
5. 归纳财产清查工作的内容和程序，推广账实核对的基本工作方法。

能力目标：
1. 模拟工作场景，分析、整理业务，识别会计处理涉及的账户并得以类推。
2. 模拟会计岗位，具体对某一类业务进行初步处理，填制凭证、登记账簿。
3. 能够联系会计信息质量要求，复述其在账务处理过程中如何体现和运用。
4. 能够设计某一事项的处理程序，形成证—账—表的基本处理流程。
5. 探知财产清查的工作要求，尝试运用内控原则，制订风险管理方案。

项目引入

会计信息生成是一个复杂的过程，会计机构、会计人员根据企业日常发生的大量经济业务按照会计的规则与方法加工成会计信息，提供给有关的使用者。将经济业务加工成会计信息需要借助专门的会计核算方法，一般包括设置会计科目和账户、复式记账法、填制与审核会计凭证、设置与登记会计账簿、成本核算、财产清查和编制财务会计报告等。

在会计信息形成的过程中，会计人员必须确立价值观、责任观，尤其是针对证账表的信息证据链，既要保证其完整性、连续性，又要促进其有用性、适用性。在数字化转型发展大势下，会计人员更应当注重从预测到结果的信息形成过程，提升决策效率。

项目2 会计信息生成方法

项目要求

(1) 根据本项目知识点内在的逻辑关系,制作本项目思维导图。
(2) 收集原始凭证,分析要点,填制记账凭证,形成账簿记录,判断涉及的报表项目。

任务1　会计核算的内容及方法

任务调研:了解某企业会计核算的内容。

任务2　会计科目与账户

任务调研:了解某企业会计科目的设置情况。

任务3　借贷记账法及其应用

任务调研:理解"借""贷"二字。

任务4　会计凭证填制与审核

任务调研:了解某企业会计凭证的种类。

任务5　会计账簿设置与登记

任务调研:了解某企业会计账簿的种类。

任务6　财产清查与结账

任务调研:了解某企业财产清查的方法。

任务7　账务处理程序

任务调研:了解某企业采用的账务处理程序。

任务8　财务报告

任务调研:了解企业财务报表的组成。

　　会计核算是《会计法》赋予会计机构和会计人员的主要职责之一。通过会计核算,使一个单位已经发生或已经完成的各项经济活动及其财务收支情况转化为价值形态的信息资料,形成供日常经营管理与决策使用的资源。会计核算环节上的会计基础工作出了问题,会对会计核算乃至整个会计工作造成无法弥补的损害。因此,会计核算环节上的基础工作,在整个会计基础工作中占有非常重要的位置。

任务2.1　会计核算的内容及方法

2.1.1　会计核算的内容

　　各单位必须按照会计规范的规定,及时、如实地组织会计核算。会计核算的内容具体表现为生产经营过程中的各种经济业务。《会计法》明确规定,下列经济业务事项,应当办理会计手续,进行会计核算。

　　(1) 款项和有价证券的收付。款项,是作为支付手段的货币资金,主要包括现金、银行存款,以及其他视同现金和银行存款使用的外埠存款、银行汇票存款、银行本票存款、存出投资款、信用卡存款、信用证保证金存款等。有价证券,是指表示一定财产拥有权或支配权的证券,如国库券、股票、企业债券和其他债券等。款项和有价证券是单位一项流动性最强的资产。

(2) 财物的收发、增减和使用。财物,是单位财产物资的简称,是反映一个单位进行或维持经营活动的具有实物形态的经济资源,一般包括原材料、燃料、包装物、低值易耗品、在产品、商品等流动资产以及房屋建筑物、机器、设备、设施、运输工具等固定资产。这些财物价值较大,在单位资产总额中占很大的比重。财物的收发、增减和使用是会计核算中经常性发生的业务。

(3) 债权债务的发生和结算。债权,是指单位收取款项的权利,一般包括各种应收和预付款项等。债务,是指单位承担的能以货币计量的、需要以资产或劳务偿付的义务,一般包括各项借款、应付和预收款项及应交款项等。债权和债务都是单位日常生产经营和业务活动中大量发生的经济业务事项。

(4) 资本、基金的增减。资本,是投资者为开展经营活动而投入的本钱。这里所指的资本仅指所有者权益中的投入资本。基金,是各单位按照国家法律、法规的规定而设置或筹集的,具有某些特定用途的专项基金,如政府基金、社会保险基金、教育基金等。资本、基金的利益关系人比较明确,用途基本定向。

(5) 收入、支出、费用、成本的计算。收入,是指公司、企业在销售商品、提供劳务及让渡资产使用权等日常活动中所形成的经济利益的总流入。支出,是指行政事业单位和社会团体在履行法定职能、发挥特定功能时所发生的各项开支,以及企业在正常经营活动以外的支出和损失。费用,是指企业在销售商品、提供劳务等日常活动中所发生的经济利益流出。成本,是指公司、企业为生产某种产品而发生的费用,它与一定种类和数量的产品相联系,是对象化了的费用。

(6) 财务成果的计算和处理。财务成果,主要是指企业和企业化管理的事业单位,在一定时期内通过从事经营活动而在财务上所取得的结果,具体表现为盈利或亏损。财务成果的计算和处理一般包括利润的计算、所得税的计算和缴纳、利润分配或亏损弥补等。财务成果的计算和处理,涉及所有者、国家等方面的利益,应按法规制度的规定,正确计算处理财务成果。

(7) 需要办理会计手续、进行会计核算的其他事项。其他事项,是指除上述六项经济业务事项以外的,按照国家统一会计规范的规定,应当办理会计手续和进行会计核算的其他经济业务事项。随着我国经济的不断发展,新的会计业务不断出现,对此都应及时办理有关会计手续,进行会计核算和反映。

2.1.2 会计信息生成方法

假设甲、乙、丙三个合伙人共同组建一家新的企业,甲以银行存款出资 100 000 元,乙出资一项专利权价值 40 000 元,丙投入一台生产设备价值 60 000 元。这时,企业的资产共有 100 000+40 000+60 000=200 000(元),全部是由投资者投入企业的,称为所有者权益。之后,甲、乙、丙认为资金还不够充足,于是便想到借款。"借"有多种形式,假设既有可能向金融机构贷款,也可以发行企业债券。若甲、乙、丙经过研究决定,向银行贷款 60 000 元,向社会发行债券 20 000 元,则此时甲、乙、丙的全部资产就变为 200 000+60 000+20 000=280 000(元)。其中,200 000 元是他们自己投入企业中的,是企业的所有者权益;80 000 元是借来的,是企业的负债。综上所述,可以看到下面的等式成立:

$$资产=负债+所有者权益$$

即   280 000=80 000+200 000

那么,企业的上述经济业务该如何记录下来?到目前为止企业共有银行存款多少?该企业经营一段时期后财务状况如何？经营成果如何？这就需要企业会计人员运用一系列的会计核算方法，依次经历若干个重要阶段加以解决，得到相关信息。会计信息的生成方法是会计目标得以实现的重要手段。

会计方法，是指履行会计职能所采用的方法，包括会计核算的方法、会计监督的方法和会计分析的方法等。会计核算是一个连续、系统和完整的过程，包括确认、计量和报告。在实施会计核算的全过程中，需要运用一系列会计信息生成方法，一般包括设置会计科目和账户、复式记账、填制和审核凭证、登记会计账簿、成本核算、财产清查和编制财务报表等方法。其中，设置账户，是对会计核算的具体内容进行分类核算和监督的一种专门方法。复式记账，是指对所发生的每项经济业务，以相等的金额，同时在两个或两个以上相互联系的账户中进行登记的一种记账方法。填制和审核会计凭证，是记录经济业务，明确经济责任，作为记账依据的书面证明。登记会计账簿，是以审核无误的会计凭证为依据在账簿中分类、连续地、完整地记录各项经济业务的一种会计核算方法。成本核算，是按照一定对象归集和分配生产经营过程中发生的各种费用，以便确定各该对象的总成本和单位成本的一种专门方法。财产清查，是指通过盘点实物、核对账目等方法，以查明各项财产物资实有数额的一种专门方法。编制财务报表，是以特定表格的形式，定期并总括地反映企业、行政事业单位的经济活动情况和结果的一种专门方法。

以上会计信息生成方法，虽各有特定的含义和作用，但是相互联系，彼此制约，构成了一个完整的方法体系。在会计核算中，应正确地运用这些方法。一般在经济业务发生后，按规定的手续填制和审核凭证，并应用复式记账法在有关账簿中进行登记；期末还要对生产经营过程中发生的费用进行成本核算和财产清查，在账证、账账、账实相符的基础上，根据账簿记录编制财务报表。

会计信息生成流程如图 2-1 所示。

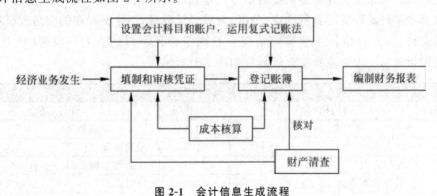

图 2-1　会计信息生成流程

任务 2.2　会计科目与账户

2.2.1　会计要素的再分类——会计科目

1. 会计科目的意义

会计科目，是对会计对象具体内容即会计要素进一步分类的项目。每个会计科目都有标准的名称,都反映一定的经济内容。为了全面反映企业的全部经济活动,需要设置许多不同的会计科目。

会计科目是进行各项会计记录和提供各项会计信息的依据,在会计核算中非常重要。

(1) 会计科目是复式记账的基础。复式记账要求每一笔经济业务在两个或两个以上相互联系的账户中进行登记,以反映资金运动的来龙去脉。

(2) 会计科目是编制记账凭证的基础。记账凭证是确定所发生的经济业务应记入何种科目以及分门别类登记账簿的凭据。

(3) 会计科目为成本核算与财产清查提供了前提条件。通过会计科目的设置,有助于成本核算,使各种成本核算成为可能;而通过账面记录与实际结存的核对,又为财产清查、保证账实相符提供了必备的条件。

(4) 会计科目为编制会计报表提供了方便。会计报表是提供会计信息的主要手段,为保证会计信息的质量及其提供的及时性,财务报表中的许多项目与会计科目是一致的,并根据会计科目的本期发生额或余额填列。

2. 会计科目的设置及分类

会计科目作为反映会计要素的构成及其变化情况的具体分类项目,是为投资者、债权人、企业经营管理者等提供会计信息的重要手段,在其设置过程中应努力做到科学、合理、适用。

(1) 会计科目按经济内容分类。会计科目按经济内容的分类是主要的、基本的分类。会计科目按其所反映的经济内容,可以划分为资产类、负债类、共同类、所有者权益类、成本类、损益类科目。各类别会计科目进行了统一编号,其目的是供企业填制会计凭证、登记账簿、查阅会计账目、采用会计软件系统时参考。根据应用指南的要求,每一个企业可以在此基础上根据本单位实际情况自行增设、分拆、合并会计科目,企业不存在的交易或事项,可以不设置相关科目,并可结合企业实际情况自行确定会计科目的编号。根据《企业会计准则——应用指南》,一般企业常用会计科目如表 2-1 所示。

表 2-1 常用会计科目

科目代码	科目名称	科目代码	科目名称
一、资产类		二、负债类	
1001	库存现金	2001	短期借款
1002	银行存款	2101	交易性金融负债
1012	其他货币资金	2201	应付票据
1101	交易性金融资产	2202	应付账款
1121	应收票据	2203	预收账款
1122	应收账款		合同负债
1123	预付账款	2211	应付职工薪酬
1131	应收股利	2221	应交税费
1132	应收利息	2231	应付股利
1221	其他应收款	2232	应付利息
1231	坏账准备	2241	其他应付款
1321	受托代销商品(代理业务资产)	2314	受托代销商品款(代理业务负债)
1401	材料采购	2401	递延收益

续表

科目代码	科目名称	科目代码	科目名称
1402	在途物资	2245	持有待售负债
1403	原材料	2501	长期借款
1404	材料成本差异	2502	应付债券
1405	库存商品	2701	长期应付款
1406	发出商品	2702	未确认融资费用
1407	商品进销差价	2801	预计负债
1408	委托加工物资	2901	递延所得税负债
1411	周转材料		三、共同类
	合同资产	3101	衍生工具
	合同资产减值准备	3201	套期工具
1471	存货跌价准备		四、所有者权益类
1481	持有待售资产	4001	实收资本
1482	持有待售资产减值准备	4002	资本公积
	合同履约成本	4004	其他综合收益
	合同履约成本减值准备	4101	盈余公积
	合同取得成本	4103	本年利润
	合同取得成本减值准备	4104	利润分配
	应收退货成本	4201	库存股
1501	债权投资		五、成本类
1502	债权投资减值准备	5001	生产成本
1503	其他债权投资	5101	制造费用
1504	其他权益工具投资	5201	劳务成本
1511	长期股权投资	5301	研发支出
1512	长期股权投资减值准备		六、损益类
1521	投资性房地产	6001	主营业务收入
1531	长期应收款	6051	其他业务收入
1532	未实现融资收益	6101	公允价值变动损益
1601	固定资产	6111	投资收益
1602	累计折旧	6115	资产处置损益
1603	固定资产减值准备	6301	营业外收入
1604	在建工程	6401	主营业务成本
1605	工程物资	6402	其他业务成本
1606	固定资产清理	6403	税金及附加
1621	生产性生物资产	6601	销售费用
1622	生产性生物资产累计折旧	6602	管理费用
1701	无形资产	6603	财务费用
1702	累计摊销	6604	勘探费用
1703	无形资产减值准备	6701	资产减值损失
1711	商誉	6702	信用减值损失
1801	长期待摊费用	6711	营业外支出
1811	递延所得税资产	6801	所得税费用
1901	待处理财产损溢	6901	以前年度损益调整

（2）会计科目按所提供会计信息的详细程度及其统驭关系不同，分为总分类科目和明细分类科目两大类，如表 2-2 所示。

表 2-2　会计科目的分级设置

总分类科目	明细分类科目	
一级科目	二级科目（子目）	三级科目（细目）
应交税费	应交增值税	进项税额
		销项税额
		进项税额转出等

总分类科目（又称总账科目、一级科目），它是对会计要素具体内容进行总括分类、提供总括信息的会计科目。总分类科目是反映某一类经济业务的总体情况的会计科目。例如，企业的"银行存款"科目反映企业储存于开户银行的货币资金的总体增减变动情况；企业的"应收账款"科目反映企业因销售货物、提供劳务等而应收各单位款项总额的增减变动情况；企业的"短期借款"科目反映企业向各个银行借入的期限在一年以内的借款总额的增减变动情况。

我国会计实务中，总分类科目的名称和内容一般是由财政部统一规定的，以确保会计核算口径一致，所提供的会计信息具有可比性。在不影响会计核算的要求和会计报表指标的汇总，以及对外提供统一的财务会计报告的前提下，企业可以根据自身情况自行增设、减少或合并某些总分类科目和明细科目。

明细分类科目（又称明细科目），是对总分类科目的进一步分类，它所提供的会计信息更详细、更具体。明细分类科目又可分为二级科目和三级科目。二级科目又称子目，三级科目又称细目。二级科目是介于总分类科目和三级科目之间的科目。二级科目比总分类科目详细、具体，三级科目又比二级科目详细、具体。二级科目隶属于总分类科目，三级科目隶属于二级科目。各级科目之间是一个总括与详细、统驭与隶属的关系。

企业在设置会计科目时应遵循合法性、相关性、实用性的原则。

3. 会计对象、会计要素、会计科目三者之间的关系

会计对象、会计要素、会计科目三者之间的关系极为密切。会计核算的对象抽象概括为企业的资金运动，其对象具体又可分为资产、负债、所有者权益、收入、费用和利润六大会计要素。但是仅把会计对象分为这六类会计要素，并不能全面、系统、分类地反映和监督企业的经济活动，而通过设置会计科目，可以将纷繁复杂的、性质不同的经济业务分成不同的类别进行核算，实现会计对企业经济业务的全面、综合、连续、系统的核算和监督。三者之间的关系如图 2-2 所示。

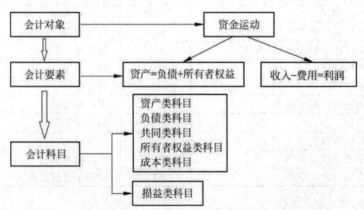

图 2-2　会计对象、会计要素、会计科目三者之间的关系

2.2.2 账户

会计科目只是对会计要素具体内容进行分类的项目或名称,但还不能反映具体内容的增减变化,不能进行具体的会计核算。企业的各种经济业务十分复杂,为了全面、连续、系统地核算和监督会计要素具体内容的增减变化情况,还必须设置账户。账户依附于各种格式的账页,反映在账簿中,账簿能提供系统的、分门别类的经济信息。

1. 账户的实质及分类

账户,是根据会计科目设置,具有一定格式和结构,用于分类反映会计要素增减变动情况及其结果的载体。设置账户是会计核算的重要方法之一。在账簿中开设账户是为了分类、连续地记录经济业务,提供各种有用的会计信息。

账户的开设是和会计科目的设置相适应的。既要强调统一性,又要考虑适用性、相关性。账户应根据规定的会计科目在账簿中开设总分类账户,根据会计科目划分的明细科目并结合经营管理的实际需要开设明细分类账户。

总分类账户及其所属明细分类账户在核算内容上是相同的,登记的原始依据也相同,只是两者对各个会计要素增减变化及其结果的反映详细程度不同,前者是总括反映,后者是详细反映。总分类账户是反映其所属明细分类账户的总括资料,对明细分类账户起统驭作用,所以实际工作中常称其为明细分类账户的"统驭账户"或"控制账户";明细分类账户是总分类账户的详细说明,对总分类账户所反映的总括资料作补充说明,所以称其为总分类账户的"辅助账户"。例如,在"原材料"账户下按每一种原材料分别设置明细分类账户,既能通过"原材料"总分类账户总括反映所有原材料增减变化及其结果,又能通过其明细分类账户详细、具体地反映每一种原材料的增减变化和结果。又如,"应付账款"只能总括反映全部应付账款结算情况,不能详细、具体地反映出每一债权人的情况,为此,需要在"应付账款"账户下按每一债权人设置明细分类账户。明细分类账户的设置应遵循重要性原则,对重要经济业务应分项核算、分别反映。对于一些比较复杂的经济业务内容,还可在总分类账户和明细分类账户之间再设二级账户。

2. 账户的结构

每个账户不仅要有明确的核算内容,而且应该具有一定的结构形式。通过账户既能对经济业务进行分类、定向的反映,又能对经济业务进行连续、定量的反映。其基本结构一般包括以下内容。

(1) 账户的名称,即会计科目。
(2) 日期与摘要,记录经济业务的日期与对经济业务简明扼要的说明。
(3) 增加额与减少额及余额。经济业务引起会计要素的变动,从数量上不外乎存在着增加与减少两种情况。账户中记录的金额有期初余额、本期增加发生额、本期减少发生额和期末余额。这四项金额的关系为

$$期末余额 = 期初余额 + 本期增加发生额 - 本期减少发生额$$

(4) 凭证编号,说明账户记录的依据。

账户的基本结构如表 2-3 所示。

表 2-3 账户的基本结构
会计科目（账户名称）

年		凭证	摘 要	增 加	减 少	余 额
月	日	号数				

教学上为便于说明，账户的基本结构可用简化格式来表示，即将账户划分成左右两方，成为"T"字型结构，称作"T"型账户，如表2-4所示。这种账户格式也称为"丁"字型账户。

表 2-4 "T"型账户

左方	账户名称	右方

至于在账户的左右两方中，哪一方记增加，哪一方记减少，则取决于账户的性质。

任务 2.3 借贷记账法及其应用

2.3.1 复式记账原理

在按一定原则设置了会计科目并开设了账户之后，还必须采用一定的记账方法将会计要素的增减变动登记在账户中。将这些经济业务记录在有关账户中的记账方法分为单式记账法和复式记账法。

单式记账法是一种比较简单、不完整的记账方法。例如，企业以库存现金300元购买办公用品。对这笔业务进行记账时，只登记"库存现金"的减少，不登记"管理费用"的增加。这种记账法的特点是：对发生的每一笔经济业务只在一个账户中进行登记，各账户之间没有严密的对应关系，账户记录也不可能相互平衡。由于这种方法没有全面反映资金运动的来龙去脉，也不便于检查账户记录的正确性和完整性，目前，很少有单位采用这种记账方法。

复式记账法是从单式记账法发展起来的一种比较完善的记账方法。例如，企业以银行存款10 000元购买固定资产。对这笔业务进行记账时，不仅要登记"固定资产"的增加，还要登记"银行存款"的减少。与单式记账法相比较，其主要特点是：对每项经济业务都以相等的金额在两个或两个以上相互联系的账户中进行记录（作双重记录，这也是这一记账法被称为"复式"的由来），各账户之间客观上存在对应关系，对账户记录的结果可以进行试算平衡。复式记账法较好地体现了资金运动的内在规律，能够全面、系统地反映资金增减变动的来龙去脉，并有助于检查账户处理情况，保证账簿记录结果的正确性。

复式记账法包括几种具体的方法，如借贷记账法、增减记账法和收付记账法等。其中，借贷记账法是世界各国普遍采用的一种记账方法。我国《企业会计准则》规定，企业应当采用借贷记账法记账。

2.3.2 借贷记账法的基本原理

借贷记账法,是指以"借""贷"为记账符号,以"资产=负债+所有者权益"的会计等式为理论依据,以"有借必有贷,借贷必相等"为记账规则的一种科学复式记账法。其基本原理包括以下几方面。

1. 借贷记账法的记账符号

借贷记账法以"借""贷"二字作为记账符号。从字面含义上看,"借""贷"二字的确是历史的产物,其最初的含义同债权和债务有关。随着商品经济的发展,借贷记账法得到广泛的应用,记账对象不再局限于债权、债务关系,而是扩大到要记录财产物资增减变化和计算经营损益。

"借""贷"并不是"纯粹的""抽象的",而是具有深刻经济内涵的科学的记账符号。"借""贷"二字表示的内容包括了全部经济活动资金运动变化的来龙去脉,它们逐渐失去了原来字面上的含义,并在原来含义的基础上进一步升华,获得了新的经济含义:①代表账户中两个固定的部位。一切账户,均需设置两个部位记录某一具体经济事项数量上的增减变化(来龙去脉),账户的左方一律称为借方,账户的右方一律称为贷方。②"贷"字表示资金运动的"起点"(出发点),即表示会计主体所拥有的资金(某一具体财产物资的货币表现)的"来龙"(资金从哪里来);"借"字表示资金运动的"驻点"(即短暂停留点,因资金运动在理论上没有终点),即表示会计主体所拥有的资金的"去脉"(资金的用途、去向或存在形态)。

例如:假设你从银行提取现金 2 000 元,以备用。在这项经济业务中,资金从哪里来?资金从银行中来,所以涉及"银行存款"账户,属于资产类账户,减少 2 000 元记入贷方;资金到哪里去了?提取现金,涉及"库存现金"账户,属于资产类账户,增加 2 000 元记入借方。这是由资金运动的内在本质决定的。会计既然要全面反映与揭示会计主体的资金运动,在记账方法上就必须体现资金运动的本质要求。这也符合现在提出的"业财融合",其核心思想就是"业务即会计,会计即业务"。新经济时代,会计教学重心必须引向业务,引向企业的资金运动,这样学生将来才能够实现价值创造。

2. 借贷记账法的账户结构

借贷记账法下,账户的基本结构是左方为"借方",右方为"贷方"。由于"借""贷"二字比较深刻地把握了资金运动的内在本质,因而,借贷记账法下账户的结构具有理论的科学性和实务的简明性。借方记录资金的用途、去向或存在形态,即资金到哪里去;贷方记录资金的来源,即资金从哪里来;余额可能在借方,也可能在贷方。如为借方余额,则表示某一时点会计主体实际能够控制或拥有的资金的存在形态,即会计上所称的"资产";如为贷方余额,则表示某一时点上支撑着资产存在的资金来源,即会计上所称的"权益",包括"负债"与"所有者权益"。

企业经济活动多样复杂,不同内容在账户中记录增减变动及其余额的借贷方向是不同的,因此账户根据其反映的经济内容不同,可分为资产类账户、负债类账户、共同类账户、所有者权益类账户、成本类账户、损益类账户六大类。下面具体说明各类账户的结构。

(1) 资产类账户结构。资产类账户的借方登记资产增加额,贷方登记资产减少额;期末如有余额,一般为借方余额,表示期末资产余额。其计算公式为

资产类账户的期末余额＝期初借方余额＋借方本期发生额－贷方本期发生额

(2) 负债类账户结构。负债类账户的贷方登记负债增加额,借方登记负债减少额;期末如有余额,一般为贷方余额。其计算公式为

负债类账户的期末余额＝期初贷方余额＋贷方本期发生额－借方本期发生额

(3) 共同类账户结构。共同类账户既反映资产又反映负债。当反映资产内容时,按资产类账户结构登记,当反映负债类内容时,按负债类账户结构登记。期末余额如果在借方,反映企业的资产;如果在贷方,反映企业的负债。

(4) 所有者权益类账户结构。所有者权益类账户的贷方登记所有者权益增加额,借方登记所有者权益减少额;期末如有余额,一般为贷方余额。其计算公式为

所有者权益类账户的期末余额＝期初贷方余额＋贷方本期发生额－借方本期发生额

(5) 成本类账户结构。成本在未得到补偿前也被视为资金的占用形态。因此,该类账户的结构与资产类账户的结构基本相同,借方登记成本的增加额,贷方登记成本的减少额或结转额;期末余额在借方,表示尚未完工产品的生产成本或在途物资的采购成本。其计算公式为

成本类账户的期末余额＝期初借方余额＋借方本期发生额－贷方本期发生额

(6) 损益类账户结构。损益类账户反映企业发生的收入与费用。因此,可以将损益类账户分为收入账户和费用账户两类。

由于收入也是资金的来源渠道,因此收入类账户的结构与负债及所有者权益类账户的结构基本相同。贷方登记增加额,借方登记减少额以及期末结转记入"本年利润"账户的数额。期末结转后该类账户一般没有余额。

费用在未得到补偿前也被视为资金的占用形态,因此,该类账户的结构与资产、成本类账户的结构基本相同。借方登记费用的增加额,贷方登记费用的减少额以及期末结转记入"本年利润"账户的数额。期末结转后该类账户一般没有余额。

综上所述,对于资产类账户增加额记借方,而负债及所有者权益类账户增加额记贷方,应结合会计等式来理解。现将各类账户经济业务内容增减变化的登记方向归纳如表 2-5 所示。

表 2-5　会计各要素所属账户结构

借方	账户名称	贷方
资产(＋)		资产(－)
成本、费用(＋)		成本、费用(－)
负债、所有者权益(－)		负债、所有者权益(＋)
收入(－)		收入(＋)
余额：资产		余额：负债、所有者权益

具体各类账户结构归结如表 2-6 和表 2-7 所示。

表 2-6 资产、成本、费用类账户

借方	资产、成本、费用类账户		贷方
期初余额	×××		
本期增加发生额	×××	本期减少发生额	×××
本期发生额合计	×××	本期发生额合计	×××
期末余额	×××		

表 2-7 负债、所有者权益、收入和利润类账户

借方	负债、所有者权益、收入和利润类账户		贷方
		期初余额	×××
本期减少发生额	×××	本期增加发生额	×××
本期发生额合计	×××	本期发生额合计	×××
		期末余额	×××

值得注意的是,在账户的运用中应掌握账户的属性。账户有两个基本属性:一是决定账户性质的属性,即账户反映的经济内容;二是决定账户使用方法的属性,即账户的用途和结构。在账户运用时,应首先考虑该账户的经济内容,核算什么?监督什么?发生的经济业务应该通过哪些账户进行反映?其次,要注意该账户的用途和结构,即该账户的借方记什么?贷方记什么?余额在哪一方?

3. 借贷记账法的记账规则

记账规则,是指记账方法的规律性。它是记账的依据,也是核对账目的依据。借贷记账法的记账规则概括为有借必有贷,借贷必相等。这一规则是根据以下两个方面来确定的。

(1)根据复式记账的原理,对每一项经济业务都必须以相等的金额,在两个或两个以上相互关联的账户中进行登记。

(2)根据借贷记账法账户结构的原理,对每一项经济业务都应当作借贷相反记录。也就是说,如果在一个账户中记借方,则必须在一个或几个账户中记贷方;或在一个账户中记贷方,则必须在一个或几个账户中记借方。记入借方的总额与记入贷方的总额必须相等。

2.3.3 借贷记账法的应用

1. 确定会计分录

(1)账户的对应关系。在账户的运用中应正确处理个别与整体的关系。从个别来看,每个账户是分别从不同角度来记录和反映企业生产经营活动的某一方面或某一环节,它们都分别反映着特定的经济内容,只能在一定情况下使用,不能相互替代或混淆。从总体来看,企业的生产经营活动是一个有机整体,因此,作为记录和反映经济业务的账户也并不是彼此孤立的,它们相互联系、相互依存,形成一个完整的账户体系。有些账户之间有着固定的对应关系,而有些账户之间是根本不可能发生对应关系的。运用借贷记账法记账时,在有关账户之间都会形成应借、应贷的相互关系,这种关系叫作账户的对应关系。发生对应关系的账户叫作对应账户。为了保证账户对应关系的正确性,登账前应根据经济业务所涉及账

户及其借贷方向和金额编制会计分录,据以登账。

(2) 会计分录。编制会计分录主要是为了方便记账,减少记账差错,以保证账户登记的正确性。

会计分录,是指明每项经济业务应登记的账户名称、记账方向和记账金额的一种记录。会计分录是把经济业务发生的原始数据转换为会计信息的第一步,是初学者会计入门的"门槛"。编制会计分录,是对经济业务进行记录和反映的重要一环,要求做到账户、方向和金额三要素准确无误。一般来说,一笔经济业务应编制一组会计分录,可以一借一贷、一借多贷、一贷多借,也可以多借多贷。但不能把多笔不同内容的经济业务合并起来编制一组会计分录,也不能把一笔经济业务任意割裂开来编制多组会计分录。在会计实务中,会计分录是填写在记账凭证中,记账凭证是会计分录在实际工作中的表格化。

(3) 会计分录的列示方式及编制步骤。具体列示会计分录时,应先借后贷,竖式排列。若为复杂会计分录,应该借项与借项对齐,贷项与贷项对齐,借贷左右错开,以利试算平衡。会计分录习惯上先标明借方、后标明贷方,每一个会计科目占一行,借方与贷方错位表示,以便醒目、清晰。会计分录格式见后续"走进会计""运用会计"的内容。

编制会计分录的基本技巧如下:①分析经济业务内容,确定所涉及的账户名称(包括总账和明细账名称)。②根据所涉及账户的性质和结构,结合经济业务内容,确定应该记入的借贷方向。③确定应计入账户的金额。④以规范格式把会计分录列示出来。⑤最后对会计分录进行检查。一方面检查账户运用是否准确,另一方面检查借贷方金额是否相等。

2. 登记账户

根据各项经济业务编制会计分录后,应记入有关账户。日常工作中把在记账凭证中确定的会计分录转记到有关账户的记账过程称为登记账户,也称为过账。过账后,期末要核对账目,结出每个账户的本期发生额和期末余额。

3. 借贷记账法的试算平衡

试算平衡,就是根据借贷记账法的试算平衡公式,检查会计分录或各种账户的记录是否正确,以保证记账质量。

试算平衡要求从以下三方面进行。

(1) 试算每组会计分录的借贷金额是否平衡。任何一组会计分录,其对应账户之间的借项金额合计必须等于贷项金额合计,如不相等便是错误的。这是由借贷记账法的记账规则所决定的。因此,对每笔经济业务编制会计分录后都应随时进行试算平衡,以免发生差错。

(2) 试算全部账户的借贷发生额是否平衡。总分类账户借方和贷方发生额是根据每组会计分录逐笔或汇总记入的,因此,全部总分类账户的本期借方发生额合计必须等于本期贷方发生额合计。其计算公式为

全部账户借方发生额合计=全部账户贷方发生额合计

(3) 试算全部账户的借贷余额是否平衡。由于资产余额表现为账户的借方,权益余额表现为账户的贷方。根据"资产=权益"会计方程式平衡原理,全部账户的借余额合计必然等于全部账户的贷方余额合计。其计算公式为

全部账户期末借方余额合计=全部账户期末贷方余额合计

在会计实务中,会计分录的试算平衡是分散在平时随时进行的。全部账户的发生额和

余额试算平衡则是通过编制试算平衡表（见表 2-20），并集中在一定时期期末定期进行的。

必须指出，试算平衡表只是通过借贷金额是否平衡来检查账户记录是否正确，它还有一定的局限性。如果借贷不平衡，肯定账户记录或计算有错误；如果借贷平衡，只能说明账户记录基本正确，因为有些错误，并不影响借贷双方的平衡。如在账户的借方和贷方重复记录或漏记某项经济业务，又如将某项经济业务串记了账户或某一项错误记录恰好被另一项错误记录抵销。因此，在具体操作中，会计期末还要进行账目的核对。

2.3.4 借贷记账法的应用实例

下面举例说明，采用借贷记账法如何编制会计分录、登记账户和进行试算平衡。
(1) 某公司 20×1 年 11 月总分类账户的月初余额，如表 2-8 所示。

表 2-8　总分类账户月初余额　　　　　　　　　　单位：元

资产		负债及所有者权益	
项　目	金　额	项　目	金　额
库存现金	1 000	短期借款	37 500
银行存款	93 200	应付账款	9 450
原材料	45 000	实收资本	460 000
生产成本	50 400	资本公积	55 000
库存商品	11 700	盈余公积	48 000
固定资产	408 650		
资产合计	609 950	权益合计	609 950

(2) 该公司本月发生下列经济业务，根据下列经济业务编制会计分录。
① 用银行存款购买材料 8 000 元，材料已验收入库（不考虑税费）。
在这项经济业务中，资金从哪里来？资金从银行存款中来，所以涉及"银行存款"账户，属于资产类账户，减少时记入贷方。资金到哪里去了？资金用于购买材料，并且材料已验收入库，所以涉及"原材料"账户，属于资产类账户，增加时记入借方。应作会计分录如下。

　　借：原材料　　　　　　　　　　　　　8 000
　　　　贷：银行存款　　　　　　　　　　　　　8 000

② 本期生产产品领用材料 20 000 元。
在这项经济业务中，资金从哪里来？资金从库存材料中来，所以涉及"原材料"账户，属于资产类账户，减少时记入贷方。资金到哪里去了？资金投入产品生产中去了，构成了产品的生产成本，反映产品成本形成过程。计算产品生产成本的是"生产成本"账户，属于成本类账户，增加时记入借方。应作会计分录如下。

　　借：生产成本　　　　　　　　　　　　20 000
　　　　贷：原材料　　　　　　　　　　　　　　20 000

③ 收到投资者追加投资 200 000 元，存入银行。
在这项经济业务中，资金从哪里来？资金从投资者那里来，反映所有者投资事项的是"实收资本"账户，属于所有者权益类账户，增加时记入贷方。资金到哪里去了？表现为银行存款，反映银行存款的"银行存款"账户，属于资产类账户，增加时记入借方。应作会计分录如下。

　　借：银行存款　　　　　　　　　　　　200 000

贷：实收资本　　　　　　　　　　　　　　　　　　　　　200 000

④ 公司向银行借入 3 个月的短期借款 7 000 元,直接归还供应单位欠款。

在这项经济业务中,资金从哪里来?资金从银行借款来,反映短期借款事项的是"短期借款"账户,属于负债类账户,增加时记入贷方。资金到哪里去了?资金用于偿还前欠货款了,反映货款结算事项的是"应付账款"账户,属于负债类账户,减少时记入借方。应作会计分录如下。

借：应付账款　　　　　　　　　　　　　　　　　　　　　7 000
　　贷：短期借款　　　　　　　　　　　　　　　　　　　　7 000

⑤ 用银行存款 20 000 元偿还短期借款。

在这项经济业务中,资金从哪里来?资金从企业的银行存款中来,涉及"银行存款"账户,属于资产类账户,减少时记入贷方。资金到哪里去了?资金用于偿还借款了,反映借款事项的是"短期借款"账户,属于负债类账户,减少时记入借方。应作会计分录如下。

借：短期借款　　　　　　　　　　　　　　　　　　　　　20 000
　　贷：银行存款　　　　　　　　　　　　　　　　　　　　20 000

(3) 根据以上发生的各经济业务的会计分录记入以下账户,期末结出本期账户的本期发生额和期末余额,如表 2-9~表 2-19 所示。

表 2-9　库存现金

借	库存现金		贷
期初余额	1 000		
本期发生额	—	本期发生额	—
期末余额	1 000		

表 2-10　银行存款

借	银行存款		贷
期初余额	93 200		
	③ 200 000		① 8 000
			⑤ 20 000
本期发生额	200 000	本期发生额	28 000
期末余额	265 200		

表 2-11　原材料

借	原材料		贷
期初余额	45 000		
	① 8 000		② 20 000
本期发生额	8 000	本期发生额	20 000
期末余额	33 000		

表 2-12　生产成本

借	生产成本		贷
期初余额	50 400		
本期发生额	② 20 000	本期发生额	—
期末余额	70 400		

表 2-13 固定资产

借	固定资产		贷
期初余额	408 650		
本期发生额	—	本期发生额	—
期末余额	408 650		

表 2-14 库存商品

借	库存商品		贷
期初余额	11 700		
本期发生额		本期发生额	—
期末余额	11 700		

表 2-15 短期借款

借	短期借款		贷
		期初余额	37 500
	⑤ 20 000		④ 7 000
本期发生额	20 000	本期发生额	7 000
		期末余额	24 500

表 2-16 应付账款

借	应付账款		贷
		期初余额	9 450
本期发生额	④ 7 000	本期发生额	—
		期末余额	2 450

表 2-17 实收资本

借	实收资本		贷
		期初余额	460 000
			③ 200 000
本期发生额	—	本期发生额	200 000
		期末余额	660 000

表 2-18 资本公积

借	资本公积		贷
		期初余额	55 000
本期发生额	—	本期发生额	—
		期末余额	55 000

表 2-19 盈余公积

借	盈余公积		贷
		期初余额	48 000
本期发生额	—	本期发生额	—
		期末余额	48 000

(4) 根据账户记录进行试算平衡,如表 2-20 所示。

表 2-20 发生额及余额试算平衡表　　　　　　　　　单位:元

会计科目	期初余额		本期发生额		期末余额	
	借方	贷方	借方	贷方	借方	贷方
库存现金	1 000		—	—	1 000	
银行存款	93 200		200 000	28 000	265 200	
原材料	45 000		8 000	20 000	33 000	
生产成本	50 400		20 000		70 400	
库存商品	11 700		—	—	11 700	
固定资产	408 650		—	—	408 650	
短期借款		37 500	20 000	7 000		24 500
应付账款		9 450	7 000			2 450
实收资本		460 000	—	200 000		660 000
资本公积		55 000	—	—		55 000
盈余公积		48 000	—	—		48 000
合　计	609 950	609 950	255 000	255 000	789 950	789 950

从表 2-20 可以看出,各账户期初借、贷余额合计数均为 609 950 元;本期借、贷发生额合计数都是 255 000 元;期末借、贷余额合计数都是 789 950 元,符合试算平衡条件,说明记账基本准确,因为有些错误不能通过试算平衡发现,如漏记、重记、记错方向等。

任务 2.4　会计凭证填制与审核

为了保证会计记录能如实反映企业的经济活动情况,保证账户记录的真实性、准确性,会计记账必须严格以合法、真实、准确的会计凭证为依据。会计凭证,是纳税人用来记录经济业务的发生和完成情况,明确经济责任,并据以登记账簿的书面证明。会计凭证按填制程序和用途可以分为原始凭证和记账凭证两大类。原始凭证与记账凭证之间存在密切的联系。原始凭证是记账凭证的基础,记账凭证是根据原始凭证编制的。在实际工作中,原始凭证附在记账凭证后面,作为记账凭证的附件;记账凭证是对原始凭证内容的概括和说明;原始凭证有时是登记明细账户的依据。

填制和审核凭证,是会计核算的专门方法之一。纳税人通过会计凭证的取得、填制和审核,不仅可以保证账簿记录的真实、可靠,而且可以检查经济业务是否合理、合法,准确反映经营管理水平和效益,正确计算应纳税款。由于企业的会计凭证是从不同渠道取得或填制的,所记载的经济业务不同,涉及的部门和人员不同,以及办理的业务手续也不同,因此,有必要为各种会计凭证规定一个合理的传递程序,目的是使各个工作环节环环相扣,相互督促,提高工作效率。会计凭证是重要的经济档案和历史资料,所以对会计凭证必须妥善整理和保管,不得丢失或任意销毁。

2.4.1 原始凭证填制与审核

原始凭证,俗称单据,是经办单位或人员在办理经济业务过程中取得或填制的,用以记录经济业务发生或完成情况、明确经济责任的会计凭证,是记账的原始依据。

原始凭证有多种分类方法,如图2-3所示。这里主要介绍按其来源不同划分的外来原始凭证和自制原始凭证。

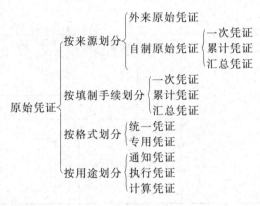

图2-3 原始凭证分类图

外来原始凭证,是在经济活动发生或完成时,从其他单位或个人取得,并为本单位所使用的会计凭证。常用的外来原始凭证有购货时取得的增值税专用发票(见图2-4)、增值税普通发票(见图2-5和图2-6)和出差人员报销的车票、飞机票等。近年来,随着"放管服"改革的不断深化,纸质票据正逐步被电子票据所取代。票据载体的电子化有利于促进部门间信息共享,提高便民服务效能。

河北增值税专用发票

1300202130　　　　　　　　　　　　　　　　　　　　　　No
　　　　　　　　　　　　　　　　　　　　　开票日期：　　年　月　日

购买方	名　　称： 纳税人识别号： 地　址、电　话： 开户行及账号：			密码区				第三联 发票联 购货方记账凭证
货物或应税劳务名称	规格型号	单位	数量	单价	金额	税率	税额	
合　　计								
价税合计(大写)	⊗				(小写)			
销售方	名　　称： 纳税人识别号： 地　址、电　话： 开户行及账号：			备注				
收款人：		复核：		开票人：		销货方：(章)		

图2-4 增值税专用发票

图 2-5 增值税普通发票

图 2-6 增值税电子普通发票

自制原始凭证,是指本单位内部具体经办业务的部门和人员,在执行或完成某项经济业务时所填制的原始凭证。按其反映业务的方法不同,又可分为一次凭证、累计凭证和汇总凭证。

一次凭证,是指凭证的填制手续是一次完成的,用以记录一项或若干项同类性质的经济业务的凭证,但各联次具体用途不同,如收料单、销货发票、工资结算单、收款收据、盘点表等。累计凭证,是指在一定时期内连续记录若干项同类经济业务的凭证,这类凭证的填制手续是随着经济业务的发生而多次完成的,如限额领料单等。汇总凭证,亦称原始凭证汇总表,它是根据一定时期内若干张反映同类经济业务的原始凭证汇总而成的,如收料凭证汇总表、发料凭证汇总表、工资汇总表和销货日报表等。

常用的自制原始凭证有收料单(一般在原材料验收入库时使用,见图 2-7)、领料单(一般在从仓库领用原材料时使用,见图 2-8)、用款申请单(见图 2-9)和出差旅费报销单(见图 2-10)。需要说明的是,职工因公出差需借款时,必须填写用款申请单。出差回来报销时,必须填写出差旅费报销单,职工报销凭证的签字应注意以下几点:①按规定应该签字的人员必须全部签字,签字必须签全称,不得只签姓。②签字人签署姓名后,还应当签署签字的日期。③领导签字应当明确表明是否同意报销。④为便于原始凭证的装订,签字如果是签在凭证的正面,应签在右上方,如果是签在凭证的反面,应签在左上方。⑤有多张凭证都需要签字时,要一张一张分别签,不能用复写纸同时签。

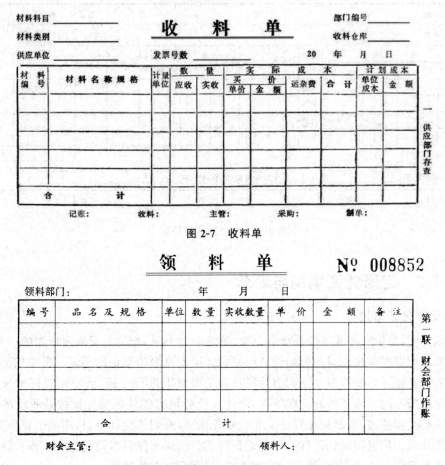

图 2-7 收料单

图 2-8 领料单

图 2-9 用款申请单

图 2-10 出差旅费报销单

2.4.2 记账凭证填制与汇总

1. 记账凭证概述

记账凭证,是按经济业务性质加以分类,确定会计分录,作为登记账簿依据的一种凭证。会计人员必须根据审核无误的原始凭证或原始凭证汇总表填制记账凭证。记账凭证是登记账簿的依据。账簿需要按照一定的会计科目和记账规则进行登记,而原始凭证中未写明会计科目和记账方向。为了做好记账工作,会计人员必须将各种原始凭证按其所反映的经济内容进行归类和整理,编制记账凭证。在记账凭证中,列明了会计科目,指明了记账方向,确定了会计分录。依据记账凭证就可以登记账簿了。这样不仅可以简化记账工作、减少差错,而且有利于原始凭证的保管,便于对账和查账,提高会计工作质量。

记账凭证和原始凭证同属于会计凭证,但两者存在着以下差别:①原始凭证是由经办人员填制的;记账凭证一律由会计人员填制。②原始凭证是根据发生或完成的经济业务填制;记账凭证是根据审核后的原始凭证填制。③原始凭证仅用以记录、证明经济业务已经发生或完成;记账凭证要依据会计科目对已经发生或完成的经济业务进行归类、整理。④原始凭证是填制记账凭证的依据;记账凭证是登记账簿的依据。

2. 记账凭证的分类及基本内容

记账凭证有多种分类方法,如图 2-11 所示。这里主要介绍按其适用的经济业务划分的专用记账凭证和通用记账凭证。

1) 专用记账凭证

专用记账凭证是用来专门记录某一类经济业务的记账凭证。专用记账凭证按其所记录的经济业务是否与现金和银行存款的收付有关系,又分为收款凭证、付款凭证和转账凭证三种。

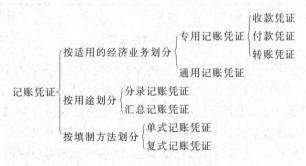

图 2-11 记账凭证分类图

(1) 收款凭证,是用来记录现金和银行存款等货币资金收款业务的凭证,它是根据现金和银行存款收款业务的原始凭证填制的,格式如图 2-12 所示。

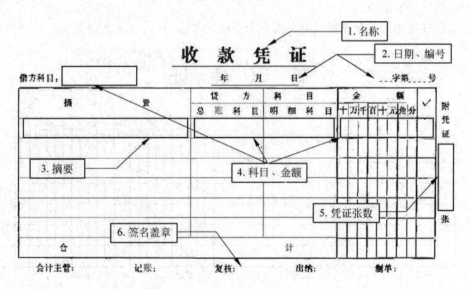

图 2-12 收款凭证

(2) 付款凭证,是用来记录现金和银行存款等货币资金付款业务的凭证,它是根据现金和银行存款付款业务的原始凭证填制的,格式如图 2-13 所示。

付 款 凭 证

___字第_____号

贷方科目: 年 月 日 附件_____张

对方单位	摘要	借方科目		金额										记账符号
		总账科目	明细科目	千	百	十	万	千	百	十	元	角	分	
结算方式及票号:			合计											

附凭证 张

会计主管: 记账: 稽核: 出纳: 制证:

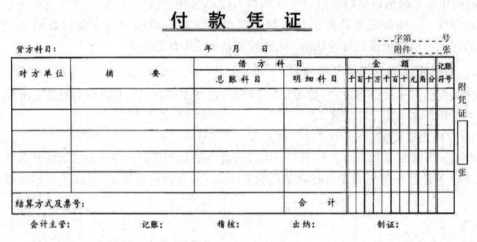

图 2-13 付款凭证

收款凭证和付款凭证是用来记录货币收付业务的凭证。这两种凭证既是登记现金日记账、银行存款日记账、明细分类账及总分类账等账簿的依据,也是出纳人员收、付款项的依据。出纳人员不能依据现金、银行存款收付业务的原始凭证收付款项,必须根据会计主管人员或指定人员审核批准的收款凭证和付款凭证收付款项,以加强对货币资金的管理,有效地监督货币资金的使用。但是,对于现金和银行存款之间及各种银行存款之间相互划转的业务,如从银行提取现金或把现金存入银行,要注意只填制付款凭证,不填制收款凭证,以免重复记账。

(3) 转账凭证,是用来记录与现金、银行存款等货币资金收付款业务无关的转账业务(即在经济业务发生时不需要收付现金和银行存款的各项业务)的凭证,它是根据有关转账业务的原始凭证填制的。

转账凭证是登记总分类账及有关明细分类账的依据,格式如图 2-14 所示。

转 账 凭 证

转字第_____号

年 月 日 附 件_____张

摘要	总账科目	明细科目	借方金额										记账符号	贷方金额										记账符号
			千	百	十	万	千	百	十	元	角	分		千	百	十	万	千	百	十	元	角	分	
合计																								

会计主管: 记账: 复核: 制证:

图 2-14 转账凭证

2）通用记账凭证

通用记账凭证的格式，不再区分收款凭证、付款凭证和转账凭证，而是以一种格式记录全部经济业务。在经济业务比较简单的经济单位，为了简化凭证可以使用通用记账凭证，记录所发生的各种经济业务。格式如图 2-15 所示。

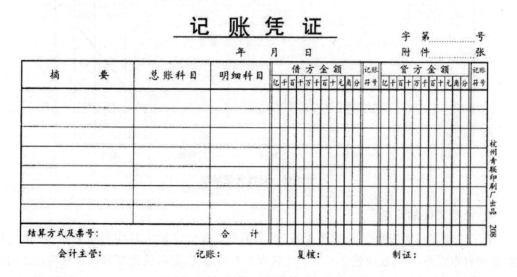

图 2-15 通用记账凭证

综上所述，会计实务中，由于各单位具体情况不同，会计人员选择使用的记账凭证的种类也不尽相同。但是，各种记账凭证都应该具备下列基本内容：①记账凭证的名称；②填制凭证的日期和凭证编号；③会计科目、借贷方向和金额；④经济业务的内容摘要；⑤所附原始凭证的张数；⑥经办人员的签名或盖章。

3．记账凭证的填制与汇总

在会计实务中，会计人员一方面填制记账凭证并把所依据的原始凭证附在后面（记账凭证可以根据一张或若干张反映同一经济业务的原始凭证填制，也可以把若干张同类经济业务的原始凭证进行汇总，根据汇总表填制）；另一方面要根据记账凭证直接或按一定方式汇总后登记总账及有关明细账。记账凭证的汇总是指根据一定时期的记账凭证编制科目汇总表或汇总记账凭证。它一般定期进行（在后面的章节中介绍），目的是减少记账工作量。

记账凭证的填制和汇总要求做到记录真实、内容完整、分录正确、书写清楚、填制及时。具体操作时，首先，应确定采用哪种格式的记账凭证。若企业规模大、收付款业务多，宜选择采用专用凭证；若企业规模小、业务少，宜选择采用通用记账凭证。若为了集中反映账户对应关系、便于查账、减少凭证数量，宜选择采用复式凭证，即要求将某项经济业务所涉及的全部会计科目集中填列在一张记账凭证上；若为了分工汇总、记账、加速账务处理工作，宜选择采用单式凭证，即把某一项经济业务的会计分录，按其所涉及的会计科目，分散填制两张或两张以上的记账凭证。其次，若选择采用专用凭证，接到原始凭证填制记账凭证时，还要具体确定填制收款、付款、转账哪一种专用凭证。记账凭证的填制如图 2-16 所示。

收款凭证

借方科目：银行存款　　××××年××月××日　　银收字第 1 号

摘要	贷方科目		金额	√	
	总账科目	明细科目	十万千百十元角分		附凭证
收到前欠货款	应收账款	兴达厂	3 0 0 0 0 0 0		
合计			¥ 3 0 0 0 0 0 0		张

会计主管：　　记账：　　复核：　　出纳：　　制单：

图 2-16　记账凭证填制

4．记账凭证的审核

为了正确登记账簿和监督经济业务，除了编制记账凭证的人员应当认真负责、正确填制、加强自审以外，同时还应建立专人审核制度。如前所述，记账凭证是根据审核后合法的原始凭证填制的。因此，记账凭证的审核，除了要对原始凭证进行复审外，还应注意以下两点。

（1）合规性审核。审核记账凭证是否附有原始凭证，原始凭证是否齐全，内容是否合法，记账凭证所记录的经济业务与所附原始凭证所反映的经济业务是否相符。

（2）技术性审核。审核记账凭证的应借、应贷会计科目是否正确，账户对应关系是否清晰，所使用的会计科目及其核算内容是否符合会计制度的规定，金额计算是否准确，摘要是否填写清楚，项目填写是否齐全，如日期、凭证编号、明细会计科目、附件张数以及有关人员签章等。

在审核过程中，如果发现差错，应查明原因，按规定办法及时处理和更正。只有经过审核无误的记账凭证，才能据以登记账簿。

任务 2.5　会计账簿设置与登记

在会计实务中，设置和登记会计账簿是使会计资料系统化而做的进一步技术处理。会计账簿，是由具有一定格式，又相互联系在一起的账页组成，它是以会计凭证为依据，对全部经济业务全面、连续、系统地记录的簿籍。账簿记录储备着大量经济信息，是编制会计报表的依据。企业的各种账簿，应按有关制度的规定进行妥善保管。保管期满后，应按规定的程序报经审批，再行销毁。

2.5.1　会计账簿的种类

1．会计账簿按用途分

会计账簿按用途可分为序时账簿、分类账簿和备查账簿。

(1) 序时账簿。序时账簿，又称日记账，是按照经济业务发生的时间先后顺序，逐日逐笔登记经济业务的账簿。序时账簿按记录内容的不同，可以分为普通日记账和特种日记账。普通日记账是用来登记各单位全部经济业务的日记账，也称通用日记账和分录日记账。特种日记账，是专门用来记录某一特定项目经济业务发生情况的日记账。设置特种日记账的目的，是用以反映特定项目的详细情况，如现金日记账和银行存款日记账。

(2) 分类账簿。分类账簿，是指对全部经济业务按照总分类账户和明细分类账户进行分类登记的账簿。分类账簿分为总分类账簿和明细分类账簿两种。总分类账簿，是按照总分类账户分类登记的账簿，用来核算经济业务的总括内容。明细分类账簿，是按照明细分类账户分类登记的账簿，用来核算经济业务的明细内容。

(3) 备查账簿。备查账簿，是指对某些在序时账簿和分类账簿中未能记载或记载不全的经济业务进行补充登记的账簿。该类账簿没有固定的格式，由各单位根据实际需要自行设计，用以对某些经济业务的内容提供必要的参考资料。如以经营租赁方式租入的固定资产的登记簿、受托加工材料登记簿等。

2. 会计账簿按外表形式分

会计账簿按其外表形式可分为订本式账簿、活页式账簿和卡片式账簿。

(1) 订本式账簿，是在启用前就把许多已编印页码的账页固定装订在一起的账簿。其优点是能避免账页散失和防止抽换，比较安全。缺点是不便调整各账户页数，也不利于分工记账。

(2) 活页式账簿，是由若干零散的账页组成的账簿。其优点是可根据实际需要随时增减账页，便于分工记账。缺点是账页容易散失或被抽换，不太安全。

(3) 卡片式账簿，是将一定数量的卡片式账页存放于专设的卡片箱中，可以根据需要随时增添账页的账簿。其优缺点与活页式账簿相同。

2.5.2 会计账簿的设置与登记

在会计实务中，每个会计主体都应根据自身经济业务特点和经营管理需要，并结合会计制度要求设置一定种类和数量的账簿，并形成科学严密、简明适用的账簿体系。每个会计主体一般都应设置日记账、总账、明细账和备查账。

一般而言，各种会计账簿都应具备封面、扉页、账页和封底四个组成部分。账页的基本内容应包括账户的名称、日期栏、凭证种类和号数栏、摘要栏、金额栏、总页次和分户页次。账簿启用时，应填制"账簿启用登记表"，详细载明单位名称、账簿名称、账簿编号、账簿页数、启用日期，加盖单位公章，并由会计主管人员和记账人员签章。更换记账人员时，应办理交接手续，在交接记录内填写交接日期和交接人、监交人姓名，加盖名章。

账簿登记的内容包括登记会计凭证的日期、编号、业务内容摘要、金额和其他相关资料。做到数字准确，摘要清楚，登记及时，字迹工整。账簿登记完毕，要在记账凭证上由记账人员签名或者盖章，并在凭证记账栏填写登记符号(√)，表示已经登账。

1. 现金日记账和银行存款日记账的设置与登记

(1) 账页的格式一般采用三栏式。现金日记账和银行存款日记账的账页一般采用三栏式,即借方、贷方和余额三栏,并在借贷两栏中设有"对方科目"栏。如果收付款凭证数量较多,为了简化记账手续,同时也为了通过现金日记账和银行存款日记账汇总登记总账,也可以采用多栏式账页。采用多栏式账页后如果会计科目较多,造成篇幅过大,还可以分设现金(银行存款)收入日记账和现金(银行存款)支出日记账。

现金日记账的格式如图 2-17 所示。银行存款日记账的格式与现金日记账基本相同,增加"银行凭证名称和编号"一栏。可以采用三栏式,也可以采用多栏式账簿。

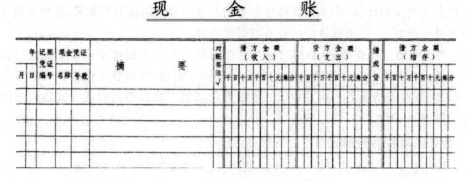

图 2-17 现金日记账

(2) 账簿的外表形式必须采用订本式。现金和银行存款是企业流动性最强的资产,为保证账簿资料的安全、完整,财政部《会计基础工作规范》第五十七条规定:"现金日记账和银行存款日记账必须采用订本式账簿。不得用银行对账单或者其他方法代替日记账。"

(3) 现金日记账和银行存款日记账,是由出纳人员根据审核无误的收付款凭证逐日逐笔顺序登记的账簿。每日终了,计算出余额。

2. 总分类账与明细分类账的设置与登记

1) 总分类账的设置与登记

(1) 总分类账的科目名称应与国家统一会计制度规定的会计科目名称一致。总分类账具有分类汇总记录的特点,为确保账簿记录的正确性、完整性,提供会计要素的完整指标,企业应根据自身行业特点和经济业务的内容建立总账,其总账科目名称应与国家统一会计制度规定的会计科目名称一致。

(2) 依据企业账务处理程序的需要选择总账格式。根据财政部《会计基础工作规范》的规定,总账的格式主要有三栏式、多栏式(日记总账)、棋盘式和科目汇总表总账等。企业可依据本企业会计账务处理程序的需要自行选择总账的格式。

总分类账常用三栏式账页,格式如图 2-18 所示。

(3) 总分类账的外表形式一般应采用订本式账簿。为保护总账记录的安全完整,总账一般应采用订本式。实行会计电算化的单位,用计算机打印的总账必须连续编号,经审核无误后装订成册,并由记账人、会计机构负责人、会计主管人员签字或盖章,以防失散。但科目汇总表总账可以是活页式。

(4) 总分类账是由会计人员直接根据记账凭证登记或根据汇总记账凭证登记的账簿。其登记的依据取决于所采用的账务处理程序。

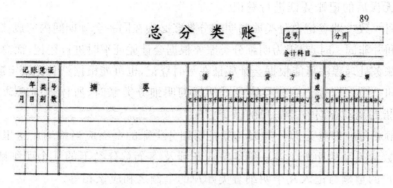

图 2-18 总分类账

2) 明细分类账的设置与登记

(1) 明细分类的科目名称应根据企业会计准则的规定和企业管理的需要设置。会计准则对有些明细科目名称作出了明确规定,有些只规定了设置的方法和原则。对于有明确规定的,企业在建账时应按照会计制度的规定设置明细科目名称,对于没有明确规定的,建账时应按照会计制度规定的方法和原则,以及企业管理的需要设置明细科目。

(2) 明细分类账的格式主要有三栏式、数量金额式和多栏式,企业应根据财产物资管理的需要选择明细账的格式。数量金额式明细分类账格式如图 2-19 所示。

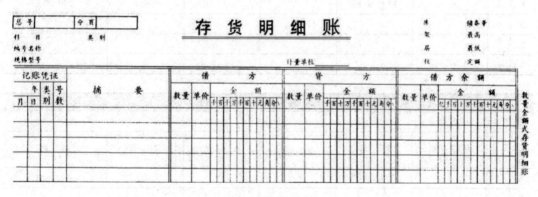

图 2-19 存货明细账

(3) 明细分类账的外表形式一般采用活页式。明细分类账采用活页式账簿,主要是使用方便,便于账页的重新排列和记账人员的分工。但是活页账的账页容易散失和被随意抽换,因此,使用时应顺序编号并装订成册,注意妥善保管。

(4) 明细分类账的登记方法,应根据各会计主体所记录的经济业务内容、业务量大小和经营管理上的要求而定。一般来说,应根据原始凭证、原始凭证汇总表或记账凭证逐笔进行登记,也可以逐日或定期汇总登记。

3) 总分类账与明细分类账的平行登记

总分类账与其所属的明细分类账,应按平行登记规则进行登记,就是对每一笔经济业务,一方面要在有关的总分类账中进行总括登记;另一方面,还要在所属的有关明细分类账中进行详细登记。登记原则可以概括为以下几方面。

(1) 依据相同。即无论是登记总分类账,还是登记同期总分类账所属的明细分类账,都应根据审核无误后的记账凭证进行登记。

（2）期间一致。即登记总分类账与明细分类账必须在同一会计期间内完成。这里所指的同一会计期间并非同一时点，因为明细分类账要根据会计凭证平时进行登记，而总分类账则会结合不同的账务处理程序可能根据会计凭证在平时登记，也可能根据汇总记录定期登记。

（3）方向一致。即登记总分类账及其所属的明细分类账时，所体现的变动方向应当相同。这里所指的变动方向并非账户的借贷方向。

（4）金额相等。即登记总分类账与登记明细分类账的金额应当相等。这里所指的金额相等只是指数量关系的相等。若一笔经济业务涉及一个总分类下的几个明细账户时，则记入总分类账户的金额与记入几个明细分类账户的金额之和应该相等。

例 2-1 某企业 20×1 年 6 月"应付账款"总账及其明细账的月初余额如表 2-21～表 2-23 所示。假设本月涉及应付账款只发生以下两笔经济业务：6 月 2 日向 A 工厂购买甲材料 120 000 元，款项未支付；6 月 12 日以银行存款偿付所欠 B 工厂货款 150 000 元。请登记"应付账款"总账及相应明细账。

表 2-21　总分类账　　　　　　　　　　　　　　单位：元

账户名称：应付账款

20×1 年		凭证号数	摘要	借方	贷方	借或贷	余额
月	日						
6	1		期初余额			贷	330 000
6							
6							
6							

表 2-22　应付账款明细分类账　　　　　　　　　单位：元

账户名称：应付账款——A 工厂

20×1 年		凭证号数	摘要	借方	贷方	借或贷	余额
月	日						
6	1		期初余额			贷	80 000
6							
6							

表 2-23　应付账款明细分类账　　　　　　　　　单位：元

账户名称：应付账款——B 工厂

20×1 年		凭证号数	摘要	借方	贷方	借或贷	余额
月	日						
6	1		期初余额			贷	250 000
6							
6							

分析企业 6 月"应付账款"账户发生的经济业务。购买甲材料 120 000 元，款项未支付，会引起"应付账款"总分类账户增加 120 000 元，同时根据总分类账和明细分类账的平行登记，还应在"应付账款——A 工厂"明细账户中登记增加 120 000 元；用银行存款支付所欠

B工厂货款150 000元,会引起"应付账款"总分类账户减少150 000元和"应付账款——B工厂"明细账户减少150 000元。根据上述分析,应登记"应付账款"总分类账和"应付账款——A工厂""应付账款——B工厂"明细分类账,如表2-24~表2-26所示。

表2-24 总分类账　　　　　　　　　　　　　单位:元

账户名称:应付账款

| 20×1年 | | 凭证号数 | 摘　要 | 借　方 | 贷　方 | 借或贷 | 余　额 |
月	日						
6	1		期初余额			贷	330 000
6	2	转1	购买甲材料		120 000	贷	450 000
6	12	银付3	偿还欠款	150 000		贷	300 000
6	30		本月合计	150 000	120 000	贷	300 000

表2-25 应付账款明细分类账　　　　　　　　单位:元

账户名称:应付账款——A工厂

| 20×1年 | | 凭证号数 | 摘　要 | 借　方 | 贷　方 | 借或贷 | 余　额 |
月	日						
6	1		期初余额			贷	80 000
6	2	转1	购买甲材料		120 000	贷	200 000
6	30		本月合计		120 000	贷	200 000

表2-26 应付账款明细分类账　　　　　　　　单位:元

账户名称:应付账款——B工厂

| 20×1年 | | 凭证号数 | 摘　要 | 借　方 | 贷　方 | 借或贷 | 余　额 |
月	日						
6	1		期初余额			贷	250 000
6	12	银付3	偿还欠款	150 000		贷	100 000
6	30		本月合计	150 000	—	贷	100 000

3. 备查账的设置与登记

(1)备查账应根据统一会计制度的规定和企业管理的需要设置。并不是每个企业都要设置备查账簿。但是对于会计准则规定必须设置备查簿的科目,如"应收票据""应付票据"等,必须按照会计准则的规定设置备查账簿。

(2)备查账的格式由企业自行确定。备查账没有固定的格式,与其他账簿之间也不存在严密的钩稽关系,其格式可由企业根据内部管理的需要自行确定。

(3)备查账的外表形式一般采用活页式。为使用方便,备查账一般采用活页式账簿。与明细账一样,为保证账簿的安全、完整,使用时应顺序编号并装订成册,注意妥善保管,以防账页丢失。

(4)一般根据有关资料予以登记,如会计准则有具体规定的,则从其规定。

账簿的分类和设置归纳如图2-20所示。

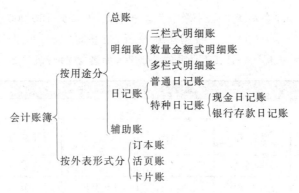

图 2-20 账簿的分类和设置

2.5.3 错账更正的方法

为保证账簿记录的正确性,需要经常对账簿记录进行核对。在对账过程中,可能发生各种各样的差错,如重记、漏记、数字颠倒、数字错位、数字记错、科目记错、借贷方向记反等,从而影响会计信息的质量。因此,企业应及时找出差错,并予以更正。通常可采用差数法、尾数法、除 2 法和除 9 法等错账查找的方法,确定错账的类型。对于账簿记录中发生的错误,应采用错账更正的方法予以更正。

错账更正的方法主要有三种,企业可根据具体情况选择使用。

1. 划线更正法

划线更正法,是指在结账前发现记录有文字或数字错误,而记账凭证没有错误,在账簿记录上划红线注销原有错误记录,然后在错误记录的上方写上正确记录的一种方法。更正时,可以在错误的文字或数字上划一条红线,在红线的上方填写正确的文字或数字,并由记账人员在更正处盖章,以明确责任。

2. 红字更正法

红字更正法,是指由于记账凭证错误而使账簿记录发生错误,用红字冲销原记账凭证,以更正账簿记录的一种方法。它适用于以下两种情况。

(1) 记账后发现记账凭证中的应借应贷会计科目有错误,从而引起记账错误。更正的方法是:用红字填写一张与原凭证完全相同的记账凭证,以注销原记账凭证,然后用蓝字填写一张正确的记账凭证,并据以记账。

(2) 记账后发现记账凭证和账簿记录中应借应贷会计科目无误,只是所记金额大于应记金额。更正的方法是:按多记的金额用红字填写一张与原记账凭证应借应贷科目完全相同的记账凭证,以冲销多记的金额,并据以入账。

3. 补充登记法

补充登记法又称为补充更正法,是由于记账后发现记账凭证和账簿记录中应借应贷科目无误,只是所记金额小于应记金额。更正的方法是:按少记的金额编制一张与原记账凭证应借应贷科目完全相同的记账凭证,以补充少记的金额,并据以入账。

任务 2.6 财产清查与结账

2.6.1 财产清查

财产清查,是通过对实物、库存现金的实地盘点和对银行存款、债权债务的查对,来确定财产物资、货币资金和债权债务的实存数,并查明账面结存与实存数是否相符的一种专门方法。

财产清查的关键在于解决账实不符的问题。要解决这一问题,首先要分析账面数与实有数为何会不一致。其中有主观因素,如由于会计人员的个人素质导致的收发错误;会计凭证和会计账簿的漏记、重记、错记;非法分子的徇私舞弊、贪污盗窃等。有客观因素,如财产物资的自然损耗;计算机或其他计量设备不能正常工作;不可抗力的发生,如自然灾害导致的非常损失等。尽管复式簿记系统本身有一定的内部牵制机制,但由于以上因素的存在,常常会导致账实不符。为了进一步核实日常核算信息是否真实可靠,必须定期或不定期、全面或局部进行财产清查,以便在账实相符的基础上编制财务报表,同时保护企业各项财产的安全完整。

财产清查工作涉及面广、工作量大,为了保证财产清查工作有条不紊地进行,应遵守一定的程序。企业在成立清算组织,做好清查前各项准备工作后,应由清查人员根据清查对象的特点,依据清查目的,采用相应的清查方法,实施财产清查。在进行盘点时相关人员必须到场。如盘点财产物资时,其保管人员必须到场;盘点库存现金时,出纳人员必须到场等。盘点时要由盘点人员做好盘点记录;盘点结束,盘点人员应根据财产物资的盘点记录,编制"盘存表",并由盘点人员、财产物资的保管人员及有关责任人签名盖章。同时,应根据有关账簿资料和盘存资料填制"实存账存对比表",并根据对比结果调整账簿记录,分析差异原因,做出相应的处理。

由于财产物资种类繁多,占用形态各异,对实物、货币资金、往来款项等应采取不同的方式进行清查。

1. 库存现金清查

库存现金的清查是通过实地盘点的方法,确定库存现金的实存数。盘点库存现金时,出纳人员必须在场,以明确经济责任。盘点时,盘点人员应做好盘点记录。库存现金盘点后,盘点人员应根据盘点记录,填制库存现金盘点报告表(见表 2-27),将盘点结果和账存实存对比情况在一张表格中反映,由盘点人员、出纳人员及有关负责人签名盖章,并作为调整账簿记录的依据。

表 2-27 库存现金盘点报告表

单位名称: 年 月 日

实存金额	账存余额	实存与账存对比		备注
		盘盈	盘亏	

盘点人签章: 出纳人员签章:

2. 银行存款的清查

银行存款的清查即银行存款的核对,其主要目的是保证银行存款的安全与完整。银行存款的核对包括三个方面：一是银行存款日记账与银行存款收付款凭证及现金收付款凭证要相互核对,保证账证相符；二是银行存款日记账与银行存款总账要定期核对,保证账账相符；三是银行存款日记账与银行转来的对账单要定期核对,以查明银行存款的实有数,保证账实相符。这里仅介绍最后一方面的内容。

清查银行存款时,应将银行存款日记账同银行对账单逐日逐笔核对。银行存款日记账与银行对账单的余额往往不一致,造成这种不一致的原因主要有两个方面：一是由于企业或银行的记账错误；二是由于未达账项。

1) 未达账项

未达账项,是指企业与银行之间对于同一项业务,由于取得凭证的时间不同,导致记账时间不一致,而发生的一方已取得结算凭证登记入账,而另一方尚未取得结算凭证而未入账的款项。未达账项主要有以下四种情况。

(1) 企业已收,而银行未收的款项。如企业收到客户交来的转账支票,企业已经登记入账,而银行尚未登记入账的事项。

(2) 企业已付,而银行未付的款项。如企业开出支票付款时,企业已经根据支票存根、发票登记付款,而持票人尚未办理提现或转账,银行尚未登记付款。

(3) 银行已收,而企业未收的款项。如外地购货单位给企业的汇款,银行已经登记入账,而企业由于未收到汇款凭证尚未登记入账。

(4) 银行已付,而企业未付的款项。如银行代企业支付款项水电费,银行已登记入账,但企业尚未收到付款通知而尚未登记入账。

上述任何一种未达账项的存在,都会导致企业银行存款日记账与银行对账单的余额不一致。因此,企业在与银行对账时,应先查明有无未达账项。在有未达账项的情况下,企业应编制银行存款余额调节表,对未达账项进行调整。调整后,再对双方的余额进行核对,看是否相符。

2) 银行存款余额调节表的编制方法

为了消除未达账项的影响,企业可以通过编制银行存款余额调节表(见表 2-28)对双方账面余额进行调整。调整的方法一般是采用余额调节法,即将企业的账面余额和银行对账单余额各自补记对方已入账而本单位尚未入账金额,然后验证经过调节后的余额是否一致。如果一致,说明双方记账没有差错。否则说明记账有差错,应进一步查明原因,予以更正。经过调节和更正,银行存款余额调节表最后的余额应当反映企业可以实际动用的银行存款数额。

下面举例说明银行存款余额调节表的编制方法。

例 2-2　某公司 20×1 年 3 月 31 日银行对账单余额为 134 305 583 元,公司银行存款日记账余额为 20 038 539 元。经核对找出如下未达账项。

(1) 公司已收入账,银行尚未入账：公司销售货物,收到其他单位开来的银行支票送开户行 5 000 元。

(2) 公司已付入账,银行尚未入账：公司因购买原材料,支付工资等签发 3 份银行支票,其金额分别为 114 120 119 元、139 322 元、5 853 元。

(3) 银行已收入账,公司尚未入账：银行代公司收到一笔应收款 10 000 元,相关单据未交付企业。

(4) 银行已付入账,公司尚未入账:银行收取公司办理结算的手续费和电报费分别为 750元和2 500元。

请根据上述资料采用余额调节法编制银行存款余额调节表。

根据上述资料采用余额调节法编制调节表,如表2-28所示。

表 2-28　银行存款余额调节表

20×1年3月31日　　　　　　　　　　　　　　　　　　单位:元

项　　目	金　　额	项　　目	金　　额
公司银行存款日记账余额	20 038 539	银行对账单余额	134 305 583
加:银行已收入账	10 000	加:企业已收入账	5 000
企业尚未入账		银行尚未入账	
减:银行已付入账	750	减:企业已付入账	114 120 119
企业尚未入账	2 500	银行尚未入账	139 322
			5 853
调节后余额	20 045 289	调节后余额	20 045 289

需要注意的是,编制银行存款余额调节表只是为了检查账簿记录的正确性,并不是要更改账簿记录,更不能作为记账的依据。对于银行已经入账而本单位尚未入账的业务和本单位已经入账而银行尚未入账的业务,均不做账务处理,待以后有关结算凭证到达企业,未达账项变成已达账项,才能进行相应的账务处理。对于长期搁置的未达账项,应及时查阅凭证和有关资料,并及时和银行联系,查明原因,予以解决。

3. 实物资产的盘存方法

1) 财产物资盘存制度

财产清查的重要环节是盘点财产物资的实存数量。为使盘点工作顺利进行,应建立一定的盘存制度。一般来说,财产物资的盘存制度有两种:永续盘存制和实地盘存制。两种制度的比较如表2-29所示。

表 2-29　永续盘存制和实地盘存制比较

方　法	内　　容	特　　点	注意问题
实地盘存制	期末对全部存货进行实地盘点,根据期末存货结存数量和盘存单价计算期末存货总金额,倒轧本期已耗用或已销售存货的成本 本期减少数=账面期初余额+本期增加额-期末实际结存额	根据倒挤出的减少数,再登记有关账簿。每月月末对各项财产物资进行实地盘点的结果,是计算、确定本月财产物资减少的依据;适用于自然消耗大、数量不稳定的鲜活商品等,但不能随时反映收、发、存动态和结转存货成本,容易掩盖仓库管理问题	根据存货类别,企业对于两种方法可混合采用,但前后期应保持一致
永续盘存制	对存货设置经常性库存记录,通过存货明细账逐笔或逐日登记收入和发出的存货,并随时结出账面余额 账面期末余额=账面期初余额+本期增加额-本期减少额	有利于存货的管理,但工作量较大。需要对各项财产物资定期进行财产清查,以查明账实是否相符,以及账实不符的原因	

说明:实地盘存制在工业企业也称"以存计耗"或"盘存计耗",在商业企业也称"以存计销"或"盘存计销"。其平时对存货科目只记借方,不记贷方,期末通过实地盘点确定期末存货数量和成本,然后再倒算当期耗用或销货成本。

2）实物资产的盘存方法

不同品种的财产物资，由于其实物形态、体积重量、码放方式不同，采用的清查方法也不同，一般有实地盘点和技术推算盘点两种。

（1）实地盘点法是在财产物资堆放现场进行逐一清点数量或用计量仪器确定实存数的一种方法。实地盘点法适用范围广，清查质量高，但工作量比较大。如果事先按财产物资的实物形态进行科学的码放，如五五排列、三三制码放等，都有助于提高清查的速度。

（2）技术推算盘点，是利用技术方法，通过技术推算确定财产物资实存数量的一种方法。技术推算盘点法适用于大量堆放、不易逐一清点的财产物资，如大量堆放的原煤、砂石等。

3）盘存表

为了明确经济责任，进行财产物资的盘点时，有关财产物资的保管人员必须在场，并参加盘点工作。对各项财产物资的盘点结果，应逐一如实地登记在盘点表（见表2-30）上，并由参加盘点的人员和实物保管人员共同签章生效。盘点表是记录各项财产物资实存数量盘点的书面证明，也是财产清查工作的原始凭证之一。盘点完毕，将盘点表中所记录的实存数额与账面结存余额核对，发现某些财产物资账实不符时，填制实存账存对比表（见表2-31），确定财产物资盘盈或盘亏的数额，作为调整账面的原始凭证，进行财产清查后的有关账务处理。

表 2-30　盘点表

单位名称：　　　　　　　　　　　　年　月　日　　　　　　　　　　　　编号：
财产类别：
存货地点：

编号	名称	计量单位	数量	单价	金额	备注

盘点人签章：　　　　　　　　　　　　　　　　　　　　　　　　实物保管签章：

表 2-31　实存账存对比表

单位名称：　　　　　　　　　　　　　　　年　月　日

序号	名称	规格型号	计量单位	单价	实存		账存		实存账存对比				备注
									盘盈		盘亏		
					数量	金额	数量	金额	数量	金额	数量	金额	
合计													

主管人员：　　　　　　　　　　　会计：　　　　　　　　　　　制表：

4. 结算往来款项的清查方法

往来款项的清查是指对有关应收账款、预付账款、其他应收款、应付账款、预收账款和其他应付款等债权债务进行清查。企业在清查各项债权债务时，一般应通过电函、信函或面询的方式进行查对。实际工作中，企业一般编制往来款项对账单送往各经济往来单位。如对方核对相符，则可在回联单上加盖公章退回；如对方核对不符，则对方应在回联单上注明不符情况或者另外说明情况退回本单位，以进一步查明原因，直至核对相符。

往来款项对账单的格式如表2-32和表2-33所示。

表 2-32　往来账款对账单

（单位名称）

往来款项对账单

总分类账户名称：　　　　　　　　　年　月　日　　　　　　　　　　单位：元

明细分类账户名称		清查结果		核对不符原因分析			备注
名　称	账面余额	核对相符金额	核对不符金额	未达账项金额	有争议款项金额	其他	

清查人员签章：　　　　　　　　　　　　　　　　　　　　　　　　经管人员签章：

表 2-33　结算款项核对登记表

单位名称：　　　　　　　　　　　　年　月　日

结算性质	对方单位	应结算金额	核对金额	备　注
应收账款				
应付账款				

负责人签章：　　　　　　　　　　　　　　　　　　　　　　　　　　制表：

　　财产清查后会出现两种情况：一是实存数与账存数一致；二是实存数与账存数存在差异。对于账实相符，不必进行账务处理。实存数与账存数存在差异时则会出现如下情况：一是盘亏，即实存数小于账存数；二是盘盈，即实存数大于账存数；三是毁损，即虽然实存数等于账存数，但是实存的财产物资，由于某种原因，如质量问题等，不能达到标准、不能正常使用等。对于财产清查的结果，只要存在差异，不论是盘盈、盘亏和毁损，都要进行账务处理，调整实存数与账存数以使两者相等。具体账务处理在以后相应各章介绍。

2.6.2　对账和结账

1. 对账

　　《会计法》规定："各单位应当定期将会计账簿与实物、款项及有关资料相互核对，保证会计账簿记录与实物及款项的实有数字相符、会计账簿记录与会计凭证的有关内容相符，会计账簿之间相对应的记录相符、会计账簿记录与会计报表的有关内容相符。"据此，对账的内容主要包括账实核对、账证核对、账账核对、账表核对。保证账实相符、账证相符、账账相符以及账表相符，是会计核算的基本要求。对账一般分为日常核对和定期核对。日常核对一般是指会计人员在日常的核算工作中对原始凭证、记账凭证和账簿记录的审核；定期核对是指期末结账前，对会计凭证和账簿记录的审核。对账是会计核算的一项重要内容，也是审计常用的一种查账方法。

　　（1）账实核对，是账簿记录与实物、款项实有数相核对的简称。由于会计账簿记录是实物款项使用情况的价值量反映，实物款项的增减变化情况，必须在会计账簿记录上如实记录、登记。因此，通过会计账簿记录的正确性，发现财产物资和现金管理中存在的问题，有利于查明原因、明确责任，有利于改进管理、提高效益，有利于保证会计资料真实、完整。账实核对的方法主要通过财产清查的方法进行（详见本项目 2.6.1 小节财产清查）。

(2) 账证核对，是会计账簿记录与会计凭证有关内容相核对的简称。由于会计账簿记录是根据会计凭证等资料编制的，两者之间存在逻辑联系。因此，通过账证核对，可以检查、验证会计账簿和会计凭证的内容是否正确无误，以保证会计资料真实、完整。各单位应当定期将会计账簿记录与其相应的会计凭证（包括时间、编号、内容、金额、记账方向等）逐项核对，检查是否一致。如果发现有不一致之处，应当及时查明原因，并按照规定予以更正。

(3) 账账核对，是会计账簿之间相对应记录相互核对的简称。由于会计账簿之间，包括总账各账户之间、总账与明细账之间、总账与日记账之间、会计机构的财产物资明细账与保管部门、使用部门的有关财产物资明细账之间等相对应的记录存在着内在联系，通过定期核对，可以检查、验证会计账簿记录的正确性，便于发现问题，纠正错误，保证会计资料的真实、完整和准确无误。

(4) 账表核对，是会计账簿记录与会计报表有关内容相核对的简称。由于会计报表是根据会计账簿记录及有关资料编制的，两者之间存在着相对应的关系。因此，通过检查会计报表各项目的数据与会计账簿有关数据是否一致，确保会计信息的质量。

2. 结账

结账，是指会计期末计算并结转各种账簿的本期发生额和期末余额，并终止本期的账务处理工作。为掌握各会计期间的经营活动及其结果，并为编制财务报表提供依据，必须在会计期末（月末、季末、年末）通过结账方式对各会计期间的经济业务进行总结，将各账簿记录结算清楚。需要注意的是，为了保证结账工作的正确性，在结账之前，应在将全部经济业务登记入账的基础上进行试算平衡。

1) 结账的主要程序

(1) 将本期发生的经济业务全部登记入账，并保证其正确性。

(2) 根据权责发生制的要求，调整有关账项，合理确定本期应计的收入和应计的费用。

(3) 将损益类账户转入"本年利润"账户，结平所有损益类账户。

(4) 结算出资产、负债和所有者权益账户的本期发生额和余额，并结转下期。

2) 结账的方法

(1) 对不需要按月结计本期发生额的账户，每次记账后，都要随时结出余额，每月最后一笔余额即为月末余额。

(2) 现金、银行存款日记账和需要按月结计发生额的收入、费用等明细账，每月结账时，要在最后一笔经济业务记录下面通栏划单红线，结出本月发生额和余额，在摘要栏注明"本月合计"字样，并在下面通栏划单红线。

(3) 需要结计本年累计发生额的某些明细账户，每月结账时，应在"本月合计"行下结出自年初起至本月末止的累计发生额，登记在月份发生额下面，在摘要栏内注明"本年累计"字样，并在下面通栏划单红线。

(4) 总账账户平时只需要结出月末余额。年终结账时，为了总括反映全年各项资金运动情况的全貌，核对账目，要将所有总账账户结出全年发生额和年末余额，在摘要栏内注明"本年合计"字样，并在合计数下通栏划双红线。

年度结账后，除了可跨年度使用的部分明细账（如固定资产明细账）和备查账簿外，其余的总账、明细账、日记账都应更换新账。

任务 2.7 账务处理程序

账务处理程序也称会计核算组织程序或会计核算形式,是指会计凭证、会计账簿、会计报表相结合的方式。会计凭证、会计账簿、会计报表之间不同的结合方式,形成了不同的账务处理程序。

在会计实务中,各单位都必须结合自身的经营特点,采用适合本单位经营规模和管理需要的账务处理程序,以达到既能保证会计信息质量,又能提高会计工作效率的目的。账务处理程序主要有记账凭证账务处理程序、科目汇总表账务处理程序和汇总记账凭证账务处理程序等。不同账务处理程序最根本的区别在于登记总分类账的依据不同。本任务只介绍记账凭证账务处理程序和科目汇总表账务处理程序。

2.7.1 记账凭证账务处理程序

1. 基本内容

记账凭证账务处理程序,是根据记账凭证,直接逐笔登记总分类账的一种核算形式。它是最基本的核算形式。在这一核算形式中,记账凭证可以是通用记账凭证,也可以是分设收款凭证、付款凭证和转账凭证;需要设置现金日记账、银行存款日记账、明细分类账和总分类账,其中现金日记账、银行存款日记账和总分类账一般采用三栏式,明细账根据需要采用三栏式、多栏式和数量金额式。其特点是直接根据记账凭证,不经过汇总,逐笔登记总分类账。这是最基本的也是唯一不经过汇总直接登记总账的核算形式。其他各种账务处理程序都是在此基础上,根据经济管理的需要发展而形成的。

2. 流程图

记账凭证账务处理程序流程如图 2-21 所示。

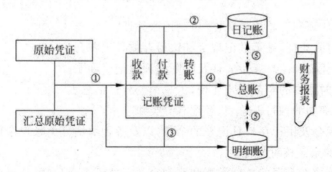

图 2-21 记账凭证账务处理程序流程

① 审核原始凭证或汇总原始凭证,填制记账凭证。
② 根据收、付款凭证,逐笔登记现金及银行存款日记账。
③ 根据原始凭证、汇总原始凭证和记账凭证登记明细账。
④ 根据记账凭证登记总分类账。

⑤ 将日记账、明细账与总分类账定期核对。
⑥ 根据总分类账和明细分类账的记录编制账务报表。

3. 优缺点及适用范围

记账凭证账务处理程序的优点是手续简便；总账比较详细地反映了经济业务的内容，除了起到分类的作用外，还起到对全部经济业务序时记录的作用，便于查账；简化了记账程序和记账工作。其缺点是由于总分类账、明细分类账均是直接根据记账凭证登记的，因此增加了重复登记的工作量。它适用于规模小且经济业务量较少的单位。

2.7.2 科目汇总表账务处理程序

1. 基本内容

科目汇总表账务处理程序是根据记账凭证定期编制科目汇总表，并据以登记总分类账的一种账务处理程序。其特点是定期将所有记账凭证汇总编制成科目汇总表，然后再根据科目汇总表登记总分类账。记账凭证、会计账簿的设置与记账凭证核算形式基本相同。

2. 流程图

科目汇总表账务处理程序流程如图 2-22 所示。

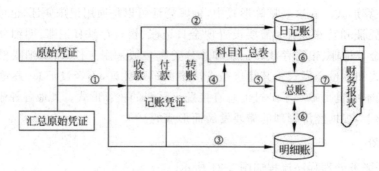

图 2-22 科目汇总表账务处理程序流程

① 审核原始凭证和汇总原始凭证，填制记账凭证。
② 根据收、付款凭证，逐笔登记现金和银行存款日记账。
③ 根据原始凭证和汇总原始凭证及记账凭证登记明细账。
④ 根据一定时期内的全部记账凭证，汇总编制科目汇总表。
⑤ 根据定期编制的科目汇总表，登记总分类账。
⑥ 期末，将现金及银行存款日记账的余额，以及各种明细分类账户余额合计数，分别与总账中有关科目的余额核对相符。
⑦ 期末，根据核对无误的总分类账和明细分类账的记录，编制财务报表。

3. 优缺点及适用范围

科目汇总表账务处理程序的优点是根据科目汇总表登记总账，能大大减少总账登记的工作量；并可根据科目汇总表中借方发生额合计与贷方发生额合计之间的相等关系，起到入账前的试算平衡作用。其缺点是科目汇总表是按总账科目汇总编制的，只能作为登记总账和试算平衡的依据,不能明确反映各账户之间的对应关系,不能清晰地反映经济业务的发生情况,因此不便于分析和检查经济业务的来龙去脉,不便于查对科目。它适用于经济业务量较多的单位。

任务2.8 财务报告

财务报告(financial report),是指企业对外提供的反映企业某一特定日期的财务状况和某一会计期间的经营成果、现金流量等会计信息的文件。财务报告是企业会计工作的最终成果,是输出企业会计信息的主要形式,是企业与外部信息使用者联系的桥梁和纽带。

财务报告具有特殊作用,我国企业会计准则体系强调了财务报告的地位。《企业会计准则——基本准则》第十章单独规定了财务报告,具体会计准则大都规定了披露要求。这些披露要求与《企业会计准则——财务报表列报》《企业会计准则——现金流量表》《企业会计准则——中期财务报告》《企业会计准则——合并财务报表》《企业会计准则——分部报告》《企业会计准则——关联方披露》《企业会计准则——金融工具列报》《企业会计准则——每股收益》等报告类企业会计准则,共同构成了企业财务报告体系。

2.8.1 财务报告的目标

财务报告目标(financial reporting objectives)在整个财务会计系统和企业会计准则体系中占有十分重要的地位,是构建会计确认、计量和报告原则并制定各项准则的基本出发点。现代企业是以所有权和经营权相分离为特征的,投资者将资产交给经营者经营,最关心的是企业的财务状况、经营成果和现金流量,需要有用的信息用于决策。而承担这一信息载体和功能的便是企业编制的财务报告。

1. 向财务报告使用者提供对决策有用的信息(决策有用观)

财务报告的使用者主要包括企业管理当局、政府部门、投资者、债权人、职工。这些使用者出于不同的目的,对会计信息的关注点有所不同。

(1)企业管理当局。企业管理当局是会计信息的内部使用者,处于单位领导和管理的最高层,对于本单位的经济业务拥有决策权或者执行权,与单位其他人员之间是一种领导与被领导的关系。企业要完成既定的经营目标,就必须对经营过程中遇到的各种重大问题进行决策,而正确的决策必须以相关的、可靠的信息为依据。当然,企业管理当局在决策过程中,除利用财务会计信息外,还可通过其他途径获取外部使用者无法掌握的内部信息。

(2)政府部门。在我国,会计信息还有一类特殊使用者,即国家。一方面,我国国有企业的生产资料归全民所有,而国家作为全民的代表对这些生产资料拥有所有权,它是作为一个特殊的投资人而存在的。国家作为投资者要求会计信息能够客观真实地反映企业的资金流动状况、企业的获利能力和偿债能力,而且要求了解企业执行国家财政、金融、税收、物价等政策的情况,以及企业在改善经营、加强管理方面所取得的成果,借以考核企业的业绩。另一方面,国家基于其履行宏观调控、计划管理和综合平衡等职能的需要,为了实现社会资源的优化配置,必然通过税收、货币和财政政策进行宏观经济管理。在宏观调控中,国民经济核算体系所提供的数据是调控的重要依据,国民经济核算与企业会计核算之间存在着十分密切的联系,企业会计核算资料是国家统计部门进行国民经济核算的重要资料来源,国家税务部门进行的税收征管是以财务会计数据为基础的,证券监管部门无论是对公司上市资格的审查,还是公司上市后的监管,都离不开对会计数据的审查和监督。在证券监督管理机构对证券发行与交易进行监督管理的过程中,财务会计信息的质量是其监管的内容,真实可靠的会计信息又是其对证券市场实施监督的重要依据。

(3)投资者。在所有权与经营权分离的情况下,投资者虽然不参加企业的日常经营管理,但需要利用会计信息对经营者受托责任的履行情况进行评价,并对企业经营中的重大事项做出决策。投资者除包括现有投资者外,还包括潜在的投资者。对潜在的投资者来说,主要是根据财务会计信息评价企业的各种投资机遇、估量投资的预期成本和收益以及投资风险的大小,做出是否对该企业投资的决策。

(4)债权人。债权人是企业信贷资金的提供者。债权人提供信贷资金的目的是按约定的条件收回本金并获取利息收入,也就是说,债权人关心的主要是企业能否按期还本付息。基于此,他需要了解资产与负债的总体结构,分析资产的流动性,评价企业的获利能力以及产生现金流量的能力,从而做出向企业提供贷款、维持原贷款数额、追加贷款、收回贷款或改变信用条件的决策。

(5)职工。按照有关法律规定,企业研究决定生产经营的重大问题、制定重要的规章制度时,应当听取工会和职工的意见和建议;企业研究决定有关职工工资、福利、劳动保险等涉及职工切身利益的问题时,应当事先听取工会和职工的意见。职工在履行上述参与企业管理的权利和义务时,必然要了解相关的会计信息。

以上分析了五类报告使用者以及他们对信息的要求,但会计信息的使用者十分广泛,并不局限于上述几类。例如,顾客出于对自身利益的关心也会关注企业的会计信息;对上市公司而言,会计信息的使用者还会涉及证券分析师、证券交易所和一般公众。当然,对于能满足上述五类报表使用者要求的信息,通常也能满足其他使用者的要求。

2. 反映企业管理层受托责任履行情况(受托责任观)

现代企业制度权责分明,企业管理者受托管理经营出资者的资产,企业应以全部法人财产自主经营、自负盈亏,对出资者承担资产保值、增值的责任。现代企业制度所有权与经营权分离,企业投资者和债权人等需要及时或者经常性地了解企业管理层保管、使用资产的情况,以便评价企业管理层的责任情况和业绩情况,并作出是否需要调整投资或者信贷政策、是否需要加强企业内部控制和其他制度建设、是否需要更换管理层等重要决策。财务报告反映企业管理层受托责任的履行情况,将有助于评价企业的经营管理责任和资源使用的有效性。

2.8.2 财务报告的组成及分类

财务报告,包括财务报表和其他应当在财务报告中披露的相关信息和资料。

《企业会计准则》规定,财务报表至少应当包括下列组成部分,即资产负债表、利润表、现金流量表、所有者权益(或股东权益)变动表以及附注。小企业编制的会计报表可以不包括现金流量表。本书主要阐述一般企业财务报告的编制。财务报告构成如图 2-23 所示。

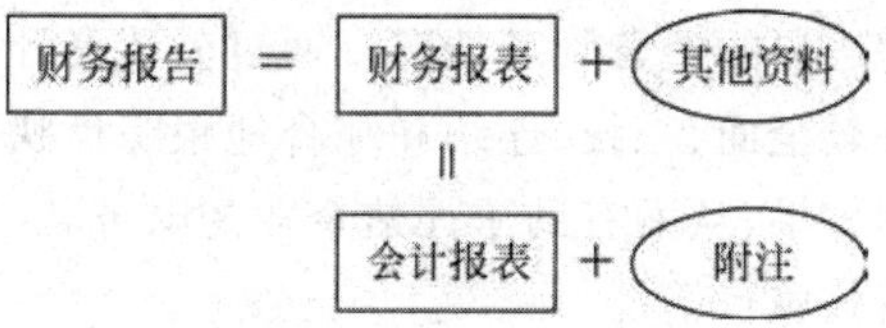

财务报告可以根据需要，按照不同的标准进行分类。

财务报告 = 财务报表 + 其他资料
        = 会计报表 + 附注

图 2-23 财务报告构成

1. 按所反映的财务活动方式分类

财务报告按所反映的财务活动方式的不同，可以分为静态财务报告和动态财务报告。静态财务报告是反映企业某一特定日期（时点）有关资产、负债和所有者权益状况的财务会计报告，一般应根据各个账户的"期末余额"填列，如资产负债表。动态财务报告是反映企业一定时期内资金耗费和收回情况以及经营成果等情况的财务会计报告，一般应根据有关账户的"发生额"填列，如利润表、现金流量表和所有者权益变动表。

2. 按编报时间分类

财务报告按编报时间的不同，可以分为年度财务报告和中期财务报告。年度财务报告是全面反映企业全年的财务状况和经营成果及其资金变动的会计报告，要求报告的种类和揭示的信息最为完整和全面。中期财务报告是以短于一个完整会计年度的报告期间为基础编制的会计报告，包括月报、季报和半年报。中期资产负债表、利润表、现金流量表应当是完整报表，其格式和内容应当与年度财务报告相一致，只是附注披露可适当简略。

3. 按编制主体分类

财务报告按编制主体的不同，可以分为个别财务会计报告和合并财务报告。个别财务报告是独立核算的企业用来反映其自身财务状况、经营成果、现金流量的会计报告。合并财务报告是指由母公司编制的，以母公司和子公司组成的企业集团为会计主体，反映整个集团财务状况、经营成果、现金流量的会计报告。

企业财务报告的分类如表 2-34 所示。

表 2-34 财务报告分类

财务报告		具体会计报表	编报期	备 注
	会计报表	会企 01 号资产负债表	中期报表、年度报表	月报：月度终了后 6 天内；季报：季度终了后 15 天内；半年报：年度中期结束后 60 天内；年报：年度终了后 4 个月内
		会企 02 号利润表	中期报表、年度报表	
		会企 03 号现金流量表	中期报表、年度报表	
		会企 04 号所有者权益变动表	年度报表	
	附注		年度报表、半年度报表	
	其他应披露的相关信息和资料			

2.8.3 财务报告的作用

（1）财务报告反映企业管理当局的受托经营管理责任。现代企业的"两权分离"使投资者和企业管理当局之间出现委托与受托关系。投资者把资金投入公司，委托管理人员进行经营管理。他们为了确保自己的经济利益，保证其投入资本的完整与增值，需要经常了解管理当局的经营管理情况。通过公认会计原则和其他一些法律规章的制约,财务会计报告能够较全面、系统、连续和综合地跟踪反映企业投入资源的渠道、性质、分布状态以及资源的运用效果,从而有助于评估企业的财务状况、经营绩效,以及管理当局对受托资源的经营管理责任履行情况。

(2) 财务报告是与企业有利害关系的外部单位和个人了解企业财务状况和经营成果,并据以作出决策的重要依据。企业的投资者(包括潜在的投资者)和债权人(包括潜在的债权人)根据财务报告提供的信息,了解企业目前的经营能力、偿债能力、获利能力及资本实力,再作出是否向企业投资、以什么方式投资、选择投资或贷款的方法等决策;政府部门(包括财政、税务、银行、证券交易监管机构和工商行政管理部门等)根据财务报告提供的信息,了解和监督企业在完成社会义务和责任方面的情况,以加强对企业的财政税务监督、财经纪律监督、信贷监督和证券交易监督,同时为政府部门进一步完善、制定法规提供决策依据。

(3) 财务报告是国家经济管理部门进行宏观调控和管理的信息源。财务报告能综合反映企业的财务状况和经营成果,经过逐级汇总上报的财务报告能相应地反映出某一行业、某一地区、某一部门乃至全国企业的经济活动情况信息。这种信息是国家经济管理部门了解全国各地区、各部门、各行业的经济情况,正确制定国家宏观政策,调整和控制国民经济运行,优化资源配置的主要决策依据。

(4) 财务报告提供的经济信息是企业内部加强和改善管理的重要依据。企业管理人员通过财务报告可以随时掌握企业的财务状况和经营成果,并通过与计划比较,检查企业预算或财务计划的执行情况,及时发现问题、评价业绩,进而采取有效措施,加强和改善企业经营管理。同时,利用财务信息可以预测企业的发展前景,进行经济决策,确定企业的近期经营计划和远期规划。

必须指出,财务报告主要是总结过去所发生的经济业务及其结果,而且所提供的仅仅是企业财务会计方面的信息。虽然这些信息是大多数使用者的主要信息来源,能满足使用者的基本需要,但并不能满足使用者进行经济决策的全部需要,有关人力资源、企业文化等非财务会计信息也将对财务报告使用者的经济决策产生重大影响。

拓展阅读

《会计基础工作规范》
《企业会计准则第 30 号——财务报表列报》
《企业会计准则第 32 号——中期财务报告》

项目训练

一、简答题

1. 会计信息生成有哪些专门方法?它们之间的关系如何?
2. 什么是借贷记账法?说明其包括的内容。

3. 什么是会计凭证？会计凭证有哪些？
4. 什么是会计账簿？它有哪些作用？
5. 什么是永续盘存制和实地盘存制？简述它们的优缺点。
6. 简述记账凭证账务处理程序。
7. 什么是财务报表？财务报表应包含哪些信息？
8. 简述我国现行财务报告体系所包含的内容。

二、单项选择题

1. 在复式记账法下，对每项经济业务都应以相等的金额，在（　　）中进行登记。
   A. 不同的账户   B. 两个账户
   C. 两个或两个以上   D. 一个或一个以上
2. 下列事项中，导致借贷试算平衡表不平衡的是（　　）。
   A. 漏记了某项经济业务   B. 记账凭证中的金额错误
   C. 漏记了几项经济业务   D. 漏记了经济业务的某一方面
3. 在借贷记账法下，（　　）。
   A. 资产增加记借方，负债和所有者权益减少记贷方
   B. 资产减少记借方，负债和所有者权益增加记贷方
   C. 资产增加记借方，负债和所有者权益增加记贷方
   D. 资产减少记贷方，负债和所有者权益增加记借方
4. 总分类科目和明细分类科目之间有密切关系，从性质上说，是（　　）的关系。
   A. 相等   B. 隶属   C. 统驭和从属   D. 相辅相成
5. 账户是根据（　　）开设的。
   A. 会计科目   B. 企业需要   C. 管理者需要   D. 上级规定
6. 下列属于账证核对的是（　　）。
   A. 总分类账和转账凭证之间的核对
   B. 银行存款日记账账面余额与银行账单之间的核对
   C. 总分类账与明细分类账之间的核对
   D. 明细分类账之间的核对
7. "应付账款"账户的期初余额为 8 000 元，本期贷方发生额为 12 000 元，期末余额为 6 000 元，则该账户的本期借方发生额为（　　）元。
   A. 10 000   B. 4 000   C. 2 000   D. 14 000
8. 会计凭证按其（　　）不同，可以分为原始凭证和记账凭证。
   A. 填制的方式   B. 取得的来源
   C. 填制的程序和用途   D. 反映经济业务的次数
9. 对于银行已经入账而企业尚未入账的未达账项，我国企业应当（　　）。
   A. 根据"银行对账单"记录的金额入账
   B. 根据"银行存款余额调节表"和"银行对账单"自制原始凭证入账
   C. 在编制"银行存款余额调节表"的同时入账

D. 待有关结算凭证到达后入账

10. 各种账务处理程序之间的主要区别在于（　　）。
    A. 账务处理程序的种类不同　　　　B. 总账的格式不同
    C. 登记总账的依据和方法不同　　　D. 根据总账编制会计报表的方法不同

三、多项选择题

1. 关于会计确认，下列说法中正确的有（　　）。
    A. 会计确认的条件之一是与该项目有关的经济利益很可能流入或流出企业
    B. 如果公司所售的商品完全满足合同要求，同时没有其他例外情况发生，公司能够在未来某一时日完全收回款项，则表明该项应收账款所包含的经济利益很可能流入企业
    C. 若某项目有关的经济利益能够可靠地计量，则意味着该项目不需要进行估计
    D. 企业自创的商誉应作为无形资产核算

2. 下列（　　）属于会计实务中使用的计量基础。
    A. 历史成本　　　B. 可变现净值　　　C. 现行市价　　　D. 千克

3. 复式记账法的特点是（　　）。
    A. 可以全面、系统地反映经济活动过程和经营成果
    B. 可以清晰地反映经济业务的来龙去脉
    C. 可以简化账簿的登记工作
    D. 便于核对账户记录

4. 在借贷记账法下，账户借方登记的内容有（　　）。
    A. 资产的增加　　　　　　　　　B. 资产的减少
    C. 负债及所有者权益的增加　　　D. 负债及所有者权益的减少

5. 在借贷记账法下，账户贷方登记的内容有（　　）。
    A. 资产的增加　　　　　　　　　B. 资产的减少
    C. 负债及所有者权益的增加　　　D. 负债及所有者权益的减少

6. 编制会计分录时，必须考虑（　　）。
    A. 经济业务发生涉及的会计要素，是增加还是减少
    B. 在账中登记借方还是贷方
    C. 登记在什么账户的借方或者贷方
    D. 账户的余额是在借方还是贷方

7. 下列错误中，（　　）不能通过试算平衡发现。
    A. 某项业务未入账
    B. 只登记借方金额，未登记贷方金额
    C. 应借应贷的账户中借贷方向记反
    D. 借贷双方同时多记了等额的金额

8. 原始凭证的内容有（　　）。
    A. 凭证名称、日期、编号、经办人签章

    B. 接受单位或个人名称
    C. 会计分录
    D. 业务内容
9. 下列需要标明会计科目、金额及记账方向的会计凭证有(   )。
    A. 增值税专用发票   B. 借款收据   C. 收款凭证   D. 付款凭证
10. 下列各种方法,属于会计核算方法的有(   )。
    A. 填制会计凭证   B. 登记会计账簿
    C. 编制会计报表   D. 编制财务预算
11. 对账的内容主要有(   )。
    A. 账证核对   B. 账账核对   C. 账实核对   D. 账表核对
12. 银行存款日记账的核对主要包括(   )。
    A. 银行对账单与银行存款收、付款凭证相互核对
    B. 银行存款日记账与银行存款收、付款凭证相互核对
    C. 银行存款日记账与银行存款总账相互核对
    D. 银行存款日记账与银行对账单相互核对

四、判断题

1. 会计上的资本,专指所有者权益要素中的资本公积。(   )
2. 对于遗失的原始凭证而又无法取得证明的,如火车票等,可由当事人写出详细情况,由单位负责人批准后,也可代作原始凭证。(   )
3. 登记账簿要用蓝黑墨水钢笔或蓝黑圆珠笔书写,不得使用铅笔书写。(   )
4. 复式记账法是指对发生的每一项经济业务,都以相等的金额,在相互关联的两个账户中进行记录的一种记账方法。(   )
5. 《企业会计准则》规定了我国企业在进行会计核算时,都必须统一采用借贷记账法。(   )
6. 账户期末余额的方向(借方或贷方),与本期增加额登记的方向肯定是一致的。(   )
7. 一般而言,费用(成本)类账户的结构与权益类账户相同,收入(利润)类账户的结构与资产类账户相同。(   )
8. 只要实现了期初余额、本期发生额和期末余额三栏的平衡关系,就说明账户记录正确。(   )
9. 会计核算工作的起点是合法地取得、正确地填制和审核会计凭证。(   )
10. 自制的原始凭证经过审核后可以作为登记账簿的直接依据。(   )

五、实训题

实 训 一

【目的】 根据总分类账与其所属的明细分类账平行登记规则,计算有关金额。
【资料】 某公司20×1年8月材料总账和明细账的有关资料如表2-35~表2-37所示。

表 2-35　原材料

借	原材料		贷
期初余额	—		
本期发生额	50 000	本期发生额	30 000
期末余额	40 000		

表 2-36　原材料——甲材料

借	原材料——甲材料		贷
期初余额	8 000		
本期发生额	—	本期发生额	15 000
期末余额	23 000		

表 2-37　原材料——乙材料

借	原材料——乙材料		贷
期初余额	12 000		
本期发生额	20 000	本期发生额	—
期末余额	—		

【要求】　计算材料总账、明细账的有关发生额和余额并填到横线上。

实　训　二

【目的】　练习借贷记账法及日记账的登记。

【资料】　某公司20×1年8月发生下列经济业务。

8月1日,银行存款日记账期初余额为400 000元。

8月2日,开出现金支票一张,金额5 000元,用于办公室零星开支备用。

8月3日,支付邮电费10 000元,以银行存款付讫。

8月4日,销售产品一批,价款50 000元,增值税税率为13%,款项尚未收到。

8月5日,购买材料一批,价款25 000元,增值税税率为13%,款项已用银行存款付讫。

8月7日,上述货款已收到并存入银行。

8月8日,职工李明出差,借支差旅费1 000元,以现金付讫。

8月9日,从银行提取现金80 000元,以备发放工资。

8月15日,用银行存款5 000元支付本月水电费。

8月20日,从银行存款户中支付仓库租金10 000元。

8月24日,职工李明出差回来,凭差旅费单据报销750元,多余现金退回。

8月28日,从银行存款户中支付短期借款利息1 240元。

【要求】　根据上述资料,运用借贷记账法编制会计分录,并逐笔登记银行存款日记账。

第 2 篇 走 进 会 计

项目 3 流动资产核算

学习目标

素质目标：
1. 通过对货币资金业务的分析和掌握，培养规范操作的工作方法和正确的价值观。
2. 通过对交易性金融资产的分析和掌握，培养投资理财的经济思想。
3. 通过对应收预付款项的分析和掌握，培养诚实守信的职业道德理念。
4. 通过对存货的分析和掌握，增强各部门、各环节、各岗位的沟通合作能力。
5. 以工作处理方式和流程为内容，培养内控管理理念，增强大局意识、责任意识。

知识目标：
1. 模拟出纳岗位，选择某项业务，能够分析票据填写及传递程序。
2. 能够区别应收、应付、预收、预付款项，归纳债权、债务的性质。
3. 能够说明存货的不同形态，说明其在生产企业内流转的各环节。
4. 整理交易性金融资产的有关业务内容，能够推断其获取收益情况。
5. 归纳流动资产的内容和程序，推广查账、对账的基本工作方法。

能力目标：
1. 模拟工作场景，分析、整理业务，识别会计处理涉及的账户并得以类推。
2. 模拟会计岗位，具体对银行收付款业务进行初步处理，填制银行单证。
3. 能够联系财产清查要求，复述其在流动资产管理业务中的运用。
4. 能够设计存货管理制度，形成采购、入库、发出的基本处理流程。
5. 探知流动资产内部控制工作要求，尝试运用内控原则，制订风险管理方案。

项目引入

任何企业要进行正常的经营活动，都必须拥有一定数量和结构的资产。为了正确反映企业的财务状况，通常将企业的全部资产按其流动性分为流动资产和非流动资产。当资产满足下列条件之一时，应当归类为流动资产：一是预计在一个正常营业周期中变现、出售或耗用；二是主要为交易目的而持有；三是预计在资产负债表日起1年内（含1年，下同）变现；四是在资产负债表日起1年内，交换其他资产或清偿负债的能力不受限制的现金或现金等价物。流动资产主要包括货币资金、交易性金融资产、衍生金融资产、应收票据、应收账款、预付款项、其他应收款和存货等。

显然流动资产能够保证企业生产经营活动顺利,促进企业有源源不断的价值流入,但同时也因其变现能力强而存在流失的风险,因此应加强对流动资产业务管理。在严格的制度约束下,流动资产业务处理应当注意合法性、合规性、收益性、流动性,尤其是流动资金管理,会计人员应当树立"廉洁自律"的意识,提高防范意识。

本项目主要介绍货币资产、交易性金融资产、应收及预付款项和存货的核算。流动资产以外归类为非流动资产的内容,将在"项目四 非流动资产核算"中进行介绍。

项目要求

(1) 熟悉本项目内容在资产负债表中的位置(见表3-1)。

表3-1 流动资产项目在资产负债表中的信息列示

资　　产	期末余额	上年年末余额	负债和所有者权益 (或股东权益)	期末余额	上年年末余额
流动资产:			流动负债:		
货币资金			短期借款		
交易性金融资产			⋮		
⋮					
应收票据					
应收账款					
预付款项					
其他应收款					
存货					
⋮					

(2) 根据本项目知识点内在的逻辑关系,制作本项目思维导图。
(3) 搜集与本项目有关的企业真实案例。
(4) 学完本项目,了解资产负债表中流动资产项目是如何填列的。

任务1　货币资金核算

任务调研:了解库存现金收支业务是如何产生的,相关业务处理程序是怎样的。

任务2　交易性金融资产核算

任务调研:了解企业交易性金融资产业务是如何产生的,相关业务处理程序是怎样的。

任务3　应收及预付款项核算

任务调研:了解企业应收预付款项的内容及产生原因、核算内容,相关业务处理程序是怎样的,如何进行有效管理。

任务4　存货核算

任务调研:了解企业原材料采购、领用业务是如何产生的,相关业务处理程序是怎样的。

资产(assets),是由企业过去的交易或事项形成的、由企业拥有或控制的、预期会给企业带来经济利益的资源。企业应当在资产负债表中分流动资产和非流动资产列示,流动资产包括货币资金、交易性金融资产、应收票据、应收账款、预付款项、其他应收款、存货等。流动资产以外的资产应当归类为非流动资产,包括债权投资、长期股权投资、固定资产、无形资产及其他非流动资产等。流动资产是企业经营活动中的周转性资产,无论是在资产的管理方面还是核算方面,均应考虑该部分资产流动性强和变现能力强的特点,选择正确的程序和方法。

任务 3.1 货币资金核算

任何企业要进行生产经营活动都必须拥有货币资金。货币资金(currency funds),是指企业在生产经营过程中直接以货币形态存在的那部分经营资金。根据货币资金的存放地点及其用途的不同,货币资金分为库存现金、银行存款及其他货币资金。货币资金是流动性最强的资产,是流动资产的重要组成部分,并且是唯一能够直接转化为其他任何资产形态的流动资产,也是唯一能够代表企业现实购买水平的资产。

企业在组织和进行生产经营的过程中,有关商品或劳务的购买和销售、款项的支付和收取、工资和费用的支付、税金的缴纳、利润的分配以及银行借款的借入和偿还等业务,都会通过货币资金来进行。就会计核算而言,货币资金的核算并不复杂,但由于货币资金具有高度的流动性,因此,企业在组织会计核算过程中,必须遵循管理原则,严格职责分工,实行交易分开、内部稽核和定期轮岗制度,出纳人员不得兼任稽核、会计档案保管和收入、支出、费用、债权债务账目的登记工作。单位不得由一人办理货币资金业务的全过程。加强货币资金的内部控制,对于保障企业资产安全完整,提高货币资金周转速度和使用效益,具有重要意义。

3.1.1 库存现金的核算

1. 现金管理的主要内容

现金的概念有广义和狭义之分。广义的现金,是指库存现金(cash)、银行存款(bank deposit)及其他符合现金特征的票证;狭义的现金,仅指企业的库存现金,包括人民币和外币现金。我国会计界所界定的现金概念,通常指狭义的现金即库存现金,即指存放在企业财会部门由出纳人员经管的那部分货币资金。其目的是满足企业日常的零星开支。在企业所拥有的资产中,现金是流动性最强的货币性资产,可以随时用其购买所需的物资,支付有关费用,偿还债务,也可以随时存入银行。现金不仅具有普遍的可接收性和流动频繁的特点,而且极易发生差错或被挪用、侵吞、盗窃。因此,企业必须加强现金的管理和内部控制。

我国对各企事业单位的现金收支作了管理规定,要求各企事业单位必须按照这些规定使用和保管现金。

1) 现金的使用范围

企业、单位在经济往来中直接用现金收付的业务被称为现金结算。为了保障国家的现金流通秩序,维护金融安全,国务院颁发了《现金管理暂行条例》,中国人民银行也颁布了《现金管理实施办法》,规定企业可在下列范围内使用现金:①职工工资、津贴;②个人劳务报酬;③根据国家规定发给个人的科学技术、文化艺术、体育等各种奖金;④各种劳保、福利费用以及国家规定的对个人的其他支出;⑤向个人收购农副产品和其他物资的价款;⑥出差人员必须随身携带的差旅费;⑦中国人民银行规定结算起点(1 000元)以下的零星支出;⑧中国人民银行确定的需要支付现金的其他支出。

超出上述范围的一切经济往来,企业都应通过开户银行予以结算即转账结算。转账结算与现金结算具有同等效力。企业购买国家规定的专控商品,须采取转账方式,不得以现金结算。

2) 现金的限额管理

企业现金收入应当于当日送存银行,当日送存确有困难的由银行确定时间。

为了加强企业现金的日常收支管理,企业应严格控制库存现金的限额,一般为企业3至5天日常零星开支所需的库存现金。边远地区和交通不便地区企业的库存现金限额,可以多于5天,但不得超过15天的日常零星开支。企业必须严格遵守核定的库存现金限额,超过限额的现金,应当于当日送存开户银行。当日送存确有困难的,由开户银行确定送存时间。

3) 现金日常收支的管理

企业根据规定从开户银行提取现金,应当写明用途,由本单位财会部门负责人签字,经过开户银行审核后,予以支付现金。企业因采购地点不固定、交通不便以及其他特殊情况必须使用现金的,应向开户银行提出申请,经开户银行审核后,予以支付现金。

企业支付现金,可以从本企业库存现金限额中支付或者从开户银行提取,不得从本企业的现金收入中直接支付(即坐支)。

企业不准以不符合财务制度的凭证顶替库存现金,即不得"白条抵库存";不准谎报用途套取现金;不准用银行科目代其他单位和个人存入或支取现金;不准用企业收入的现金以个人名义存入储蓄,即不得"公款私存";不准保留账外公款,即不得设置"小金库"等。

4) 现金内部控制制度

一个有效的内部控制制度,不允许由单独一人操纵和处理一笔业务的全过程,必须在各个独立的部门或岗位之间有明确、合理的分工。企业库存现金收支与保管应由出纳人员负责,经营现金的出纳人员不得兼管收入、费用、债权、债务等账簿的登记工作,以及会计档案保管工作。企业的出纳人员应定期进行轮换,不得一人长期从事出纳工作。对企业的库存现金,出纳人员应做到日清月结,由财务主管人员进行抽查与稽核,发现的溢缺,必须查明原因并按规定进行处理,以保证现金的正确使用和安全完整。

企业的所有现金收付业务,首先都必须办理凭证手续,即取得或填制证明收付款的原始凭证并由主管会计人员或其指定人员审核后,方可据以填制现金收款凭证或现金付款凭证。对现金收付的交易必须根据原始凭证编制收款或付款凭证并要在原始凭证盖上"现金收讫"与"现金付讫"章。对于不真实、不合法的原始凭证不予受理;对记载不明确、手续不完善的原始凭证应退回给经办人,要求其更正或补办手续。

2. 库存现金核算

企业为核算库存现金的收入、支出和结存情况,应设置"库存现金"账户。"库存现金"账户属于资产类,借方登记现金收入的金额;贷方登记现金支出的金额;期末借方余额表示企业实际持有的库存现金。企业内部各部门周转使用的备用金,可以单独设置"备用金"账户进行核算。

(1) 库存现金收付的总分类核算。企业应当设置库存现金总账。库存现金总账由负总账的财会人员进行登记。可直接根据现金收付款凭证逐笔登记；也可定期或于月份终了，根据现金汇总收款、汇总付款凭证登记；还可根据多栏式日记账的有关专栏合计数登记。收入现金时，借记"库存现金"账户，贷记相关账户。支出现金时，借记相关账户，贷记"库存现金"账户。

例3-1 某公司20×1年4月发生了部分现金收付业务，假设不考虑相关税费，请编制相应的会计分录。

公司应作会计分录如下：

① 4月14日，公司行政管理部门报销办公用品费850元。

借：管理费用　　　　　　　　　　　　　850
　　贷：库存现金　　　　　　　　　　　　　850

② 4月14日，采购员王红外出采购，预借差旅费1 200元。

借：其他应收款——王红　　　　　　　1 200
　　贷：库存现金　　　　　　　　　　　　1 200

③ 4月16日，王红出差回来，经审核，报销差旅费1 000元。

借：库存现金　　　　　　　　　　　　　200
　　管理费用　　　　　　　　　　　　1 000
　　贷：其他应收款——王红　　　　　　　1 200

(2) 库存现金收付的明细分类核算。为了加强对现金的管理与核算，系统地了解现金收付的动态，企业库存现金的收付业务除了要进行总分类核算外，还要进行明细分类核算。企业设置"现金日记账"，并由出纳员根据审核无误的收付款凭证，按照业务发生的先后顺序，逐日逐笔进行登记，并做到"日清月结"。即每日终了，应当计算当日的现金收入合计数、现金支出合计数和结余数，并将结余数与实际库存数核对，做到账款相符；每月终了，应将"现金日记账"当月最后一天的余额与"库存现金"总分类账借方余额核对相符。

3. 库存现金的清查

为了加强对出纳工作的监督，及时、准确地反映库存现金的余额，防止各种不法行为的发生，确保库存现金的安全、完整，除必须实行钱、账分管，经常核对账目外，还应该经常对库存现金进行清查，保证账款相符。库存现金的清查工作应由内部审计或稽核人员进行。

1) 库存现金清查核算的账户设置

为了核算企业在清查财产过程中查明的各种财产盘盈、盘亏和毁损的价值，应设置"待处理财产损溢"账户。该账户属于资产类，借方登记尚待处理的盘亏、毁损的各种材料、库存商品、固定资产的净损失，以及报经批准后处理的盘盈的各种材料、库存商品、固定资产等的净溢余；贷方登记尚待处理后的盘盈的各种材料、库存商品、固定资产等的净溢余，以及报经批准后的盘亏、毁损的各种材料、库存商品、固定资产等的净损失。该账户处理前的借方余额，反映企业尚未处理的各种财产的净损失；处理前的贷方余额，反映企业尚未处理的各种财产的净溢余。期末，处理后该账户应无余额。该账户应根据"待处理固定资产损溢""待处理流动资产损溢"设置明细账户，进行明细核算。

2) 库存现金清查的会计处理

企业每日终了结算现金收支、财产清查等发现有待查明原因的现金短缺或溢余时，应通过"待处理财产损溢"账户核算。属于现金短缺，应按实际短缺的金额，借记"待处理财产损溢——待处理流动资产损溢"账户，贷记"库存现金"账户；属于现金溢余，按实际溢余的金额，借记"库存现金"账户，贷记"待处理财产损溢——待处理流动资产损溢"账户。待查明原因后作如下处理。

（1）现金短缺。属于应由责任人赔偿的部分，借记"其他应收款——应收现金短缺款（××个人）"或"现金"等账户，贷记"待处理财产损溢——待处理流动资产损溢"账户；属于应由保险公司赔偿的部分，借记"其他应收款——应收保险赔款"账户，贷记"待处理财产损溢——待处理流动资产损溢"账户；属于无法查明的其他原因，根据管理权限，经批准后处理，借记"管理费用——现金短缺"账户，贷记"待处理财产损溢——待处理流动资产损溢"账户。

（2）现金溢余。属于应支付给有关人员或单位的，应借记"待处理财产损溢——待处理流动资产损溢"账户，贷记"其他应付款——应付现金溢余（××个人或单位）"账户；属于无法查明原因的现金溢余，经批准后，借记"待处理财产损溢——待处理流动资产损溢"账户，贷记"营业外收入——现金溢余"账户。

例 3-2 公司现金清查时，发现库存现金短缺 500 元，原因待查。假定不考虑相关税费，请编制相应的会计分录。

公司应作会计分录如下。

借：待处理财产损溢——待处理流动资产损溢　　　500
　　贷：库存现金　　　　　　　　　　　　　　　　　500

经查明原因，应由出纳员赔偿 350 元，其余 150 元经批准作为管理费用。公司应作如下会计分录。

借：其他应收款——应收现金短缺款（出纳员）　　350
　　管理费用　　　　　　　　　　　　　　　　　150
　　贷：待处理财产损溢——待处理流动资产损溢　　　500

3.1.2 银行存款的核算

1. 银行结算方式

银行存款（bank deposits），是企业存放在银行或其他金融机构的货币资金。凡是独立核算的企业都必须在当地银行开设账户，以办理存款、取款和支付结算。结算方式，是指用一定的形式和条件来实现企业间或企业与其他单位和个人间货币收付的程序和方法，分为现金结算（cash settlement）和支付结算（payment and settlement）两种。企业除了按核定限额留存的库存现金外，其余的货币资金都必须存入银行；企业与其他单位之间的一切货币收付业务，除了在规定范围内可以用现金支付的款项外，都必须通过银行办理支付结算。

1）银行存款开户的有关规定

按照我国 2003 年 9 月 1 日施行的《人民币银行结算账户管理办法》规定，企业应当在当地银行或其他金融机构开立银行结算账户，用以办理存款、取款和转账等结算。单位银行结算账户按用途分为基本存款账户、一般存款账户、临时存款账户和专用存款账户。基本存款账户是企业办理日常结算和现金收付的账户。企业的工资、奖金等现金的支取，只能通过基本存款账户办理。一般存款账户是企业在基本存款账户以外的银行借款转存、与基本存款账户的企业不在同一地点的附属非独立核算单位的账户。企业可以通过本账户办理转账结算和现金缴存,但不能办理现金支取。临时存款账户是企业因临时经营活动需要开立的账户,企业可以通过本账户办理转账结算和根据国家现金管理的规定办理现金收付。专用存款账户是企业因特定用途需要开立的账户,企业通过本账户只能办理具有特定用途款项的存取和转账。

企业可以自主选择银行,银行也可以自愿选择存款人。但一个企业只能在一家银行的一个营业机构开立一个基本存款账户,不得在多家银行机构开立基本存款账户,国家另有规定的除外;不得在同一家银行的几个分支机构开立一般存款账户。

企业在银行开立账户后,可到开户银行购买各种银行往来使用的凭证(如送款单、进账单、现金支票、转账支票等),用以办理银行存款的收付款项。

2) 支付结算方式的种类及主要规定

支付结算,是指单位、个人在社会经济活动中使用票据、信用卡和汇兑、托收承付、委托收款等结算方式进行货币收付及资金清算的行为。企业应严格按照国家有关支付结算办法,正确地进行银行存款收支业务的结算。具体办理支付结算业务时,必须根据不同性质的款项收支,考虑结算金额的大小、结算距离的远近、利息支出和对方信用等因素,进行综合分析,选择适当的支付结算办法,以缩短结算时间,减少结算资金占用,加速资金周转。

根据《支付结算办法》的规定,目前企业可采用的支付结算办法的基本规定和账务处理不尽相同,下面分别述之。

(1) 银行汇票。银行汇票(bank draft),是汇款人将款项交存当地银行,由银行签发给汇款人持往异地办理转账结算,或支取现金的票据。银行汇票的汇款金额起点为500元,提示付款期为一个月,一律记名,可以背书转让(背书是指在票据背面或者粘单上记载有关事项并签章的票据行为)。银行汇票在商品交易活动中具有极大的灵活性,是方便企事业单位和个人以满足其异地采购活动等需要而创设的一种支付结算工具,适用于先收款后发货或钱货两清的商品交易。

银行汇票票样如图 3-1 所示,银行汇票结算的一般程序如图 3-2 所示。

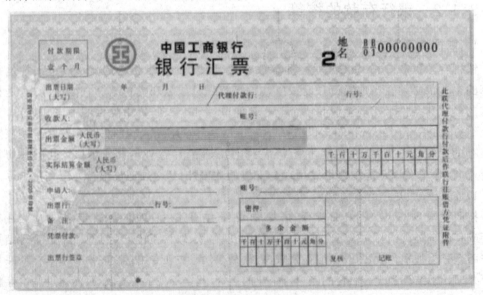

图 3-1　银行汇票票样

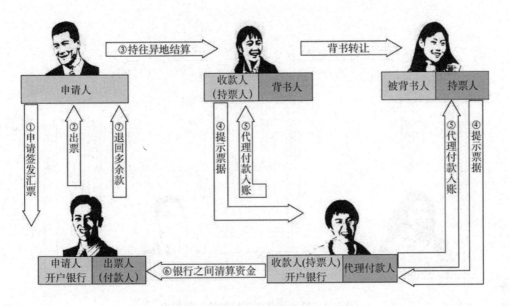

图 3-2　银行汇票结算的一般程序

(2) 商业汇票。商业汇票(commercial draft)是由收款人或付款人(或承兑申请人)签发,由承兑人承兑,并于到期日向收款人支付款项的票据。商业汇票一律记名,允许背书转让,但背书应连续。商业汇票的承兑期限由交易双方商定,但最长不得超过 6 个月。按承兑方式不同,商业汇票分为两种:商业承兑汇票(commercial acceptance),是按交易双方的约定,由收款人签发交付款人承兑,或由付款人签发并承兑的票据;银行承兑汇票(bank acceptance),是由收款人或承兑申请人签发,并由承兑申请人向开户银行申请,经银行审查同意承兑的票据。银行承兑汇票由银行负责承兑,其信用程度高于商业承兑汇票,在付款人拒付时,银行负有连带责任。商业汇票适用于同城或异地在银行开立存款科目的法人以及其他组织之间,订有购销合同的商品交易的款项结算(必须具有真实的交易关系或债权债务关系)。

商业承兑汇票票样如图 3-3 所示,商业承兑汇票结算的一般程序如图 3-4 所示;银行承兑汇票票样如图 3-5 所示,银行承兑汇票结算的一般程序如图 3-6 所示。

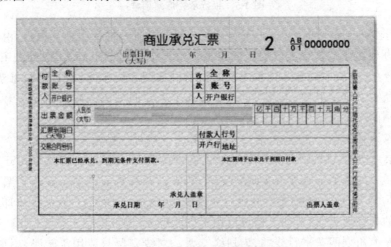

图 3-3　商业承兑汇票票样

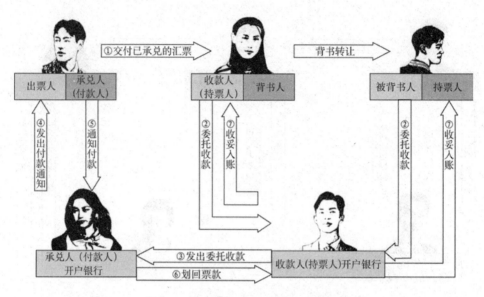

图 3-4　商业承兑汇票结算的一般程序

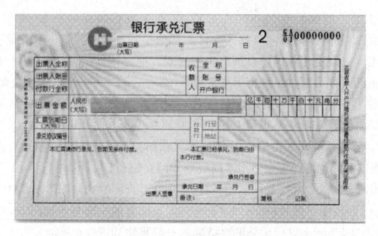

图 3-5　银行承兑汇票票样

（3）银行本票。银行本票（cashier's check）是指申请人将款项交存银行，由银行签发给申请人凭以办理转账结算或支取现金的票据。银行本票为不定额本票，可以用于转账；注明"现金"字样的，可支取现金。银行本票的提示付款期为两个月，银行本票见票即付，资金转账速度是所有票据中最快、最及时的。单位和个人在同城范围内的商品交易和劳务供应以及其他款项的结算可采用这种方式。

银行本票票样如图 3-7 所示，银行本票结算的一般程序如图 3-8 所示。

（4）支票。支票（check）是银行的存款人签发给收款人办理结算或委托开户银行将款项支付给收款人的票据。支票分为现金支票、转账支票和普通支票。现金支票只能用于支取现金（如图 3-9 所示）；转账支票只能用于转账（如图 3-10 所示）。支票上未印有"现金"或"转账"字样的为普通支票，普通支票可以用于支取现金，也可以用于转账（如图 3-11 所示）。在普通支票左上角划两条平行线的，为划线支票。划线支票只能用于转账，不得支取现金。

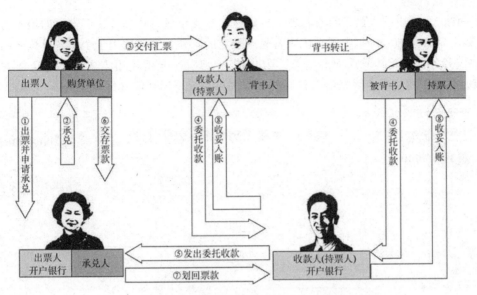

图 3-6　银行承兑汇票结算的一般程序

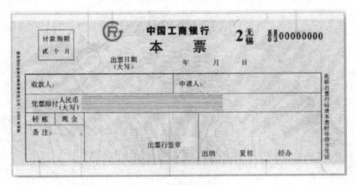

图 3-7　银行本票票样

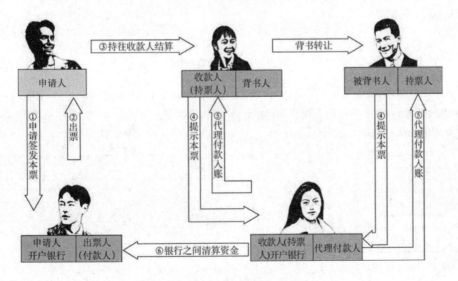

图 3-8　银行本票结算的一般程序

支票一律记名。中国人民银行总行批准的地区转账支票可以背书转让。支票的提示付款期限为自出票日起 10 日内,中国人民银行另有规定的除外。支票适用于全国各单位之间的商品交易、劳务供应及其他款项的结算。为防范支付风险,异地使用支票的单笔金额上限为 50 万元。对于超过规定限额的支付,收、付款人可约定采用其他支付方式。

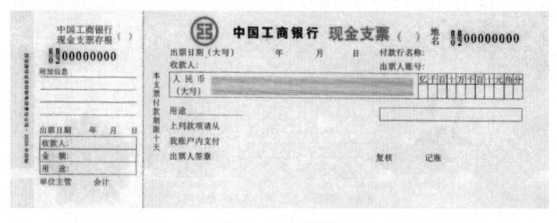

图 3-9 现金支票票样

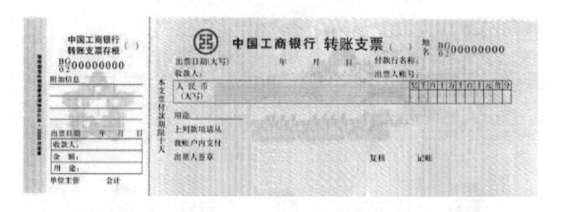

图 3-10 转账支票票样

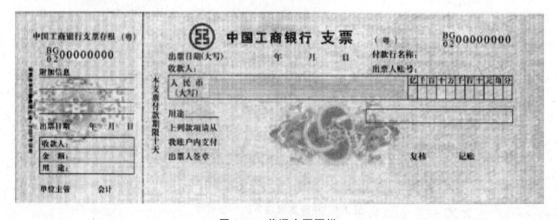

图 3-11 普通支票票样

支票结算的一般程序如图 3-12 所示。

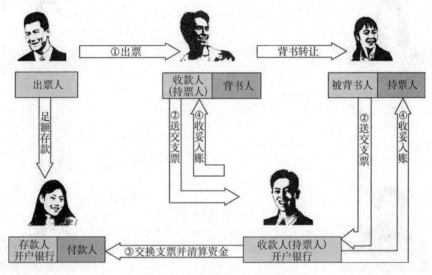

图 3-12　支票结算的一般程序

（5）汇兑。汇兑(exchange)是汇票人委托银行将款项汇给外地收款人的结算方式。汇兑分为信汇和电汇两种。信汇是指汇款人委托银行通过邮寄方式将款项划转给收款人；电汇是指汇款人委托银行通过电报将款项划给收款人。这两种汇兑方式由汇款人根据需要选择使用，适用于单位和个人各种款项的结算。

电汇凭证票样如图 3-13 所示，汇兑结算的一般程序如图 3-14 所示。

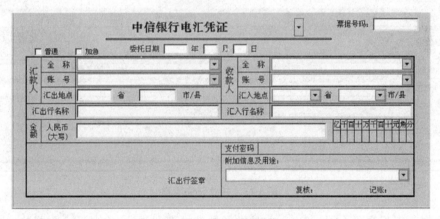

图 3-13　电汇凭证票样

（6）委托收款。委托收款(commission receivables)是收款人委托银行向付款人收取款项的结算方式，适用于同城或异地在银行或其他金融机构开立账户的单位和个人的商品交易、劳务供应及其他款项的结算。单位和个人凭已承兑商业汇票、债券、存单等付款人债务证明办理款项的结算，均可以使用委托收款结算方式。但收款人如果在同城范围内使用委托收款结算方式收取公用事业费，必须具有收付双方事先签订的经济合同，由付款人向开户银行授权，并经开户银行同意，报经中国人民银行当地分支行批准。托收凭证票样如图 3-15 所示，委托收款结算的一般程序如图 3-16 所示。

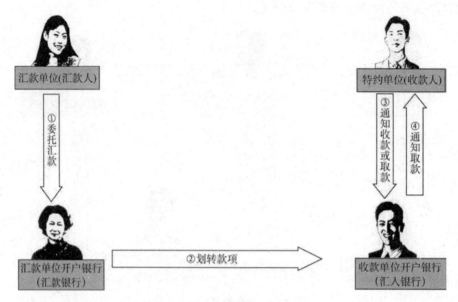

图 3-14 汇兑结算的一般程序

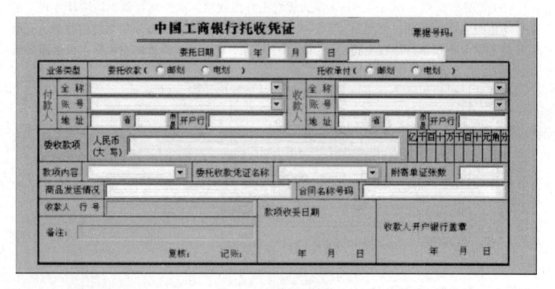

图 3-15 托收凭证票样

(7) 银行卡。银行卡(credit card)是指经批准由商业银行(含邮政金融机构)向社会发行的具有消费信用、转账结算、存取现金等全部或部分功能的信用支付工具。

(8) 信用证。国内信用证(简称信用证,letter credit)是适用于国内贸易的一种支付结算方式,是开证银行依照申请人(购货方)的申请向受益人(销货方)开出的有一定金额、在一定期限内凭信用证规定的单据支付款项的书面承诺。国内信用证结算方式只适用于国内企业之间商品交易产生的货款结算,并且只能用于转账结算,不得支取现金。

(9) 网上支付。网上支付(online payment)是电子支付的一种形式,是指电子交易的当事人,包括消费者、商户、银行或者支付机构,使用电子支付手段通过信息网络进行的货币支

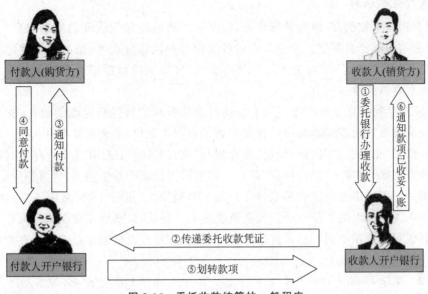

图 3-16 委托收款结算的一般程序

付或资金流转。网上支付主要有网上银行和第三方支付两种。

网上银行,也称网络银行,简称网银,就是银行在互联网上设立虚拟银行柜台,使传统银行服务不再通过物理的银行分支来实现,而是借助于网络与信息技术手段在互联网上实现。按照不同的标准,网上银行可以分为不同的类型:如企业网上银行和个人网上银行;分支型网上银行和单纯网上银行;零售银行和批发银行。

狭义的第三方支付,是指具备一定实力和信誉保障的非银行机构,借助通信、计算机和信息安全技术,采用与各大银行签约的方式,在用户与银行支付结算系统间建立连接的电子支付模式。在手机端进行的互联网支付,又称为移动支付。广义的第三方支付是指非金融机构作为收、付款人的支付中介所提供的网络支付、预付卡发行与受理、银行卡收单以及中国人民银行确定的其他支付服务。第三方支付包括线上支付方式和线下支付方式两种。按照行业分类有金融型支付企业和互联网支付企业两类模式。第三方支付交易流程有自己的特点。

目前企业银行服务是网上银行服务中最重要的部分之一。网上银行系统是银行业务服务的延伸,客户可以通过互联网方便地使用商业银行核心业务服务,完成各种非现金交易结算业务。

3) 银行结算纪律

企业通过银行办理支付结算时,应当认真执行国家各项管理办法和结算制度。

中国人民银行 1997 年 9 月 19 日颁布的《支付结算办法》规定了结算原则和结算纪律,保证结算活动的正常运行。结算原则:恪守信用,履约付款;谁的钱进谁的账,由谁支配;银行不垫款。结算纪律:单位和个人办理支付结算,不准签发没有资金保证的票据或远期支票,套取银行信用;不准签发、取得和转让没有真实交易和债权债务的票据,套取银行和他人资金;不准无理拒绝付款,任意占用他人资金;不准违反规定开立和使用账户。

2. 银行存款核算

企业对银行存款的存、取和转账业务,应制定严格的收付款凭证的编制与审批手续,建立一套严密的内部控制制度。企业发生的各项银行存款收付业务,都必须按规定填制或取得各种银行结算凭证,经过有关人员审核签证后,才能据以填制银行存款的收款或付款凭证,进行银行存款的收付核算。

(1) 银行存款的总分类核算。为了总括反映核算和监督银行存款的收入、支出和结存情况,企业应设置"银行存款"账户。该账户属于资产类账户,企业将款项存入银行或其他金融机构时,借记"银行存款"账户,贷记"库存现金"或有关账户;提取或支付存款时,借记"库存现金"或有关账户,贷记"银行存款"账户。如果因银行破产发生损失,应将损失记入"营业外支出"账户。期末借方余额表示银行存款的实有数额。"银行存款"总账与"库存现金"总账一样,应由不从事出纳工作的会计人员负责登记。登记时,既可以根据银行存款收付凭证逐笔登记,也可以定期填制汇总收付款凭证汇总登记,还可以根据多栏式银行存款日记账汇总登记。

例 3-3 某公司 20×1 年 7 月 1 日发生了部分银行存款收付业务,请编制相应的会计分录。

公司应作会计分录如下:

① 签发转账支票一张,支付 B 公司的购货款 18 500 元。

借:应付账款——B 公司   18 500
  贷:银行存款   18 500

② 收回 A 公司所欠货款 20 000 元。

借:银行存款   20 000
  贷:应收账款——A 公司   20 000

(2) 银行存款的明细分类核算。为了加强对银行存款的管理,随时掌握银行存款收付的动态和结余金额,企业应设置"银行存款日记账",由企业的出纳人员进行银行存款的明细分类核算。该日记账一般为三栏式的订本账。出纳人员应根据审核无误的银行存款收付款凭证和现金付款凭证,按照银行存款业务发生的先后顺序逐日逐笔登记,每日终了,应结出余额。该明细账应按照银行或其他金融机构的名称、存款种类分别设置。银行存款日记账格式根据企业具体情况,可设置三栏式日记账或多栏式日记账。

此外,企业应加强对银行存款的管理,并定期对银行存款进行检查。如果有确凿证据表明存在银行或其他金融机构的款项已经部分不能收回,或者全部不能收回的,例如,吸收存款的单位已宣告破产,其破产财产不足以清偿的部分,或者全部不能清偿的,应当作为当期损失,借记"营业外支出"账户,贷记"银行存款"账户。

3. 银行存款的清查

银行存款的清查即银行存款的核对,其主要目的是保证银行存款的安全与完整。银行存款的核对包括三个方面:一是银行存款日记账与银行存款收付款凭证及现金收付款凭证要相互核对,保证账证相符;二是银行存款日记账与银行存款总账要定期核对,保证账账相符;三是银行存款日记账与银行转来的对账单要定期核对,保证账实相符。有关内容已在 2.6.1 中阐述。

3.1.3 其他货币资金的核算

1. 其他货币资金概述

其他货币资金(other monetary funds),是指企业除库存现金、银行存款以外的其他各种货币资金,包括外埠存款、银行汇票存款、银行本票存款、信用证保证金存款和存出投资款等。由于这些资金的存放地点和用途都与库存现金和银行存款不同,因此需要单独设置"其他货币资金"账户进行核算,用以反映其他货币资金增减变化和结存情况。该账户属于资产类账户,借方登记其他货币资金的增加数,贷方登记其他货币资金的减少数,期末借方余额表示其他货币资金的结余数。"其他货币资金"账户下应设置"外埠存款""银行汇票""银行本票""信用卡""信用证保证金""存出投资款"等明细账户,并按外埠存款的开户银行,银行汇票或本票、信用证的收款单位等设置明细账。有信用卡业务的企业应当在"信用卡"明细账户中按开出信用卡的银行和信用卡种类设置明细账。

2. 其他货币资金核算

其他货币资金的账务处理,大致可以分为办理(开立)、收到发票账单、退回余款三个阶段,如表3-2所示。

表 3-2 其他货币资金的账务处理

时 间	账 务 处 理
1. 办理或开立时	借:其他货币资金——×× 贷:银行存款
2. 收到发票账单	借:在途物资、材料采购(信用卡计入相关费用) 应交税费——应交增值税(进项税额) 贷:其他货币资金——××
3. 收到多余退款	借:银行存款 贷:其他货币资金——××

例3-4 某公司要求银行办理银行汇票7 500元,公司填送"银行汇票委托书"将7 500元交存银行,取得银行汇票。根据银行盖章的委托书存根联,请编制相应的会计分录。

公司应作会计分录如下。

借:其他货币资金——银行汇票存款　　　　　　7 500
　　贷:银行存款　　　　　　　　　　　　　　　　7 500

公司完成采购手续,取得增值税专用发票,注明价款6 000元,可抵扣增值税进项税额780元。材料验收入库。公司使用银行汇票支付款项后,应将发票账单及开户银行转来的银行汇票有关副联等凭证核对无误后,作会计分录如下。

借:原材料　　　　　　　　　　　　　　　　　6 000
　　应交税费——应交增值税(进项税额)　　　　　780
　　贷:其他货币资金——银行汇票存款　　　　　　6 780

银行汇票使用完毕,应转销"其他货币资金——银行汇票存款"科目余额720元,作会计分录如下。

借：银行存款　　　　　　　　　　　　　　　　　　　　720
　　贷：其他货币资金——银行汇票存款　　　　　　　　　　720

如果该 7 500 元汇票因超过付款期限或其他原因未曾使用而退还款项时，应作会计分录如下：

借：银行存款　　　　　　　　　　　　　　　　　　　7 500
　　贷：其他货币资金——银行汇票存款　　　　　　　　　7 500

值得注意的是，企业取得的银行本票只办理全额结算，不退回多余款项，结算后仍有多余款项，可采用支票、现金等其他方式退回企业。

企业向证券公司划出资金时，应按实际划出的金额，借记"其他货币资金——存出投资款"账户，贷记"银行存款"账户；购买股票、债券等时，按实际发生的金额，借记"交易性金融资产"等账户，贷记"其他货币资金——存出投资款"账户。

任务 3.2　交易性金融资产核算

根据《企业会计准则——金融工具的确认和计量》的规定，企业持有的货币资金、应收票据、应收账款、其他应收款、债券投资、股票投资、基金投资等均可列为企业的金融资产，都是企业作为投资者用以获利的金融工具。在日常核算中，企业应当根据其管理金融资产的业务模式和合同现金流量特征，将金融资产划分为以下三类，此分类一经确定，不得随意变更。

(1) 以摊余成本计量的金融资产。例如企业正常商业往来形成的应收款项、普通债券投资等。

(2) 以公允价值计量且其变动计入其他综合收益的金融资产。例如企业持有的可以随时向银行出售的应收账款等。

(3) 以公允价值计量且其变动计入当期损益的金融资产。例如股票、基金、可转换债券等。

3.2.1　交易性金融资产概述

以公允价值计量且其变动计入当期损益的金融资产称为交易性金融资产(transactional financial assets)。企业管理人员对该金融资产进行管理的业务目标是以"交易"为目的，即通过频繁地购买和出售等交易性活动，赚取买卖差价，使企业闲置资金能够在金融工具的短期价格波动中获得投资回报。交易性金融资产主要是指企业为了近期内出售而持有的金融资产，如企业以赚取差价为目的从二级市场购入的股票、债券、基金等。企业持有的直接指定为以公允价值计量且其变动计入当期损益的衍生金融工具也属于该内容。

为了核算交易性金融资产的取得、收取现金股利或利息、处置等业务，企业应设置"交易性金融资产""公允价值变动损益""投资收益"等账户进行交易性金融资产的核算。

(1) "交易性金融资产"账户。该账户属于资产类，核算企业分类为以公允价值计量且其变动计入当期损益的金融资产。该账户借方登记企业取得交易性金融资产的公允价值，以及资产负债表日交易性金融资产的公允价值高于其账面余额的差额;贷方登记出售交易性金融资产的账面余额,以及资产负债表日交易性金融资产的公允价值低于其账面余额的差额;期末借方余额,反映企业持有的交易性金融资产的公允价值。该账户可按交易性金融资产的类别和品种,分"成本""公允价值变动"等进行明细核算。

(2)"应收股利"账户。该账户属于资产类账户,核算企业应收取的现金股利和应收取其他单位分配的利润。该账户期末借方余额,反映企业尚未收回的现金股利或利润。该账户应按被投资单位进行明细核算。

(3)"应收利息"账户。核算企业应向债务人收取的利息,该账户期末借方余额,反映企业尚未收回的利息。该账户应按借款人或被投资单位进行明细核算。

(4)"公允价值变动损益"账户。核算企业交易性金融资产、交易性金融负债以及采用公允价值模式计量的投资性房地产等公允价值变动形成的应计入当期损益的利得或损失。该账户属于损益类账户,借方登记资产负债表日企业交易性金融资产的公允价值高于其账面余额的差额,或出售交易性金融资产时将原计入该金融资产的公允价值变动转出等;期末,应将该账户余额转入"本年利润"账户,结转后本账户无余额。该账户可按交易性金融资产、交易性金融负债、投资性房地产等进行明细核算。

(5)"投资收益"账户。核算企业因交易性金融资产、债权投资、长期股权投资等确认的投资收益或投资损失。该账户属于损益类账户,贷方登记企业出售交易性金融资产等实现的投资收益;借方登记企业出售交易性金融资产等发生的投资损失;期末,应将该账户余额转入"本年利润"账户,结转后该账户应无余额。该账户可按投资项目进行明细核算。

3.2.2 交易性金融资产的核算

1. 交易性金融资产的取得

取得交易性金融资产时,应当按照该金融资产取得时的公允价值作为其初始确认金额,记入"交易性金融资产——成本"账户。取得交易性金融资产所支付价款中包含了已宣告但尚未发放的现金股利或已到付息期但尚未领取的债券利息的,应当单独确认为应收项目,记入"应收股利"或"应收利息"账户。

取得交易性金融资产所发生的相关交易费用应当在发生时计入投资收益。交易费用,是指可直接归属于购买、发行或处置金融工具新增的外部费用,包括支付给代理机构、咨询公司、券商等的手续费和佣金及其他必要支出。

一般纳税人企业发生交易费用取得增值税专用发票的,其进项税额经税务机关确认后,可从当期销项税额中扣除,借记"应交税费——应交增值税(进项税额)"账户。

2. 交易性金融资产的现金股利和利息

企业持有交易性金融资产期间对于被投资单位宣告发放的现金股利或企业在资产负债表日按分期付息、一次还本债券投资的票面利率计算的利息,应当确认为应收项目,记入"应收股利"或"应收利息"账户,并计入当期投资收益。

3. 交易性金融资产的期末计量

资产负债表日,交易性金融资产应当按照公允价值计量,公允价值与账面余额之间的差额计入当期损益。企业应当在资产负债表日按照交易性金融资产公允价值与其账面余额的差额,借记或贷记"交易性金融资产——公允价值变动"账户,贷记或借记"公允价值变动损益"账户。

4. 交易性金融资产的处置

出售交易性金融资产时,应当将该金融资产出售时的公允价值与其初始入账金额之间的差额确认为投资收益。企业应按实际收到的金额,借记"银行存款"等账户,按该金融资产的账面余额,贷记"交易性金融资产"账户,按其差额,贷记或借记"投资收益"账户。

金融资产转让时还应当按照卖出价扣除买入价后的余额作为销售额计算增值税(按现行增值税相关规定,应将含税销售额换算为不含税销售额,一般计税方式税率为6%,简易计税方式为3%)。若盈亏相抵出现负差,可结转下一纳税期与下期转让金融商品销售额相抵,但年末仍出现负差的,不得转入下一会计年度。产生转让收益时,借记"投资收益"账户,贷记"应交税费——转让金融商品应交增值税"账户,产生转让损失时作相反会计分录。这里需要注意的是,金融商品转让不得开具增值税专用发票。

例3-5 20×3年5月10日,甲公司以620万元(含已宣告但尚未领取的现金股利20万元)购入乙公司股票200万股作为交易性金融资产,另支付手续费等1.8万元,确认可抵扣进项税额0.1万元。5月30日,甲公司收到现金股利20万元。20×3年6月30日该股票每股市价为3.2元。20×3年8月10日,乙公司宣告分派现金股利,每股0.2元,于8月20日发放。至12月31日,甲公司仍持有该交易性金融资产。期末每股市价为3.6元。20×4年1月3日甲公司以630万元出售该交易性金融资产。假定甲公司每年6月30日和12月31日对外提供财务报告。

(1)编制上述经济业务的会计分录。
(2)计算该交易性金融资产的累计损益。(金额单位:万元)

(1)编制上述经济业务的会计分录。

① 20×3年5月10日购入股票。

借:交易性金融资产——成本　　　　　　　　　　　　600
　　应收股利　　　　　　　　　　　　　　　　　　　20
　　投资收益　　　　　　　　　　　　　　　　　　　1.8
　　应交税费——应交增值税(进项税额)　　　　　　　0.1
　　贷:银行存款　　　　　　　　　　　　　　　　　　　　621.9

② 20×3年5月30日收到股利。

借:银行存款　　　　　　　　　　　　　　　　　　　20
　　贷:应收股利　　　　　　　　　　　　　　　　　　　　20

③ 20×3年6月30日公允价值变动。

借:交易性金融资产——公允价值变动　　　　　　　　40(200×3.2−600)
　　贷:公允价值变动损益　　　　　　　　　　　　　　　　40

④ 20×3年8月10日宣告分派股利。

借:应收股利　　　　　　　　　　　　　　　　　　　40(0.2×200)
　　贷:投资收益　　　　　　　　　　　　　　　　　　　　40

⑤ 20×3年8月20日收到股利。
借：银行存款　　　　　　　　　　　　　　　　40
　　贷：应收股利　　　　　　　　　　　　　　　　　40
⑥ 20×3年12月31日公允价值变动。
借：交易性金融资产——公允价值变动　80(200×3.6－200×3.2)
　　贷：公允价值变动损益　　　　　　　　　　　　　80
⑦ 20×4年1月3日出售交易性金融资产。
借：银行存款　　　　　　　　　　　　　　　　630
　　投资收益　　　　　　　　　　　　　　　　90.6
　　贷：交易性金融资产——成本　　　　　　　　　600
　　　　　　　　　　　——公允价值变动　　　　　120
　　　　应交税费——转让金融商品应交税　　　　　0.6
(2) 该交易性金融资产的累计损益＝－6＋40＋40＋80－90.6＝63.4(万元)

任务3.3　应收及预付账款核算

应收及预付账款,主要是指企业在生产经营过程中发生的各项债权,包括应收款项和预付款项。应收款项包括应收票据(notes receivable)、应收账款(accounts receivable)和其他应收款(other receivables)等；预付款项(prepayments),是指企业按照合同规定预付的款项,如预付账款等。随着市场经济的发展,社会竞争的加剧,企业为了扩大市场占有率,越来越多地运用商业信用进行促销,应收款项占企业总资产的比例越来越大。由于应收款项具有应收而未收的特点,它既在一定程度上反映了企业的经营绩效,也有可能因日后无法收回造成坏账损失,严重影响企业的经营业绩。因此,企业必须加强对应收款项的管理,根据企业的业务情况,严格控制应收账款的限额和回收的时间,采取有效措施,组织催收,避免企业的资金被其他单位长期占用,以提高资金的使用效率。

3.3.1　应收票据的核算

1. 应收票据概述

随着赊销、赊购等商品交易方式的不断发展与活跃,企业相互间的结算关系也由单一依赖于银行信用逐步转为银行信用与商业信用相结合。商业汇票结算方式的出现和逐渐被企业广泛使用就是这一转变的重要方面之一。应收票据,是指企业持有的、尚未到期兑现的商业票据。商业票据是一种载有一定付款日期、付款地点、付款金额和付款人的无条件支付证券,也是一种可以由持票人自由转让给他人的债权凭证,因而具有较强的法律约束力。在我国,除商业汇票外,大部分票据,如支票、银行本票、银行汇票均为即期票据,可以即刻收款或存入银行成为货币资金,不需要作为应收票据核算。因此,我国的应收票据即指商业汇票。商业汇票是建立在真实的交易关系或债权债务关系基础上的一种信用凭证,通过这种形式使得商业信用票据化。

商业汇票的付款期限最长不得超过六个月。利息金额相对来说不大,用未来现金流量的现值入账不但计算麻烦,而且其折价要逐期摊销,过于烦琐,所以根据重要性原则简化了核算。这里介绍不带息商业汇票。应收票据一般按其面值计价。日期的计算分三种情况:定日付款的自出票日起计算并在汇票上记载具体到期日;出票后定期付款的付款期限自出票日起按月计算并在汇票上记载;见票后定期付款的汇票付款期限自承兑或拒绝承兑日起按月计算并在汇票上记载。商业汇票的提示付款期限为自汇票到期日起10日。

企业收到的商业汇票在未到期前经过背书后可向其开户银行申请贴现,银行按票据的到期值扣除贴现息后的余额支付给企业。票据贴现是企业与银行之间的票据转让行为,一般用来解决短期资金需要。不带息票据的到期值即为票据面值。贴现息以贴现率、票据到期值、贴现期的乘积计算得到,其中贴现率是银行统一确定的,贴现期是贴现日至到期日的期间,一般以实际天数表示。

2. 应收票据核算

为了总括核算和监督企业应收票据的发生和到期收回等情况,企业应设置"应收票据"账户,进行应收票据的总分类核算。

"应收票据"账户属于资产类,借方登记取得的应收票据的面值;贷方登记到期收回票款或到期前向银行贴现的应收票据的票面余额,或因未能收回票款而转作应收账款的应收票据账面金额;期末借方余额,反映企业持有的商业汇票的票面金额。同时,企业应当设置"应收票据备查簿",逐笔登记商业汇票的种类、号数和出票日、票面金额、交易合同号和付款人、承兑人、背书人的姓名或单位名称、到期日、背书转让日、贴现日、贴现率和贴现净额以及收款日和收回金额、退票情况等资料。商业汇票到期结清票款或退票后,在备查簿中应予注销。

(1) 取得应收票据。应收票据取得的原因不同,其会计处理亦有所区别。因债务人抵偿前欠货款而取得的应收票据,借记"应收票据"账户,贷记"应收账款"账户;因企业销售商品、提供劳务等而收到开出、承兑的商业汇票,借记"应收票据"账户,贷记"主营业务收入""应交税费——应交增值税(销项税额)"等账户。

例 3-6 甲公司 20×3 年 7 月 1 日销售一批商品给乙公司,销售收入为 600 000 元,增值税税额为 78 000 元,商品已经发出,已办妥托收手续。适用的增值税税率为 13%。请编制相应的会计分录。

甲公司应作会计分录如下。

20×3 年 7 月 1 日销售商品。

借:应收账款——乙公司　　　　　　　　　　678 000
　　贷:主营业务收入　　　　　　　　　　　　　　600 000
　　　　应交税费——应交增值税(进项税额)　　　78 000

例 3-7 甲公司 20×3 年 7 月 18 日收到乙公司寄来的一张 3 个月期的商业承兑汇票,面值为 678 000 元。请编制相应的会计分录。

20×3 年 7 月 18 日收到票据。

借:应收票据——乙公司　　　　　　　　　　678 000
　　贷:应收账款　　　　　　　　　　　　　　　678 000

(2) 转让应收票据。企业可以将自己持有的商业汇票背书转让。背书是指在票据背面或者粘单上记载有关事项并签章的票据行为。背书转让的,背书人应当承担票据责任。

企业将持有的商业汇票背书转让以取得所需物资时,按应计入取得物资成本的金额,借记"材料采购"或"原材料""库存商品"等账户,按专用发票上注明的可抵扣的增值税税额,借记"应交税费——应交增值税(进项税额)"账户,按商业汇票的票面金额,贷记"应收票据"科目,如有差额,借记或贷记"银行存款"等账户。

(3) 收回到期票款。商业汇票到期收回款项时,应按实际收到的金额,借记"银行存款"账户,贷记"应收票据"账户。

例 3-8 根据例 3-7 资料,10 月 18 日,甲公司上述应收票据到期,收回票面金额 678 000 元,存入银行。请编制相应的会计分录。

甲公司应作会计分录如下。

借:银行存款　　　　　　　　　　　　　　　678 000
　　贷:应收票据　　　　　　　　　　　　　　　　678 000

3.3.2　应收账款的核算

1. 应收账款概述

应收账款(accounts receivable),是指企业因销售商品、提供劳务等业务,应向购货单位或接受劳务的单位收取的款项。凡不是因销售活动、提供劳务而发生的应收款项,不应列入应收账款,如各种应收取的赔款和罚款、应向职工收取的各种垫付款、应收债务人的利息、应收已宣告分配的股利、企业付出的各种存出保证金和押金、预付款项等。

企业应收账款的确认一般应与收入实现的确认同步进行。收入确认的具体条件将在"项目 6　收入、费用和利润核算"中详细介绍,这里不予赘述。

应收账款的入账价值,是指应向客户收取的款项,包括销售货物或提供劳务的价款、增值税税款以及代购货方垫付的运杂费等。在确认应收账款的入账价值时,应考虑有关的折扣、折让因素。折扣包括商业折扣和现金折扣两种。

(1) 商业折扣与会计记录无关。商业折扣,是指企业为了促进销售,在商品价目单原定价格的基础上给予购货方的价格扣除。商业折扣通常以百分比表示,如 5%、10% 及 15% 等。企业采用商业折扣,一方面可以使商品价目单相对比较稳定,商品的实际售价发生变动时只需提高或降低商业折扣;另一方面可将商业折扣作为一种促销手段,对于购买数量较大的顾客给予价格上的优惠,即采取"薄利多销"的策略。

由于商业折扣是在交易成立及实际付款之前予以扣除,因此,对应收账款和销售收入均不产生影响。企业销售商品时,商品价目单上的价格扣除商业折扣后的净额才是真正的销售价格,据此确认销售收入和应收账款。

(2) 现金折扣与会计记录有关。现金折扣,是指企业为了鼓励客户在一定时期内早日偿还货款而给予的一种折扣优惠。现金折扣通常按以下方式表示:2/10,1/20,n/30(即 10 天内付款,给予 2% 的现金折扣;20 天内付款,给予 1% 的现金折扣,30 天内全价付款)。现金折扣对于销售企业称为销货折扣,对于购货企业称为购货折扣。一般现金折扣在商品销售后发生,现金折扣会影响应收账款的账务处理。

(3) 销售折让与会计记录有关。销售折让是指企业因售出商品在质量、规格等方面不符合销售合同规定条款的要求而在售价上给予的减让。通常情况下，销售折让发生在销售收入已经确认之后，因此发生时应直接冲减当期销售商品收入。

按照《企业会计准则——收入》的规定，若折扣、折让会影响与客户签订的合同的交易价格，企业应谨慎确认这部分可变对价因素，如果在转移商品控制权转移时即可确认折扣折让因素，则应当根据事实和情况以预期价值或最有可能的金额来估计相关金额计入交易价格，从而确认应收账款的入账金额。

例 3-9 某公司赊销商品一批，商品标价 10 000 元，商业折扣 20%，增值税税率为 13%。现金折扣条件为 2/10，n/20。企业销售商品时代垫运费 300 元。公司应收账款按总价法核算。计算应收账款的入账金额。

分析：因商品销售实现时，无法确认享受现金折扣的可能性，无法计量折扣金额，因此

应收账款的入账金额 = 10 000 × (1 − 20%) × (1 + 13%) + 300 = 9 340(元)

2. 应收账款核算

企业应设置"应收账款"账户以核算和监督企业应收账款的发生和收回情况。不单独设置"预收账款"账户的企业，预收的账款也在"应收账款"账户核算。"应收账款"账户属于资产类，核算企业因销售商品、对外提供劳务等业务，应向购货单位或接受劳务的单位收取的款项。借方登记赊销时发生的应收账款金额；贷方登记客户归还或已结转坏账损失或转作商业汇票结算方式的应收账款金额；期末借方余额，反映企业尚未收回的应收账款。若企业将预收账款合并记入"应收账款"账户核算，"应收账款"账户可能会出现贷方余额，其贷方余额，反映企业预收的账款。该账户应按不同的购货单位或接受劳务的单位设置明细账户，进行明细核算。具体账务处理，则视折扣发生情况而定。应收账款的核算主要包括以下两个环节。

(1) 应收账款的发生。企业发生应收账款时，按应收金额，借记"应收账款"账户，按实现的营业收入，贷记"主营业务收入"等账户，按税法相关规定收取的增值税税款，一般纳税人采用一般计税方法时贷记"应交税费——应交增值税(销项税额)""应交税费——待转销项税额"账户，采用简易计税方法时，贷记"应交税费——简易计税"账户，小规模纳税人贷记"应交税费——应交增值税"账户。企业代购货单位垫付的包装费、运杂费，借记"应收账款"账户，贷记"银行存款"等账户。

(2) 应收账款的收回。收回应收账款时，借记"银行存款"等账户，贷记"应收账款"账户。收回代垫费用时，借记"银行存款"账户，贷记"应收账款"账户。

如果企业应收账款改用商业汇票结算，在收到承兑的商业汇票时，按账面价值，借记"应收票据"账户，贷记"应收账款"账户。

例 3-10 某有限责任公司于 20×3 年 9 月 8 日销售给某水泥厂钢材 10t，单价 3 000 元，计货款 30 000 元。以银行存款代垫运杂费为 400 元(假设不作为计税基数)。为鼓励该厂及早偿还货款，公司协议许诺给予该厂折扣优惠，即 10 天内付款，货款折扣 2%；20 天内付款，折扣 1%；30 天内全价付款。后该厂在 20 天内付款。经分析该厂暂时资金周转困难，享受折扣的可能性为零。请进行相关业务的会计处理。

① 销售时，公司开具增值税专用发票，计算销售额、销项税额及价税合计。

销售额＝10×3 000＝30 000(元)

销项税额＝30 000×13%＝3 900(元)

价税合计＝30 000＋3 900＝33 900(元)

根据有关发票,该公司应作会计分录如下。

借:应收账款　　　　　　　　　　　　　　　　　34 300
　　贷:主营业务收入　　　　　　　　　　　　　　30 000
　　　　应交税费——应交增值税(销项税额)　　　 3 900
　　　　银行存款　　　　　　　　　　　　　　　　　 400

② 假如买方在20天内付款时,公司按协议计算出折扣额,根据实收金额开具正式收款收据。同时,水泥厂也应出具折扣证明单交公司一同入账(假设计算现金折扣时不考虑增值税,本例中以下类同)。

折扣额＝30 000×1%＝300(元)

水泥厂实际付款金额＝30 000－300＋3 900＋400＝34 000(元)

公司应作会计分录如下。

借:银行存款　　　　　　　　　　　　　　　　　　34 000
　　财务费用　　　　　　　　　　　　　　　　　　　　300
　　　贷:应收账款——水泥厂　　　　　　　　　　　34 300

假如买方在10天内付款,收到货款时,公司应作会计分录如下。

借:银行存款　　　　　　　　　　　　　　　　　　33 700
　　财务费用　　　　　　　　　　　　　　　　　　　　600
　　　贷:应收账款——水泥厂　　　　　　　　　　　34 300

假如买方在30天内付款,收到货款时,公司应作会计分录如下。

借:银行存款　　　　　　　　　　　　　　　　　　34 300
　　　贷:应收账款——水泥厂　　　　　　　　　　　34 300

3.3.3　预付账款的核算

1. 预付账款概述

预付账款(prepayments),是企业按照有关合同,预先支付给供货方(包括提供劳务者)的款项,如预付的材料货款、商品采购货款等。预付账款和应收账款一样,都是企业的短期债权,但是两者又有区别。应收账款是企业因销售商品或提供劳务而产生的债权;而预付账款是企业因购货或接受劳务而产生的债权,是预先付给供货方或劳务提供方的款项。故两者应分别进行核算。

2. 预付账款核算

企业为核算企业按照购货合同规定预付给供应单位的款项及结算情况,应设置"预付账款"账户进行核算。"预付账款"账户属于资产类账户,借方登记企业向供货方预付的货款,贷方登记企业收到所购货物时结转的预付款项。期末借方余额,反映企业实际预付的款项;期末如为贷方余额,反映企业尚未补付的款项。该账户应按供货单位设置明细账,进行明细核算。预付款项情况不多的企业,也可以将预付的款项直接记入"应付账款"账户的借方,不设置"预付账款"账户。通过"应付账款"账户核算预付货款业务,会使应付账款的某些明细账户出现借方余额。在期末编制资产负债表时,若"应付账款"账户所属明细科目有借方余额,应将该部分借方余额列示在资产负债表的资产方。

预付账款的会计处理主要包括预付货款、收到货物以及补付或退回多余货款等业务事项。企业因购货而预付的款项,借记"预付账款"账户,贷记"银行存款"账户。收到所购物资时,根据发票账单等列明应计入购入物资成本的金额,借记"材料采购"或"原材料""库存商品"等账户,按专用发票上注明的可抵扣增值税税额,借记"应交税费——应交增值税(进项税额)"账户,按应付金额,贷记"预付账款"账户。补付的款项,借记"预付账款"账户,贷记"银行存款"账户;退回多付的款项,借记"银行存款"账户,贷记"预付账款"账户。

例3-11 某公司于20×3年6月10日按照合同规定开出转账支票一张,预付给甲单位购买原材料的款项70 000元。公司于7月5日收到原材料,甲单位开来的专用发票上注明价款70 000元,增值税税额9 100元。7月10日公司向甲单位补付剩余货款。请编制相关业务的会计分录。

公司应作会计分录如下。

(1) 6月10日预付货款。

  借:预付账款——甲单位   70 000
    贷:银行存款   70 000

(2) 7月5日收到原材料。

  借:原材料   70 000
    应交税费——应交增值税(进项税额) 9 100
    贷:预付账款——甲单位   79 100

(3) 7月10日补付货款。

  借:预付账款——甲单位   9 100
    贷:银行存款   9 100

(4) 若实际收到的材料价款为60 000元,增值税税额为7 800元,公司收到多余货款12 200元,则公司应作如下会计分录。

  借:原材料   60 000
    应交税费——应交增值税(进项税额) 7 800
    贷:预付账款——甲单位   67 800

  同时,

  借:银行存款   12 200
    贷:预付账款——甲单位   12 200

3.3.4 其他应收款的核算

1. 其他应收款概述

其他应收款(other receivables),是指除应收票据、应收账款、预付账款等以外的其他各种应收、暂付款项,通常与应收账款和预付账款等项目分开,以便会计报表的使用者把这些项目与由于购销业务而发生的应收项目识别清楚。其他应收款主要包括以下内容：企业应收的保险公司或其他单位和个人的各种赔款；企业应收的各种罚款；企业应收的各种存出保证金；企业应收的出租包装物的租金；企业应向职工收取的各种垫付的款项以及其他不属于上述各项的其他应收款项。

其他应收款所包括的内容是相当繁杂的。在实际生活中，由于一些企业内部管理不严，其他应收款长期得不到清理，致使其他应收款金额巨大，因此，企业必须加强对其他应收款的管理和控制。

2. 其他应收款核算

企业为核算和监督其他应收款项的结算情况，应设置"其他应收款"账户。该账户属于资产类账户，核算企业除应收票据、应收账款、预付账款、应收股利、应收利息、长期应收款等以外的其他各种应收及暂付款项，应向职工收取的各种垫付款项，以及已不符合预付账款性质而按规定转入的预付账款等。"其他应收款"账户借方登记企业发生的各种其他应收款的增加，贷方登记企业其他应收款的收回。期末一般在借方，反映企业尚未收回的其他应收款。该账户应按其他应收款的项目分类，并按不同的债务人设置明细账，进行明细分类核算。

企业发生其他各种应收款项时，借记"其他应收款"账户，贷记有关账户；收回各种款项时，借记有关账户，贷记"其他应收款"账户。

例 3-12 A 公司租入包装物一批，以银行存款向出租方支付押金 4 000 元。请编制相应的会计分录。

公司应作会计分录如下。

借：其他应收款——存出保证金　　　　　　　　4 000
　　贷：银行存款　　　　　　　　　　　　　　　　4 000

租入包装物按期退回，A 公司收到出租方退还的押金 4 000 元，已存入银行。

公司应作会计分录如下。

借：银行存款　　　　　　　　　　　　　　　　4 000
　　贷：其他应收款——存出保证金　　　　　　　　4 000

3.3.5　应收款项减值的核算

1. 应收款项减值损失的确认

企业应当在资产负债表日根据《企业会计准则第 22 号——金融工具确认和计量》对应收款项的账面价值进行检查，有客观证据表明该应收款项减值(impairment of receivables)，应当将该应收款项的账面价值减记至预计未来现金流量现值，减记的金额确认为减值损失，计提坏账准备。

表明应收款项发生减值的客观证据包括下列各项。

(1) 债务人发生严重财务困难。
(2) 债务人违反了合同条款，如发生违约或逾期等。
(3) 债权人出于经济或法律等方面因素的考虑，对发生财务困难的债务人做出让步。
(4) 债务人很可能倒闭或进行其他财务重组。

(5) 其他表明应收款项发生减值的客观证据。

但对已确认为坏账的应收账款,并不意味着企业放弃其追索权,一旦重新收回,应及时入账。

企业应当制定计提应收款项坏账准备政策,明确计提坏账准备的范围、计提方法、账龄的划分和计提比例,根据管理权限,经股东大会或董事会,或者经理(厂长)会议或类似机构批准,并按照法律、行政法规的规定报有关各方备案,并置于公司所在地,以供投资者查阅。

2. 应收款项减值核算的账户设置

应收款项减值的核算有直接转销法和备抵法。我国企业会计准则规定采用备抵法,即采用一定方法按期估计坏账损失,计入当期损益,同时建立坏账准备,实际发生坏账时冲销已提坏账准备和应收款项。企业可以选用的坏账损失估计方法主要有应收款项余额百分比法、账龄分析法和个别认定法,估计方法一经确定,不得随意变更。

采用备抵法进行应收款项减值的核算,企业应设置"坏账准备"账户和"信用减值损失"账户核算和监督应收款项的减值情况,通过账户之间的调整关系,在财务报表上列示应收款项的净额。

"坏账准备"账户属于资产类账户,是"应收票据""应收账款""预付账款""其他应收款""长期应收款"等账户的备抵账户,核算应收款项的坏账准备的计提、转销等情况。"坏账准备"账户贷方登记当期计提的坏账准备金额,以及收回已转销的坏账损失;借方登记实际发生的坏账损失金额和冲减的坏账准备金额。该账户期末贷方余额,反映企业已计提但尚未转销的坏账准备。应特别注意,平时"坏账准备"账户可能出现借方余额也可能出现贷方余额,但"坏账准备"账户年末余额一定为贷方余额,并且等于本年估计的坏账损失。该账户可按应收款项的类别进行明细核算。

"信用减值损失"账户属于损益类科目,核算企业根据《企业会计准则第 22 号——金融工具确认和计量》计提各项金融工具减值准备所形成的损失,企业应按照信用减值损失的项目进行明细核算。其借方登记企业根据资产减值等准则确定资产发生的减值应减记的金额;贷方登记企业计提坏账准备或相关金融工具减值准备后,相关资产的价值又得以恢复,应在原已计提的减值准备金额内,登记恢复增加的金额。期末,将"信用减值损失"账户余额转入"本年利润"账户后无余额。

3. 应收款项减值损失的计量

一般企业在对应收款项减值损失进行计量时,对于单项金额重大的应收款项,应当单独进行减值测试。有客观证据表明其发生了减值的,应当根据其未来现金流量现值低于其账面价值的差额,确认减值损失,计提坏账准备。对于单项金额非重大的应收款项,可以单独进行减值测试,确定减值损失,计提坏账准备;也可以与经单独测试后未减值的应收款项一起按类似信用风险特征划分为若干组合,再按这些应收款项组合在资产负债表日余额的一定比例计算确定减值损失,计提坏账准备。根据应收款项组合余额的一定比例计算确定的坏账准备,应当反映各项目实际发生的减值损失,即各项组合的账面价值超过其未来现金流量现值的金额。

企业应当根据以前年度与之相同或相类似的、具有类似信用风险特征的应收款项组合的实际损失率,结合现时情况确定本期各项组合计提坏账准备的比例,据此计算本期应计提的坏账准备。

当期坏账准备可按以下公式计算。

当期应提取(或调整)的坏账准备 = 当期按应收款项计算应提坏账准备金额 −(或+) 调整前"坏账准备"科目的贷方(或借方)余额

4. 应收款项减值的会计处理

资产负债表日,有客观证据证明应收账款发生减值的,按应减记的金额,借记"信用减值损失——计提的坏账准备"账户,贷记"坏账准备"账户。本期应计提的坏账准备大于其账面余额的,应按其差额计提;应计提的坏账准备小于其账面余额的差额作相反的会计分录。

对于确实无法收回的应收款项,按管理权限报经批准后作为坏账,转销应收款项,借记"坏账准备"账户,贷记"应收票据""应收账款""预付账款""其他应收款""长期应收款"等账户。

已确认并转销的应收款项以后又收回的,应按实际收回的金额,借记"应收票据""应收账款""预付账款""其他应收款""长期应收款"等账户,贷记"坏账准备"账户;同时,借记"银行存款"账户,贷记"应收票据""应收账款""预付账款""其他应收款""长期应收款"等账户。

例 3-13 20×2 年 12 月 31 日,甲公司对应收乙公司 1 000 000 元的账款进行减值测试,甲公司根据乙公司的资信情况确定按应收账款余额的 10% 计提坏账准备。请编制计提 20×2 年年末坏账准备的会计分录。

根据上述经济业务,公司 20×2 年 12 月 31 日计提坏账准备的会计分录如下。

借:信用减值损失——计提的坏账准备　　　100 000
　　贷:坏账准备　　　　　　　　　　　　　　100 000

注意:首次计提坏账准备时,计提坏账准备金额与年末"坏账准备"账户的余额相等。

例 3-14 承接例 3-13,甲公司 20×3 年 7 月 15 日对乙公司的应收款项实际发生坏账损失 40 000 元。请编制确认坏账损失的会计分录。

20×3 年 7 月 15 日确认坏账。

借:坏账准备　　　　　　　　　　　　　　　40 000
　　贷:应收账款——乙公司　　　　　　　　　40 000

例 3-15 承接例 3-13 和例 3-14,20×3 年 12 月 31 日甲公司对应收乙公司 1 300 000 元的账款进行减值测试,甲公司根据乙公司的资信情况确定,决定仍按 10% 计提坏账准备。请编制计提 20×3 年年末坏账准备的会计分录。

20×3 年 12 月 31 日公司计提坏账准备。

20×3 年年末应计提(调整)的坏账准备 = 1 300 000×10%−(100 000−40 000)
　　　　　　　　　　　　　　　　　　= 70 000(元)

借:信用减值损失——计提的坏账准备　　　70 000
　　贷:坏账准备　　　　　　　　　　　　　　70 000

注意:平时"坏账准备"账户可能出现借方余额也可能出现贷方余额,但"坏账准备"账户年末余额一定为贷方余额,即为本年年末采用一定测试确定的坏账损失。因此各期估计坏账损失应同账面上原有的"坏账准备"账户余额进行比较,并调整"坏账准备"账户使之与估计的本期坏账准备相符。

结合例 3-15 说明以后年度计提准备的方法,在做题时始终分为三个步骤。

第一步,计算坏账准备贷方(即贷方余额)应保持的数额。

坏账准备贷方要保持的数额＝当年应收账款的年末余额×计提比例

例 3-15 20×3 年年末"坏账准备"账户的年末余额＝当年应收账款的年末余额×计提比例

$$= 1\ 300\ 000 \times 1\% = 13\ 000(元)$$

第二步,看计提准备已经有了多少,找出计提前"坏账准备"账户的余额(即指本年年末计提前的"坏账准备"账户的余额)。

例 3-15 计提前"坏账准备"账户的余额＝100 000－40 000＝60 000(元)

第三步,比较第一步和第二步的大小,确定本年年末应计入或应冲销的坏账准备金额。

当期应计提或冲销的坏账准备＝期末应收款项的期末余额×估计比例

－"坏账准备"调整前账户余额(若为借方余额则减负数)

例 3-15 当期应计提的坏账准备＝期末"坏账准备"的期末余额－

"坏账准备"调整前账户余额

＝130 000－60 000＝70 000(元)

例 3-16 承接例 3-13、例 3-14 和例 3-15,甲公司 20×4 年 5 月 20 日收到 20×3 年甲公司已经转销的乙公司坏账 30 000 元,已存入银行。请编制相应的会计分录。

20×4 年 5 月 20 日已确认坏账又收回。

借:应收账款——乙公司	30 000
贷:坏账准备	30 000
借:银行存款	30 000
贷:应收账款——乙公司	30 000

注意:当年收到以前年度核销的坏账的处理,一定要作两笔会计分录。这是根据国际惯例来做的。我们知道,应收账款都有明细账,西方国家定期对企业进行信用的评级,在这种情况下,作两笔分录,就能够看出来核销的这个单位,企业都已经有证据表明这笔款项收不回来了,但对方还是把款项还给了企业,将来在信用评级时,会给对方加分,说明对方的信誉较好。根据上述业务的处理,甲公司对乙公司"坏账准备"账户的登记情况如表 3-3 所示。

表 3-3 "坏账准备"账户 单位:元

借方		坏账准备	贷方
		20×2 年期末余额	100 000
20×3 年 7 月 15 日确认坏账时	40 000	20×3 年实际计提	70 000
		20×3 年期末余额	130 000
		20×4 年 5 月 20 日已核销又收回	30 000
		20×4 年 5 月 31 日	160 000

任务 3.4 存货核算

存货作为企业生产制造及销售过程中关键的基础物料，不仅占用的资金大，而且品种繁多，在企业的重要地位不言而喻。与其他类型的资产相比，存货具有的特点是：①流动性强、周转快；②存在形式经常发生变化，但总会以某种形式存在，人们可通过盘点和计量确认其数量；③存货存在于企业生产经营全过程，某些存货还会随着工艺过程的深入而发生有规律的变化。在会计核算上，存货对应的会计账项很多，存货项目的真实性与正确性，直接影响其他会计账项。因此，存货会计的主要目的是：①确定期末存货数量，以便计算列入资产负债表中的存货价值；②计算确定销货成本，以便和当期营业收入相配比，从而正确合理地确定本期损益。

3.4.1 存货概述

1. 存货范围

存货(inventory)，是指企业在日常活动中持有以备出售的产成品或商品、处在生产过程中的在产品、在生产过程或提供劳务过程中耗用的材料和物料等。根据《企业会计准则第1号——存货》规定，存货在同时满足以下两个条件时，才能加以确认：一是该存货包含的经济利益很可能流入企业；二是该存货的成本能够可靠地计量。存货在企业的不同生产过程和阶段中具有不同实物形态。只有符合存货的定义，同时满足上述的两个条件，才能确认为企业的存货。

不同行业的企业，存货的内容和分类有所不同。存货一般依据企业的性质、经营范围，并结合存货的用途进行分类。服务性企业，如旅馆、律师事务所、证券公司、美容院等，既不生产产品，也不经销产品。这些单位一般存有各种物料用品，如办公用品、家具用具等，供业务活动时使用，这些货品就作为存货。商业企业，也有可能有少量物料用品，但它的资金有很大部分投放在准备转售的商品上，称为库存商品。制造业企业，以加工或生产产品为主，故其存货的构成最为复杂。总体上看，存货可分为以下几种。

(1) 原材料(raw materials)，指企业生产过程中经加工改变其形态或性质并构成产品主要实体的各种原料以及主要材料、辅助材料、外购半成品、修理用备件、包装材料和燃料等。

(2) 在产品，指企业正在制造尚未完工的产品，包括正在各个生产工序加工的产品和已加工完毕，但尚未检验或者已检验但尚未入库的相关产品。

(3) 半成品，指经过一定生产过程，并已检验合格，交付半成品库保管，但尚未制造完工成为产成品，仍需进一步加工的中间产品。半成品不包括从一个车间转给另一个车间继续加工的自制半成品以及不能单独计算成本的自制半成品(这类自制半成品属于在产品)。

(4) 产成品，指工业企业已经加工完成并验收入库，可以按合同规定的条件向相关单位予以交货，或者可以对外销售的产品。企业接受外来原材料加工制造的代制品和为外单位加工修理的代修理品，制造和修理完成验收入库以后应该视同企业的产品。

（5）商品，指商品流通企业外购或委托加工完成验收入库用于销售的各种产品。

（6）包装物，指包装本企业商品而储备的各种包装容器。不包含包装材料（包装材料在原材料核算），仅指出租、出售、出借的包装物（除此以外的包装物应作为固定资产或低值易耗品核算）。

（7）低值易耗品，指不作为固定资产的各种用具物品。

（8）委托代销商品，指企业委托其他单位代销的商品。

需要说明的是，为建造固定资产等各项工程而储备的各种材料，虽然也具有存货的某些特征，但它们并不符合存货的定义，因此不能作为企业的存货进行核算。企业的特准储备以及按国家指令专项储备的资产也不符合存货的定义，因而也不属于企业的存货。

2. 存货成本的确定

正确估价存货是企业正确计算损益的重要前提。《企业会计准则第1号——存货》规定，各种存货应当以其成本入账，存货成本包括采购成本、加工成本和其他成本。企业可以通过外购、自制半成品、委托加工物资、接受投资、接受捐赠、非货币性资产交换、债务重组等不同的方式取得存货，其成本构成内容不同。如原材料、商品、低值易耗品等通过购买而取得的存货的成本由采购成本构成；产成品、在产品、半成品、委托加工物资等通过进一步加工而取得的存货的成本由采购成本、加工成本以及使存货达到目前场所和状态所发生的其他成本构成。

1）存货的采购成本

存货的采购成本，包括购买价款、相关税费、运输费、装卸费、保险费以及其他可归属于存货采购成本的费用。

（1）存货的购买价款，是指企业购入的材料或商品的发票账单上列明的价款。一般来讲，企业购入的存货应根据发票金额确认购货价格，但不包括按规定可以抵扣的增值税税额。一般纳税人企业凡取得增值税专用发票或完税证明的，采购物资支付的经确认可以抵扣的增值税不计入所购物资的采购成本，而应作为进项税额单独核算。小规模纳税人企业则不可抵扣进项税额，采购物资支付的款项即为采购成本。

（2）存货的相关税费，是指企业购买存货发生的进口关税、消费税、资源税和不能抵扣的增值税进项税额以及相应的教育费附加等应计入存货采购成本的税费。

（3）其他可归属于存货采购成本的费用，是指采购成本中除上述各项以外的可归属于存货采购的费用，如在存货采购过程中发生的仓储费、包装费、运输途中的合理损耗、入库前的挑选整理费用等。

2）存货的加工成本

存货的加工成本，是指在存货的加工过程中发生的追加费用，包括直接人工以及按照一定方法分配的制造费用。

（1）直接人工，是指企业在生产产品和提供劳务过程中发生的直接从事产品生产和劳务提供人员的职工薪酬。

（2）制造费用，是指企业为生产产品和提供劳务而发生的各项间接费用。

3）存货的其他成本

存货的其他成本，是指除采购成本、加工成本以外的，使存货达到目前场所和状态所发生的其他支出。企业设计产品发生的设计费用通常应计入当期损益，但是为特定客户设计产品所发生的、可直接确定的设计费用应计入存货的成本。

下列费用不应计入存货成本,而应在其发生时计入当期损益:①非正常消耗的直接材料、直接人工和制造费用,应在发生时计入当期损益,不应计入存货成本。如由于自然灾害而发生的直接材料、直接人工和制造费用,由于这些费用的发生无助于使该存货达到目前场所和状态,不应计入存货成本,而应确认为当期损益。②仓储费用,指企业在存货采购入库后发生的储存费用,应在发生时计入当期损益。但是,在生产过程中为达到下一个生产阶段所必需的仓储费用应计入存货成本。如某种酒类产品生产企业为使生产的酒达到规定的产品质量标准,而必须发生的仓储费用,应计入酒的成本,而不应计入当期损益。③不能归属于使存货达到目前场所和状态的其他支出,应在发生时计入当期损益,不得计入存货成本。

3.4.2 原材料的核算

原材料,是工业企业的主要存货,是企业用于制造产品并构成产品实体的购入物品及购入后供生产耗用但不构成产品实体的辅助性物品。具体包括原料及主要材料、辅助材料、外购半成品、修理用备件及燃料等。企业原材料品种规格不一,收发频繁,且在存货中占有较大比重,所以企业严格执行材料收发凭证的填制、传递和审核制度,加强材料入库、出库的收发手续管理,对于落实经济责任,保护财产物资安全完整,提高经济效益有着重要的意义。企业原材料的日常核算,可以采用实际成本(actual cost)计价或计划成本(cost of the project)计价。即使在同一个企业,对于不同的材料,也可以分别采用实际成本计价和计划成本计价两种计价方法进行日常核算,这取决于企业的实际需要。这里主要介绍原材料按实际成本计价的核算。

原材料按实际成本计价是指每种材料的收、发、存核算均按实际成本计价。其核算特点是从原材料收发凭证到明细分类和总分类全部按实际成本计价。实际成本法一般适用于规模较小、存货品种单一、采购业务不多的企业。

1. 原材料按实际成本核算的账户设置

原材料按实际成本计价,企业主要设置"原材料"和"在途物资"两个账户进行核算。另外还应设置"应付账款""预付账款""应交税费——应交增值税(进项税额)"等账户。

(1)"原材料"账户。为了核算和监督原材料(包括原料及主要材料、辅助材料、外购半成品、修理用备件、包装材料及燃料等)的收入、发出和结存情况,企业应设置"原材料"账户进行核算。该账户属于资产类账户,其借方登记外购、自制、委托加工完成、其他单位投入,以及盘盈等原因增加的材料的实际成本;贷方登记领用、发出加工、对外销售,以及盘亏、毁损等原因减少的库存材料的实际成本;期末借方余额反映库存材料的实际成本。

"原材料"账户应按材料的保管地点,材料的类别、品种和规格设置材料明细账(或原材料卡片)。原材料明细账应根据收料凭证和发料凭证逐笔登记。

(2)"在途物资"账户。该账户属于资产类账户,用于核算已付款或已开出承兑商业汇票,但尚未到达或尚未验收入库材料的实际成本。该账户的借方登记已支付或已开出承兑商业汇票材料的实际成本;贷方登记已验收入库材料的实际成本;其余额在借方,反映已经付款或已经开出承兑商业汇票,但尚未验收入库的在途物资的实际成本。该账户应按供货单位设置明细账户,进行明细分类核算。

(3)"应付账款"账户。该账户属于负债类账户,用于核算企业购买材料、商品和接受劳务供应等应付给供应单位的款项。本账户的贷方登记企业因购入材料、商品等所欠的款项;借方登记偿还应付款项的数额;余额一般在贷方,表示尚未偿还的应付账款的数额。

2. 外购原材料的核算

外购原材料,由于结算方式和采购地点的不同,材料入库和货款的支付在时间上不一定完全同步。企业从本地采购的材料,通常在货款支付后就能立即收到材料。从外地采购的材料,由于材料运输时间和结算凭证的传递以及承付时间的不一致,经常会发生结算凭证已到,货款已支付,但材料尚在运输途中的情况;有时也会发生材料已到,而结算凭证尚未到达,货款也未支付的情况。因此,材料采购要根据具体情况进行账务处理。

(1)单货同到。对于结算凭证等单据与材料同时到达的采购业务,企业在收到发票账单、材料验收入库后,应根据结算凭证、发票账单和收料单等凭证,借记"原材料""应交税费"等账户,贷记"银行存款""应付账款""应付票据"等账户。

小规模纳税人或购入物资不能取得增值税专用发票的公司,购入物资,按购入物资应支付的金额,借记"在途物资""原材料""销售费用"账户,贷记"银行存款""应付账款""应付票据"等账户。下述所列明的会计事项,除特别注明外,均指能取得增值税专用发票的一般纳税人的账务处理。

例 3-17 某工厂购入一批 A 材料,取得的增值税专用发票上注明的货款为 20 000 元,可抵扣的增值税税额为 2 600 元,材料已验收入库,货款已通过银行支付。请编制相应的会计分录。

企业应作会计分录如下。

借:原材料——A 材料　　　　　　　　　　　　　　20 000
　　应交税费——应交增值税(进项税额)　　　　　 2 600
　　贷:银行存款　　　　　　　　　　　　　　　　 22 600

(2)单到货未到。对于已经支付货款或已经开出承兑商业汇票,但材料尚未送达的采购业务,应根据结算凭证、发票账单等单据,借记"在途物资""应交税费"等科目,贷记"银行存款"和"应付票据"等科目;待到材料后,根据收料单,借记"原材料"科目,贷记"在途物资"科目。

例 3-18 某公司向外地单位购入 B 材料计 30 000 元,增值税为 3 900 元,已收到银行转来外地单位的结算凭证和发票,确认进项税额可抵扣,货款已经支付,材料尚未到达。请编制相应的会计分录。

根据收到的结算凭证和发票账单,公司应作会计分录如下。

借:在途物资　　　　　　　　　　　　　　　　　　30 000
　　应交税费——应交增值税(进项税额)　　　　　 3 900
　　贷:银行存款　　　　　　　　　　　　　　　　 33 900

当材料运达并验收入库时,根据收料单作会计分录如下。

借：原材料——B 材料　　　　　　　　　　　　　30 000
　贷：在途物资　　　　　　　　　　　　　　　　　　30 000

需要说明的是，在材料收入业务较少的企业中，材料收入的总分类核算可以根据收料凭证逐日编制记账凭证，并据以登记总分类账；在材料收入业务较多的企业中，则可以根据收料凭证，整理汇总，定期编制"收料凭证汇总表"，月终一次登记总分类账，进行总分类核算。

（3）货到单未到。对于材料已到，结算凭证未到，货款尚未支付的采购业务，一般在短时间内，发票账单就可能到达。为了简化核算手续，在月份内发生的，可以暂不进行账务处理，而只将收到的材料登记明细分类账，待收到发票账单，再按实付货款登记总账。如果月末结算凭证仍未到达企业，则应先按材料的暂估价，借记"原材料"账户，贷记"应付账款——暂估应付账款"账户。下月初用红字作同样的记录，予以冲销。企业于下月实际付款或开出、承兑商业汇票时，按正常程序，借记"原材料""应交税费——增值税（进项税额）"账户，贷记"银行存款"等账户。

例3-19 某公司向外地单位购入 B 材料，材料已经运到并验收入库，但发票结算凭证尚未到达，货款尚未支付。月末按暂估价 30 500 元入账。请编制相应的会计分录。

月末，公司应作会计分录如下。

借：原材料——B 材料　　　　　　　　　　　　　30 500
　贷：应付账款——暂估应付账款　　　　　　　　　　30 500

下月初，用红字编写与上列会计分录相同的记账凭证，冲销暂估入账的记录。

借：原材料——B 材料　　　　　　　　　　　　　30 500
　贷：应付账款——暂估应付账款　　　　　　　　　　30 500

采用预付货款方式采购材料，根据有关规定，预付材料价款时，应借记"预付账款"账户，贷记"银行存款"账户。已经预付货款的材料验收入库，应根据发票账单所列的价款和可抵扣税额等，借记"原材料""应交税费——应交增值税（进项税额）"账户，贷记"预付账款"账户；预付款项不足，应按所需补付的金额借记"预付账款"账户，贷记"银行存款"账户；退回多付的款项，应借记"银行存款"账户，贷记"预付账款"账户。

3. 发出原材料的核算

1）发出材料的计价方法

存货流转包括实物和成本流转两个方面。理论上讲存货的成本流转与实物流转应当一致，但实际工作中，这种情况非常少。因为企业的存货进出量很大，存货的品种繁多，存货的单位成本多变。同一种存货尽管单价不同，但均能满足生产和销售的需要，无须逐一辨认哪一批实物被发出，从而成本与实物相分离。这样就出现了存货成本流转的假设。采用某种假设，在期末存货和发出存货之间分配成本，就产生了不同的存货成本分配方法，即发出存货的计价方法。

存货计价方法的选择是制定企业会计政策的一项重要内容。选择不同的存货计价方法将会导致不同的报告利润和存货估价，并对企业的税收负担、现金流量产生影响。我国《企业会计准则第 1 号——存货》规定：企业应当采用先进先出法、加权平均法或者个别计价法确定发出存货的实际成本。但一旦选择某种方法，以后不得随意变更。

发出存货的计价方法如表 3-4 所示。

表 3-4　发出存货的计价方法

计价方法	基本原理	计算公式（或具体操作）	适用范围	优点	缺点	其他
个别计价法	指每次发出存货的实际成本按其购入时的实际成本分别计价的方法	每次(批)存货发出成本＝该次(批)存货发出数量×该次(批)存货实际购入时的单位成本	适用于容易识别、存货品种数量不多、单位成本较高的存货计价	计算发出存货的成本和期末存货的成本比较合理、准确	实务操作的工作量繁重，困难较大	假设存货的成本流转与实物流转是一致的。这种方法的前提是需要对发出和结存存货的批别进行具体认定，以辨认其所属的收入批别（又称个别认定法、具体辨认法、分批实际法）
先进先出法	指以先购入的存货先发出为假设条件，按照货物购入的先后顺序确定发出存货和期末存货实际成本的方法	购入存货时，逐笔登记购入存货的数量、单价和金额；发出存货时，按照先进先出的原则逐笔登记存货的发出成本和结存金额 本期发出存货成本＝发出存货数量×先购到存货的单价	存货收发业务不多且存货单价基本稳定	①符合实物流转过程 ②期末存货成本比较接近现行市价 ③企业不能随意挑选存货计价以调整当期利润	①工作比较烦琐 ②不太符合配比。物价上涨时，会高估当期利润和存货的价值；反之会低估	在物价持续上升时，期末存货成本接近于市价，而发出成本偏低，利润偏高；反之亦然
加权平均法	指以期初存货数量和本期购入存货数量为权数，于月末一次计算存货平均单价，据以计算当月发出存货和月末结存存货实际成本的方法	本期发出存货成本＝本期发出存货数量×加权平均单价*	存货收发业务不多的企业	①只在月末一次计算加权平均单价，比较简单 ②在市场价格上涨或下跌时所计算出来的单位成本平均化，对存货成本的分摊较为折中	平时无法从账上提供发出和结存存货的单价及金额，不利于加强存货管理	在物价持续上升或下跌时，单位成本平均化，即存货成本波动不大，对利润的影响不会很大

续表

计价方法	基本原理	计算公式（或具体操作）	适用范围	优点	缺点	其他
移动加权平均法	指每次收货以后，立即根据库存货数量和总成本，计算出新的平均单位成本的一种方法	移动加权平均法与加权平均法的计算原理基本相同，只是要求在每次收入存货时重新计算加权平均单价 本期发出存货成本＝本期发出存货数量×移动加权平均单价**	同上	①能使管理当局及时了解存货结存情况 ②计算的单位成本以及发出和结存的存货成本比较客观	①每次收货都计算平均单价，工作量较大 ②对收发货较频繁的企业不适用	

注：* 加权平均单价＝期初存货成本＋$\dfrac{本期购入存货成本}{期初存货数量＋本期购入存货数量}$

** 移动加权平均单价＝以前结存成本＋$\dfrac{本批购入存货成本}{以前存货数量＋本批购入存货数量}$

例 3-20 某公司 20×3 年 7 月甲材料月初结存数量 3 000 件，结存金额 8 700 元。本月进货情况如表 3-5 所示。

表 3-5 本月甲材料进货情况

日期	单价/(元/件)	数量/件	金额/元
9 日	3.10	4 100	12 710
12 日	3.20	6 000	19 200
20 日	3.30	4 500	14 850
26 日	3.40	1 800	6 120

公司 10 日、13 日、25 日分别销售甲材料 2 500 件、5 500 件和 7 000 件。请分别采用加权平均法和先进先出法计算甲材料本年 7 月的销售成本、期末结存金额。

采用加权平均法和先进先出法计算如下。

(1) 加权平均法。

$$加权平均单价=\dfrac{8\,700+12\,710+19\,200+14\,850+6\,120}{3\,000+4\,100+6\,000+4\,500+1\,800}=3.174\,2(元)$$

7 月销售成本＝15 000×3.174 2＝47 613(元)

7 月末存货结存金额＝8 700＋12 710＋19 200＋14 850＋6 120－47 613
　　　　　　　　　＝13 967(元)

本题根据加权平均单价先计算期末结存金额，再倒挤本期销售成本也可。即

7 月末存货结存金额＝4 400×3.174 2＝13 966(元)

7 月销售成本＝8 700＋12 710＋19 200＋14 850＋6 120－13 966
　　　　　　＝47 614(元)

(2) 先进先出法。如表 3-6 所示材料明细账。

7 月销售成本＝2 500×2.9＋500×2.9＋4 100×3.1＋6 000×3.2＋1 900×3.3
　　　　　　＝46 880(元)

7月末结存金额＝2 600×3.3＋6 120＝14 700(元)

或　　7月末结存金额＝8 700＋12 710＋19 200＋14 850＋6 120－46 880

＝14 700(元)

表 3-6　材料明细账

存货类别：　　　　　　　　　　　　　　　　　　　　　　　　计量单位：件
存货编号：　　　　　　　　　　　　　　　　　　　　　　　　最高存量：
存货名称及规格：甲　　　　　　　　　　　　　　　　　　　　最低存量：

20×3年		凭证号数	摘要	收入			发出			结存		
月	日			数量	单价	金额	数量	单价	金额	数量	单价	金额
7	1		期初结存							3 000	2.90	8 700
	9	(略)	购入	4 100	3.10	12 710				3 000 4 100	2.90 3.10	8 700 12 710
	10		领用				2 500	2.90	7 250	500 4 100	2.90 3.10	1 450 12 710
	12		购入	6 000	3.20	19 200				500 4 100 6 000	2.90 3.10 3.20	1 450 12 710 19 200
	13		领用				500 4 100 900	2.90 3.10 3.20	1 450 12 710 2 880	5 100	3.20	16 320
	20		购入	4 500	3.30	14 850				5 100 4 500	3.20 3.30	16 320 14 850
	25						5 100 1 900	3.20 3.30	16 320 6 270	2 600	3.30	8 580
	26		购入	1 800	3.40	6 120				2 600 1 800	3.30 3.40	8 580 6 120
	31		本月合计	16 400		52 880	15 000		46 880	2 600 1 800	3.30 3.40	8 580 6 120

2) 发出材料的会计处理

企业材料的日常领、发业务频繁，为了简化核算，平时一般只登记材料明细分类账，反映各种材料的收发和结存数量。月末根据按实际成本计价的发料凭证，按领用部门和用途汇总编制"发料凭证汇总表"，据以登记总分类账，进行材料发出的总分类核算。

企业发出材料，凡车间生产产品领用的，借记"生产成本"账户；车间管理及一般消耗领用的，借记"制造费用"账户；厂部管理及一般消耗领用的，借记"管理费用"账户；专设销售机构领用的，借记"销售费用"账户；委托加工发出的，借记"委托加工物资"账户，贷记"原材料"账户。福利等部门领用的原材料，按实际成本加上不予抵扣的增值税税额等，借记"应付职工薪酬"等账户，按实际成本贷记"原材料"账户，按不予抵扣的增值税税额，贷记"应交税费——应交增值税(进项税额转出)"等账户。

例3-21　某公司为一般纳税人。20×3年8月，按照领用部门和用途归类汇总编制的发料凭证汇总表(见表3-7)，据以进行本月材料发出的总分类核算。

表 3-7 发料凭证汇总表

20×3 年 8 月　　　　　　　　　　　　　　单位：元

应借科目	原材料			
	原料及主要材料	辅助材料	燃料	合计
生产成本	100 000	20 000	3 000	123 000
制造费用		8 000	2 000	10 000
销售费用		4 000		4 000
管理费用		3 500		3 500
本月发生合计	100 000	35 500	5 000	140 500

公司作会计分录如下。

借：生产成本　　　　　　　　　　　　123 000
　　制造费用　　　　　　　　　　　　 10 000
　　销售费用　　　　　　　　　　　　 4 000
　　管理费用　　　　　　　　　　　　 3 500
　　贷：原材料　　　　　　　　　　　140 500

需要说明的是，按照实际成本计价的材料收发核算，从材料日常收发凭证到明细分类核算和总类核算，都是按照实际成本计价的。这对于材料收发业务频繁的企业，材料计价的工作量是极为繁重的，而且，这种计价方法难以看出收入材料的实际成本与计划成本相比是节约还是超支，难以从账簿中反映材料采购业务的经营成果。因此，这种计价方法一般适用于规模较小、存货品种简单、采购业务不多的企业。而对于材料收发业务频繁的企业，则应在其具备材料计划成本资料的条件下，采用计划成本计价方法。即材料的日常收、发、存核算都按预先确定的计划成本计价，但在期末时应调整为实际成本，并按成本与可变现净值孰低法进行期末计量。其主要特点是：平时所有收发凭证按材料的计划成本计价；总账及明细分类账，按计划成本登记；材料的实际成本与计划成本的差异，通过"材料成本差异"账户进行核算。月份终了，通过分配材料成本差异，将发出原材料的计划成本调整为实际成本。这种计价方法可以简化会计处理工作，有利于考核采购部门的业绩。

3.4.3 其他存货的核算

1. 委托加工物资的核算

1) 委托加工物资概述

委托加工物资(commission processing materials)，是指企业现有的材料物资不能直接用于产品生产，需要送到外单位进行加工的物资。

委托加工物资在加工过程中将会改变原有的实物形态，形成一种新的物资，必须重新对委托加工物资进行计价。其实际成本包括加工中实际耗用物资的实际成本、支付的加工费及往返运杂费、支付的税金(包括应由委托加工物资成本负担的增值税和消费税)。

2) 委托加工物资的账务处理

为了核算和监督企业委托外单位加工的各种材料的实际成本，企业需要设置"委托加工物资"账户。该账户属于资产类账户，借方登记委托加工物资的实际成本，贷方登记加工完成并验收入库物资的实际成本和退回物资的实际成本；期末借方余额，反映企业委托外单位加工但尚未加工完成物资的实际成本和发出加工物资的运杂费等。企业应按加工合同和受托加工单位设置明细账户，反映加工单位名称、加工合同号数、发出加工物资的名称、数量、发生的加工费用和运杂费，退回剩余物资的数量、实际成本，以及加工完成物资的实际成本等资料，进行明细核算。

注意： 委托方将收回的应税消费品，以不高于受托方的计税价格出售的，为直接出售，不再缴纳消费税；委托方以高于受托方的计税价格出售的，不属于直接出售，需按照规定申报缴纳消费税，在计税时准予扣除受托方已代收代缴的消费税。

例3-22 某公司委托另一企业加工一批材料，价格8 000元，支付加工费1 500元，往返运输费500元，加工完成后验收入库。加工费和运输费均取得增值税专用发票，列明可抵扣进项税额分别为195元和45元。请编制相应的会计分录。

公司应作会计分录如下。

(1) 发出材料，用以委托加工。

借：委托加工物资　　　　　　　　　　　　　8 000
　　贷：原材料　　　　　　　　　　　　　　　　8 000

(2) 支付加工费和运杂费，同时计算增值税。

借：委托加工物资　　　　　　　　　　　　　2 000
　　应交税费——应交增值税(进项税额)　　　　240
　　贷：银行存款　　　　　　　　　　　　　　2 240

(3) 按实际成本收回委托加工材料。

借：原材料　　　　　　　　　　　　　　　　10 000
　　贷：委托加工物资　　　　　　　　　　　　10 000

2. 低值易耗品的核算

1) 低值易耗品概述

低值易耗品(low value consumables)，是指不能作为固定资产的各种用具物品，如工具、管理用具、玻璃器皿，以及在经营过程中周转使用的包装容器等。低值易耗品与固定资产同属企业的劳动资料，可多次使用而不改变原有的实物形态，使用过程中需要进行维修，报废时有残值等。但低值易耗品属于价值较低或使用年限较短、易损易耗的工具、设备，因此，低值易耗品被视同存货，作为流动资产核算和管理。

2) 低值易耗品的核算

为了核算和监督低值易耗品的收入、发出和结存情况，企业应设置"周转材料——低值易耗品"账户。该账户的借方登记入库的低值易耗品成本；贷方登记发出的低值易耗品成本；期末借方余额，通常反映企业期末结存低值易耗品的金额。

购入、自制、委托外单位加工完成并已验收入库的低值易耗品，比照"原材料"账户的相关规定进行账务处理。这里主要介绍低值易耗品摊销的核算。

低值易耗品可以在生产经营过程中多次重复使用，而不改变其原有的实物形态，其价值是逐步损耗的。在价值补偿上，低值易耗品损耗的价值是以摊销的形式计入成本、费用中，其摊销方法有一次转销法和五五摊销法。一次转销法，是将其价值一次全部计入有关资产成本或当期损益，适用于价值较低或极易损坏的低值易耗品的摊销。五五摊销法，是领用时先摊销账面价值的一半，报废时再摊销另一半，既适用于价值较低使用期限较短的低值易耗品，也适用于每期领用数量和报废数量大致相等的低值易耗品。在这种方法下要单独设置"周转材料——低值易耗品——在用（在库、摊销）"账户。但如果低值易耗品已经发生毁损、遗失等，不能再继续使用的，应将其账面价值全部转入当期成本、费用。企业对在用低值易耗品，以及使用部门退回仓库的低值易耗品，应当加强实物管理，并在备查簿上进行登记。

3. 包装物的核算

1）包装物概述

包装物（packaging materials），是指为了包装企业的产品而储备的各种包装容器，例如桶、箱、瓶、坛、袋等。具体包括生产过程中用于包装产品并作为产品的组成部分的包装物，随同产品出售而不单独计价的包装物，随同产品出售，但单独计价的包装物，出租或出借给购买单位使用的包装物。

下列各项不属于包装物的核算范围：各种包装材料，如纸、绳、铁丝、铁皮等，它们应在"原材料"账户内核算；用于储存和保管产品、材料而不对外销售的包装物，应按其价值的大小和使用年限的长短，分别在"固定资产"或"周转材料——低值易耗品"账户核算；计划上单独列作企业商品、产品的自制包装物，应作为库存商品处理，不属于包装物的范围。

2）包装物的核算

为了核算和监督包装物的收入、发出和结存情况，企业应设置"周转材料——包装物"账户，用来核算企业库存的各种包装物的实际成本或计划成本。该账户属于资产类账户，借方登记企业购入、自制、委托加工完成、盘盈等各种途径取得的包装物的实际成本（或计划成本）；贷方登记企业发出、领用、对外销售、盘亏、毁损、出租、出借等各种原因减少的包装物的实际成本（或计划成本）；期末借方余额反映库存各种包装物的实际成本（或计划成本）。该账户应按包装物的品种设置明细账户，进行明细分类核算。包装物数量不多的企业，可将包装物并入"原材料"账户核算。包装物采用计划成本进行核算的企业，包装物收发等应分摊的成本差异，应通过"材料成本差异"账户核算。

企业购入、自制、委托外单位加工完成验收入库的包装物的核算，与原材料收入的核算基本相同。包装物的摊销方法有一次转销法和五五摊销法，与低值易耗品基本相同。这里主要介绍包装物发出的账务处理。

（1）生产领用的包装物。企业在生产过程中领用的包装物，用于包装产品并构成产品组成部分，应计入产品成本，借记"生产成本"账户，贷记"周转材料——包装物"账户。

（2）随同商品出售的包装物，分两种情况：随同商品出售而不单独计价的包装物，应于包装物发出时，计入销售费用中，即借记"销售费用"账户，贷记"周转材料——包装物"账户；随同产品出售单独计价的包装物，应于包装物发出时，视同材料销售处理，借记"其他业务成本"账户，贷记"周转材料——包装物"账户。销售收入记入"其他业务收入"账户。

4. 库存商品的核算

库存商品（stock merchandise），包括库存的外购商品、自制商品、存放在门市部准备出售的商品、发出展览的商品以及寄存在外库或存放在仓库的商品等。产品制造企业的库存商品主要指产成品。产成品，是指企业已经完成全部生产过程并已验收入库合乎标准规格和技术条件，可以按照合同规定的条件送交订货单位，或者可以作为商品对外销售的产品。企业接受外来原材料加工制造的代制品和为外单位加工修理的代修品，制造和修理完成验收入库后,视同企业的产成品。

为了核算和监督库存商品的收发和结存情况,企业应设置"库存商品"账户。该账户属于资产类账户,借方登记验收入库的库存商品的成本,贷方登记发出库存商品的成本,期末借方余额反映企业结存库存商品的实际成本。

产品制造企业的产成品一般应按实际成本进行核算。在这种情况下,产成品的收入、发出和销售,平时只计数量不计金额;月度终了,计算生产完工验收入库产成品的实际成本。按实际成本借记"库存商品"账户,贷记"生产成本"等账户;对发出和销售的产成品,可以采用先进先出法、加权平均法、移动平均法或者个别计价法等方法确定其实际成本。核算方法一经确定,不得随意变更。如需变更,应在财务报表附注中予以说明。结转成本时,借记"主营业务成本"账户,贷记"库存商品"等账户。

例 3-23 某公司月终汇总编制的库存商品入库汇总表如表 3-8 所示。

表 3-8 库存商品入库汇总表

产品名称	单位	数量	单位成本	总成本
A 产品	件	500	300	150 000
B 产品	件	400	400	160 000
合 计				310 000

请编制产品入库的会计分录。

根据上述库存商品入库汇总表,作会计分录如下。

借:库存商品——A 产品　　　　　　　　　　　　150 000
　　　　　　——B 产品　　　　　　　　　　　　160 000
　　贷:生产成本——基本生产成本　　　　　　　310 000

例 3-24 某公司月末汇总的发出商品中,当月已实现销售的 A 产品 400 件,单位成本 300 元,计 12 000 元;B 产品 300 件,单位成本 400 元,计 12 000 元。请编制相应的会计分录。

公司应作会计分录如下。

借:主营业务成本　　　　　　　　　　　　　　24 000
　　贷:库存商品——A 产品　　　　　　　　　　12 000
　　　　　　　　——B 产品　　　　　　　　　　12 000

例 3-25 某公司为增值税一般纳税人,将 A 产品一批用于本厂厂房建造,A 产品的成本为 8 500 元,市场售价为 13 000 元。请编制相应的会计分录。

公司应作会计分录如下。

借:在建工程　　　　　　　　　　　　　　　　8 500
　　贷:库存商品——A 产品　　　　　　　　　　8 500

3.4.4 存货清查的核算

由于存货的种类繁多,收发频繁,日常收发过程中可能发生计量错误、计算错误、自然损耗,还可能发生损坏变质以及贪污、盗窃等情况,造成账实不符,形成存货的盘盈、盘亏和毁损。对于存货的盘盈、盘亏和毁损,企业应及时填写有关存货盘点报告单,及时查明原因,按照规定程序报批处理。

1. 存货盘盈的核算

发生存货的盘盈,应及时办理入账手续,根据存货盘点报告表上所列示的盘盈数,调整存货科目的实存数,即借记"原材料"等账户,贷记"待处理财产损溢——待处理流动资产损溢"账户;其盘盈的存货,通常是由企业日常收发计量或计算上的差错所造成的,盘盈报经有关部门批准后,可冲减管理费用,即借记"待处理财产损溢——待处理流动资产损溢"账户,贷记"管理费用"等账户。

例 3-26 公司根据实存账存对比表所列盘盈材料 3 000 元,编制记账凭证,调整材料账存数。请编制相应的会计分录。

公司应作会计分录如下。

借:原材料　　　　　　　　　　　　　　　　　　　3 000
　　贷:待处理财产损溢——待处理流动资产损溢　　　　　3 000

经查明盘盈的原因是由于计量差错所导致的。在有关部门核实后,编制记账凭证,结转"待处理财产损溢",应作会计分录如下。

借:待处理财产损溢——待处理流动资产损溢　　　　3 000
　　贷:管理费用　　　　　　　　　　　　　　　　　　3 000

2. 存货盘亏和毁损的核算

发生存货盘亏和毁损时,应按盘亏存货的账面价值、已提存货跌价准备,借记"待处理财产损溢——待处理流动资产损溢""存货跌价准备"账户,按盘亏存货的账面余额,贷记"原材料""库存商品"等账户,并按规定结转不能抵扣的增值税进项税额,借记"待处理财产损溢"账户,贷记"应交税费——应交增值税(进项税额转出)"账户,根据增值税相关法律规定,非正常损失的购进货物的进项税额和非正常损失的在产品、产成品所耗用的购进货物或应税劳务的进项税额不准予从销项税额中抵扣。这里的非正常损失是指因管理不善造成货物被盗、丢失、霉烂变质以及因违法造成被依法没收、销毁、拆除等情形,不包括自然灾害造成的损失。

报经批准后,再根据造成盘亏和毁损的原因,具体问题具体分析,作出相应的处理。企业发生存货盘亏及毁损时,应先结转到"待处理财产损溢"账户,经批准分别处理后,对入库的残料价值,记入"原材料"等账户;对于应由保险公司和过失人支付的赔款,记入"其他应收款"账户;属于一般经营损失的部分,记入"管理费用"账户,属于非常损失的部分,记入"营业外支出——非常损失"账户。

例 3-27 根据实存账存对比表盘亏原材料 5 000 元,编制记账凭证,调整原材料账存数。请编制相应的会计分录。

公司应作会计分录如下。

借:待处理财产损溢——待处理流动资产损溢　　　5 650
　　贷:原材料　　　　　　　　　　　　　　　　　　5 000
　　　　应交税费——应交增值税(进项税额转出)　　　650

经查明原因如下:管理过失造成损失 2 260 元;非常事故造成的损失中由保险公司同

意赔款 2 260 元。

公司在有关部门批准后,结转"待处理财产损溢"。应作会计分录如下。

借:其他应收款——某管理员　　　　　　　　2 260
　　　　　　——保险公司　　　　　　　　　2 260
　　营业外支出——非常损失　　　　　　　　1 130
　　贷:待处理财产损溢——待处理流动资产损溢　5 650

3.4.5　存货减值的核算

企业期末存货价值通常由实际成本确定。但是,由于存货市价的下跌,存货陈旧、过时、毁损等原因,导致存货的价值减少,采用历史成本不能真实地反映存货的价值,根据《企业会计准则第 1 号——存货》规定,资产负债表日企业存货应采用成本与可变现净值孰低法计量。

1. 成本与可变现净值孰低法的含义

《企业会计准则第 1 号——存货》准则规定,资产负债表日,存货应当按照成本与可变现净值孰低计量。即当成本低于可变现净值时,期末存货按成本计价;当可变现净值低于成本时,期末存货按可变现净值计价。

成本与可变现净值孰低法(lower of cost and net realizable value method)中的成本,是指存货的实际成本,如企业在存货成本的日常核算中采用计划成本等简化核算方法,则"成本"为经过调整后的成本;可变现净值,是指在正常生产经营过程中,以存货的估计售价减去至完工时估计将要发生的成本、估计的销售费用以及相关税费后的金额,而并不是指存货的现行售价。

$$可变现净值 = \frac{存货的}{估计售价} - \frac{至完工估计}{将要发生的成本} - \frac{估计的销售}{费用及相关税费}$$

预计可变现净值应以当期取得的最可靠的证据为基础预计。

2. 存货减值的账务处理

当成本低于可变现净值时,不需作账务处理,资产负债表中的存货仍按期末账面价值列示;当可变现净值低于成本时须在当期确认存货跌价损失,但不直接冲减有关存货账户,而是设置"存货跌价准备"账户,核算企业提取的存货跌价准备。该账户属于资产类账户,是存货项目的备抵账户。期末,企业计算出存货可变现净值低于成本的差额,借记"资产减值损失"账户,贷记"存货跌价准备"账户;如已计提跌价准备的存货价值以后又得以恢复,应按恢复增加的数额,冲减的跌价准备金额(应以"存货跌价准备"账户的余额冲减至零为限),借记"存货跌价准备"账户,贷记"资产减值损失"账户。

例 3-28　某公司对期末存货采用成本与可变现净值孰低法计价,20×2 年年末,甲存货的实际成本为 100 000 元,可变现净值为 97 000 元。"存货跌价准备"金额为零。请编制相关会计分录。

公司应作会计分录如下。

20×2 年年末计提存货跌价准备 = 100 000 - 97 000 = 3 000(元)

借：资产减值损失——计提的存货跌价准备　　　　3 000
　　贷：存货跌价准备　　　　　　　　　　　　　　　　3 000

拓展阅读

《现金管理暂行条例》
《人民币银行结算账户管理办法》
《支付结算办法》
《国内信用证结算办法》
《中华人民共和国票据法》
《票据管理实施办法》
《企业会计准则第22号——金融工具确认和计量》
《企业会计准则第1号——存货》
《财政部 国家税务总局关于全面推开营业税改征增值税试点的通知》(财税〔2016〕36号)
《关于印发〈增值税会计处理规定〉的通知》(财会〔2016〕22号)
《2019年增值税税率调整通知》关于深化增值税改革有关政策的公告 2019年第39号
《企业内部控制应用指引第6号——资金活动》
《企业内部控制应用指引第7号——采购业务》
《企业内部控制应用指引第8号——资产管理》

项目训练

一、简答题

1. 什么是货币资金？它包括哪些内容？
2. 现金管理包括哪些内容？
3. 现行银行支付结算办法有哪些？各自特点和适用范围是什么？
4. 试说明应收票据、应收账款、预付账款和其他应收款的核算内容有何不同。
5. 什么是现金折扣？现金折扣如何进行账务处理？
6. 什么是交易性金融资产？如何进行交易性金融资产公允价值变动的会计处理？
7. 什么是存货？如何确认？包括哪些范围？
8. 如何进行存货按实际成本的日常核算？

二、单项选择题

1. 企业一般不得从本单位的现金收入中直接支付现金，因特殊情况需要支付的，应事先报经(　　)审查批准。
　　A. 财税部门　　　　　　　　　　B. 上级主管部门
　　C. 本企业单位负责人　　　　　　D. 开户银行

2. 企业应设置"现金日记账"和"银行存款日记账",由(　　)按照经济业务发生的先后顺序逐日逐笔登记。
　　A. 主管人员　　　B. 出纳人员　　　C. 会计人员　　　D. 经手人员
3. 企业将款项委托银行汇往采购地银行,开立采购专户时,应借记的账户是"(　　)"。
　　A. 银行存款　　　　　　　　　　B. 材料采购
　　C. 其他货币资金——外埠存款　　D. 其他应收款
4. 下列各种结算方式中,既可用于同城结算,又可用于异地结算的是(　　)。
　　A. 汇兑结算方式　　　　　　　　B. 委托收款结算方式
　　C. 支票结算方式　　　　　　　　D. 银行本票结算方式
5. 按照国家《人民币银行结算账户管理办法》规定,企业的工资、奖金、津贴等的支取,只能通过(　　)办理。
　　A. 基本存款账户　　　　　　　　B. 一般存款账户
　　C. 临时存款账户　　　　　　　　D. 专用存款账户
6. 下列项目中,属于应收账款范围的是(　　)。
　　A. 应向接受劳务单位收取的款项　B. 应收外单位的赔偿款
　　C. 应收存出保证金　　　　　　　D. 应向职工收取的各种垫付款项
7. 总价法下,应收账款应按(　　)计价入账。
　　A. 商品价目单上规定的价格
　　B. 商品价目单上规定的价格减去商业折扣后的数额
　　C. 商品价目单上规定的价格减去现金折扣后的数额
　　D. 商品销售发票上的价格减去商业折扣后的数额
8. 企业某项应收账款 50 000 元,现金折扣条件为 2/10,1/20,n/30,客户在第 20 天付款,应给予客户的现金折扣为(　　)元。
　　A. 1 000　　　　B. 750　　　　C. 500　　　　D. 0
9. 企业年末应收款项余额为 400 000 元,"坏账准备"账户借方余额 15 000 元,按应收款项余额 10% 提取坏账准备,则应提的坏账准备数额为(　　)元。
　　A. 25 000　　　B. 55 000　　　C. 40 000　　　D. 15 000
10. 下列各项中,不属于存货范围的是(　　)。
　　A. 尚在加工中的在产品
　　B. 委托加工存货
　　C. 购货单位已交款并已开出提货单,而尚未提走的货物
　　D. 款项已支付,而尚未运达企业的存货
11. 某企业为小规模纳税人,该企业购入某种原材料 200kg,每千克单价 1 000 元(含税),发生运杂费 1 000 元,同时在运输途中发生合理损耗 5kg,这批材料的入账价值为(　　)元。
　　A. 196 000　　　B. 201 000　　　C. 206 000　　　D. 220 000
12. 某工业企业为增值税一般纳税人。购入某种原材料 1 000t,收到的增值税专用发票上注明的售价为每吨 800 元,可抵扣增值税为 104 000 元。发生运输费用 12 000 元取得专用发票列示可抵扣增值税税额 1 080 元。另发生保险费 10 000 元,装卸费用 5 000 元,均

未取得可抵扣税款的票据。原材料运抵企业后,验收入库原材料为995t,短缺系运输途中合理损耗所致。该原材料的入账价值为( )元。

  A. 823 000   B. 826 940   C. 827 000   D. 822 940

13. 某企业月初库存钢材为100t,单价为1 400元/t。本月购进两批钢材,一次为300t,单价1 600元/t,一次为100t,单价为1 500元/t,则月底加权平均单价为( )元/t。

  A. 1 540   B. 1 640   C. 1 543   D. 1 535

14. 关于交易性金融资产的计量,下列说法中正确的是( )。

  A. 应当按取得该金融资产的公允价值和相关交易费用之和作为初始确认金额

  B. 应当按取得该金融资产的公允价值作为确认金额,相关交易费用在发生时计入当期损益

  C. 资产负债表日,企业应将金融资产的公允价值变动计入当期所有者权益

  D. 处置该金融资产时,其公允价值与初始入账金额之间的差额应确认为投资收益,不调整公允价值变动损益

15. 企业出售交易性金融资产时,应按实际收到的金额,借记"银行存款"账户,按该金融资产的成本,贷记"交易性金融资产(成本)"账户,按该项交易性金融资产的公允价值变动,贷记或借记"交易性金融资产(公允价值变动)"账户,按其差额,贷记或借记( )。

  A. "公允价值变动损益"账户   B. "投资收益"账户

  C. "短期投资"账户   D. "营业外收入"账户

三、多项选择题

1. 下列规定中属于货币资金管理和控制原则的有( )。

  A. 内部牵制制度   B. 不允许坐支现金

  C. 内部稽核制度   D. 定期轮岗制度

2. 企业发生的下列支出中,可用现金支付的有( )。

  A. 发放本月职工工资300 000元

  B. 购买农副产品款60 000元

  C. 报销退休职工李某医药费5 000元

  D. 购买劳保用品3 000元

3. 根据我国现行银行结算办法的规定,必须在商品交易或者在商品交易的同时附带提供劳务的情况下才能使用的结算方式有( )。

  A. 委托收款   B. 汇总   C. 托收承付   D. 商业汇票

4. 商业汇票的签发人可以是( )。

  A. 收款人   B. 付款人   C. 承兑申请人   D. 承兑银行

5. 《人民币银行结算账户管理办法》中规定了银行结算纪律,即( )。

  A. 不准出租、出借银行账户   B. 不准签发空头支票和远期支票

  C. 不准套取银行信用   D. 不准异地转账结算

6. 应通过"应收票据"或"应付票据"账户核算的票据有( )。

  A. 银行本票   B. 银行汇票

C. 支票   D. 商业承兑汇票

7. 下列项目中,应计提坏账准备的有(   )。
   A. 应收账款   B. 应收票据   C. 其他应收款   D. 预付账款

8. 下列(   )属于存货。
   A. 低值易耗品   B. 原材料   C. 包装物   D. 工程物资

9. 下列项目中,应计入企业存货成本的有(   )。
   A. 进口原材料支付的关税
   B. 生产过程中发生的制造费用
   C. 原材料入库前的挑选整理费用
   D. 自然灾害造成的原材料净损失

10. 下列项目中,应计入商品流通企业存货入账价值的有(   )。
    A. 一般纳税人购入存货时支付的增值税税额
    B. 购入存货支付的运杂费
    C. 购入存货时支付的包装费
    D. 进口商品时支付的关税

11. 企业进行材料清查时,对于盘亏的材料,应先记入"待处理财产损溢"账户,待期末或报经批准后,根据不同的原因可分别转入(   )。
    A. 管理费用   B. 销售费用   C. 营业外支出   D. 其他应收款

12. 下列项目中,不应计入交易性金融资产取得成本的是(   )。
    A. 支付的购买价格   B. 支付的相关税金
    C. 支付的手续费   D. 支付价款中包含的应收利息

四、判断题

1. 为了减员增效,企业的出纳人员除登记现金和银行存款日记账外,还可以进行债权债务账目的登记工作。   (   )

2. 每日终了,企业必须将现金日记账的余额与现金总账的余额及现金的实际库存数进行核对,做到账账、账实相符。   (   )

3. 企业内部各部门、各单位从财会部门领走的供周转使用的现金不属于企业的"库存现金",因此,不应在"库存现金"账户核算。   (   )

4. 每个企业只能在银行开立一个基本存款账户,企业的工资、资金等现金的支取只能通过该账户办理。   (   )

5. 当企业库存现金不足时,可用凭证顶替,满足企业日常核算的需要。   (   )

6. 银行汇票可以用于转账,也可以用于提现。   (   )

7. 根据现行银行结算办法的规定,托收承付结算方式适用于企业办理各种商品交易或劳务供应的结算款项。   (   )

8. 企业需要到外地临时或零星采购,可以将款项通过银行汇入采购地银行,这部分汇入采购地银行的资金应通过"银行存款"账户核算。   (   )

9. 已确认为坏账的应收账款,意味着企业放弃了其追索权。   (   )

10. 存货计价方法的选择不仅影响资产负债表中资产总额的多少,而且影响利润表中

的净利润。( )

11. 无论企业对存货采用实际成本核算,还是采用计划成本核算,在编制资产负债表时,资产负债表上的存货项目反映的都是存货的实际成本。( )

12. 购入交易性金融资产支付的交易费用,应该计入交易性资产的成本中。( )

13. "交易性金融资产"账户的期末借方余额,反映企业持有的交易性金融资产的公允价值。( )

14. 企业持有交易性金融资产期间,对于被投资单位宣告发放的现金股利应当确认为当期的投资收益。( )

五、实训题

实 训 一

【目的】 练习现金和银行存款的核算。

【资料】 某公司20×3年8月20日"库存现金"账户余额为1 000元,"银行存款"账户余额85 580元。该公司8月下旬发生下列经济业务。

(1) 21日,签发现金支票,提取现金3 000元。

(2) 22日,销售商品收入17 500元,增值税税额2 275元,收到转账支票当即存入银行。

(3) 23日,以现金支付采购员张三暂借差旅费1 000元。

(4) 23日,拨付总务科定额备用金500元。

(5) 24日,以现金支付购进商品装卸费100元,电话费208元。确认可抵扣的增值税税额为23.17元。

(6) 25日,总务科备用金经管人员凭各种发票到会计部门报销,报销金额450元。会计部门签发现金支票一张,补足总务科备用金定额。

【要求】 根据上述资料编制相应的会计分录,开设并逐笔登记"现金日记账"和"银行存款日记账"。

实 训 二

【目的】 练习货币资金的核算。

【资料】 某公司发生以下经济业务。

(1) 开出现金支票一张,向银行提取现金1 000元。

(2) 职工王芳出差,借支差旅费1 500元,以现金支付。

(3) 收到甲单位交来的转账支票一张,金额50 000元,用以归还上月所欠货款,支票已送交银行。

(4) 向乙单位采购A材料,收到的增值税专用发票上列明价款100 000元,经确认可抵扣增值税13 000元。公司采用汇兑结算方式将款项113 000元支付给乙单位,A材料已验收入库。

(5) 公司开出转账支票一张,归还前欠丙单位货款20 000元。

(6) 职工王芳出差回来报销差旅费,原借支1 500元,实报销1 650元,其中车票、住宿费等可抵扣进项税额50元,差额150元即用现金补付。

(7) 将现金1 800元送存银行。

(8) 公司在现金清查中发现现金短缺200元,原因待查。

【要求】 根据上述经济业务编制有关会计分录。

实 训 三

【目的】 练习交易性金融资产的核算。

【资料】 某公司为增值税一般纳税人,从市场上购入债券,并将其划分为交易性金融资产,有关情况如下。

(1) 20×3 年 1 月 1 日购入某公司债券,共支付价款 1 000 万元(含债券应该发放的 20×1 年利息),支付交易费用 3 万元,确认可抵扣增值税进项税额 0.18 万元。已知该债券面值为 800 万元,于 20×2 年 1 月 1 日发行,票面利率为 5%,按年支付利息。

(2) 该公司于 20×3 年 1 月 15 日收到该债券 20×1 年的利息。

(3) 20×3 年 6 月 30 日,该债券的公允价值为 900 万元。

(4) 20×3 年 12 月 31 日,该债券的公允价值为 1 200 万元。

(5) 20×4 年 1 月 10 日,收到该债券 20×2 年利息。

(6) 20×4 年 3 月 15 日,该公司将该债券以 1 106 万元价格售出,款项已存入银行。

【要求】 编制该公司上述经济业务有关的会计分录(以万元为单位)。

实 训 四

【目的】 练习应收票据的核算。

【资料】 A 公司销售给 B 工厂机器一台,已开出增值税专用发票,货款 100 000 元,增值税 13 000 元。按合同规定,B 工厂以期限为 90 天、面值为 113 000 元商业承兑汇票支付。

【要求】

(1) 编制收到票据的会计分录。

(2) 编制票据到期收到存款的会计分录。

(3) 编制票据到期付款方无款支付的会计分录。

实 训 五

【目的】 练习应收账款的核算。

【资料】 甲公司为增值税一般纳税企业,适用的增值税税率为 13%。20×3 年 8 月 1 日,向乙公司销售某商品 1 000 件,每件标价 2 000 元,实际售价 1 800 元(售价中不含增值税税额),已开出增值税专用发票,商品已交付给乙公司。为了及早收回货款,甲公司在合同中规定的现金折扣条件为 2/10,1/20,n/30,但经评估认为乙公司享受折扣的可能性为零。

【要求】

(1) 编制甲公司销售商品时的会计分录(假定现金折扣按售价计算;"应交税金"科目要求写出明细科目及专栏)。

(2) 根据以下假定,分别编制甲公司收到款项时的会计分录。

① 乙公司在 8 月 8 日按合同规定付款,甲公司收到款项并存入银行。

② 乙公司在 8 月 19 日按合同规定付款,甲公司收到款项并存入银行。

③ 乙公司在 8 月 29 日按合同规定付款,甲公司收到款项并存入银行。

实 训 六

【目的】 练习应收款项减值的核算。

【资料】 甲公司采用备抵法核算坏账损失,并按应收账款年末余额的10%计提坏账准备。20×3年1月1日,甲公司"应收账款"账户余额为3 000 000元,"坏账准备"账户余额为300 000元。20×3年度,甲公司发生了如下相关业务。

(1) 销售商品一批,增值税专用发票上注明的价款为5 000 000元,增值税税额为650 000元,货款尚未收到。

(2) 因某客户破产,该客户所欠货款10 000元不能收回,确认为坏账损失。

(3) 收回上年度已转销为坏账损失的应收账款8 000元并存入银行。

(4) 收到某客户以前所欠的货款4 000 000元并存入银行。

【要求】

(1) 编制20×3年度确认坏账损失的会计分录。

(2) 编制收到上年度已转销为坏账损失的应收账款的会计分录。

(3) 计算20×3年年末"坏账准备"账户余额。

(4) 编制20×3年年末计提坏账准备的会计分录。

实 训 七

【目的】 练习存货按实际成本的总分类核算。

【资料】 甲公司为增值税一般纳税企业,采用实际成本进行材料日常核算。假定运费不考虑增值税。20×3年8月1日有关账户的期初余额如下。

在途物资4 000元　　　　　　　预付账款——D公司8 000元

委托加工物资——B公司1 000元　包装物5 000元

原材料800 000元(注:"原材料"账户期初余额中包括上月末材料已到但发票账单未到而暂估入账的6 000元)。

20×3年8月发生如下经济业务事项。

(1) 1日对上述未暂估入账的原材料进行账务处理。

(2) 3日在途材料全部收到,验收入库。

(3) 8日从A公司购入材料一批,增值税专用发票上注明的货款为50 000元,确认可抵扣增值税为6 500元,另外A公司还代垫运费500元。全部货款已用转账支票付讫,材料验收入库。

(4) 10日收到上月委托B公司加工的包装物,并验收入库,入库成本为2 000元。

(5) 13日持银行汇票2 000 000元从C公司购入材料一批,增值税专用发票上注明的货款为150 000元,增值税为19 500元,另支付运费500元,材料已验收入库。甲公司收回剩余票款并存入银行。

(6) 18日收到上月末估价入账的材料发票账单,增值税专用发票上注明的货款为5 000元,确认可抵扣增值税为650元,开出银行承兑汇票承付。

(7) 22日收到D公司发运来的材料,并验收入库。增值税专用发票上注明的货款为8 000元,确认可抵扣增值税为1 040元,对方代垫运费640元。为购买该批材料上月曾预付货款8 000元,收到材料后用银行存款补付余款。

(8) 31日根据发料凭证汇总表,8月基本生产车间领用材料360 000元,辅助生产车间领用材料200 000元,车间管理部门领用材料30 000元,公司行政管理部门领用材料10 000元。

【要求】 编制甲公司上述经济业务事项的会计分录。

实 训 八

【目的】 练习存货清查的核算。

【资料】 某公司于20×3年年末对库存材料进行清查,发现以下情况。

(1) 盘盈甲材料20t,单位成本500元/t。

(2) 盘亏乙材料200kg,单位成本10元/kg。

(3) 盘亏丙材料400m,单位成本30元/m。

(4) 盘亏丁材料50t,单位成本1 000元/t。

经过调查,以上盘盈、盘亏的原因如下:甲材料是由于收发计量造成的;乙材料属于一般经营损失;丙材料是由于保管员王某的过失造成的,判定由其赔偿800元,其余的作为企业的损失;丁材料是由于企业失火造成的,由保险公司赔偿35 000元,残料价值2 000元,其余由公司承担。

【要求】 根据上述业务编制相关的会计分录(不考虑税金)。

项目 4 非流动资产核算

学习目标

素质目标：
1. 通过对固定资产业务的分析和掌握，建立财产保护、预算控制等工作思想。
2. 通过对无形资产业务的分析和掌握，增强知识产权保护意识。
3. 通过对非流动资产业务的分析和掌握，理解并运用真实可靠相关的质量要求。
4. 通过对非流动资产处置业务的分析和掌握，培养价值理念，提高财产使用效率。
5. 以工作处理方式和流程为内容，培养内控管理理念，增强大局意识、责任意识。

知识目标：
1. 选择固定资产内容，模拟从请购到验收各工作场景，分析业务处理程序。
2. 能够区别固定资产和存货，归纳非流动资产的性质和管理要点。
3. 能够说明固定资产的不同形态，说明其在生产企业中的重要作用。
4. 整理无形资产各内容的有关业务，能够推断并理解其可辨认的经济特征。
5. 归纳非流动资产的内容和处理程序，推广职责分工、授权管理的内部控制方法。

能力目标：
1. 模拟工作场景，分析、整理业务，识别会计处理涉及的账户并得以类推。
2. 模拟会计岗位，对某项固定资产进行处理，审核单据、填制凭证、登记账簿。
3. 能够联系财产清查要求，复述其在非流动资产管理业务中的运用。
4. 设计固定资产在使用部门、管理部门、财务部门的基本处理流程并制定规范。
5. 探知非流动资产内部控制工作要求，尝试运用内控原则，制订风险管理方案。

项目引入

任何企业要进行正常的经营活动，都必须拥有一定数量和结构的资产。流动资产以外的资产应当归类为非流动资产，并应按其性质分类列示。非流动资产主要包括债权投资、长期股权投资、固定资产、在建工程、工程物资、无形资产和开发支出等。

非流动资产的价值量大，使用时间长，既要在持续管理过程中保护其安全完整，又要在长期使用中注重效率管理；既要遵循预算要求合理安排，又要保证资金使用合法规范；既要顾及使用部门、管理部门、财务部门的衔接程序，又要考虑处理流程完整快捷、严密准确。因此，非流动资产管理，尤其是固定资产和无形资产管理，更要注重响应国家方针政策,紧密结合经济态势变化,推动技术创新、产业进步、科技发展。

本项目主要介绍固定资产、无形资产和其他资产的核算。

项目要求

(1) 熟悉本项目内容在资产负债表中的位置(见表4-1)。固定资产是企业为生产商品、提供劳务、出租或经营管理而持有的、使用期限较长,单位价值比较高,并在其使用过程中保持原有实物形态的资产。

表4-1 非流动资产项目在资产负债表中的信息列示

资产	期末余额	上年年末余额	负债和所有者权益(或股东权益)	期末余额	上年年末余额
流动资产:			流动负债:		
⋮					
非流动资产:			非流动负债:		
⋮					
固定资产					
在建工程					
⋮					
无形资产					
开发支出					
⋮					

(2) 根据本项目知识点内在的逻辑关系,制作本项目思维导图。

(3) 搜集与本项目有关的企业真实案例。

(4) 学完本项目,了解资产负债表中"固定资产""在建工程""无形资产"项目是如何填列的。

任务1 固定资产核算

任务调研:了解企业生产经营用固定资产和非生产经营用固定资产有哪些。固定资产业务是如何产生的,相关的业务处理程序是怎样的。

任务2 无形资产及其他资产核算

任务调研:了解企业无形资产业务是如何产生的,相关的业务处理程序是怎样的。

任务4.1 固定资产核算

固定资产(fixed assets)是企业的主要劳动手段,属于物质资料生产过程中用来改变或影响劳动对象的主要劳动资料,它是企业发展生产事业的物质技术基础。管好用好固定资产,促进固定资产不断增值和提高固定资产的使用效益,是会计工作的重要任务。

由于固定资产在企业生产经营活动中所起的作用及持续时间、价值转移及补偿方式与其他资产存在差别,会计核算内容也有所不同。企业应根据《企业会计准则第4号——固定资产》规定,结合本单位的实际情况,制定固定资产目录,包括每类或每项固定资产的使用寿命、预计净残值、折旧方法等并编制成册,经股东大会或董事会、经理(厂长)会议或类似机构批准,按照法律、行政法规等的规定报送有关各方备案。固定资产目录一经确定不得随意变更。如需变更,仍应履行上述程序,并按《企业会计准则第28号——会计政策、会计估计变更和差错更正》处理。

4.1.1 固定资产概述

1. 固定资产的特征

《企业会计准则第4号——固定资产》规定,固定资产,是指符合下列特征的有形资产:一是为生产商品、提供劳务、出租或经营管理而持有的,而不像商品一样为了对外出售。这一特征是有别于商品等流动资产的重要标志。二是使用寿命超过一个会计年度。使用寿命是指企业使用固定资产的预计期间,或者该固定资产所能生产产品或提供劳务的数量。这一特征表明固定资产能在一年以上的时间里为企业创造经济利益。就固定资产不同的具体实物形态而言,固定资产一般包括房屋、建筑物、机器、机械、运输工具等。

2. 固定资产的确认

固定资产的确认,是指企业在什么时候和以多少金额将固定资产作为企业所拥有或控制的资源进行反映。固定资产只有同时满足下列两个条件,才能予以确认。

(1) 该固定资产包含的经济利益很可能流入企业。这一条件要求企业必须有一定的证据对所确认固定资产未来经济利益流入企业的确定程度作出可靠的估计,只有在企业确认通过该项资产很可能获得报酬时才确认为企业的固定资产。这个条件实质上是涉及固定资产所有权问题。如果一个企业对某项固定资产拥有所有权,说明与该项固定资产所有权相关的风险和报酬已经转归企业,该项资产在未来所能带来的经济利益也是应该流入企业的。但在实际工作中,有时即使企业对该项固定资产没有所有权,如果企业能够控制资产带来经济利益,使之能够流入企业,则该项固定资产也应作为企业的固定资产予以确认,如融资租入的固定资产。

(2) 该固定资产的成本能够可靠计量。这是资产确认的重要前提。如果企业对固定资产拥有或控制,那么其成本在大多数情况下容易确定。如外购固定资产,在交易时就确定了它的大部分价值;自建的资产,可以根据企业购买的材料、发生的人工费和建造过程中的其他投入对其成本进行可靠的计量等。

由于企业的经营内容、经营规模等各不相同,固定资产的标准也不可能强求绝对一致,企业在对固定资产进行确认时,应当按照《企业会计准则第4号——固定资产》规定,根据固定资产定义和确认条件,考虑企业的具体情形加以判断。例如,企业的环保设备和安全设备等资产,虽然不符合固定资产定义的要求,即不能直接为企业带来经济利益,但这类资产却有助于企业从其他相关资产上获得经济利益,因此也应当确认为固定资产。企业购置计算机硬件所附带的、未单独计价的软件,与所购置的计算机硬件一并作为固定资产管理。企业应合理确定本企业固定资产范围,制定出适合本企业实际情况的固定资产目录、分类方法、每类或每项固定资产的折旧年限、折旧方法,作为固定资产核算的依据。

3. 固定资产的分类

固定资产按其经济用途可分为经营用固定资产和非经营用固定资产两大类；按其使用情况可分为使用中固定资产、未使用固定资产和不需用固定资产；按其所有权可分为自有固定资产和租入固定资产等。为了更好地进行固定资产的管理和核算，在实际工作中，企业的固定资产是按经济用途和使用情况，并考虑提供某些特殊资料的要求，进行综合分类。

（1）生产用固定资产，指参加生产（经营）过程或直接服务于生产经营过程的固定资产，包括房屋、建筑物、机器、机械设备、运输工具、器具以及其他生产经营用固定资产。

（2）非生产用固定资产，指不直接服务于生产经营过程的固定资产。它包括作为企业内部生活福利设施用的食堂、医务室、托儿所、浴室、理发室、职工活动室等所使用的各种固定资产。

（3）租出固定资产，指按规定出租、出借给外单位使用的固定资产。

（4）未使用固定资产，指已完工或已购建的尚未交付使用的新增固定资产，以及因进行改、扩建等原因暂停使用的固定资产。

（5）不需用固定资产，指本企业多余或不适用、不需用，准备调配处理的固定资产。

（6）土地，指过去已经估价单独入账的土地。因征用土地而支付的补偿费，应计入与土地有关的房屋、建筑物的价值内，不单独作为土地价值入账。企业取得的土地使用权不作为固定资产管理，应作为无形资产核算。

（7）融资租入固定资产，指企业采取融资租赁方式租入的固定资产，在租赁期内，应视同自有固定资产进行管理。

4. 固定资产计量

固定资产计量，是指如何确定企业以各种方式取得的固定资产的入账价值，发生的后续支出以及如何在资产负债表上列示其价值（即期末价值）。

（1）固定资产的初始计量。固定资产应当按照成本进行初始计量。包括企业购建某项固定资产达到预定可使用状态前所发生的一切合理、必要的支出。这些支出既有直接发生的，如固定资产的购买价款、运杂费、包装费和安装成本等，也有间接发生的，如应承担的借款利息、外币借款折合差额以及应分摊的其他间接费用等。在进行固定资产的初始计量时，不符合固定资产扣税范围所发生的增值税一律计入其固定资产成本。

企业为取得固定资产而缴纳的契税、耕地占用税、车辆购置税等相关税费也应包括在成本之中。而为建造固定资产发生的罚息支出不能计入固定资产成本，应在发生时计入当期损益。

（2）固定资产的后续支出。固定资产的后续支出通常包括固定资产在使用过程中发生的日常修理费、大修理费用、更新改造支出、房屋的装修费用等。发生的后续支出若符合固定资产确认条件，应当计入固定资产成本；否则应当在发生时计入当期损益。

（3）固定资产的期末减值。固定资产因发生损坏、技术陈旧或其他原因，导致其可收回金额低于其账面价值，这种情况称为固定资产减值。其中，可收回金额应当根据资产的公允价值减去处置费用后的净额与资产预计未来现金流量的现值两者之间较高者确定。

企业应当在会计期末判断固定资产是否存在可能发生减值的迹象，执行《企业会计准则第8号——资产减值》有关规定。固定资产减值准备应按单项资产计提。为了核算和监督固定资产减值准备的计提和转销情况，企业应设置"固定资产减值准备"账户，该账户属于资产类账户，是固定资产的备抵账户。期末贷方余额反映企业已提取的固定资产减值准备。

期末,企业所持有的固定资产的账面价值高于其可收回金额(资产的公允价值减去处置费用后的净额与资产预计未来现金流量的现值两者较高者。而处置费用包括与资产处置有关的法律费用、相关税金、搬运费以及为使资产达到可销售状态所发生的直接费用等)的,应按其差额,借记"资产减值损失"账户,贷记"固定资产减值准备"账户。资产减值损失一经确认,在以后会计期间不得转回,以确保企业的财务状态和经营业绩更加真实可靠,避免企业利用资产减值进行盈余管理,保护投资者利益。

4.1.2 固定资产核算的账户设置

固定资产核算包括固定资产取得、折旧以及处置等。为了组织固定资产的核算,企业一般需设置"固定资产""累计折旧""工程物资""在建工程""固定资产清理"等账户。

(1)"固定资产"账户。属于资产类账户,核算企业持有的固定资产原价。建造承包商的临时设施,以及企业购置计算机硬件所附带的、未单独计价的软件,也在该账户核算。该账户借方登记增加固定资产的原始价值;贷方登记减少固定资产的原始价值;期末余额在借方,反映企业现有固定资产的原价。该账户可按固定资产类别和项目进行明细核算。

(2)"累计折旧"账户。属于资产类账户,也是"固定资产"的调整账户,核算企业所提取的固定资产的累计折旧数额。该账户贷方登记企业按月计提的折旧数;借方登记因固定资产减少而转销的折旧数;期末余额在贷方,反映现有固定资产的累计折旧额。"固定资产"账户余额减去"累计折旧"账户余额就是固定资产净值。

(3)"工程物资"账户。属于资产类账户,核算企业为基建工程、更改工程、大修理工程准备的各种物资的实际成本,包括为工程准备的材料、尚未交付安装的需要安装设备的实际成本,以及预付大型设备款和基本建设期间根据项目概算购入为生产准备的工具及器具等的实际成本。该账户借方登记购入工程物资的实际成本;贷方登记工程领用、工程完工后剩余结转等原因减少的工程物资的实际成本;期末余额在借方,反映企业库存工程物资的实际成本。该账户应设置"专用材料""专用设备""预付大型设备款"和"为生产准备的工具及器具"等明细账户进行明细核算。

工程物资发生减值的,可以单独设置"工程物资减值准备"账户,比照"固定资产减值准备"账户进行处理。资产负债表日,根据资产减值准则确定工程物资发生减值的,按应减记的金额,借记"资产减值损失"账户,贷记"工程物资减值准备"账户。领用或处置工程物资时,应结转已计提的工程物资减值准备。资产减值损失一经确认,在以后会计期间不得转回。

(4)"在建工程"账户。属于资产类账户,核算企业基建、更新改造等在建工程发生的支出。借方登记企业各项在建工程的实际支出;贷方登记工程完工交付使用而结转的实际工程成本;期末余额在借方,反映企业各项尚未完工工程的实际成本。该账户应按照工程项目设置"建筑工程""安装工程""在安装设备""待摊支出"和"其他支出"等明细账户进行明细核算。

在建工程发生减值的,应设置"在建工程减值准备"账户进行核算。资产负债表日,根据资产减值准则确定在建工程发生减值的,按应减记的金额,借记"资产减值损失"账户,贷记"在建工程减值准备"账户。资产减值损失一经确认,在以后会计期间不得转回。

(5)"固定资产清理"账户。属于资产类账户,核算企业因出售、报废、毁损、对外投资、非货币性资产交换、债务重组等原因转出的固定资产价值以及在清理过程中发生的费用等。

借方登记转入清理的固定资产的净值、发生的清理费用和应交税费等；贷方登记清理固定资产的变价收入和应由保险公司或过失人承担的损失等；期末余额反映企业尚未清理完毕的固定资产的净值以及清理净收入(清理收入减去清理费用)。清理完毕后，对清理净损益，应区分不同情况：①因固定资产已丧失使用功能或因自然灾害发生毁损等原因而报废清理产生的利得或损失应计入营业外收支。②因出售转让等原因产生的固定资产处置利得或损失应计入资产处置收益。

4.1.3 固定资产的核算

1. 固定资产取得

根据不同的来源渠道，固定资产取得时的价值构成也有所不同。这里主要介绍外购固定资产和自行建造固定资产的核算。

1) 外购的固定资产

(1) 外购的固定资产包括购入不需要安装的固定资产和购入需要安装的固定资产。购入不需要安装的固定资产，是指企业购入的固定资产不需要安装就可以直接交付使用。企业应按实际支付的归属该项固定资产的实际成本，借记"固定资产"账户，按可抵扣的增值税进项税额，借记"应交税费——应交增值税(进项税额)"账户，贷记"应付账款""应付票据""银行存款""长期应付款"等账户。

例 4-1 公司购入生产用设备一台，增值税专用发票上注明价款 200 000 元，确认可抵扣增值税 26 000 元，支付运费 20 000 元，确认可抵扣税款 1 800 元。已取得增值税合法抵扣凭证，款项均以银行存款支付。请编制相应的会计分录。

公司应作会计分录如下。

借：固定资产　　　　　　　　　　　　　　　220 000
　　应交税费——应交增值税(进项税额)　　　 27 800
　贷：银行存款　　　　　　　　　　　　　　　247 800

(2) 购入需要安装的固定资产，是指购入的固定资产需要经过安装以后才能交付使用。其成本应在取得成本的基础上，加上安装调试成本等。作为固定资产的取得成本，先通过"在建工程"账户归集其成本，等达到预定可使用状态时，再由"在建工程"账户转入"固定资产"账户。

企业购入固定资产时，按实际支付的购买价款、运输费、装卸费和其他相关税费等，借记"在建工程"账户，按可抵扣的增值税进项税额，借记"应交税费——应交增值税(进项税额)"账户，贷记"银行存款"等账户；支付安装费用等时，借记"在建工程"账户，按可抵扣的增值税进项税额，借记"应交税费——应交增值税(进项税额)"账户，贷记"银行存款"等账户；安装完毕达到预定可使用状态时，按其实际成本，借记"固定资产"账户，贷记"在建工程"账户。

例 4-2 公司购入一台需要安装的生产用设备，增值税专用发票上的设备买价为 300 000 元，增值税税率为 13%，确认可抵扣增值税 39 000 元，支付的运费 30 000 元，取得增值税专用发票确认可抵扣增值税 2 700 元。全部款项已由银行存款支付，设备已运达本公司，交付安装，向本公司安装人员支付相关费用 3 000 元。安装完毕交付使用。假定不考虑其他相关税费。请编制相应的会计分录。

公司应作会计分录如下。

支付价款、税费、运输费。

借：在建工程——安装工程	330 000	
应交税费——应交增值税（进项税额）	41 700	
贷：银行存款		371 700

支付安装费用。

借：在建工程——安装工程	3 000	
贷：银行存款		3 000

安装完成交付使用。

借：固定资产	333 000	
贷：在建工程——安装工程		333 000

2) 自行建造的固定资产

企业可根据生产经营的特殊需要，利用自有的人力、物力条件自行建造固定资产，即称为自制、自建固定资产。企业自行建造的固定资产，按建造该项资产达到预定可使用状态前所发生的必要支出作为入账价值，包括工程用物资成本、人工成本、应予以资本化的固定资产借款费用、缴纳的相关税金以及应分摊的其他间接费用等。

自行建造的固定资产按营建方式的不同，可分为自营工程和出包工程。

（1）企业以自营方式建造固定资产，是指企业自行组织工程材料采购、自行组织施工人员从事工程施工完成固定资产的建造。其成本应当按照直接材料、直接人工、直接机械施工费等计量。

企业将购入的工程所需专用材料通过"工程物资"账户核算，购入工程物资时，按支付的价款借记"工程物资"账户，贷记"银行存款"等账户。工程耗用的材料、人工以及其他费用和缴纳的有关税金，通过"在建工程"账户核算，施工时借记"在建工程"账户，贷记"工程物资""应付职工薪酬"等账户，设备施工完毕达到可使用状态时，将"在建工程"账户中归集的全部实际支出作为固定资产入账价值借记"固定资产"账户，贷记"在建工程"账户。如果所建造的固定资产已达到预定可使用状态，但尚未办理竣工结算的，应当自达到可使用状态之日起，按照工程预算、造价或者工程实际成本等估计的价值转入固定资产，并按有关计提固定资产折旧的规定，计提固定资产折旧，待办理了竣工结算手续后再作调整。

例4-3　某公司自行建造仓库一座，购入为工程准备的各种物资200 000元，支付增值税税额26 000元，全部用于工程；另外还领用了企业生产用的原材料一批，实际成本为20 000元；发生工程人员工资50 000元，工程完工交付使用。原材料适用的增值税税率为13%。请编制相应的会计分录。

公司应作会计分录如下。

① 购入为工程准备的物资。

借：工程物资	200 000	
应交税费——应交增值税（进项税额）	26 000	
贷：银行存款		226 000

② 工程领用物资。

借：在建工程——仓库	200 000	

贷：工程物资　　　　　　　　　　　　　　　200 000
　③ 工程领用原材料。
　　借：在建工程——仓库　　　　　　　　　　　　20 000
　　　贷：原材料　　　　　　　　　　　　　　　　20 000
　④ 发生工程人员工资。
　　借：在建工程——仓库　　　　　　　　　　　　50 000
　　　贷：应付职工薪酬　　　　　　　　　　　　　50 000
　⑤ 工程完工交付使用。
　　借：固定资产　　　　　　　　　　　　　　　270 000
　　　贷：在建工程——仓库　　　　　　　　　　 270 000

（2）企业以出包方式建造固定资产，是指企业通过招标方式将工程项目发包给建造承包商，由建造承包商（即施工企业）组织工程项目施工完成固定资产的建造。

　　企业要与建造承包商签订建造合同，企业是建造合同的甲方，负责筹集资金和组织管理工程建设，通常称为建设单位，建造承包商是建造合同的乙方，负责建筑安装工程施工任务。其成本由建造该项固定资产达到预定可使用状态前所发生的必要支出构成。

　　出包工程企业按规定预付承包单位的工程价款时，借记"预付账款"账户所属的相关明细账户，贷记"银行存款"等账户，再按合同规定的进度结算，记入"在建工程——××工程"账户；工程完工收到承包单位账单，补付或补记工程价款时，借记"在建工程——××工程"账户，贷记"银行存款"等账户；工程完工交付使用时，按实际发生的全部支出，借记"固定资产"账户，贷记"在建工程——××工程"账户。

例 4-4　甲公司 20×3 年 4 月 2 日将一幢新建厂房工程出包给乙公司承建，按规定先向承包单位预付工程价款 400 000 元，以银行存款转账支付；20×3 年 8 月 2 日，工程达到预定可使用状态后，收到承包单位的有关工程结算单据，注明工程总价款 550 000 元，增值税税额 49 500 元。甲公司补付工程款 199 500 元，以银行存款转账支付。20×3 年 8 月 3 日，工程经验收后交付使用。请编制相应的会计分录。

　甲公司应作会计分录如下：
　① 20×3 年 4 月 2 日，预付工程款。
　　借：预付账款　　　　　　　　　　　　　　　400 000
　　　贷：银行存款　　　　　　　　　　　　　　400 000
　② 20×3 年 8 月 2 日，补付工程款。
　　借：在建工程——厂房　　　　　　　　　　　550 000
　　　应交税费——应交增值税（进项税额）　　　 49 500
　　　贷：预付账款　　　　　　　　　　　　　　400 000
　　　　　银行存款　　　　　　　　　　　　　　199 500
　③ 20×3 年 8 月 3 日，工程验收交付使用。
　　借：固定资产　　　　　　　　　　　　　　　550 000
　　　贷：在建工程——厂房　　　　　　　　　　550 000

　　总之，自营工程和出包工程建设方式不同，核算也不相同。但不管何种方式下，由于自行建造固定资产从发生第一笔购置支出到固定资产完工交付使用，通常需要经历一段较长的建造期间，因此，企业需先通过"在建工程"账户归集固定资产建造期间实际发生的各项支出,并按工程项目设置明细账户,所建造的固定资产达到预定可使用状态时,再从"在建工程"账户转入"固定资产"账户。工程项目较多且工程支出较大的企业,应当按照工程项目的性质分别核算各工程项目的成本。

2. 固定资产折旧

固定资产折旧(depreciation of fixed assets),是指在固定资产使用寿命内,按照确定的方法对应计折旧额进行的系统分摊。固定资产折旧是固定资产在使用过程中,由于磨损和其他经济原因而逐渐转移的价值。这部分转移的价值以折旧费用的形式计入成本费用中,并从企业营业收入中得到补偿,转化为货币资金。

1) 影响固定资产折旧的因素

影响固定资产折旧的因素主要有以下几个方面:①固定资产原价,是指固定资产的成本。②预计净残值,是指假定固定资产预计使用寿命已满并处于使用寿命终了时的预期状态,企业目前从该项资产处置中获得的扣除预计处置费用后的金额。③固定资产减值准备,是指固定资产已计提的固定资产减值准备累计金额。④固定资产的使用寿命,是指企业使用固定资产的预计期间,或者该固定资产所能生产产品或提供劳务的数量。

企业应合理地确定固定资产预计使用年限和预计净残值,并选择合理的折旧方法,经股东大会或董事会、经理(厂长)会议或类似机构批准,作为计提折旧的依据。上述方法一经确定不得随意变更。

2) 计提固定资产折旧的范围

企业应当对所有固定资产计提折旧;但是,已提足折旧仍继续使用的固定资产和单独计价入账的土地除外。提足折旧是指已经提足该项固定资产的应提折旧总额。所谓应计折旧额,是指应当计提折旧的固定资产的原价扣除其预计净残值后的金额。已计提减值准备的固定资产,还应当扣除已计提的固定资产减值准备累计金额。

3) 计提固定资产折旧方法

固定资产由于磨损和其他经济原因而转移到产品成本或期间费用中去的价值,很难用技术的方法正确测定,企业应当根据固定资产所含经济利益预期实现方式,选择平均年限法、工作量法、双倍余额递减法或者年数总和法等折旧方法,同时要求企业定期对固定资产的折旧方法进行复核。如果固定资产包含的经济利益的预期实现方式有重大改变,则应当相应改变固定资产折旧方法。严格说来,各种折旧方法的根本区别,就在于将固定资产应计提折旧总额在固定资产规定的年限内进行分摊的方式不同。

(1) 平均年限法。平均年限法也叫直线法,是将固定资产的折旧均衡地分摊到各期的一种方法。其计算公式为

$$年折旧率 = \frac{1-预计净残值率}{预计使用年限} \times 100\%$$

$$月折旧率 = \frac{年折旧率}{12}$$

$$月折旧额 = 固定资产原价 \times 月折旧率$$

例4-5 某公司一台大型设备原值400 000元,预计净残值率为3%,为简化计算,假设折旧年限为5年。请计算该设备每年应提折旧额。

该设备每年应提折旧额计算如下。

预计净残值＝400 000×3％＝12 000(元)

每年折旧额＝(400 000－12 000)÷5＝77 600(元)

在平均年限法下,每年计提的折旧额是相等的。因此,它体现了固定资产的有效使用损耗相当均衡,而技术陈旧因素基本上可以不予考虑的那种情况。典型的例子是铺筑的道路、输送管道、储存罐、栅栏等,一般的房屋也可以认为是这样的固定资产。

(2) 工作量法。工作量法是根据固定资产在规定的折旧年限内可以完成工作量(如汽车的行驶里程、机器设备的工作小时等)的比例计算折旧额的一种方法。按照这种方法可以正确地为各月使用程度相对较大的固定资产计提折旧。其计算公式为

$$单位工作量折旧额＝\frac{固定资产原价×(1－预计净残值率)}{预计总工作量}$$

某项固定资产月折旧额＝该项固定资产当月工作量×单位工作量折旧额

例 4-6 公司有一设备,账面原值为 260 000 元,预计净残值率为 6％,预计工作总量为 200 000 小时,该月实际完成工时 180 小时。请计算该设备的月折旧额。

单位工作小时折旧额＝260 000×(1－6％)÷200 000＝1.22(元)

本月折旧额＝180×1.22＝219.6(元)

(3) 双倍余额递减法。双倍余额递减法是加速折旧法的一种,是在不考虑固定资产残值的情况下,根据每期期初固定资产账面余额和双倍的直线法折旧率计算固定资产折旧的一种方法。为了保证固定资产在规定折旧年限既不多提折旧也不少提折旧,正好使得固定资产应计提折旧总额等于固定资产的累计已计提折旧额,并且不违背加速折旧下各年折旧额逐年递减(至少后面年份的折旧额不大于前面年份的折旧额)这一要求,按照准则规定,应当在其固定资产折旧年限期满的前两年内,将固定资产的净值扣除净残值后的余额平均摊销。其计算公式为

$$年折旧率＝\frac{2}{预计的折旧年限}×100％$$

$$月折旧率＝\frac{年折旧率}{12}$$

月折旧额＝固定资产账面净值×月折旧率

例 4-7 以例 4-5 为例,请用双倍余额递减法计算每年应提折旧额。

双倍余额递减法下每年应提折旧额见表 4-2。

表 4-2 双倍余额递减法下固定资产折旧计算表

年　份	折旧率/％	年折旧额/元	账面净值/元
第一年	40	160 000(400 000×40％)	240 000
第二年	40	96 000(240 000×40％)	144 000
第三年	40	57 600(144 000×40％)	86 400
第四年	50	37 200[(86 400－12 000)×50％]	49 200
第五年	50	37 200[(86 400－12 000)×50％]	12 000

(4) 年数总和法。年数总和法又称合计年限法,也是加速折旧法的一种,是将固定资产的原值减去净残值后的净额乘以一个逐年递减的分数计算每年的折旧额。计算公式为

年折旧率＝尚可使用的年数÷预计使用年限的年数总和

月折旧率＝年折旧率÷12

月折旧额＝(固定资产原值－预计净残值)×月折旧率

按这种方法提取的折旧额在开始年度大，以后随着折旧年限增加而减少。在折旧年限相同的情况下，年数总和法比平均年限法和工作量法的折旧速度要快。

例 4-8 以例 4-5 为例，请用年数总和法计算每年应提折旧额。

年数总和法下每年应提折旧额见表 4-3。

表 4-3 年数总和法下固定资产折旧计算表

年 份	折旧率	折旧额/元	账面净值/元
第一年	5/15	129 333(388 000×5÷15)	270 667
第二年	4/15	103 467(388 000×4÷15)	167 200
第三年	3/15	77 600(388 000×3÷15)	89 600
第四年	2/15	51 733(388 000×2÷15)	37 867
第五年	1/15	25 867(388 000×1÷15)	12 000

$$年数总和＝1＋2＋3＋4＋5＝15$$

或

$$年数总和＝(1＋5)×5÷2＝15$$

第一年计算如下。

$$年折旧率＝5÷15×100\%＝33.33\%$$

$$年折旧额＝(原值\ 400\ 000－残值\ 12\ 000)×5÷15＝129\ 333(元)$$

双倍余额递减法和年数总和法归类为加速折旧法，也称为快速折旧法或递减折旧法。其特点是：在固定资产有效使用年限的前期多提折旧，后期则少提折旧，从而相对加快折旧的速度，以使固定资产成本在有效使用年限中加快得到补偿。加速折旧法的依据是效用递减，即固定资产的效用随着其使用寿命的缩短而逐渐降低，因此，当固定资产处于较新状态时，效用高，产出也高，而维修费用较低，所取得的现金流量较大；当固定资产处于较旧状态时，效用低，产出也小，而维修费用较高，所取得的现金流量较小，这样，按照配比原则的要求，折旧费用应呈递减的趋势。

综上所述，由于固定资产折旧方法的选用直接影响企业成本和费用的计算，影响企业的利润和纳税，从而影响国家的财政收入，因此，我国规定企业固定资产折旧的方法一般采用平均年限法和工作量法。为支持制造业企业加快技术改造和设备更新，自 2019 年 1 月 1 日起，固定资产采用双倍余额递减法或年数总和法的加速折旧优惠范围扩大至全部制造业领域。企业按照上述规定，有权选择具体的折旧方法。折旧方法一经选定，不得随意调整。

4) 固定资产折旧的会计处理

固定资产应当按月计提折旧，以月初可提取折旧的固定资产为依据，为简化核算，当月增加的固定资产，当月不计提折旧，从下月起计提折旧；当月减少的固定资产，当月仍计提折旧，从下月起不计提折旧。用计算公式表示为

当月固定资产折旧额＝上月固定资产折旧额＋上月增加固定资产折旧额

－上月减少固定资产折旧额

会计实务中,固定资产折旧的计算是通过按月编制固定资产折旧计算表进行的。计算出的折旧额应根据使用地点和用途不同,记入相应的成本费用账户,如生产部门正常使用固定资产的折旧,应借记"制造费用"账户;车间管理部门正常使用固定资产的折旧,应借记"制造费用"账户;行政管理部门正常使用固定资产的折旧,应借记"管理费用"账户;工程正常使用固定资产的折旧,应借记"在建工程"账户;未使用不需用固定资产的折旧,应借记"管理费用"账户;大修理、季节性停用固定资产的折旧应借记原成本费用账户,贷记"累计折旧"账户。

例 4-9 公司采用平均年限法计提固定资产折旧,根据 20×3 年 3 月固定资产折旧计算表,确定该公司各部门应分配的折旧额为生产车间 19 000 元,公司管理部门 6 800 元,未使用固定资产的折旧额为 700 元。请编制相应的会计分录。

公司应作会计分录如下。

借:制造费用　　　　　　　　　　　　　　　　　19 000
　　管理费用　　　　　　　　　　　　　　　　　　7 500
　　贷:累计折旧　　　　　　　　　　　　　　　　26 500

企业至少应当于每年年度终了,对固定资产的使用寿命、预计净残值和折旧方法进行复核。使用寿命预计数与原先估计数有差异的,应当调整固定资产使用寿命。预计净残值预计数与原先估计数有差异的,应当调整预计净残值。与固定资产有关的经济利益预期实现方式有重大改变的,应当改变固定资产折旧方法。固定资产使用寿命、预计净残值和折旧方法的改变应当作为会计估计变更。

3. 固定资产的处置

1) 固定资产处置概述

固定资产满足下列条件之一的,应当予以终止确认:一是固定资产处于处置状态;二是固定资产预期通过使用或处置不能产生未来经济利益,进行处置。因此,固定资产的处置主要是指企业因出售、转让、报废和毁损、对外投资、非货币性资产交换、债务重组等对固定资产进行的清理工作。

企业在生产经营过程中,对那些不适用或不需用的固定资产,可以出售转让。对那些由于使用而不断磨损直至最终报废,或由于技术进步等原因发生提前报废,或由于遭受自然灾害等非常损失发生毁损的固定资产应及时进行清理。按规定程序办理有关手续,结转固定资产账面价值,确认和计量有关的清理收入、清理费用及残料价值等。

2) 固定资产处置的会计核算步骤

企业因出售、转让、报废或毁损等原因(除固定资产盘亏)减少的固定资产,要通过"固定资产清理"账户核算。会计核算一般可分以下几个步骤。

(1) 固定资产转入清理。企业因出售、转让、报废或毁损的固定资产转入清理时,应按清理固定资产的账面价值,借记"固定资产清理"账户,按已提的折旧,借记"累计折旧"账户,按已提的减值准备,借记"固定资产减值准备"账户,按固定资产原价,贷记"固定资产"账户。

(2) 发生的清理费用。固定资产清理过程中发生的清理费用(如支付清理人员的工资等),也应记入"固定资产清理"账户,按实际发生的清理费用及其可抵扣的增值税进项税额,借记"固定资产清理""应交税费——应交增值税(进项税额)"账户,贷记"银行存款"等账户。

注意:一般纳税人销售 2009 年 1 月 1 日以后购进或者自制的有形动产固定资产(进项

税已抵扣),按照适用税率征收增值税。销售2008年12月31日之前购进或者自制的有形动产固定资产(进项税未抵扣),一律按照简易办法征收增值税,依3%征收率减按2%征收增值税,同时不得开具增值税专用发票。

如果涉及的是不动产固定资产,则2016年5月1日为时间节点。若一般纳税人销售其2016年4月30日前取得(不含自建)的不动产,可以选择适用简易计税方法,以取得的全部价款和价外费用减去该项不动产购置原价或者取得不动产时作价后的余额为销售额;若为自建,则为销售额;按照5%的征收率在不动产所在地预缴税款后,向机构所在地主管税务机关进行纳税申报。若一般纳税人销售其2016年5月1日后取得(不含自建)的不动产,应适用一般计税方法,以取得的全部价款和价外费用减去该项不动产购置原价或者取得不动产时作价后的余额为销售额;若为自建,则以取得的全部价款和价外费用为销售额;按照5%的预征率在不动产所在地预缴税款后,向机构所在地主管税务机关进行纳税申报。

(3) 出售收入和残料等的处理。企业收回出售固定资产的价款和税款,借记"银行存款"账户,按增值税专用发票上注明的价税,贷记"固定资产清理"和"应交税费——应交增值税(销项税额)"账户,报废固定资产的残料价值和变价收入等,应冲减清理支出,按实际收到的出售价款及残料变价收入等,借记"银行存款""原材料"等账户,贷记"固定资产清理"账户。

(4) 保险赔偿的处理。企业计算或收到的应由保险公司或过失人赔偿的报废、毁损的固定资产的损失,应冲减清理支出,借记"银行存款"或"其他应收款"账户,贷记"固定资产清理"账户。

(5) 清理净损益的处理。应区别不同的情况进行处理。因固定资产已丧失使用功能或因自然灾害发生毁损等原因,属于生产经营期间报废清理产生的处理净损失,借记"营业外支出——非流动资产处置损失"或"营业外支出——非常损失"账户,贷记"固定资产清理"账户;如为净收益,借记"固定资产清理"账户,贷记"营业外收入——非流动资产处置利得"账户。因出售、转让等原因产生的固定资产处置净损失,借记"资产处置损益"账户,贷记"固定资产清理"账户;如为净收益,借记"固定资产清理"账户,贷记"资产处置损益"账户。

例4-10 甲公司出售一台2009年购置的机器设备给乙公司,该设备账面原价为1 000 000元,已提折旧300 000元,将该机器设备出售给乙公司,开具的增值税专用发票上注明的价款为800 000元,增值税为104 000元,款项已存入银行。出售时以银行存款支付该设备拆卸费用10 000元,未取得可抵扣税款的相关单据。厂房已清理完毕,将出售设备的净损益转入当期损益。请编制相应的会计分录。

公司应作会计分录如下。

① 将欲出售厂房原价和已折旧冲减净值转入固定资产清理。

借:固定资产清理　　　　　　　　　　　700 000
　　累计折旧　　　　　　　　　　　　　300 000
　　贷:固定资产　　　　　　　　　　　　　　1 000 000

② 支付清理费用。

借:固定资产清理　　　　　　　　　　　10 000
　　贷:银行存款　　　　　　　　　　　　　　10 000

③ 收到变价收入。

借:银行存款　　　　　　　　　　　　　904 000

贷：固定资产清理		800 000
应交税费——应交增值税（销项税额）		104 000

④ 结转清理净收益。

借：固定资产清理		90 000
贷：资产处置损益		90 000

例 4-11 公司在年终财产清查中，发现盘亏设备一台，经查账面原值为 5 500 元，预计净残值为零，已提折旧 3 600 元，应分摊转出的增值税进项税额 247 元，编制固定资产盘存报告单上报待批。请编制相应的会计分录。

公司发生固定资产盘亏时，按盘亏固定资产的净值，借记"待处理财产损溢——待处理固定资产损溢"账户，按已提折旧，借记"累计折旧"账户，按固定资产的原价，贷记"固定资产"账户，贷记"应交税费——应交增值税（进项税额转出）"账户，盘亏的固定资产报经批准转销时，借记"营业外支出"账户，贷记"待处理财产损溢——待处理固定资产损溢"账户。

公司应作会计分录如下。

借：待处理财产损溢——待处理固定资产损溢		2 147
累计折旧		3 600
贷：固定资产		5 500
应交税费——应交增值税（进项税额转出）		247

经批准列作营业外支出，应作会计分录如下。

借：营业外支出——盘亏损失		2 147
贷：待处理财产损溢——待处理固定资产损溢		2 147

任务 4.2　无形资产及其他资产核算

4.2.1　无形资产的核算

1. 无形资产确认

无形资产（intangible assets），是指企业拥有或者控制的没有实物形态的可辨认非货币性资产。同时满足下列条件的资产，才能确认为无形资产：一是符合无形资产的定义。二是与该资产相关的预计未来经济利益很可能流入企业。在判断无形资产产生的经济利益是否很可能流入企业时，需要职业判断，企业管理部门应对无形资产在预计使用年限内存在的各种因素作出稳健的估计。三是该资产的成本能够可靠计量。企业自创商誉以及内部产生的品牌、报刊名等，因其成本无法明确区分，不应当确认为无形资产。

与有形资产相比，无形资产具有以下主要特征。

(1) 无形资产不具有实物形态，属于非货币性长期资产。无形资产通常表现为某种权利、某项技术或某种获取超额利润的综合能力，比如，土地使用权、非专利技术等。而某些无形资产的存在有赖于实物载体，比如，计算机软件需要存储在磁盘中。但这并没有改变无形资产本身不具有实物形态的特性。

(2) 无形资产在创造经济利益方面存在较大不确定性，对无形资产进行核算时持更为谨慎的态度。

(3) 持有的目的是使用而非出售。如软件公司开发的、用于对外销售的计算机软件，对于购买方而言属于无形资产，而对于开发商而言却是存货。

(4) 具有可辨认性。资产在符合下列条件时，满足无形资产定义中的可辨认性标准：一是能够从企业中分离或者划分出来，并能单独或者与相关合同、资产或负债一起，用于出售、转移、授予许可、租赁或者交换。二是源自合同性权利或其他法定权利，无论这些权利是否可以从企业或其他权利和义务中转移或者分离。商誉不属于《企业会计准则第6号——无形资产》规范的无形资产。商誉是企业合并成本大于合并取得被购买方各项可辨认资产、负债公允价值份额的差额，其存在无法与企业自身分离，不具有可辨认性。

2. 无形资产的分类

无形资产按是否能够预见为企业带来未来经济利益的使用寿命，分为可确定的无形资产和不可确定的无形资产。使用寿命如为有限的，应当估计该使用寿命的年限或者构成使用寿命的产量等类似计量单位数量；无法预见无形资产为企业带来未来经济利益的期限的，应当视为使用寿命不确定的无形资产。无形资产主要包括以下几类。

(1) 专利权(patent)。专利权是指国家专利主管机关依法授予发明创造专利申请人对其发明创造在法定期限内所享有的专有权利，包括发明专利权、实用新型专利权和外观设计专利权。

(2) 非专利技术(non-patents)。非专利技术也称专有技术，它是指不为外界所知、在生产经营活动中已采用了的、不享有法律保护的各种技术和经验。非专利技术一般包括工业专有技术、商业贸易专有技术、管理专有技术等。非专利技术可以用蓝图、配方、技术记录、操作方法的说明等具体资料表现出来，也可以通过卖方派出技术人员进行指导，或接受买方人员进行技术实习等手段实现。非专利技术具有经济性、机密性和动态性等特点。

(3) 商标权(trade mark privileges)。商标是用来辨认特定的商品或劳务的标记。商标权是指专门在某类指定的商品或产品上使用特定的名称或图案的权利。商标权包括独占使用权和禁止权两个方面。独占使用权是指商标权享有人在商标的注册范围内独家使用其商标的权利；禁止权是指商标权享有人排除和禁止他人对商标独占使用权进行侵犯的权利。

(4) 著作权(copy rights)。著作权又称版权，是指作者对其创作的文学、科学和艺术作品依法享有的某些特殊权利。著作权包括两方面的权利，即精神权利(人身权利)和经济权利(财产权利)。前者指作品署名、发表作品、确认作者身份和保护作品的完整性、修改已经发表的作品等项权利，包括发表权、署名权、修改权和保护作品完整权；后者指以出版、表演、广播、展览、录制唱片和摄制影片等方式使用作品以及因授权他人使用作品而获得经济利益的权利。

(5) 土地使用权(land tenure)。土地使用权，是指国家准许某企业在一定期间内对国有土地享有开发、利用、经营的权利。根据我国土地管理法的规定，我国土地实行公有制，任何单位和个人不得侵占、买卖或者以其他形式非法转让。企业取得土地使用权的方式大致有行政划拨取得、外购取得、投资者投入取得等。

(6) 特许权(chartered right)。特许权又称经营特许权、专营权，是指企业在某一地区经营或销售某种特定商品的权利，或是一家企业接受另一家企业使用其商标、商号、技术秘密等的权利。前者一般是由政府机构授权，准许企业使用或在一定地区享有经营某种业务的特权,如水、电、邮电通信等专营权、烟草专卖权等;后者指企业间依照签订的合同,有期限或无期限使用另一家企业的某些权利,如连锁店、分店使用总店的名称等。

3. 无形资产计量

无形资产计量,是指如何确定企业以各种方式取得的无形资产的入账价值、发生的后续支出以及如何在资产负债表上列示其价值(期末价值)。

(1) 无形资产的初始计量。无形资产取得时应按实际成本计量,企业可通过外购、自行研创、接受投资、接受捐赠等方式取得无形资产。详细内容结合无形资产取得的核算加以说明。

(2) 无形资产的后续支出。无形资产的后续支出,是指无形资产入账后,为确保该无形资产能够给企业带来预定的经济利益而发生的支出。比如,相关的宣传活动支出;取得专利权之后,每年支付的年费和维护专利权发生的诉讼费。由于这些支出仅是为了确保已确认的无形资产能够为企业带来预定的经济利益,因而,应在发生当期确认为管理费用。

(3) 无形资产的期末计量。企业应当定期或者至少每年年度终了,检查各项无形资产预计给企业带来经济利益的能力。如果无形资产将来为企业创造的经济利益还不足以补偿无形资产成本(摊余成本),即无形资产的账面价值超过了其可收回金额,则说明无形资产发生了减值。企业应当在会计期末判断资产是否存在可能发生减值的迹象,执行《企业会计准则第8号——资产减值》有关规定。无形资产减值准备应按单项资产计提。资产减值损失一经确认,在以后会计期间不得转回。

4. 无形资产核算的账户设置

为了核算和监督无形资产的取得和摊销等业务,企业应设置"无形资产""研发支出""累计摊销"等账户。其中:

(1) "无形资产"账户属于资产类账户,核算企业持有的无形资产成本,包括专利权、非专利技术、商标权、著作权、土地使用权等。借方登记企业购入、自行创造并按法律程序申请取得的、投资者投入的以及捐赠的各种无形资产价值等;贷方登记企业向外单位投资转出、出售无形资产的价值以及分期摊销的无形资产价值;期末借方余额反映企业已入账但尚未摊销的无形资产价值。该账户可按无形资产项目进行明细核算。

(2) "研发支出"账户属于成本类账户,核算企业进行研究与开发无形资产过程中发生的各项支出。类似固定资产中"在建工程"账户。"研发支出"账户记入资产负债表中开发支出项目。期末借方余额反映企业正在进行无形资产研究开发项目满足资本化条件的支出。该账户可按研究开发项目,分"费用化支出""资本化支出"账户进行明细核算。

(3) "累计摊销"账户属于资产类账户,是"无形资产"账户的备抵账户,核算企业对使用寿命有限的无形资产计提的累计摊销。贷方登记企业按月计提的无形资产摊销额;借方登记处置无形资产转出的累计摊销额;期末贷方余额反映企业无形资产的累计摊销额。该账户可按无形资产项目进行明细核算。

此外,企业无形资产发生减值的,还应当设置"无形资产减值准备"账户进行核算。

5. 无形资产的核算

1) 无形资产取得

根据不同的来源渠道,无形资产取得时的价值构成也有所不同。这里主要介绍外购无形资产和自创无形资产的核算。

（1）外购无形资产。企业从外部购入无形资产的成本，按实际支付的价款确定，具体包括购买价款、进口关税和其他税费以及直接归属于使该项资产达到预定用途所发生的其他支出。而企业外部取得的无形资产若属于增值税应税服务项目，无论通过何种途径，只要取得符合抵扣条件的发票，都可以进行抵扣，否则购进时支付的增值税税额计入无形资产成本。但为引入新产品进行宣传发生的广告费用、管理费用、其他间接费用以及已经达到无形资产预定用途以后发生的费用不包括在无形资产的初始成本中。

企业购入属于增值税应税服务项目时，应按实际支付的归属该项无形资产的实际成本，借记"无形资产"账户，按可抵扣的增值税进项税额，借记"应交税费——应交增值税（进项税额）"账户，贷记"银行存款"等账户。

例 4-12 A公司购入一项专利权，增值税发票上注明价款 500 000 元，确认可抵扣增值税税款 30 000 元，总价款 530 000 元，以银行存款支付。请编制相应的会计分录。

公司应作会计分录如下。

借：无形资产——专利权　　　　　　　　　　　500 000
　　应交税费——应交增值税（进项税额）　　　 30 000
　　贷：银行存款　　　　　　　　　　　　　　　　　530 000

（2）自创无形资产。企业内部研发形成的无形资产成本，由可直接归属于该资产的创造、生产并使资产能够以管理层预定的方式运作的所有必要支出构成。

对于企业自行研究和开发项目，应当区分为研究阶段与开发阶段。企业应当根据研究与开发的实际情况加以判断。企业内部研究开发费用处理的基本原则是：企业研究阶段的支出全部费用化，计入当期损益；开发阶段的支出符合条件的才能资本化，不符合资本化条件的计入当期损益。企业自行研发无形资产，若在研究阶段和开发阶段领用生产用原材料和自产的产成品，可以比照自建动产固定资产的账务处理对增值税进行核算。

企业自行开发无形资产发生的研发支出，不满足资本化条件的，借记"研发支出——费用化支出"，贷记"原材料""银行存款""应付职工薪酬"等账户。期（月）末，应将"研发支出——费用化支出"账户归集的费用化支出金额转入"管理费用"账户，借记"管理费用"账户，贷记"研发支出——费用化支出"账户。

企业自行开发无形资产发生的研发支出，满足资本化条件的，借记"研发支出——资本化支出"，贷记"原材料""银行存款""应付职工薪酬"等账户。研究开发项目达到预定用途形成无形资产的，应按"研发支出——资本化支出"账户的余额，借记"无形资产"账户，贷记"研发支出——资本化支出"科目。

例 4-13 某公司自行研究开发一项新产品专利技术，在研究开发过程中发生材料费 4 000 000 元（购进该项原材料支付的增值税进项税额为 520 000 元）、人工工资 1 000 000 元，以及其他费用 3 000 000 元，总计 8 000 000 元，其中，符合资本化条件的支出为 5 000 000 元，期末，该专利技术已经达到预定用途。请列出上述成本费用发生时应作的会计分录以及该专利技术达到预定用途时应作的会计分录。

公司应作会计分录如下。

① 发生研发支出。

借：研发支出——费用化支出　　　　　　　　3 000 000

　　　　——资本化支出　　　　　　　　　　　　5 000 000
　　应交税费——应交增值税(进项税额)　　　520 000
　　贷：原材料　　　　　　　　　　　　　　4 000 000
　　　　银行存款　　　　　　　　　　　　　3 520 000
　　　　应付职工薪酬　　　　　　　　　　　1 000 000
② 专利技术已经达到预定用途。
借：无形资产——非专利技术　　　　　　　　5 000 000
　　管理费用　　　　　　　　　　　　　　　3 000 000
　　贷：研发支出——费用化支出　　　　　　3 000 000
　　　　　　　　——资本化支出　　　　　　5 000 000

2) 无形资产摊销

　　由于无形资产的使用期限超过一个会计年度,因此,为取得无形资产而发生的支出属于资本性支出,应该把这一支出在其有效的使用期限内摊入成本费用中。这一过程称为无形资产的摊销。《企业会计准则第6号——无形资产》规定使用寿命不确定的无形资产不应摊销。而使用寿命有限的无形资产有一定的有效期限,它所具有价值的权利或特权总会终结或消失,因此,企业应对已入账的使用寿命有限的无形资产在使用寿命内合理摊销。

　　无形资产摊销期限为自无形资产可供使用时起,至不再作为无形资产确认时为止。企业应当选择反映企业预期消耗该项无形资产所产生的未来经济利益的方式作为无形资产摊销方法。无法可靠确定消耗方式的,应当采用直线法摊销。其摊销金额为无形资产入账价值扣除残值后的金额,已经计提无形资产减值准备的,还应扣除已经提取的减值准备金额。摊销金额一般应当计入当期损益。

　　企业进行无形资产摊销时,对于自用的无形资产,摊销的无形资产价值应借记"管理费用——无形资产摊销"账户,对于出租的无形资产,相关的无形资产摊销价值应借记"其他业务成本"账户,贷记"累计摊销"账户。

　　例4-14　公司2×13年1月1日外购A无形资产,增值税发票上注明价款880 000元,可抵扣增值税税款52 800元,总价款932 800元用转账支票付讫。公司合理估计该无形资产的净残值为零,预计使用年限为8年,每年按照直线法摊销。请编制相应的会计分录。

　　公司应作会计分录如下。

　　① 2×13年1月1日购入。
借：无形资产　　　　　　　　　　　　　　　880 000
　　应交税费——应交增值税(进项税额)　　　52 800
　　贷：银行存款　　　　　　　　　　　　　932 800

　　② 2×13—2×20年每年摊销。
借：管理费用　　　　　　　　　　　　　　　110 000
　　贷：累计摊销　　　　　　　　　　　　　110 000

3) 无形资产的处置

　　(1) 无形资产出售。企业将无形资产出售,表明企业放弃无形资产所有权。由于出售无形资产所得不符合《企业会计准则第14号——收入》中的收入定义,因此,根据《企业会计准则第6号——无形资产》规定,应将出售无形资产所得以净额反映,即将所得价款与该无形资产的账面价值之间的差额计入资产处置损益。

企业出售无形资产时,应按实际出售所得,借记"银行存款"等账户,按该项无形资产已计提的减值准备,借记"无形资产减值准备"账户,按已计提的摊销金额,借记"累计摊销"账户,按实际支付相关费用可抵扣的进项税额,借记"应交税费——应交增值税(进项税额)"账户;按无形资产的账面余额,贷记"无形资产"账户,按实际支付的相关费用,贷记"银行存款"账户,按开具的增值税专用发票上注明的增值税销项税额,贷记"应交税费——应交增值税(销项税额)"账户,按其差额,贷记或借记"资产处置损益"账户。

例 4-15 某公司将拥有的一项专利权出售,价款 250 000 元,应交的增值税为 15 000 元。该专利权账面原价 200 000 元,已摊销 20 000 元,未计提减值准备。假定不考虑其他相关税费。请编制相应的会计分录。

公司应作会计分录如下。

借:银行存款　　　　　　　　　　　　　　　250 000
　　累计摊销　　　　　　　　　　　　　　　 20 000
　　贷:无形资产　　　　　　　　　　　　　　200 000
　　　　应交税费——应交增值税(销项税额)　　15 000
　　　　资产处置损益　　　　　　　　　　　　 55 000

(2) 无形资产出租。无形资产出租,是指企业将所拥有的无形资产的使用权让渡给他人,并收取租金。由于出租企业仍拥有无形资产的所有权,因此,不应注销无形资产的账面摊余价值,出租取得的收入计入其他业务收入,发生的与出租有关的各种费用支出,计入其他业务支出。

(3) 无形资产报废并转销。如果无形资产预期不能为企业带来经济利益,从而不再符合无形资产的定义,则应将该项无形资产的账面价值全部转入当期损益,按已计提累计摊销,借记"累计摊销"账户,按其账面余额,贷记"无形资产"账户;如已计提减值准备,借记"无形资产减值准备"账户,按其差额,借记"营业外支出——处置非流动资产损失"账户。企业在判断无形资产是否预期不能为企业带来经济利益时,应根据以下迹象加以判断:一是该无形资产是否已被其他新技术等所替代,且已不能为企业带来经济利益;二是该无形资产是否不再受法律的保护,且不能给企业带来经济利益。

比如,甲企业的某项无形资产的法定有效年限已过,且借以生产的产品没有市场。这种情况出现时,甲企业应立即转销该无形资产。

4.2.2 其他资产的核算

其他资产,是指不能包括在流动资产、长期股权投资、固定资产、无形资产等以内的资产,主要包括长期待摊费用和其他长期资产。

1. 长期待摊费用的核算

长期待摊费用(long-term prepaid expenses),是指企业已经支出,但摊销期限在 1 年(不含 1 年)的各项费用。如以经营租赁方式租入的固定资产发生的改良支出等。

在资产负债表上,长期待摊费用虽然也列为资产项目,但它具有明显不同于一般资产的两个特征:一是长期待摊费用本身没有转让价值,没有为企业带来经济利益,因此,既不能转让,也不能用于清偿债务;二是长期待摊费用在本质上是一种费用,只是由于支出数额较大、影响时间较长,若将其全部计入当期费用中,势必会造成损益的非正常波动。因此,根据权责发生制的要求,应将其暂时列为一项没有实体的过渡性资产,然后再在恰当的期间内分期摊入"管理费用""销售费用"账户中。企业在进行长期待摊费用核算时,不能任意增加费用项目,不能人为地把应计入当期损益的费用计入长期待摊费用。

企业应设置"长期待摊费用"账户核算由本期和以后各期负担的分摊期限在1年以上的各项费用。该账户属于资产类账户,借方登记发生的各项长期待摊费用的支出数额,贷方登记摊销数额,期末借方余额反映企业尚未摊销的长期待摊费用。该账户应按费用的种类设置明细账,进行明细核算。

企业发生的长期待摊费用,借记"长期待摊费用"账户,贷记有关账户。摊销时,借记"制造费用""销售费用""管理费用"等账户,贷记"长期待摊费用"账户。

2. 其他长期资产的核算

其他长期资产一般包括国家批准储备的特种物资、银行冻结存款以及临时设施和涉及诉讼中的财产等。正常经营中的企业一般很少发生。其他长期资产可以根据资产的性质及特点单独设置相关账户核算。一般可设置"其他资产"一级账户,并设置"特种储备物资""银行冻结存款""冻结物资""诉讼中的财产"等明细账户。在资产负债表上,应根据其他资产的性质,分别列入"其他流动资产"和"其他长期资产"项目。

(1) 特种储备物资。特种储备物资是指国有企业经国家批准储备的、具有专门用途、不参加生产经营周转的特种物资,是一种企业由于具有某种储藏条件而代为国家储备的物资。一般来说,特种储备物资不属于企业的资产,企业不拥有其所有权,但有保管的责任。

(2) 银行冻结存款。银行冻结存款是指因某种原因被银行冻结不能正常支取的存款。由于这部分存款被冻结,不再具有货币资金的支付手段功能,因此应将其确认为其他资产。

(3) 诉讼中的财产。诉讼中的财产是指由于企业发生产权纠纷,进入司法程序后被法院认定为涉及诉讼、尚未判定产权归属的财产。由于这些财产涉及诉讼,不能为企业正常使用,因此应将其确认为其他资产。

拓展阅读

《企业会计准则第 4 号——固定资产》
《企业会计准则第 21 号——租赁》
《企业会计准则第 6 号——无形资产》
《企业会计准则第 8 号——资产减值》
《中华人民共和国增值税暂行条例》
《企业内部控制应用指引第 8 号——资产管理》
《企业内部控制应用指引第 11 号——工程项目》

项目训练

一、简答题

1. 简述固定资产的确认标准及计价基础。
2. 试述不同来源取得的固定资产的价值构成。
3. 试说明计提固定资产折旧的方法。
4. 如何进行固定资产的取得、折旧以及处置的核算?
5. 试分析无形资产的特征及分类。无形资产的入账价值怎样确定?

二、单项选择题

1. 下列不应计入固定资产价值的项目是(　　)。
   A. 购置固定资产发生的安装费
   B. 购置固定资产发生的出差人员差旅费
   C. 购置固定资产发生的包装费
   D. 购置固定资产发生的应分摊的借款利息

2. 某公司为一般纳税企业,购入一台需要安装的设备,支付买价10 000元,确认可抵扣增值税税额1 300元,运费500元,确认可抵扣增值税45元。安装设备时,领用库存材料物资等价值1 000元,购进该批材料时支付的增值税为150元;支付安装工人工资1 800元。该固定资产的入账价值为(　　)元。
   A. 10 000　　　B. 13 300　　　C. 15 000　　　D. 15 170

3. 某公司购入一台不需安装的设备,已交付使用,其原始价值为30 000元,预计使用年限5年,预计净残值1 000元,按双倍余额递减法计提折旧,第四年的折旧额为(　　)元。
   A. 2 740　　　B. 3 240　　　C. 2 592　　　D. 3 312

4. 某公司20×3年12月25日处置一台甲单位20×0年2月1日购进的设备,该设备原值50 000元,已提折旧14 500元,转让价款41 000元,用银行存款支付清理费5 000元。假定不考虑相关税费,则该公司处置该设备对损益的影响额为(　　)元。
   A. 50 500　　　B. 5 500　　　C. 500　　　D. 9 000

5. 盘盈的固定资产的净值按规定程序批准后计入(　　)。
   A. 汇兑损益　　B. 营业外收入　　C. 其他业务收入　　D. 营业损益

6. 自创的非专利技术研究阶段所发生的费用,在会计核算上,将其全部列作(　　)处理。
   A. 当期费用　　B. 无形资产　　C. 在建工程　　D. 固定资产

7. 某企业出售一项3年前取得的专利权,该专利取得时的成本为40万元,按10年摊销,出售时取得收入40万元,增值税税率为6%。不考虑城市建设税和教育费附加,则出售该项专利时影响当期的损益为(　　)万元。
   A. 9.6　　　B. 12　　　C. 30　　　D. 32

8. 为购建某项固定资产达到预定可使用状态前所发生的一切合理、必要的支出,称为固定资产的(　　)。

  A. 历史成本　　　　B. 重置成本　　　　C. 重置完全价值　　D. 折余价值

9. 无形资产的土地使用权是指(　　)。

  A. 通过行政划拨获得的土地使用权

  B. 按期缴纳土地使用费

  C. 将通过行政划拨获得的土地使用权有偿转让,按规定补交的土地出让价款

  D. 国有土地依法确定给国有企业使用

10. 某企业在筹建期间,发生注册登记费20万元,办公及差旅费用20万元,垫付应由投资者个人负担的差旅费支出10万元,购买工程物资20万元,工程项目借款利息支出20万元。该企业应计入"长期待摊费用"账户的开办费为(　　)万元。

  A. 90　　　　　　B. 40　　　　　　C. 80　　　　　　D. 60

三、多项选择题

1. 购入的固定资产,其入账价值包括(　　)。

  A. 买价　　　　　B. 运杂费　　　　C. 途中保险费　　D. 进口关税

2. 影响固定资产折旧的因素有(　　)。

  A. 固定资产账面价值　　　　　　B. 固定资产原值

  C. 固定资产的净残值　　　　　　D. 固定资产的使用年限

3. 下列固定资产中应计提折旧的有(　　)。

  A. 季节性停用的机器设备　　　　B. 大修理停用的机器设备

  C. 未使用的机器设备　　　　　　D. 未使用的房屋及建筑物

4. 下列(　　)在购建时需记入"在建工程"账户。

  A. 不需安装的固定资产　　　　　B. 需要安装的固定资产

  C. 固定资产的改扩建　　　　　　D. 预付出包工程的价款

5. "固定资产清理"账户核算的内容包括(　　)。

  A. 固定资产出售　　　　　　　　B. 固定资产盘亏

  C. 固定资产报废　　　　　　　　D. 固定资产捐赠

6. 下列可以作为无形资产核算的是(　　)。

  A. 专利权　　　　　　　　　　　B. 土地使用权

  C. 商标权　　　　　　　　　　　D. 自创的非专利技术

7. 无形资产的特征有(　　)。

  A. 不存在实物形态

  B. 属于非货币性长期资产

  C. 在创造经济利益方面存在较大不确定性

  D. 具有可辨认性

8. 下列各项中,企业应确认为无形资产的有(　　)。

  A. 吸收投资取得的土地使用权

  B. 因转让土地使用权补交的土地出让金

  C. 无偿划拨取得的土地使用权

  D. 企业的研究费用

9. 下列项目中,不可在"长期待摊费用"账户核算的有(   )。
   A. 摊销期限在1年以上(不含1年)的固定资产大修理支出
   B. 摊销期限在1年以上(不含1年)的租入固定资产的改良支出等
   C. 应当由本期负担的长期借款利息
   D. 按面值发行股票,支付的金额较大的手续费或佣金等相关费用

10. 下列各项中,属于其他长期资产的是(   )。
    A. 特种储备物资   B. 银行定期存款
    C. 银行冻结存款   D. 诉讼中的财产

四、判断题

1. 固定资产是企业的一项重要资产,为便于利用,企业应对所有的固定资产均拥有所有权。（   ）

2. 固定资产原值具有客观性和可验证性的特点。因此,它是固定资产的基本计价标准,也是计提固定资产折旧的依据。（   ）

3. 企业购入的固定资产,按实际支付的买价、运杂费、包装费、安装成本及税金等作为原价入账。（   ）

4. 已提足折旧继续使用的固定资产不再提取折旧,未提足折旧提前报废的固定资产,应补提折旧。（   ）

5. 固定资产改良支出一律作为资本性支出,增加固定资产的价值。（   ）

6. 加速折旧法是指采用一定的数学方法以缩短固定资产的折旧年限,从而达到加速折旧的目的。（   ）

7. 企业固定资产折旧,一般应根据月初应计提折旧的固定资产账面原值和月折旧率,按月计算提取。当月增加的固定资产,当月不计提折旧。当月减少的固定资产,当月照提折旧。（   ）

8. 企业自行开发非专利技术开发阶段发生的专项借款利息、开发人员工资、耗用材料,一般应计入无形资产的价值。（   ）

9. 在我国会计实务中,企业采用出包方式自制、自建固定资产工程,预付的工程价款应包括在资产负债表中的"在建工程"项目内。（   ）

10. 无形资产在使用终了时,既不发生清理费,也没有残值收入。（   ）

五、实训题

实 训 一

【目的】 练习固定资产入账价值的确认及折旧的计算。

【资料】 某公司购入设备一台,增值税专用发票上注明的货款为36 835元,确认可抵扣增值税进项税额4 788.55元,另支付运费500元,安装调试费2 700元,取得增值税专用发票,说明可抵扣增值税税额288元。该设备预计残值收入2 200元,预计清理费用200元,预计使用年限为5年。

【要求】
(1) 计算该设备的入账价值。
(2) 分别采用平均年限法、双倍余额递减法和年数总和法计算该项设备第2年和第

4 年的折旧额。

实 训 二

【目的】 练习固定资产的核算。

【资料】 甲公司为增值税一般纳税企业,适用的增值税税率为13%。2×13年度发生以下经济业务。

(1) 购入不需要安装的新机床一台,价款120 000元,确认可抵扣增值税税额15 600元,另发生保险费2 300元,运杂费900元,取得相关单据列示增值税税款219元。全部款项均以银行存款支付。机床交付生产车间使用。

(2) 采用自营方式建造厂房一幢,工程购入物资价款565 000元(含增值税)。另负担建设人员工资100 000元,为工程借款而发生的利息10 000元。工程完工验收交付使用。

(3) 购入一台需要安装的设备,价款500 000元,运杂费1 000元,支付安装费20 000元,确认可抵扣增值税税额66 890元。设备安装完毕交付使用。

(4) 出售一台20×9年购进的机器设备,该设备账面原价为1 000 000元,已提折旧600 000元,出售时发生清理费用4 000元,收到设备变价收入250 000元存入银行,将出售设备的净损益转入资产处置损益。

【要求】 根据上述资料编制甲公司相关的会计分录。

实 训 三

【目的】 练习无形资产的核算。

【资料】 下列为有关无形资产的业务。

(1) 20×3年1月1日某公司购入专利权,双方协商价为100 000元,确认可抵扣增值税税额为6 000元,有效期为10年,以支票付款。假定该公司于20×7年1月1日将专利权的所有权转让给其他公司,取得转让收入50 000元,开具增值税专用发票,款项存入银行。

(2) 某公司自行研究开发一项新产品专利技术,在研究开发过程中领用公司原材料费5 000 000元,发生人工工资2 000 000元、其他费用4 000 000元,总计11 000 000元。其中,符合资本化条件的支出为7 000 000元,期末,该专利技术已经达到预定用途。

【要求】 根据上述资料编制有关会计分录。

项目 5 负债核算

学习目标

素质目标：
1. 通过对借款业务的分析和掌握，树立提升资金运行效益的工作思想。
2. 通过对职工薪酬业务的分析和掌握，增强激励约束、绩效分析的工作态度。
3. 通过对应交税费业务的分析和掌握，培养依法纳税、诚信纳税的税收意识。
4. 通过对应付款项业务的分析和掌握，建立负债经营理念，提高经济运行效率。
5. 以工作处理方式和流程为内容，增强风险收益、财务杠杆管理理念。

知识目标：
1. 模拟短期借款业务，推断借入本金、计提利息、还本付息业务处理程序。
2. 能够区别应付预收款项和应收预付款项，归纳债权债务往来款项管理的要点。
3. 列举说明不同税种涉及的业务内容，理解企业纳税对国家发展的重要作用。
4. 整理应付职工薪酬有关业务，解决企业薪酬确认、计提、发放、扣缴等问题。
5. 归纳流动负债和非流动负债的内容和处理程序，判断零负债运行的可行性。

能力目标：
1. 模拟工作场景，分析、整理业务，识别会计处理涉及的账户并得以类推。
2. 模拟会计岗位，对职工薪酬的确认、计算、分配、发放等业务填制表格单据。
3. 能够联系会计信息质量要求，复述其在应付款项管理业务中的运用。
4. 扩展对不同税种立法宗旨和纳税筹划的探究学习，尝试制定筹划缴税安排。
5. 探知流动负债和非流动负债的管理要求，尝试零负债运行方案。

项目引入

负债按偿还期长短分为流动负债和非流动负债。负债满足下列条件之一时，应当归类为流动负债：一是预计在一个正常营业周期中清偿；二是主要为交易目的而持有；三是在资产负债表日起一年内到期应予以清偿；四是企业无权自主地将清偿推迟至资产负债表日后一年以上。流动负债主要包括短期借款、应付票据、应付账款、预收账款、应付职工薪酬、应交税费、其他应付款等。流动负债项目是企业经营过程中变化最多的项目之一，不同时期的同一项目的余额会有很大差别，流动负债以外的负债应当归类为非流动负债，并应按其性质分类列示。非流动负债主要包括长期借款、应付债券、长期应付款等。

负债的债权方可能是国家,可能是职工,可能是供应商,负债的形式可能是资金,可能是某种实物,可能是某项权利,但无论是哪一类主体、哪一种形式,负债都是有合同约定或法规约束的,企业都应当保证及时足额偿还或支付,否则就会影响其社会信誉。需要提示的是,有负债并不都是坏事,一个没有负债(负债率0)的企业才是非常可怕的,说明它没有发展空间,或者是不知道如何发展。负债不仅维持生存,还要用于发展,借银行的钱去壮大事业,做大市场,对企业来说甚至是必要的,当然这里需要强调的是合理的负债率。一个企业要借助融资等外部力量做大的同时,控制好负债规模,形成积极的负债经营效率,最终企业所有者权益就体现在净资产上,利用好财务杠杆,保持好平衡,企业就能提升利润空间,做大做强做优,实现高质量发展。

本项目主要介绍短期借款、应付及预收款项、应付职工薪酬、应交税费以及长期借款的核算。

项目要求

(1) 熟悉本项目内容在资产负债中的位置(见表5-1)。

表5-1 负债项目在资产负债表中的信息列示

资产	期末余额	上年年末余额	负债和所有者权益(或股东权益)	期末余额	上年年末余额
流动资产:			流动负债:		
货币资金			短期借款		
交易性金融资产			⋮		
⋮			应付票据		
			应付账款		
			⋮		
			流动负债合计		
			非流动负债:		
			长期借款		
			⋮		

(2) 根据本项目知识点内在的逻辑关系,制作本项目思维导图。
(3) 搜集与本项目有关的企业真实案例。
(4) 学完本项目,了解资产负债表中"短期借款""应付票据""应付账款""预收账款""应付职工薪酬""应交税费""长期借款"项目是如何填列的。

任务1 短期借款核算

任务调研:了解企业短期借款的业务是如何产生的,相关的业务处理程序是怎样的。

任务2 应付及预收款项核算

任务调研:了解企业应付票据的业务是如何产生的,相关的业务处理程序是怎样的。

任务3 应付职工薪酬核算

任务调研:了解企业职工人数怎么界定,具体包括哪些人员,分配和发放职工薪酬的业务是如何产生的,相关的业务处理程序是怎样的。

任务4 应交税费核算

任务调研:了解企业要缴纳哪些税费,应交增值税的业务是如何产生的,相关的业务处理程序是怎样的。

任务5 长期借款核算

任务调研:了解企业长期借款的业务是如何产生的,相关的业务处理程序是怎样的。

负债(liabilities),是企业过去的交易或者事项形成的、预期会导致经济利益流出企业的现时义务。企业应当在资产负债表上分别流动负债和非流动负债列示。流动负债包括短期借款、应付票据、应付账款、预收账款、应付职工薪酬、应交税费、应付利息、应付股利及其他应付款等。流动负债以外的负债应当归类为非流动负债,主要包括长期借款、应付债券和长期应付款等。

从理论上说,负债应以未来所需支付所有现金的现值来计价。但由于流动负债的偿还期限较短,其到期值和现值差别不大,出于简化核算和重要性原则的考虑,一般不要求以现值来计量。我国《企业会计准则》规定,各种流动负债应当按实际发生数额记账。负债已经发生而数额需要预计确定的,应当合理预计,待实际数额确定后进行调整,因此各项非流动负债也应以实际发生额入账。

任务5.1 短期借款核算

1. 短期借款概述

短期借款(short-term borrowings),是企业向银行或其他金融机构等借入的期限在1年以下(含1年)的各种借款。短期借款主要是为弥补企业流动资金不足,维持企业进行正常生产经营业务活动而借入的款项,也可能是为偿还某些负债而借入的款项。企业的短期借款一般包括临时借款、结算借款、商品周转借款、专项储备借款、联营借款、预购定金借款、外汇借款。

短期借款的核算通过"短期借款"账户进行。该账户的借方反映企业已经偿还的短期借款,贷方反映企业借入的短期借款,期末贷方余额反映企业尚未归还的短期借款本金。该账户应按债权人设置明细账户,并按借款种类进行明细核算。借入的期限在1年以上的各种借款,在"长期借款"账户核算,不在"短期借款"账户核算。

2. 短期借款的核算

短期借款的核算主要涉及三个方面的问题,即借款的取得、确认借款利息和归还借款。企业在归还短期借款时,除了归还借入的本金外,还应支付利息。短期借款的利息应计入当期损益。若短期借款的利息是按季度、按半年或到期时连同本金一起支付,且金额较大,为了正确计算各期利息,应采用预提的办法,按月预提利息。

企业借入的各种短期借款,借记"银行存款"账户,贷记"短期借款"账户;发生的短期借款利息根据《企业会计准则第17号——借款费用》规定记入相应账户。借记"在建工程""生产成本""财务费用"等账户,贷记"应付利息""银行存款"等账户;归还借款时,借记"短期借款"账户,贷记"银行存款"账户。

例 5-1 某公司于 20×3 年 6 月 30 日向银行借入一笔金额为 400 000 元、期限为 3 个月的短期借款,利率为 6%。按月计提借款利息。请编制相应的会计分录。

该公司应作会计分录如下。

(1) 20×3 年 6 月 30 日借入款项。

借：银行存款	400 000
贷：短期借款	400 000

(2) 20×3 年 7 月 31 日预提借款利息 2 000 元(400 000×6%÷12)。

借：财务费用	2 000
贷：应付利息	2 000

(3) 20×3 年 8 月 31 日预提借款利息。

借：财务费用	2 000
贷：应付利息	2 000

(4) 20×3 年 9 月 30 日归还借款及利息。

借：应付利息	4 000
财务费用	2 000
短期借款	400 000
贷：银行存款	406 000

任务 5.2　应付和预收款项核算

5.2.1　应付票据的核算

1. 应付票据概述

应付票据(notes payable),是由出票人出票,委托付款人在指定日期无条件支付确定的金额给收款人或者持票人的票据。应付票据是指企业购买商品和接受劳务供应等开出、承兑的商业汇票,包括银行承兑汇票和商业承兑汇票。企业应当设置应付票据备查簿,详细登记商业汇票的种类、号数和出票日期、到期日、票面金额、交易合同号和收款人姓名或单位名称以及付款日期和金额等资料。应付票据到期结清时,在备查簿中应予注销。

为了总括地核算和监督企业商业汇票的签发、承兑和支付情况,应设置"应付票据"账户。该账户属于负债类账户,贷方登记企业签发、承兑商业汇票的金额;借方登记企业到期支付的票款数额;期末余额在贷方,反映企业尚未到期的商业汇票的票面金额。

2. 应付票据的核算

1) 企业形成应付票据的核算

(1) 企业直接因商品交易的购销关系而产生的应付款项,在交易双方商谈交易的条件时即商定采用商业汇票结算方式进行货款的结算。企业开出、承兑商业汇票时,按购入材料或商品的采购成本(包括确认不可抵扣的增值税税款),应借记"材料采购""库存商品"等账户,按取得的增值税专用发票列示的可抵扣进项税额,应借记"应交税费——应交增值税(进项税额)"账户,贷记"应付票据"账户。

（2）企业因以前的商品交易而形成的尚未支付的应付账款，经购销双方商定，改为商业汇票结算方式支付货款。企业开出、承兑商业汇票抵付货款时，借记"应付账款"账户，贷记"应付票据"账户。

若企业开出的是银行承兑汇票，须按票面金额支付一定的手续费，借记"财务费用"账户，贷记"银行存款"账户。

2）应付票据到期的核算

（1）若企业如期付款时，借记"应付票据"账户，贷记"银行存款"账户。票据到期支付本息时，按票据账面余额，借记"应付票据"账户，按实际支付的金额，贷记"银行存款"账户。

（2）若企业无力支付票款时，如商业承兑汇票到期，按应付票据的账面余额，借记"应付票据"账户，贷记"应付账款"账户。如银行承兑汇票到期，付款人无款支付，承兑银行除凭票向持票人无条件付款外，对出票人尚未支付的票据金额转作逾期贷款处理，并按照每天万分之五计收利息。企业到期无力支付银行承兑汇票时，应在接到承兑银行转来的"××号汇票无款支付转入逾期贷款户"等有关凭证时，借记"应付票据"账户，贷记"短期借款"账户。对计收的利息按短期借款利息的处理办法处理。

例 5-2 某公司为增值税一般纳税人，原材料按实际成本进行日常核算。20×3 年 9 月 1 日采购原材料一批。增值税专用发票上注明的货款为 200 000 元，确认可抵扣的增值税税款为 26 000 元。材料已验收入库。公司开出并承兑一张票面金额为 226 000 元、为期 6 个月的不带息商业汇票。请编制相应的会计分录。

根据上述资料，公司应作会计分录如下。

（1）20×3 年 9 月 1 日采购原材料。

借：原材料　　　　　　　　　　　　　　　　　　　　　200 000
　　应交税费——应交增值税（进项税额）　　　　　　　 26 000
　　贷：应付票据　　　　　　　　　　　　　　　　　　　226 000

（2）票据到期，接到银行付款通知。

借：应付票据　　　　　　　　　　　　　　　　　　　　226 000
　　贷：银行存款　　　　　　　　　　　　　　　　　　　226 000

5.2.2　应付账款的核算

1. 应付账款入账时间的确认

应付账款（accounts payable），是指因购买材料、商品或接受劳务供应等而应付给供应单位的款项。它是一种最常见、最普遍的流动负债，主要是买卖双方在购销活动中由于取得物资与支付货款在时间上不一致而产生的负债。

应付账款与应付票据两者都是由于交易而引起的负债，都属于流动负债，但应付账款是尚未结清的债务，而应付票据是一种期票，是延期付款的证明，有承诺付款的票据作为凭据。

应付账款入账时间的确认，应以所购货物所有权的转移或接受劳务已发生为标志。在实际工作中，应区别情况处理：在货物和发票账单同时到达的情况下，应付账款一般是待货物验收入库后，再根据发票金额登记入账。这样处理可避免在验收时因发现货物数量或质量不符合要求而需要再调整已入账的应付账款；在货物和发票账单不是同时到达的情况下，由于应付账款要根据发票登记入账，有时货物已验收入库而发票账单未到，但这笔负债已经成立,应作为一项负债。为在资产负债表中客观地反映企业所拥有的资产和承担的债务,会计实务中采用平时应付账款可暂不入账,待月份内收到发票账单后再入账;若至月份终了仍未收到发票账单的,应按估计价或计划价暂估入账,下月初用红字冲回,待以后收到发票账单时,再按具体情况处理。

2. 应付账款入账金额的确定

应付账款一般按发票金额(有时加上代垫的运杂费)登记入账,而不按到期应付金额的现值入账。因提前承付货款而获得的现金折扣被视为一种理财收益,冲减财务费用。

3. 应付账款核算

为了核算企业应付账款的发生及偿还情况,应设置"应付账款"账户。该账户贷方登记企业因购货、接受劳务供应而产生的应付款项,以及因无款支付到期商业汇票转入的应付票据款,借方登记企业偿还、抵付的应付账款以及转销无法支付的应付账款,余额一般在贷方,表示企业尚未支付的应付账款。该账户应按供应单位设置明细账户,进行明细分类核算。

具体核算内容主要包括以下几点。

(1) 企业购入材料、商品等验收入库,但货款尚未支付,根据有关凭证(发票账单、随货同行发票上记载的实际价款或暂估价值),借记"材料采购"等账户,按专用发票上注明的确认可抵扣增值税税额,借记"应交税费——应交增值税(进项税额)"等账户,按应付的价款,贷记"应付账款"账户;企业接受供应单位提供劳务而发生的应付未付款项,根据供应单位的发票账单,借记"生产成本""管理费用"等账户,贷记"应付账款"账户。

(2) 企业支付时,借记"应付账款"账户,贷记"银行存款"等账户;企业确实无法支付的应付账款,借记"应付账款"账户,贷记"营业外收入"账户。

例5-3 某公司为增值税一般纳税人。原材料采用按实际成本进行日常核算。20×3年5月30日购入材料一批,计价10 000元,应交增值税1 300元,材料已验收入库。双方商定付款条件为2/15,n/30。双方交易时评估可享受现金折扣的可能性为零(现金折扣付款条件只针对货款部分)。请编制相应的会计分录。

5月30日根据有关单据,公司应作会计分录如下。

  借:原材料   10 000
    应交税费——应交增值税(进项税额) 1 300
    贷:应付账款   11 300

若公司在15日内支付货款,则只需支付11 100(11 300-200)元。应作会计分录如下。

  借:应付账款   11 300
    贷:银行存款   11 100
      财务费用   200

若公司在现金折扣期满后支付货款,则应支付发票记载的金额。应作会计分录如下。

  借:应付账款   11 300
    贷:银行存款   11 300

5.2.3 预收账款的核算

1. 预收账款概述

预收账款(receipts in advance),是反映企业对客户订货、工程项目预定以及劳务提供预约,在企业产品交货、工程完工验收、劳务提供之前,预先按全货款的一定比例收取部分或全部款项而形成的一项负债。企业预收账款后,要根据合同承诺在收款后一定日期发送商品或提供劳务,如果无法履行合同交货时,要负责如数退还预收的账款并承担相应损失。这项负债需要用以后的商品、劳务等偿付。预收账款在交付商品或提供劳务之前为流动负债,在交付商品或提供劳务之后转化为收入。

这里需要注意的是,如果企业因转让商品收到的预收款是以购销双方的履约义务为前提,即企业在按照合同约定向客户转让商品之前,客户已经支付了款项或企业已经取得了无条件收取款项权利的,则应当确认为合同负债,例如购货企业支付的货款中包含有延长保修服务费或未兑换的奖励积分等。

2. 预收账款核算

预收账款的核算,应视企业的具体情况而定。如果预收账款业务不多的,可以不设置"预收账款"账户,直接记入"应收账款"账户的贷方。"预收账款"账户核算和监督预收账款的形成及结算情况。该科目贷方登记企业收到购货方预付的货款及补付的货款;借方登记企业实际发出产品的价税款及退回的余额;期末贷方余额,表示企业向购货单位预收的款项;期末如为借方余额,表示企业应由购货单位补付的款项。该账户应按购货单位设置明细科目,进行明细分类核算。

企业向购货单位预收款项时,借记"银行存款"账户,贷记"预收账款"账户;销售实现时,按实现的收入和应交的增值税销项税额,借记"预收账款"账户,按实现的营业收入,贷记"主营业务收入"账户,按专用发票上注明的增值税税额,贷记"应交税费——应交增值税(销项税额)"等账户。购货单位补付的款项,借记"银行存款"账户,贷记该账户;退回多付的款项,作相反会计分录。

例 5-4 公司 20×3 年 6 月 8 日按合同规定预收甲工厂一半货款 100 000 元,存入银行,并于 7 月 8 日交货时全部收齐货款。请编制相应的会计分录。

公司应作会计分录如下。

(1) 预收货款。

借:银行存款　　　　　　　　　　　　　　　　100 000
　　贷:预收账款——甲工厂　　　　　　　　　　　　100 000

(2) 公司销售产品开出增值税专用发票。

借:预收账款——甲工厂　　　　　　　　　　　　200 000
　　贷:主营业务收入　　　　　　　　　　　　　　176 991
　　　　应交税费——应交增值税(销项税额)　　　　23 009

(3) 收到补收货款。

借:银行存款　　　　　　　　　　　　　　　　100 000
　　贷:预收账款——甲工厂　　　　　　　　　　　　100 000

5.2.4 其他应付款的核算

其他应付款(other payables),是指企业应付、暂收其他单位或个人的,与企业购销业务没有直接关系的款项,如应付经营租入固定资产和包装物租金,职工未按期领取的工资,存入保证金,应付、暂收所属单位、个人的款项,其他应付、暂收款项等。这些暂收应付款构成了企业的一项非经常性负债。

其他应付款的核算通过"其他应付款"账户进行。该账户贷方反映企业应付、暂收的款项,借方反映企业其他应付款的减少,期末余额在贷方,反映企业尚未支付的其他应付款项。该账户按应付和暂收款项的类别和单位或个人设置明细账户,进行明细核算。

企业发生的各种应付、暂收款项,借记"银行存款""管理费用"等账户,贷记"其他应付款"账户;支付时,借记"其他应付款"账户,贷记"银行存款"等账户。

值得注意的是,"其他应付款"是财务会计中的一个往来账户,通常情况下,该账户只核算企业应付其他单位或个人的零星款项等非经常性负债。然而,许多企业的"其他应付款"账户金额较大,再查明细账发现其内容更是鱼龙混杂,很多不该进的费用都往里填,因此必须加强对其他应付款的管理。

任务 5.3 应付职工薪酬核算

1. 应付职工薪酬概述

应付职工薪酬(employee's salary and benefits payable),是指企业为获得职工提供的服务或解除劳动关系而应给予职工各种形式的报酬或补偿。职工薪酬主要包括以下内容。

(1) 短期薪酬,是指企业在职工提供相关服务的年度报告期间结束后 12 个月内需要全部予以支付的职工薪酬,因解除与职工的劳动关系给予的补偿除外。具体包括:职工工资、奖金、津贴和补贴,是指按照国家统计局规定的构成工资总额的计时工资、计件工资、支付给职工的超额劳动报酬和增收节支的劳动报酬、为了补偿职工特殊或额外的劳动消耗和因其他特殊原则支付给职工的津贴,以及为了保证职工工资水平不受物价影响支付给职工的物价补贴等;职工福利费,是指企业为职工集体提供的福利,如补助生活困难职工等;医疗保险费、工伤保险费和生育保险费等社会保险费,是指企业按照国家规定的基准和比例计算,向社会保险经办机构缴纳的医疗保险金、工伤保险费和生育保险费;住房公积金,是指企业按照国家相关规定的基准和比例计算,向住房公积金管理机构缴存的住房公积金;工会经费和职工教育经费,是指企业为了改善职工文化生活、提高职工业务素质用于开展工会活动和职工教育及职业技能培训,根据国家规定的基准和比例,从成本费用中提取的金额;短期带薪缺勤;短期利润分享计划;非货币性福利,是指企业以自己的产品或其他有形资产发放给职工作为福利、企业向职工提供无偿使用自己拥有的资产(如提供给企业高级管理人员的汽车、住房等)、企业为职工无偿提供商品或类似医疗保健的服务等,以及其他短期薪酬。本书主要介绍短期薪酬的相关内容。

(2) 离职后福利,是指企业为获得职工提供的服务而在职工退休或与企业解除劳动关系后,提供的各种形式的报酬和福利,包括养老保险费和失业保险费等,短期薪酬和辞退福利除外。

(3) 辞退福利,是指企业在职工劳动合同到期之前解除与职工的劳动关系,或者为鼓励职工自愿接受裁减而给予职工的补偿。

(4) 其他长期职工福利,是指除短期薪酬、离职后福利、辞退福利之外所有的职工薪酬,包括长期带薪缺勤、长期残疾福利、长期利润分享计划等。

注意:职工,是指与企业订立劳动合同的所有人员,含全职、兼职和临时职工,也包括虽未与企业订立劳动合同但由企业正式任命的人员以及未与企业订立劳动合同或未由企业正式任命,但向企业所提供服务与职工所提供服务类似的人员。从薪酬的涵盖时间和支付形式来看,职工薪酬包括企业在职工在职期间和离职后给予的所有货币性薪酬和非货币性福利;从薪酬的支付对象来看,职工薪酬包括提供给职工本人及其配偶、子女、受赡养人、已故员工遗属及其他受益人的福利。

为了核算和监督应付职工薪酬的提取、结算、使用等业务,企业应设置"应付职工薪酬"账户。该账户属于负债类,贷方登记已分配计入有关成本费用项目的职工薪酬的数额;借方登记实际发放职工薪酬的数额;期末贷方余额反映企业应付而未付的职工薪酬。该账户可按"短期薪酬(职工工资、奖金、津贴和补贴)""短期薪酬(职工福利费)""短期薪酬(社会保险费)""短期薪酬(住房公积金)""短期薪酬(工会经费)""短期薪酬(职工教育经费)""短期薪酬(非货币性福利)""带薪缺勤""离职后福利""辞退福利""其他长期职工福利"等进行明细核算。

2. 职工薪酬确认原则

企业应当在职工为其提供服务的会计期间,将除辞退福利外的应付职工薪酬确认为负债,并根据职工提供服务的受益对象,分别下列情况处理。

(1) 应由生产产品、提供劳务负担的职工薪酬,计入产品成本或劳务成本。

(2) 应由在建工程、无形资产负担的职工薪酬,计入建造固定资产或无形资产成本。

(3) 上述两项之外的其他职工薪酬,计入当期损益。

3. 职工薪酬计量标准

1) 货币性职工薪酬

企业应当在职工为其提供服务的会计期间,将实际发生的短期薪酬确认为应付职工薪酬,并计入当期损益,其他会计准则要求或允许计入资产成本的除外。在计量应付货币性职工薪酬时,国家有明确计提标准的,企业应当按照规定的计提基础和计提比例计算计提标准,如"五险一金"、工会经费、职工教育经费等;企业发生的职工福利费,应当在实际发生时根据实际发生额计入当期损益或相关资产成本。

其中:①"五险一金",即对于医疗保险费、养老保险费、失业保险费、工伤保险费、生育保险费和住房公积金,企业应当按照国务院、所在地政府或企业年金计划规定的标准计量应付职工薪酬义务和应相应计入成本费用的薪酬金额。②工会经费和职工教育经费。企业应当按照国家相关规定,分别按照职工工资总额的2%和8%计量应付职工薪酬(工会经费、职工教育经费)义务金额和应相应计入成本费用的薪酬金额;从业人员技术要求高、培训任务重、经济效益好的企业,可根据国家相关规定,按照职工工资总额的8%计量应计入成本费用的职工教育经费。

2) 非货币性职工薪酬

企业以自产产品作为非货币性福利发放给职工的,应当根据受益对象,按照该产品的公允价值计量确认应付职工薪酬,并计入相关资产成本和当期损益。

4. 企业发生应付职工薪酬的会计处理

(1) 生产部门人员的职工薪酬,借记"生产成本""制造费用""劳务成本"等账户,贷记本账户。应由在建工程、研发支出负担的职工薪酬,借记"在建工程""研发支出"等账户,贷记本账户。管理部门人员、销售人员的职工薪酬,借记"管理费用"或"销售费用"账户,贷记"应付职工薪酬"账户。

(2) 企业以其自产产品发放给职工作为职工薪酬的,按各部门分配应计入成本费用的金额,借记"管理费用""生产成本""制造费用"等账户,贷记"应付职工薪酬"账户。

无偿向职工提供住房等固定资产使用的,按本期应计提的折旧额,根据不同受益对象,借记"管理费用""生产成本""制造费用"等账户,贷记"应付职工薪酬"账户;同时,借记"应付职工薪酬"账户,贷记"累计折旧"账户。

租赁住房等资产供职工无偿使用的,按每期应支付的租金,根据不同受益对象,借记"管理费用""生产成本""制造费用"等账户,贷记"应付职工薪酬"账户。

(3) 因解除与职工的劳动关系给予的补偿,借记"管理费用"账户,贷记"应付职工薪酬"账户。

5. 企业发放职工薪酬的会计处理

(1) 向职工支付工资、奖金、津贴、福利费等,从应付职工薪酬中扣还的各种款项(代垫的家属药费、个人所得税等),借记"应付职工薪酬"账户,贷记"银行存款""库存现金""其他应收款""应交税费——应交个人所得税"等账户。

(2) 支付工会经费和职工教育经费用于工会活动和职工培训,借记"应付职工薪酬"账户,贷记"银行存款"等账户。

(3) 按照国家有关规定缴纳社会保险费和住房公积金,借记"应付职工薪酬"账户,贷记"银行存款"账户。

(4) 企业以其自产产品发放给职工的,借记"应付职工薪酬"账户,贷记"主营业务收入"账户;同时,还应结转产成品的成本。涉及增值税销项税额的,还应进行相应的处理。

支付租赁住房等资产供职工无偿使用所发生的租金,借记"应付职工薪酬"账户,贷记"银行存款"等账户。

(5) 企业因解除与职工的劳动关系给予职工的补偿,借记"应付职工薪酬"账户,贷记"银行存款""库存现金"等账户。

例 5-5 A公司本月职工薪酬总额为1 000 000元,其中生产工人工资600 000元,车间管理人员工资100 000元,厂部管理人员工资100 000元,研发人员工资50 000元,销售人员工资150 000元。职工薪酬根据其用途分别支付给职工个人和各个相关部门。请编制相应的会计分录。

公司发生职工薪酬,应编制会计分录如下:

借:生产成本	600 000
制造费用	100 000
管理费用	100 000
研发支出	50 000

销售费用　　　　　　　　　　　　　　　　　150 000
　　　贷：应付职工薪酬　　　　　　　　　　　　　　1 000 000
公司支付职工薪酬，应编制会计分录如下。
借：应付职工薪酬　　　　　　　　　　　　　　1 000 000
　　　贷：银行存款　　　　　　　　　　　　　　　　1 000 000

任务5.4　应交税费核算

　　企业作为商品的生产者和经营者，必须按照国家税法的有关规定履行纳税义务，向国家税务机关缴纳各种税费。工业企业应缴纳的税费一般包括：增值税、城市维护建设税、企业所得税、房产税、城镇土地使用税、车船税、印花税、教育费附加等；生产、委托加工烟、酒、高档化妆品、贵重首饰及珠宝玉石、鞭炮焰火、成品油、摩托车、小汽车、高尔夫球及球具、高档手表、游艇、木制一次性筷子、实木地板、电池、涂料等特殊消费品，要缴纳消费税；开采原油、天然气、煤炭、其他非金属矿、黑色金属矿、有色金属矿、盐等产品，要缴纳资源税；有偿转让国有土地使用权、地上的建筑物及其附着物，还要缴纳土地增值税等。由于实际发生税负的时间与缴纳时间的不一致，因此，应交而未交的款项构成了企业的一项负债。企业应根据税法的有关要求，正确计算应交税费，及时足额上交，不得偷税、漏税，不得无故不交、拖延缴纳。对于延迟缴纳税金的，税务机关将按有关规定加收滞纳金。限于篇幅，本书主要介绍增值税、消费税、城市维护建设税、房产税、城镇土地使用税、车船税的核算。读者可查看国家税务总局网站上的相关资料，以了解中国税收以及办税流程。

　　为了核算企业各种税金的计提和缴纳情况，企业应缴纳的各种税金，除印花税、耕地占用税、车辆购置税外，均应通过"应交税费"账户核算，并按不同的税种分设明细分类科目。该账户贷方登记企业按规定计算结转应交的各种税费；借方登记企业实际缴纳的各种税费和应抵扣的税费；期末贷方余额，反映企业尚未缴纳的税费；期末如为借方余额，反映企业多交或尚未抵扣的税费。

1. 应交增值税

1）增值税概述

　　增值税（value added tax），是指对在我国境内销售货物、服务、无形资产、不动产、进口货物以及提供加工、修理修配劳务的增值额征收的一种流转税。增值税是对商品生产和流通中各环节的新增价值或商品附加值进行征税。增值税的特点是：实行价外计税；按增值环节计税；按增值额计税；特别重视专用发票的取得和使用。

　　税收收入是我国财政收入的最主要来源，而增值税是我国第一大税。1993年12月13日，国务院颁布《中华人民共和国增值税暂行条例》，构建起生产型增值税体系。2008年11月10日，国务院颁布修订后的《中华人民共和国增值税暂行条例》（简称《增值税暂行条例》），我国增值税由生产型转为消费型。

　　根据《增值税暂行条例》规定，纳税义务人按其经营规模和会计核算健全程度不同划分为小规模纳税人和一般纳税人。小规模纳税人适用征收率3%，采用简易计算方法计算应纳税额。一般纳税人大多采用一般计税方法，发生特定销售行为，可以选择采用简易计税方法按规定征收率计算应纳税额。一般计税方法下，采用的税率分为13%、9%、6%和零税率：①一般纳税人销售货物、提供加工修理修配劳务、提供有形动产租赁服务或进口货物，税率为13%。②一般纳税人销售或进口粮食等农产品、食用植物油、食用盐、自来水、暖气、冷气、热水、煤气、石油液化气、天然气、二甲醚、沼气、居民用煤炭制品、图书、报纸、杂志、音像制品、电子出版物、饲料、化肥、农药、农机、农膜以及国务院规定的其他货物，税率为9%；一般纳税人提供交通运输、邮政、基础电信、建筑、不动产租赁服务，销售不动产，转让土地使用权，税率为9%。③金融服务、现代服务（租赁服务除外）、增值电信服务、生活服务、转让无形资产（土地使用权除外），税率为6%。④一般纳税人出口货物，税率为零，但国务院另有规定除外。

一般纳税人采用一般计税方法时，应纳增值税税额计算公式为

应纳增值税税额＝当期销项税额－当期进项税额

注意：因当期销项税额小于当期进项税额，进项税额不足抵扣的部分可以结转下期继续抵扣。

一般纳税人或小规模纳税人采用简易计税方法时，应纳增值税税额计算公式为

应纳增值税税额＝不含税销售额×征收率

自2016年5月1日起，我国全面推开"营改增"试点。根据财政部和国家税务总局的相关规定，对于企业发生的金融商品转让、经纪代理服务、提供旅游服务等业务可以采用差额征税方式，允许企业以扣减相关成本费用后的余额作为销售额计算应纳增值税税额。

2）一般纳税人应交增值税核算的账户设置

为了反映增值税一般纳税人欠交增值税款和待抵扣增值税的情况，确保企业及时上交增值税，避免出现企业用以前月份欠交的增值税抵减以后月份待抵扣的增值税的现象，企业对于增值税，在会计核算上按税费项目需要设置"应交增值税""未交增值税""简易计税""转让金融商品应交增值税""待转销项税额"等二级明细账户。"应交增值税"还应分"进项税额""销项税额""出口退税""进项税额转出""已交税金"等设置专栏。其中，①"进项税额"专栏记录企业购入货物或接受应税劳务而支付的、准予从销项税额中抵扣的增值税税额。企业购入货物或接受应税劳务、服务、无形资产、不动产支付的进项税额，用蓝字登记；退回所购货物应冲销的进项税额，用红字登记。②"已交税金"专栏记录企业当月已缴纳的增值税税额。企业已缴纳的增值税用蓝字登记；退回多交的增值税用红字登记。③"销项税额"专栏记录企业销售货物或提供应税劳务、服务、无形资产、不动产收取的增值税额。企业销售货物或提供应税劳务应收取的销项税额，用蓝字登记；退回销售货物应冲销项税额，用红字登记。退税后发生退货或者退关而补交已退的税款，用红字登记。④"进项税额转出"专栏记录企业的购进货物，在产品、产成品等发生正常损失，以及其他原因而不应从销项税额中抵扣、按照规定转出的进项税额。⑤"减免税款"专栏记录企业按规定准予减免的增值税税额。⑥"销项税额抵减"专栏记录企业采用差额计税方式时因扣减销售额而减少的销项税额。⑦"转出多交增值税"和"转出未交增值税"专栏记录企业月度终了转出当月多交或应交未交的增值税税额。

3）一般纳税人应交增值税的核算

（1）可以抵扣的进项税额。按照《增值税暂行条例》规定，企业购入货物或接受劳务支付的增值税（即进项税额），可从销售货物或提供劳务按规定收取的增值税（即销项税额）中

抵扣。准予从销项税额中抵扣的进项税额限于下列增值税扣税凭证上注明的增值税税额。①从销售方取得的增值税专用发票(含税控机动车销售统一发票)。②从海关取得的海关进口增值税专用缴款书。③购进农产品要区分情况处理：取得一般纳税人开具的增值税专用发票或海关进口增值税专用缴款书的，以注明的增值税税额为进项税额；从小规模纳税人取得增值税专用发票，以发票上注明的金额和9%扣除率计算进项税额；取得或开具农产品销售发票或收购发票，以发票上注明的农产品买价和9%扣除率计算进项税额；若购进农产品用于生产或委托加工13%税率的货物，则按10%扣除率计算。④纳税人购进国内旅客运输服务，取得增值税电子普通发票的，以发票上注明的税额作为进项税额；取得注明旅客身份信息的铁路、航空、公路、水路等票据，按规定的税率计算进项税额。⑤支付道路、桥、闸通行费的，按取得的通行费发票注明的收费金额和规定的方法计算进项税额。

2020年6月起增值税电子专用发票及相关服务已在增值税发票综合服务平台上线，进一步实现了增值税"以票控账""以票查税""以票审计"，压缩了虚假发票的空间。作为会计人员，应及时判断处理增值税业务中的各类票证，准确计算可以抵扣的增值税进项税额和应纳税额。

例 5-6 公司购入免税农产品一批，开具的收购发票上注明价款为100 000元，货款已支付。请编制相应的会计分录。

进项税额 = 100 000 × 9% = 9 000(元)

公司应作会计分录如下。

借：原材料　　　　　　　　　　　　　　　　91 000
　　应交税费——应交增值税(进项税额)　　　9 000
　　贷：银行存款　　　　　　　　　　　　　　　　100 000

(2) 不得抵扣的进项税额。纳税人购进货物、劳务、服务、无形资产、不动产，取得的增值税扣税凭证不符合法律规定的，其进项税额不得抵扣。纳税人购进专门用于简易计税项目、免税项目、集体福利、个人消费的货物、劳务、服务、无形资产、不动产以及购进的贷款服务、餐饮服务、居民日常服务、娱乐服务，进项税额也不得抵扣。这些在购进时即可认定不能抵扣的税额直接计入相关的成本费用中。如果购进时不能认定，则先记入"应交税费——应交增值税(进项税额)"账户，后因改变用途再作转出处理。

(3) 进项税额转出。纳税人在购进货物、劳务、服务、无形资产、不动产时，取得了增值税扣税凭证并经税务平台确认，借记"应交税费——应交增值税(进项税额)"账户，但因发生非常损失或改变用途，应将不得抵扣的进项税额贷记"应交税费——应交增值税(进项税额转出)"账户。这些不得抵扣的进项税额主要包括用于简易计税项目、免税项目、集体福利、个人消费的货物、劳务、服务、无形资产、不动产；发生非正常损失的购进货物及相关的劳务和交通运输服务；发生非正常损失的在产品、产成品所耗用的购进货物(不包括固定资产)、劳务和交通运输服务；发生非正常损失的不动产、不动产在建工程及所耗用的购进货物、设计服务和建筑服务。

例 5-7 公司建造职工宿舍，领用生产用原材料一批，成本为100 000元，购入时的进项税额为13 000元。请编制相应的会计分录。

公司应作会计分录如下。

借：在建工程——职工宿舍　　　　　　　　113 000

```
贷：原材料                                      100 000
    应交税费——应交增值税（进项税额转出）        13 000
```

（4）销项税额。企业一般销售，应根据不含税销售额和税率计算销项税额。但企业的下列行为，也应视同销售货物计算缴纳增值税：将货物交付他人代销；销售代销货物；将自产、委托加工或购买的货物作为投资，提供给其他单位或个人；将自产、委托加工的货物用于非应税项目；将自产、委托加工或购买的货物分配给股东或投资者；将自产、委托加工或购买的货物用于集体福利或个人消费；将自产、委托加工或购买的货物无偿赠送他人等。上述行为中，由于某些行为从会计角度看并不属于销售，企业不会因此而取得销售收入，增加现金流量，故会计核算中不作为销售处理，只按成本转账。但根据税法规定，上述货物转移时，应视同销售计算缴纳增值税并开具增值税专用发票，但需注意在计算增值税时，应以该类货物的售价而不是成本价进行计算。若为应税消费品还应计算缴纳消费税。

例 5-8 A 公司将自己生产的产品用于自行建造职工俱乐部，产品成本为 57 000 元，计税价格（售价）为 60 000 元，增值税税率为 13%。请编制相应的会计分录。

公司应将该业务作为视同销售商品业务计算销项税额。

$$销项税额 = 60\ 000 \times 13\% = 7\ 800(元)$$

公司应作会计分录如下。

```
借：在建工程                                    64 800
    贷：库存商品                                57 000
        应交税费——应交增值税（销项税额）         7 800
```

（5）销项税额抵减。企业发生转让金融商品之外的差额征税业务时，对于发生的成本费用，按应付或实际支付的金额，借记"主营业务成本"等账户，贷记"应付票据""银行存款"等账户，待取得合法增值税扣税凭证并经平台确认且纳税义务发生时，按可抵扣的税额，借记"应交税费——应交增值税（销项税额抵减）""应交税费——简易计税"账户，小规模纳税人应借记"应交税费——应交增值税"账户，贷记"主营业务成本"等账户。

（6）缴纳增值税。企业缴纳当月应交增值税，借记"应交税费——应交增值税（已交税金）"账户，贷记"银行存款"账户。企业缴纳以前期间尚未缴纳的增值税，借记"应交税费——未交增值税"账户，贷记"银行存款"账户。

（7）月末转出多交增值税和未交增值税。对于当月应交未交的增值税，借记"应交税费——应交增值税（转出未交增值税）"账户，贷记"应交税费——未交增值税"账户；对于当月多交的增值税，借记"应交税费——未交增值税"账户，贷记"应交税费——应交增值税（转出多交增值税）"账户。

4）小规模纳税人应交增值税的核算

小规模纳税人销售货物或者提供应税劳务，实行简易办法计算应纳税额，按照销售额的 3% 征收率计算。因此，小规模纳税人购入货物无论是否取得增值税专用发票，其支付的增值税税额均不计入进项税额，不得由销项税额抵扣，而计入购入货物的成本。因此，小规模纳税人只需在"应交税费"账户下设置"应交税费——应交增值税"明细账户进行核算。其贷方登记应缴纳的增值税；借方登记已缴纳的增值税；期末贷方余额为尚未缴纳的增值税，借方余额为多缴纳的增值税。

例 5-9 某小规模纳税人销售产品一批，所开出的普通发票中注明的货款（含税）为

20 600元,增值税征收率为3%,款项已存入银行。请编制相应的会计分录。

不含税销售额＝含税销售额÷(1＋征收率)＝20 600÷(1＋3%)＝20 000(元)

应纳增值税＝不含税销售额×征收率＝20 000×3%＝600(元)

企业应作会计分录如下。

借：银行存款　　　　　　　　　　　　　　　20 600
　　贷：主营业务收入　　　　　　　　　　　　20 000
　　　　应交税费——应交增值税(销项税额)　　600

2．应交消费税

1) 消费税概述

为了正确引导消费方向,国家在普遍征收增值税的基础上,选择部分消费品征收消费税。消费税(consumption tax),是国家对某些需要限制和调节的消费品或消费行为征收的一种流转税。我国现行税制规定的消费税的税目包括：烟、酒、高档化妆品、贵重首饰及珠宝玉石、鞭炮焰火、成品油、摩托车、小汽车、高档手表、高尔夫球及球具、游艇、木制一次性筷子、实木地板、电池、涂料共15类。

消费税实行从价定率计征、从量定额计征和复合计征三种征收办法。实行从价定率办法计征的应纳税额的计税基础为销售额。其计算公式为

应纳税额＝销售额×税率

如果企业应税消费品的销售额中未扣除增值税税款,或者因不能开具增值税专用发票而发生价款和增值税合并收取的,销售额要按以下公式换算为不含增值税销售额：

应税消费品的销售额＝含增值税的销售额÷(1＋增值税率或征收率)

实行从量定额办法计征消费税时,计算公式为

应纳税额＝销售数量×单位税额

实行复合计征办法计征消费税时,计算公式为

应纳税额＝销售额×税率＋销售数量×单位税额

目前我国采用这种计征方式的应税消费品是卷烟和白酒。

2) 应交消费税核算的科目设置

企业应在"应交税费"账户下设置"应交消费税"明细账户来核算应缴纳的消费税。该明细账户的借方发生额反映企业实际缴纳的消费税和待抵扣的消费税;贷方发生额反映按规定应缴纳的消费税;期末贷方余额反映尚未缴纳的消费税;期末借方余额反映多交或待抵扣的消费税。

3) 应交消费税的核算

(1) 企业销售需要缴纳消费税的物资应交的消费税,借记"税金及附加"等科目,贷记"应交税费——应交消费税"科目。退税时作相反会计分录。

(2) 企业以生产的商品作为股权投资,用于在建工程、非生产机构等,按规定应缴纳的消费税,借记"长期股权投资""固定资产""在建工程""营业外支出"等科目,贷记"应交税费——应交消费税"科目。

(3) 企业委托加工应税消费品,由受托方向委托方交货时代收代交税款,受托方通过"应交税费——应交消费税"账户核算。而委托方企业缴纳的消费税,应区别以下不同情况进行处理。委托方委托加工的应税消费品收回后用于连续生产应税消费品的,由受托方代

收代交的税款按规定准予抵扣,待最终产品销售时再缴纳消费税;委托方将收回的应税消费品,以不高于受托方的计税价格出售的,为直接出售,不再缴纳消费税;委托方以高于受托方的计税价格出售的,不属于直接出售,需按照规定申报缴纳消费税,在计税时准予扣除受托方已代收代缴的消费税。

例 5-10 公司销售自产化妆品一批,价款 80 000 元,增值税税率为 13％,适用的消费税税率为 30％,货款已收到,存入银行。请编制相应的会计分录。

$$应交增值税税额 = 80\,000 \times 13\% = 10\,400(元)$$
$$应交消费税税额 = 80\,000 \times 30\% = 24\,000(元)$$

公司应作会计分录如下。

(1) 借:银行存款　　　　　　　　　　　　　　　90 400
　　　贷:主营业务收入　　　　　　　　　　　　　80 000
　　　　　应交税费——应交增值税(销项税额)　　10 400
(2) 借:税金及附加　　　　　　　　　　　　　　24 000
　　　贷:应交税费——应交消费税　　　　　　　24 000

3. 其他应交税费

按照现行税法体制,企业其他应交税费的种类很多,本书只简单介绍一般企业经常涉及的税种。

1) 应交城市维护建设税及教育费附加的核算

城市维护建设税,是以实际缴纳的增值税、消费税的税额为计税依据征收的一种附加税。城市维护建设税的纳税人为缴纳增值税、消费税的国有企业、集体企业、私营企业、股份制企业、其他企业、行政单位、事业单位、军事单位、社会团体、其他单位、个体经营者和其他个人,包括外商投资企业、外国企业和外国人。城市维护建设税按照纳税人所在地的不同实行地区差别税率,具体为市区 7％,县城、建制镇 5％,其他地区 1％。企业应当于月度终了后在进行"三税"申报的同时,进行城市维护建设税的纳税申报。应纳税额的计算公式为

$$应纳税额 = 计税依据 \times 税率$$
$$= 企业实际缴纳的增值税税额、消费税税额之和 \times 适用税率$$

企业应当在"应交税费"账户下设置"应交城市维护建设税"明细账户,用来核算企业应交城市维护建设税的发生和缴纳情况。该账户的贷方反映企业按税法规定计算出的应当缴纳的城市维护建设税,借方反映企业实际向税务机关缴纳的城市维护建设税,余额在贷方反映企业应交而未交的城市维护建设税。

企业按规定计算出应缴纳的城市维护建设税时,借记"税金及附加"等账户,贷记"应交税费——应交城市维护建设税"账户。缴纳的城市维护建设税,借记"应交税费——应交城市维护建设税"账户,贷记"银行存款"账户。

例 5-11 某公司本月主营业务应交增值税 35 000 元。城市维护建设税税率为 7％。请编制相应的会计分录。

$$应交城市维护建设税税额 = 35\,000 \times 7\% = 2\,450(元)$$

公司结转应纳税额时,会计分录如下。

借:税金及附加　　　　　　　　　　　　　　　2 450
　　贷:应交税费——应交城建税　　　　　　　　2 450

公司以银行存款缴纳税款时,会计分录如下。

借:应交税费——应交城建税　　　　　　　　　　　　2 450
　　贷:银行存款　　　　　　　　　　　　　　　　　　　　2 450

此外,国家为了发展我国的教育事业,提高人民的文化素质,还按企业应交流转税的一定比例征收一种费用,即教育费附加。在进行会计核算时,企业按照计算出应缴纳的教育费附加,借记"税金及附加"等账户,贷记"应交税费——应交教育费附加"账户;实际上交时,借记"应交税费——应交教育费附加"账户,贷记"银行存款"账户。

2) 应交房产税、土地使用税、车船税和印花税的核算

(1) 房产税,是国家对在城市、县城、建制镇和工矿区征收的,由产权所有人缴纳的一种税。房产税依照房产原值一次扣减10%～30%后的余值计算缴纳;没有房产原值作为依据的,由房产所在地税务机关参考同类房产核定;房产出租的,以房产租金收入为房产税的计税依据。

(2) 城镇土地使用税,是国家为了合理利用城镇土地,调节土地级差收入,提高土地使用效益,加强土地管理而征收的一种税。城镇土地使用税以纳税人实际占用的土地面积为计税依据,按照规定税额计算征收。

(3) 车船税,是对拥有并使用车船的单位和个人征收的一种税。它是以车船的辆数或吨位数为计税标准。

(4) 印花税,是对经济活动中书立、领受、使用的应税经济凭证征收的一种税。纳税人根据凭证性质和规定的比例税率或定额税率计算应纳税额,通过购买印花税票并一次粘贴在应税凭证上的方式缴纳税款。

企业应交房产税、城镇土地使用税、车船税的核算通过"应交税费——应交房产税""应交税费——土地使用税"和"应交税费——应交车船税"账户进行。这些账户的贷方反映企业应交而未交的房产税、土地使用税、车船税;借方反映企业已缴纳的房产税、土地使用税、车船税;期末贷方余额反映企业尚未缴纳的税金。而对于印花税,一般情况下,企业需预先购买印花税票,待发生应税行为时,再将已购买的印花税票粘贴在应纳税凭证上。企业缴纳的印花税,不会发生应付未付税款的情况,不需预计应纳税金额,同时也不存在与税务机关结算或清算的问题。因此,企业缴纳的印花税不需要通过"应交税费"账户核算。

月份终了,企业按规定计算缴纳的房产税、土地使用税、车船税应借记"税金及附加"账户,贷记"应交税费——应交房产税(或城镇土地使用税、车船税)"账户;以银行存款上交税款时,借记"应交税费"账户,贷记"银行存款"账户。企业购买印花税票时,借记"税金及附加"账户,贷记"银行存款"或"库存现金"账户。

任务 5.5　长期借款核算

1. 长期借款概述

长期借款(long-term borrowings),是指企业向银行或其他金融机构借入的期限在1年以上(不含1年)的各种借款,一般用于固定资产的购建、改扩建工程、大修理工程、对外投资以及为了保持长期经营能力等方面。它是企业长期负债的重要组成部分,必须加强管理与核算。

企业的长期借款,可按不同的标准进行分类,长期借款按借款的币种划分,可以分为人民

币借款和外币借款;按借款的偿还方式划分,可以分为定期偿还借款和分期偿还借款。

2. 长期借款的利息

长期借款利息费用应当在资产负债表日按实际利率法计算确定,实际利率与合同利率差异较小的,也可以采用合同利率计算确定利息费用。长期借款计算确定的利息费用应该按以下原则计入成本、费用:属于筹建期间的,计入管理费用;属于生产经营期间的,计入财务费用。如果长期借款用于购建固定资产的,在固定资产尚未达到预定可使用状态前,所发生的应当资本化的利息支出数,计入所购建或改扩建固定资产的价值;固定资产达到预定可使用状态后发生的利息支出,以及按规定不能予以资本化的利息支出,计入财务费用。

3. 长期借款的核算

为反映企业长期借款的取得、应计利息和归还本息的情况,企业应设置"长期借款"账户进行核算。该账户属负债类账户,核算企业向银行或其他金融机构借入的期限在1年以上(不含1年)的各项借款。该账户可按贷款单位和贷款种类,分别"本金""利息调整""应计利息"等进行明细核算。

(1) 企业借入长期借款,应按实际收到的现金净额,借记"银行存款"账户,贷记"长期借款——本金"账户,按其差额,借记"长期借款——利息调整"账户。

(2) 资产负债表日,应按摊余成本和实际利率计算确定的长期借款的利息费用,借记"在建工程""制造费用""财务费用""研发支出"等账户,按合同约定的名义利率计算确定的应付利息金额,贷记"长期借款——应计利息"(到期一次还本付息)账户或"应付利息"(分期付息到期还本)账户,按其差额,贷记"长期借款——利息调整"账户。按归还的利息,借记"应付利息"账户,贷记"银行存款"账户。

(3) 归还长期借款本金时,借记"长期借款——本金""长期借款——应计利息"账户,贷记"银行存款"账户。

例 5-12 某公司为购建一幢厂房,于 20×3 年 1 月 1 日向市建设银行取得借款 4 500 000 元,借款年利率 8%,每年以单利计息一次,期限为 3 年,采用合同约定的名义利率计算确定利息费用。该项工程建设时间为 2 年。借款到期时,企业以银行存款一次还本付息。请编制相应的会计分录。

公司应作会计分录如下。

(1) 20×3 年 1 月 1 日取得借款,存入银行。

借:银行存款　　　　　　　　　　　　　　4 500 000
　　贷:长期借款——本金　　　　　　　　　　　4 500 000

(2) 20×3 年计算应付利息:4 500 000×8%=360 000(元)。

借:在建工程——新建厂房　　　　　　　　360 000
　　贷:长期借款——应计利息　　　　　　　　　360 000

(3) 20×4 年计算应付利息。

借:在建工程——新建厂房　　　　　　　　360 000
　　贷:长期借款——应计利息　　　　　　　　　360 000

(4) 20×5 年计算应付利息。

借:财务费用　　　　　　　　　　　　　　360 000

    贷：长期借款——应计利息　　　　　　　　　360 000
（5）20×6年12月偿还长期借款本息。
借：长期借款——本金　　　　　　　　　　4 500 000
            ——应计利息　　　　　　　　　1 080 000
    贷：银行存款　　　　　　　　　　　　　5 580 000

拓展阅读

《企业会计准则第22号——金融工具确认和计量》
《企业会计准则第9号——职工薪酬》
《企业会计准则第17号——借款费用》
《中华人民共和国增值税暂行条例》
《关于印发〈增值税会计处理规定〉的通知》(财会〔2016〕22号)
《2019年增值税税率调整通知》关于深化增值税改革有关政策的公告2019年第39号
《中华人民共和国消费税暂行条例》
《中华人民共和国车船税法》
《中华人民共和国个人所得税法》
《企业内部控制应用指引第6号——资金活动》

项目训练

一、简答题
1. 简述负债的含义、特征及分类。
2. 简述应付票据与应付账款在会计核算上的区别与联系。
3. 什么是应交税费？其核算内容包括哪些？
4. 短期借款与长期借款在会计处理上有何不同？

二、单项选择题
1. 我国会计实务中，对流动负债一般按照(　　)计价。
　　A. 负债发生时的金额　　　　　　B. 未来应付金额的现值
　　C. 估计金额　　　　　　　　　　D. 未来应付金额扣除贴现息
2. 甲企业为一般纳税企业，从其他企业购入原材料一批，货款为100 000元，对方代垫的运杂费2 000元，取得对方转来的增值税专用发票，确认增值税税额分别为13 000元和180元，该原材料已经验收入库。该购买业务所发生的应付账款入账价值为(　　)元。
　　A. 113 000　　　B. 100 000　　　C. 115 000　　　D. 102 000
3. 企业的应付账款确实无法支付的，经确认后作为(　　)处理。
　　A. 坏账准备　　　B. 资本公积　　　C. 营业外收入　　D. 其他业务收入
4. 下列职工薪酬中，不应当根据职工提供服务的受益对象计入成本费用的是(　　)。

A. 构成工资总额的各组成部分

B. 因解除与职工的劳动关系给予的补偿

C. 工会经费和职工教育经费

D. 医疗保险费、养老保险费、失业保险费、工伤保险费和生育保险费等社会保险费

5. 企业发生的下列各项税金中,与企业当期损益无关的有(　　)。

A. 增值税　　　　B. 消费税　　　　C. 所得税　　　　D. 印花税

6. 小规模纳税企业购入原材料取得的增值税专用发票上注明：货款20 000元,增值税 2 600元。在购入材料的过程中另支付运杂费600元。则该企业原材料的入账价值为(　　)元。

A. 23 200　　　　B. 20 600　　　　C. 20 540　　　　D. 22 600

7. 下列不应征缴增值税的是(　　)。

A. 某汽车修理厂修理汽车　　　　B. 销售机器设备一台

C. 销售不动产一栋　　　　　　　D. 销售汽车一辆

8. 下列各项中,属于其他应付款核算的内容是(　　)。

A. 矿产资源补偿费　　　　B. 应补付的货款

C. 应付赔偿金　　　　　　D. 存出投资款

9. 长期借款的利息在(　　)账户核算。

A. 预提费用　　B. 其他应付款　　C. 长期应付款　　D. 长期借款

三、多项选择题

1. 下列项目中,属于职工薪酬的有(　　)。

A. 工伤保险费

B. 非货币性福利

C. 职工津贴和补贴

D. 因解除与职工的劳动关系给予的补偿

2. 我国的增值税是对(　　)的增值部分征收的一种税。

A. 销售货物　　B. 修理、修配　　C. 进口货物　　D. 加工

3. 下列通过"应交税费"账户核算的有(　　)。

A. 车船税　　　　　　　B. 增值税

C. 城市维护建设税　　　D. 消费税

4. 甲企业为一般纳税人企业,其购进货物支付了相关税金,应计入货物成本的有(　　)。

A. 与客户签订购货合同支付了印花税

B. 购入工程物资时支付了增值税,取得对方开具的专用发票

C. 进口商品支付的关税

D. 购买一批材料,预计将用于食堂,已支付了增值税,取得对方开具的专用发票

5. 按照我国现行税法,下列(　　)应交增值税。

A. 销售货物　　　　　　B. 销售不动产

C. 转让土地使用权　　　D. 交通运输业

6. 短期借款利息采取按月预提方式时,应该(　　)。

A. 借记"财务费用"账户　　　　B. 借记"预提费用"账户

　　　　C. 贷记"应付利息"账户　　　　　　D. 贷记"短期借款"账户
　7. 下列各项中,属于其他应付款核算范围的有(　　)。
　　　　A. 出租包装物收取的押金　　　　　B. 应付的教育费附加
　　　　C. 租入包装物应付的租金　　　　　D. 职工未按时领取的工资
　8. 下列项目属于长期负债的有(　　)。
　　　　A. 长期借款　　　　　　　　　　　B. 应付票据
　　　　C. 长期应付债券　　　　　　　　　D. 融资租入固定资产应付款
　9. 长期负债发生的费用,可以计入(　　)。
　　　　A. 财务费用　　　B. 在建工程　　　C. 营业外支出　　D. 开办费

四、判断题

1. 流动负债是指过去的交易、事项形成的现时义务,发生该义务预期不会导致经济利益流出企业。　　　　　　　　　　　　　　　　　　　　　　　　　　　(　　)
2. 商业承兑汇票到期企业无法支付时,应按票面本金数额转作应付账款。　(　　)
3. 企业对于确实无法支付的应付账款,应计入当期损益。　　　　　　　　(　　)
4. 商业折扣一般在交易发生时即可确定,货物的成交价格按扣除商业折扣后的净额计算。　　　　　　　　　　　　　　　　　　　　　　　　　　　　　　(　　)
5. 职工因公伤赴外地就医的路费应计入管理费用,在当期损益列支。　　　(　　)
6. 对企业来说,从会计核算上看增值税是与企业损益无关的税金。　　　　(　　)
7. 企业只有在对外销售应税消费品时才应交消费税。　　　　　　　　　　(　　)
8. "长期借款"账户的月末余额,反映企业尚未支付的各种长期借款的本金。(　　)
9. 企业筹建期间发生的长期负债费用,计入当期损益。　　　　　　　　　(　　)
10. 将于一年内到期的长期负债,按照规定应在资产负债表中作为流动负债反映。
　　　　　　　　　　　　　　　　　　　　　　　　　　　　　　　　　　(　　)
11. 固定资产借款发生的利息支出,应将其计入固定资产的建造成本。　　(　　)

五、实训题

实 训 一

【目的】　练习应付票据的核算。

【资料】　甲公司20×3年5月5日购入材料一批,实际价格50 000元,取得增值税专用发票,并已确认可抵扣增值税税率13%,材料已验收入库。甲公司当日开出并承兑面值为56 500元的不带息银行承兑汇票一张,期限为4个月。公司缴纳承兑手续费29.25元。20×3年9月5日,甲公司于5月5日开出的商业汇票到期,公司通知开户银行支付票款。

【要求】
(1) 编制20×3年5月5日采购材料的会计分录。
(2) 编制企业缴纳承兑手续费的会计分录。
(3) 编制20×3年9月5日票据到期支付票款的会计分录。

实 训 二

【目的】　练习应付职工薪酬的核算。

【资料】 某公司本月应付工资总额为 80 000 元,其中:生产工人工资为 60 000 元,车间管理人员工资为 6 000 元;管理部门人员工资 8 000 元,福利部门人员工资 3 200 元,销售部门人员工资 2 800 元。

【要求】 编制工资分配及提取应付福利费的会计分录。

实 训 三

【目的】 练习流动负债的核算。

【资料】 某公司为一般纳税人,某年 8 月发生有关的经济业务如下。

(1) 公司从 B 公司购入原材料一批,货款 60 000 元,取得增值税专用发票,并确认可抵扣,增值税税率 13%,材料已验收入库,价税款尚未支付,该企业原材料按实际成本计价核算。

(2) 公司按合同向三星公司预收货款 40 000 元,款项已存入银行。

(3) 开出支票,退回出租包装物押金 3 000 元。

(4) 公司向三星公司发出产品,计货款 50 000 元,增值税 6 500 元,开具增值税专用发票。

(5) 以银行存款支付欠 C 公司的购入原材料的应付货款为 90 000 元。

(6) 收到三星公司补付货款 18 500 元,款已收存银行。

(7) 公司将确实无法支付的应付账款 15 000 元予以转销。

(8) 向农民购入农产品一批,实际支付价款为 45 万元。货款已付,农产品已验收入库。

(9) 从小规模企业购入材料一批,价款 33 000 元,公司开出商业承兑汇票一张,材料已入库。

(10) 在建厂房领用材料用于工程建设,实际成本 500 000 元,进项税额 8 000 元。

(11) 销售给某企业 A 产品一批,货款 300 000 元,增值税税款 39 000 元,开具增值税专用发票款项尚未收到。

(12) 本月 25 日向五丰公司购入原材料一批,材料已验收入库,价款因尚未收到发材料账单而无法支付。

(13) 本月 25 日向五丰公司购入原材料业务,至月终仍未收到发材料账单,月终企业按估价 36 000 元暂付入账。

(14) 月末结计本月应付电费 13 000 元,其中车间生产产品电费 8 000 元,车间照明用电 1 000 元,厂部照明等用电 4 000 元。

(15) 以存款向供电局支付企业应付电费,取得增值税专用发票注明电费 13 000 元,确认可抵扣增值税税款 1 690 元。

(16) 用银行存款缴纳增值税 450 000 元。

【要求】 根据上述资料编制有关会计分录。

实 训 四

【目的】 练习长期借款的核算。

【资料】 某公司为更新生产设备,从开发银行取得为期 2 年、年利率为 6% 的借款 2 000 000 元;建设工期为一年,借款企业在借款额度内直接用于工程建设支出;次年 1 月 1 日工程如期完工交付生产使用;借款利息根据实际使用额每半年以单利采用合同约定的名义利率计算确定;借款期满一次以银行存款还本付息。

【要求】 编制借款取得、计息及归还的会计分录。

项目 6 收入、费用和利润核算

学习目标

素质目标：
1. 通过对收入业务的分析和掌握，提升诚信履约、注重实质的职业素养。
2. 通过对成本业务的分析和掌握，确立成本控制、绩效分析的工作方法。
3. 通过对费用业务的分析和掌握，培养合理列支、授权批准的工作思想。
4. 通过对利润业务的分析和掌握，建立聚焦主业经营目标，增强经济效果。
5. 以工作处理方式和流程为内容，突出价值引领，树立预算控制管理理念。

知识目标：
1. 选择一家生产企业，推断其发生费用、取得收入、形成利润的业务流程。
2. 概述收入核算的步骤，识别合同、区分客户、辨认商业实质。
3. 列举存在折扣、退回、分期收款、跨期履约等不同业务时收入确认的方式。
4. 区别成本与费用，解决生产成本、营业成本、期间费用的确认和计量问题。
5. 归纳收入利得、费用损失结转形成利润的过程，整理所得税计算步骤。

能力目标：
1. 模拟工作场景，分析、整理业务，识别会计处理涉及的账户并得以类推。
2. 模拟成本会计岗位，编制表格对成本计算对象、时期、项目进行归集和分配。
3. 模拟产品销售业务，填制单据凭证、登记账簿进行确认收入、结转成本处理。
4. 区分现金流入流出业务，例证收入与负债、成本与费用的区别。
5. 探知企业费用列支的管理要求，尝试制订费用预算管理方案。

项目引入

收入是企业在日常活动中形成的，会导致所有者权益增加的，与所有者投入资本无关的经济利益的总流入。费用是企业在日常活动中发生的，会导致所有者权益减少的，与向所有者分配利润无关的经济利益的总流出。利润是企业在一定会计期间的经营成果，也就是收入与费用相抵后的差额。

企业在取得收入、列支费用的业务中，既要诚信履行合同约定、合理列支费用支出，又要加强授权审批和过程控制，贯彻不相容职务相分离、信用评估、预算风险管理等原则。这里需要强调的是企业应当秉承制度规范、价值引领的管理思想，制定风险防范、绩效评估等相关制度,组织规范款项收付、产品出入库、合同制定执行等业务程序,落实企业经营方针,提升竞争能力和发展优势。而收入与费用形成的利润是反映企业盈利水平、衡量经济效益的核心指标,直接体现企业经营管理目标和社会贡献程度。但这里需要补充的是利润指标并不是绝对指标,企业应当综合考虑经济效益和社会效益,突出主业,引领创新,以价值最大化作为绩效考核指标,推进企业未来良性发展。

本项目主要介绍收入确认的原则和前提条件,在某一时点和某一时段履行履约义务并确认收入的账务处理,期间费用的内容和账务处理,应交所得税的核算以及利润的构成。

项目要求

(1) 熟悉本项目内容在利润表中的位置(见表 6-1)。

表 6-1　收入、费用和利润项目在利润表中的信息列示

项　　目	本期金额	上期金额
一、营业收入		
减:营业成本		
税金及附加		
销售费用		
管理费用		
研发费用		
财务费用		
其中:利息费用		
利息收入		
……		
二、营业利润(亏损以"-"号填列)		
加:营业外收入		
减:营业外支出		
三、利润总额(亏损总额以"-"号填列)		
减:所得税费用		
四、净利润(净亏损以"-"号填列)		
……		

(2) 根据本项目知识点内在的逻辑关系,制作本项目思维导图。
(3) 搜集与本项目有关的企业真实案例。
(4) 学完本项目,了解利润表中收入、费用和利润项目内容是如何填列的。

任务 1　收入核算
任务调研:了解企业销售商品业务是如何产生的,相关的业务处理程序是怎样的。
任务 2　成本费用核算
任务调研:了解企业销售费用业务是如何产生的,相关的业务处理程序是怎样的。

任务 3　利润核算

任务调研：了解企业利润的构成情况。

任务 6.1　收入核算

6.1.1　收入概述

1. 收入的确认与计量

1) 收入确认的原则

企业应当在履行了合同中的履约义务，即在客户取得相关商品控制权时确认收入。取得相关商品控制权，是指能够主导该商品的使用并从中获得几乎全部的经济利益。

2) 收入确认的前提条件

企业与客户之间的合同满足下列五项条件的，企业应当在客户取得相关商品控制权时确认收入。

（1）合同各方已批准该合同并承诺将履行各自义务。

（2）该合同明确了合同各方与所转让商品相关的权利和义务。

（3）该合同有明确的与转让商品相关的支付条款。

（4）该合同具有商业实质，即履行该合同将改变企业未来现金流量的风险、时间分布或金额。

（5）企业因向客户转让商品而有权取得的对价很可能收回。

在合同开始日即满足前款条件的合同，企业在后续期间无需对其进行重新评估，除非有迹象表明相关事实和情况发生重大变化。合同开始日通常是指合同生效日。

对于不符合以上五项条件规定的合同，企业只有在不再负有向客户转让商品的剩余义务，且已向客户收取的对价无需退回时，才能将已收取的对价确认为收入；否则，应当将已收取的对价作为负债进行会计处理。没有商业实质的非货币性资产交换，不确认收入。

3) 收入确认和计量的步骤

根据《企业会计准则第 14 号——收入》，收入的确认分为五个步骤，即五步法模型。

第 1 步：识别与客户订立的合同

合同是指双方或多方之间订立的有法律约束力的权利义务的协议。合同有书面形式、口头形式及其他形式。合同的存在是企业确认客户合同收入的前提，企业与客户之间的合同一经签订，企业即享有从客户取得与转移商品和服务对价的权利，同时负有向客户转移商品和服务的履约义务。

第 2 步：识别合同中的单项履约义务

履约义务是指合同中企业向客户转让可明确区分商品或服务的承诺。企业应当将向客户转让可明确区分商品（或者商品的组合）的承诺以及向客户转让一系列实质相同且转让模式相同的、可明确区分商品的承诺作为单项履约义务。例如，企业与客户签订合同，向其销售商品并提供安装服务，该安装服务简单，除该企业外其他供应商也可提供此类安装服务，该合同中销售商品和提供安装服务为两项单项履约义务。若该安装服务复杂且商品需要按客户定制要求修改,则合同中销售商品和提供安装服务合并为单项履约义务。

第3步:确定交易价格

交易价格是指企业因向客户转让商品而预期有权收取的对价金额,不包括企业代第三方收取的款项(如增值税)以及企业预期将退还给客户的款项。合同条款所承诺的对价,可能是固定金额、可变金额或二者兼有。例如,甲公司与客户签订合同为其建造一栋厂房,约定的价款为100万元,4个月完工,交易价格就是固定金额100万元;假如合同中约定若提前1个月完工,客户将额外奖励甲公司10万元,甲公司对合同估计工程提前1个月完工的概率为95%,则甲公司预计有权收取的对价为110万元,因此交易价格包括固定金额100万元和可变金额10万元,总计为110万元。

第4步:将交易价格分摊至各单项履约义务

当合同中包含两项或多项履约义务时,需要将交易价格分摊至各单项履约义务。分摊的方法是在合同开始日,按照各单项履约义务所承诺商品的单独售价(企业向客户单独销售商品的价格)的相对比例,将交易价格分摊至各单项履约义务。通过分摊交易价格,使企业分摊至各单项履约义务的交易价格能够反映其因向客户转让已承诺的相关商品而有权收取的对价金额。

第5步:履行各单项履约义务时确认收入

当企业将商品转移给客户,客户取得了相关商品的控制权,意味着企业履行了合同履约义务,此时,企业应确认收入。企业将商品控制权转移给客户,可能是在某一时段内(即履行履约义务的过程中)发生,也可能在某一时点(即履约义务完成时)发生。企业应当根据实际情况,首先判断履约义务是否满足在某一时段内履行的条件,如不满足,则该履约义务属于在某一时点履行的履约义务。

在五步法模型中,第1、第2和第5步主要与收入的确认有关,第3、第4步主要与收入的计量有关。

例6-1 甲公司是一家软件开发企业,20×1年12月25日与客户订立软件许可合同,合同总价款为200万元。内容包括:①为期两年的软件许可权(合同未要求,且甲公司或客户也不能够合理预期甲公司将从事对该项知识产权有重大影响的活动);②标准安装服务;③18个月的售后技术支持服务。客户于20×1年12月31日向甲公司支付合同价款200万元。甲公司于20×2年1月1日为客户安装软件(工期10天),该服务为标准安装服务,不涉及对软件的重大修订。该安装服务也经常由其他企业提供。甲公司也向其他客户单独销售上述项目,该软件许可权的单独售价为195万元,标准安装服务的单独售价为3万元,18个月的售后技术支持服务的单独售价为8万元。

如何应用五步法确认收入?

第1步 识别与客户订立的合同:软件许可合同。

第2步 识别合同中的单项履约义务:①软件许可权;②标准安装服务;③18个月的售后技术支持服务。

第3步 确定交易价格:200万元。

第4步 将交易价格分摊至合同中各单项履约义务,如表6-2所示。

表 6-2 将交易价格分摊至合同中各单项履约义务

履约义务	单独售价/万元	比例/%	分摊交易价格/万元
软件许可权	195	94.66	189.32(200×94.66%)
标准安装服务	3	1.46	2.92(200×1.46%)
18个月的售后技术支持服务	8	3.88	7.76(200×3.88%)
合计	206	100	200

第5步 履行各单项履约义务时(某时点或某段期间)确认收入,如表6-3所示。

表 6-3 履行各单项履约义务时确认收入

单项履约义务	软件许可权	标准安装服务	18个月的售后技术支持服务
确认收入时点或期间	授予时	提供服务时	提供服务时

收入确认金额,如表6-4所示。

表 6-4 收入确认金额　　　　　　　　　　　　单位:万元

商品/服务	20×2年	20×3年	合计
为期两年的软件许可权	189.32	—	189.32
标准安装服务	2.92	—	2.92
18个月的售后技术支持服务	5.17(7.76×12/18)	2.59(7.76×6/18)	7.76
合计	197.41	2.59	200

2. 收入核算应设置的会计账户

企业一般应设置"主营业务收入""其他业务收入""主营业务成本""其他业务成本""合同取得成本""合同履约成本""合同资产""合同负债"等账户,核算企业与客户之间的合同产生的收入及相关的成本费用。

(1)"主营业务收入"账户核算企业确认的销售商品、提供服务等主营业务的收入。该账户贷方登记企业主营业务活动实现的收入,借方登记期末转入"本年利润"账户的主营业务收入,结转后该账户应无余额。该账户可按主营业务的种类进行明细核算。

(2)"其他业务收入"账户核算企业确认的除主营业务活动以外的其他经营活动实现的收入,包括出租固定资产、出租无形资产、出租包装物、销售材料、用材料进行非货币性交换或债务重组等实现的收入。该账户贷方登记企业其他业务活动实现的收入,借方登记期末转入"本年利润"账户的其他业务收入,结转后该账户应无余额。该账户可按其他业务的种类进行明细核算。

(3)"主营业务成本"账户核算企业确认销售商品、提供劳务等主营业务收入时应结转的成本。该账户借方登记企业应结转的主营业务成本,贷方登记期末转入"本年利润"账户的主营业务成本,结转后该账户应无余额。该账户可按主营业务的种类进行明细核算。

(4)"其他业务成本"账户,属于损益类,核算企业除主营业务活动以外的其他经营活动所发生的成本,包括销售材料的成本、出租固定资产的折旧额、出租无形资产的摊销额、出租包装物的成本或摊销额。该账户借方登记企业结转或发生的其他业务成本,贷方登记期末结转入"本年利润"账户的其他业务成本,结转后该账户应无余额。

（5）"合同取得成本"账户核算企业取得合同发生的、预计能够收回的增量成本。该账户借方登记发生的合同取得成本，贷方登记摊销的合同取得成本，期末借方余额，反映企业尚未结转的合同取得成本。该账户可按合同进行明细核算。

（6）"合同履约成本"账户核算企业为履行当前或预期取得的合同所发生的、不属于其他企业会计准则规范范围且按照收入准则应当确认为一项资产的成本。该账户借方登记发生合同履约成本，贷方登记摊销的合同履约成本，期末借方余额，反映企业尚未结转的合同履约成本。该账户可按合同分"服务成本""工程施工"等进行明细核算。

（7）"合同资产"账户核算企业已向客户转让商品而有权收取对价的权利，且该权利取决于时间流逝之外的其他因素（如履行合同中的其他履约义务）。该账户借方登记因已转让商品而有权收取的对价金额，贷方登记取得无条件收款权的金额，期末借方余额，反映企业已向客户转让商品而有权收取的对价金额。该账户按合同进行明细核算。

（8）"合同负债"账户核算企业已收或应收客户对价而向客户转让商品的义务。该账户贷方登记企业在向客户转让商品之前，已经收到或已经取得无条件收取合同对价权利的金额，借方登记企业向客户转让商品时冲销的金额，期末贷方余额，反映企业在向客户转让商品之前，已经收到的合同对价或已经取得的无条件收取合同对价权利的金额。该账户按合同进行明细核算。

企业发生减值的，还应当设置"合同履约成本减值准备""合同取得成本减值准备""合同资产减值准备"等账户进行核算。

注意："合同资产"与"应收账款"的区别。"应收账款"是企业无条件收取合同对价的权利，企业仅仅随着时间的流逝即可收款，企业仅承担信用风险。"合同资产"并不是一项无条件收款权，该权利除了时间流逝之外，还取决于其他条件，如履行合同中的其他履约义务，才能收取相应的合同对价，企业除承担信用风险之外，还可能承担其他风险，如履约风险等。

6.1.2　在某一时点履行的履约义务的收入

1. 某一时点履约义务的界定

对于在某一时点履行的履约义务，企业应当在客户取得相关商品控制权时点确认收入。在判断客户是否已取得商品控制权时，企业应当考虑下列迹象。

（1）企业就该商品享有现时收款权利，即客户就该商品负有现时付款义务。如果企业就该商品享有现时的收款权利，则可能表明客户已经有能力主导该商品的使用并从中获得几乎全部的经济利益。

（2）企业已将该商品的法定所有权转移给客户，即客户已拥有该商品的法定所有权。客户如果取得了商品的法定所有权，则可能表明其已经有能力主导该商品的使用并从中获得几乎全部的经济利益，或者能够阻止其他企业获得这些经济利益。如果企业仅仅是为了确保到期收回货款而保留商品的法定所有权，那么企业所保留的这项权利通常不会对客户取得对该商品的控制权构成障碍。

（3）企业已将该商品实物转移给客户，即客户已实物占有该商品。

① 客户如果已经实物占有商品，则可能表明其有能力主导该商品的使用并从中获得其几乎全部的经济利益，或者使其他企业无法获得这些利益。需要说明的是，客户占有了某项

商品的实物并不意味着其就一定取得了该商品的控制权,反之亦然。

② 企业有时根据合同已经就销售的商品向客户收款或取得了收款权利,但是,由于客户缺乏足够的仓储空间或生产进度延迟等原因,直到在未来某一时点将该商品交付给客户之前,企业仍然继续持有该商品实物,这种情况通常称为"售后代管商品"安排。

企业除了考虑客户是否取得商品控制权的迹象之外,还应当同时满足下列条件,才表明客户取得了该商品的控制权:该安排必须具有商业实质,例如该安排是应客户的要求而订立的;属于客户的商品必须能够单独识别,例如将属于客户的商品单独存放在指定地点;该商品可以随时交付给客户;企业不能自行使用该商品或将该商品提供给其他客户。

例 6-2 20×1 年 3 月 1 日,甲公司与客户签订合同,向其销售 A、B 两项商品,A 商品的单独售价为 6 000 元,B 商品的单独售价为 24 000 元,合同价款为 25 000 元。合同约定,A 商品于合同开始日交付,B 商品在一个月之后交付,只有当两项商品全部交付之后,甲公司才有权收取 25 000 元的合同对价。假定 A 商品和 B 商品分别构成单项履约义务,其控制权在交付时转移给客户。上述价格均不包含增值税,且假定不考虑相关税费影响。

分摊至 A 商品的合同价款为 5 000[6 000÷(6 000+24 000)×25 000] 元;分摊至 B 商品的合同价款为 20 000[24 000÷(6 000+24 000)×25 000]元。

甲公司应作会计分录如下。

(1) 交付 A 商品。

借:合同资产　　　　　　　　　　　　　　　　　　　　5 000
　　贷:主营业务收入　　　　　　　　　　　　　　　　　　　5 000

(2) 交付 B 商品。

借:应收账款　　　　　　　　　　　　　　　　　　　　25 000
　　贷:合同资产　　　　　　　　　　　　　　　　　　　　5 000
　　　　主营业务收入　　　　　　　　　　　　　　　　　20 000

2. 在某一时点履行的履约义务确认收入的账务处理

1) 一般销售商品业务

一般情况下,销售商品收入是在销售成立时确认收入。确认销售商品收入时,企业应按已收或应收的合同或协议价款,加上应收取的增值税税额,借记"银行存款""应收账款""应收票据"等账户,按确定的收入金额,贷记"主营业务收入""其他业务收入"等账户,按应收取的增值税税额,贷记"应交税费——应交增值税(销项税额)账户";同时或在资产负债表日,按应缴纳的消费税、资源税、城市维护建设税、教育费附加等税费金额,借记"税金及附加"账户,贷记"应交税费——应交消费税(应交资源税、应交城市维护建设税等)"账户。

如果销售商品不符合收入确认条件,则不应确认收入,已经发出的商品,应当通过"发出商品"账户进行核算。

例 6-3 丙公司向丁公司销售 A 商品一批,开出的增值税专用发票上注明的销售价格为 150 000 元,增值税税额为 19 500 元。该批商品成本为 120 000 元。公司在售出该批商品时已得知丁公司现金流转发生暂时困难,但为了减少存货积压,同时也为了维持与丁公司长期以来建立的商业关系,丙公司仍将商品发出并办妥托收手续。假定公司销售该批商品的纳税义务已经发生,不考虑其他因素。

公司应作会计分录如下。

(1) 发出商品。

借：发出商品——甲产品　　　　　　　　　　　120 000
　贷：库存商品——甲产品　　　　　　　　　　　　120 000

同时，将增值税专用发票上注明的增值税税额转入应收账款。

借：应收账款　　　　　　　　　　　　　　　　19 500
　贷：应交税费——应交增值税（销项税额）　　　　19 500

注意：如果销售该商品的增值税纳税义务尚未发生，则不作这笔分录，待纳税义务发生时再作应交增值税的分录。

(2) 得知丁公司经营情况出现好转，丁公司承诺近期付款。

借：应收账款——丁公司　　　　　　　　　　　150 000
　贷：主营业务收入　　　　　　　　　　　　　　150 000

借：主营业务成本——A产品　　　　　　　　　120 000
　贷：发出商品——A产品　　　　　　　　　　　120 000

2) 销售商品涉及现金折扣、商业折扣、销售折让业务

企业在销售商品时出现商业折扣、现金折扣、销售折让等问题，应当分不同情况进行处理。

(1) 销售商品涉及商业折扣的，应当按照扣除商业折扣后的金额确定销售商品收入金额。

(2) 销售商品涉及现金折扣的，应当按照合同交易金额确定销售商品收入金额。现金折扣如发生在销量收入确认之后，则在实际发生时计入当期损益。

(3) 销售商品涉及销售折让，是企业因售出商品的质量不合格等原因而在售价上给予的减让。通常情况下，销售折让发生在销售收入已经确认之后，因此，销售折让发生时，应直接冲减当期销售商品收入。但销售折让属于资产负债表日后事项的，适用《企业会计准则——资产负债表日后事项》。

例6-4　丙公司向乙公司销售B产品一批，开出的增值税专用发票上注明的销售价格为80 000元，增值税税额为10 400元。乙公司在验收过程中发现商品质量不合格，要求在价格上给予5%的折让。假定丙公司已确认销售收入，款项尚未收到，发生的销售折让允许扣减当期增值税税额，不考虑其他因素。

公司应作会计分录如下。

(1) 销售实现。

借：应收账款——乙公司　　　　　　　　　　　90 400
　贷：主营业务收入　　　　　　　　　　　　　　80 000
　　　应交税费——应交增值税（销项税额）　　　　10 400

(2) 发生销售折让。

借：主营业务收入　　　　　　　　　　　　　　4 000
　　应交税费——应交增值税（销项税额）　　　　　520
　贷：应收账款——乙公司　　　　　　　　　　　　4 520

(3) 实际收到款项。

借：银行存款　　　　　　　　　　　　　　　　85 880
　贷：应收账款——乙公司　　　　　　　　　　　　85 880

3) 销售退回业务

销售退回,是企业售出的商品由于质量、品种不符合要求等原因而发生的退货。企业应当分不同情况处理。

(1) 未确认收入的售出商品发生销售退回的,企业应按已记入"发出商品"账户的商品成本金额,借记"库存商品"账户,贷记"发出商品"账户。采用计划成本或售价核算的,应按计划成本或售价记入"库存商品"账户,同时计算产品成本差异或商品进销差价。

(2) 已确认收入的售出商品发生销售退回的,企业一般应在发生时冲减当期销售商品收入,同时冲减当期销售商品成本。如该项销售退回已发生现金折扣的,应同时调整相关财务费用的金额;已发生的如该项销售退回允许扣减增值税税额,应同时调整"应交税费——应交增值税(销项税额)"账户的相应金额。

(3) 已确认收入的售出商品发生销售退回的属于资产负债表日后事项的,适用《企业会计准则——资产负债表日后事项》的相关规定进行会计处理。

例 6-5 20×1 年 5 月 18 日,丙公司在向甲公司销售 C 产品一批,开出的增值税专用发票上注明的销售价格为 50 000 元,增值税税额为 6 500 元。该批商品成本为 25 000 元。为及早收回货款,公司和甲公司约定的现金折扣条件为 2/10,1/20,n/30。甲公司在 20×1 年 5 月 27 日支付货款。20×1 年 6 月 25 日,该批商品因质量问题被甲公司退回,丙公司当日支付有关款项。假定计算现金折扣时不考虑增值税及其他因素,销售退回不属于资产负债表日后事项。

公司应作会计分录如下。

(1) 20×1 年 5 月 18 日销售实现时,按销售总价确认收入。

借:应收账款——甲公司　　　　　　　　　　　56 500
　　贷:主营业务收入　　　　　　　　　　　　　　50 000
　　　　应交税费——应交增值税(销项税额)　　　 6 500
借:主营业务成本——C 产品　　　　　　　　　25 000
　　贷:库存商品——C 产品　　　　　　　　　　　25 000

(2) 20×1 年 5 月 27 日收到货款时,按销售总价 50 000 元的 2%享受现金折扣 1 000 (50 000×2%)元,实际收款 55 500(56 500-1 000)元。

借:银行存款　　　　　　　　　　　　　　　　55 500
　　财务费用　　　　　　　　　　　　　　　　 1 000
　　贷:应收账款——甲公司　　　　　　　　　　　56 500

(3) 20×1 年 6 月 25 日发生销售退回。

借:主营业务收入　　　　　　　　　　　　　　50 000
　　应交税费——应交增值税(销项税额)　　　　 6 500
　　贷:银行存款　　　　　　　　　　　　　　　　55 500
　　　　财务费用　　　　　　　　　　　　　　　　 1 000
借:库存商品——C 产品　　　　　　　　　　　25 000
　　贷:主营业务成本——C 产品　　　　　　　　　25 000

4) 预收款销售商品业务

购买方在商品尚未收到前按合同或协议约定分期付款,销售方在收到最后一批款项时才交货的销售方式称为预收款销售。在这种方式下,销售方直到收到最后一笔款项才将商品交付给购货方,表明商品所有权上的主要风险和报酬只有在收到最后一笔款项时才转移给购货方,因此,企业通常应在发出商品时确认收入,在此之前预收的货款应确认为负债,记入"合同负债"账户。

例 6-6 20×1年6月10日,丙公司与甲公司签订购销合同,规定3个月后向甲公司销售货物一批,价款100 000元,增值税税额13 000元。公司预收货款100 000元已存入银行,余款在商品发出时结清。

公司应作会计分录如下。

(1) 6月10日,收到预收款项。

借:银行存款　　　　　　　　　　　　100 000
　　贷:合同负债　　　　　　　　　　　　　100 000

(2) 9月10日,发出商品时确认收入,收到余款。

借:合同负债　　　　　　　　　　　　100 000
　　银行存款　　　　　　　　　　　　　13 000
　　贷:主营业务收入　　　　　　　　　　100 000
　　　　应交税费——应交增值税(销项税额)　13 000

5) 销售材料等存货业务

企业在日常活动中还可能发生对外销售不需用的原材料、随同商品对外销售单独计价的包装物等业务。企业销售原材料、包装物等存货也视同商品销售,其收入确认和计量原则比照商品销售。企业销售原材料、包装物等存货实现的收入作为其他业务收入处理,结转的相关成本作为其他业务成本处理。

企业销售原材料、包装物等存货实现的收入以及结转的相关成本,通过"其他业务收入""其他业务成本"账户核算。

例 6-7 20×1年5月10日,丙公司销售给丁公司一批W材料,开出的增值税专用发票上注明的售价为128 000元,增值税税额为16 640元,款项已由银行收妥。该批W材料的实际成本为100 000元。

公司应作会计分录如下。

借:银行存款　　　　　　　　　　　　144 640
　　贷:其他业务收入　　　　　　　　　　128 000
　　　　应交税费——应交增值税(销项税额)　16 640

同时,结转已销原材料的实际成本。

借:其他业务成本　　　　　　　　　　100 000
　　贷:原材料——W材料　　　　　　　　100 000

注意: 对于商品需要安装和检验的销售业务,在购买方接受交货以及安装和检验完毕前,企业通常不应确认收入。如果安装程序比较简单或检验是为了最终确定合同或协议价格而必须进行的程序,企业可以在发出商品时确认收入。而对于附有销售退回条件的商品销售业务,企业根据以往经验能够合理估计退货可能性的,应在发出商品时,对估计不会发生退货的部分确认收入,对估计可能发生退货的部分不确认收入;如果企业不能合理地确认退货的可能性,则在售出商品的退货期满时确认收入。

6.1.3 在某一时段内履行的履约义务的收入

1. 期间履约义务的界定

满足下列条件之一的,属于在某一时段内履行的履约义务,相关收入应当在该履约义务履行的期间内确认。

(1) 客户在企业履约的同时即取得并消耗企业履约所带来的经济利益。企业在履约过程中是持续地向客户转移该服务的控制权的,该履约义务属于在某一时段内履行的履约义务,企业应当在提供该服务的期间内确认收入。

企业在进行判断时,可以假定在企业履约的过程中更换为其他企业继续履行剩余履约义务,如果继续履行合同的该企业实质上无需重新执行其累计至今已经完成的工作,则表明客户在企业履约的同时即取得并消耗了企业履约所带来的经济利益。

(2) 客户能够控制企业履约过程中在建的商品。企业在履约过程中创建的商品包括在产品、在建工程、尚未完成的研发项目、正在进行的服务等,如果客户在企业创建该商品的过程中就能够控制这些商品,应当认为企业提供该商品的履约义务属于在某一时段内履行的履约义务。

(3) 企业履约过程中所产出的商品具有不可替代用途,且该企业在整个合同期间内有权就累计至今已完成的履约部分收取款项。

2. 在某一时段内履行的履约义务的收入确认方法

对于在某一时段内履行的履约义务,企业应当在该段时间内按照履约进度确认收入,履约进度不能合理确定的除外。

企业应当考虑商品的性质,采用产出法或投入法确定恰当的履约进度,并且在确定履约进度时,扣除那些控制权尚未转移给客户的商品和服务。

1) 产出法

(1) 产出法主要是根据已转移给客户的商品对于客户的价值确定履约进度,包括按照实际测量的完工进度、评估已实现的结果、已达到的里程碑、时间进度、已完工或交付的产品等确定履约进度的方法。

(2) 当产出法所需要的信息可能无法直接通过观察获得,或者为获得这些信息需要花费很高的成本时,可采用投入法。

2) 投入法

(1) 投入法主要是根据企业履行履约义务的投入确定履约进度,主要包括以投入的材料数量、花费的人工工时或机器工时、发生的成本和时间进度等投入指标确定履约进度。

(2) 当企业从事的工作或发生的投入是在整个履约期间内平均发生时,按照直线法确认收入是合适的。

(3) 由于企业的投入与向客户转移商品的控制权之间未必存在直接的对应关系,因此,企业在采用投入法时,应当扣除那些虽然已经发生,但是未导致向客户转移商品的投入。

(4) 实务中,企业通常按照累计实际发生的成本占预计总成本的比例(即成本法)确定履约进度,累计实际发生的成本包括企业向客户转移商品过程中所发生的直接成本和间接成本,如直接人工、直接材料、分包成本以及其他与合同相关的成本。

企业在采用成本法确定履约进度时,可能需要对已发生的成本进行适当调整的情形如下。

① 已发生的成本并未反映企业履行其履约义务的进度,如因企业生产效率低下等原因而导致的非正常消耗,包括非正常消耗的直接材料、直接人工及制造费用等,除非企业和客户在订立合同时已经预见会发生这些成本并将其包括在合同价款中。

② 已发生的成本与企业履行其履约义务的进度不成比例。

当企业在合同开始日就能够预期将满足下列所有条件时,企业在采用成本法时不应包括该商品的成本,而是应当按照其成本金额确认收入:该商品不构成单项履约义务;客户先取得该商品的控制权,之后才接受与之相关的服务;该商品的成本占预计总成本的比重较大;企业自第三方采购该商品,且未深入参与其设计和制造,对于包含该商品的履约义务而言企业是主要责任人。

(5) 资产负债表日,企业应当在按照合同的交易价格总额乘以履约进度扣除以前会计期间累计已确认的收入后的金额,确认为当期收入。

(6) 当履约进度不能合理确定时,企业已经发生的成本预计能够得到补偿的,应当按照已经发生的成本金额确认收入,直到履约进度能够合理确定为止。

(7) 每一资产负债表日,企业应当对履约进度进行重新估计。当客观环境发生变化时,企业也需要重新评估履约进度是否发生变化,以确保履约进度能够反映履约情况的变化,该变化应当作为会计估计变更进行会计处理。

例 6-8 20×1 年 10 月,甲公司与客户签订合同,为客户装修一栋办公楼并安装一部电梯,合同总金额为 100 万元。甲公司预计的合同总成本为 80 万元,其中包括电梯的采购成本 30 万元。20×1 年 12 月,甲公司将电梯运达施工现场并经过客户验收,客户已取得对电梯的控制权,但是根据装修进度,预计到 20×2 年 2 月才会安装该电梯。截至 20×1 年 12 月,甲公司累计发生成本 40 万元,其中包括支付给电梯供应商的采购成本 30 万元以及因采购电梯发生的运输和人工等相关成本 5 万元。

假定该装修服务(包括安装电梯)构成单项履约义务,并属于在某一时段内履行的履约义务,甲公司是主要责任人,但不参与电梯的设计和制造;甲公司采用成本法确定履约进度。上述金额均不含增值税。假定不考虑增值税。

截至 20×1 年 12 月,甲公司发生成本 40 万元(包括电梯采购成本 30 万元以及因采购电梯发生的运输和人工等相关成本 5 万元),甲公司认为其已发生的成本和履约进度不成比例,因此需要对履约进度的计算作出调整,将电梯的采购成本排除在已发生成本和预计总成本之外。在该合同中,该电梯不构成单项履约义务,其成本相对于预计总成本而言是重大的,甲公司是主要责任人,但是未参与该电梯的设计和制造,客户先取得了电梯的控制权,随后才接受与之相关的安装服务,因此,甲公司在客户取得该电梯控制权时,按照该电梯采购成本的金额确认转让电梯产生的收入。

因此,20×1 年 12 月,该合同的履约进度为 20%[(40-30)÷(80-30)×100%],应确认的收入和成本金额分别为 44[(100-30)×20%+30]万元和 40[(80-30)×20%+30]万元。

甲公司在 20×1 年 12 月应作会计分录如下。

借:银行存款　　　　　　　　　　　　　　440 000
　　贷:主营业务收入　　　　　　　　　　　　440 000

借：主营业务成本　　　　　　　　　　　　　　　400 000
　　贷：银行存款　　　　　　　　　　　　　　　　　　400 000

3. 合同成本

1) 合同取得成本

企业为取得合同发生的增量成本预期能够收回的,应作为合同取得成本,确认为一项资产。增量成本是指企业不取得合同就不会发生的成本。

企业为取得合同发生的、预期能够收回的增量成本之外的其他支出,例如,无论是否取得合同均会发生的差旅费、投标费、为准备投标资料发生的相关费用等,应当在发生时计入当期损益,除非这些支出明确由客户承担。

企业因现有合同续约或发生合同变更需要支付的额外佣金,也属于为取得合同发生的增量成本。

注意：①企业应设置"合同取得成本"账户；②"合同取得成本"账户和"合同履约成本"账户的明细账户中初始确认时摊销期限在一年或一个正常营业周期以上的期末余额,减去"合同取得成本减值准备"账户和"合同履约成本减值准备"账户中相应的期末余额填列"其他非流动资产"项目。③合同取得成本,摊销期限不超过一年的,在发生时计入当期损益。

2) 合同履约成本

企业为履行合同可能会发生各种成本,企业在确认收入的同时应当对这些进行分析,属于《企业会计准则第14号——收入》准则规定范围且同时满足下列条件的,应当作为合同履约成本确认为一项资产。

(1) 该成本与一份当前或预期取得的合同直接相关。

(2) 该成本增加了企业未来用于履行(包括持续履行)履约义务的资源。

(3) 该成本预期能够收回。

企业发生下列支出时,将其计入当期损益：①管理费用,除非这些费用明确由客户承担。②非正常消耗的直接材料、直接人工和制造费用(或类似费用),这些支出为履行合同发生,但未反映在合同价格中。③与履约义务中已履行(包括已全部履行或部分履行)部分相关的支出,即该支出与企业过去的履约活动相关。④无法在尚未履行的与已履行(或已部分履行)的履约义务之间区分的相关支出。

注意：①企业应设置"合同履约成本"账户；②报表列示为"存货"项目。"合同履约成本"账户的明细账户中初始确认时摊销期限不超过一年或一个正常营业周期的期末余额合计,减去"合同履约成本减值准备"账户中相应的期末余额后的金额填列"存货"项目。

任务 6.2　成本费用核算

6.2.1　费用概述

1. 费用与成本

费用(cost)有广义和狭义之分。广义的费用,泛指企业各种日常活动中发生的所有耗费。狭义的费用,仅指与本期营业收入相配比的那部分耗费,是企业在日常活动中发生的、会导致所有者权益减少的、与向所有者分配利润无关的经济利益的总流出。费用本质上是一种资源流出企业,它与资源流入企业所形成的收入相反。费用与资产有着密切的关系。一切费用至少是某一瞬间的资产。

成本,是指企业为生产产品、提供劳务而发生的各种耗费,是按一定产品或劳务对象所归集的费用,是对象化了的费用。成本与费用的突出区别在于:成本是针对一定成本计算对象(如某产品、某类产品、某批产品、某生产步骤等)而言的,费用则是针对一定的期间而言的。当期的成本并不一定是当期的费用。也就是说,生产产品的生产成本在产品没有销售之前,只是一种资产(在制品或产成品),只有产品销售以后才能作为产品销售成本,转作当期费用。成本和费用的关系可以通过下列公式体现:

期初在产品成本＋本期生产费用－期末在产品成本＝本期完工产品成本

期初产成品成本＋本期完工产品成本－期末产成品成本＝本期销售产品成本

从以上公式可以看出,本期为生产产品而支付或消耗的资产,首先形成在产品的成本,待产品完工后形成产成品成本,只有产品销售时,才形成当期费用。

2．费用与损失

从广义上讲,费用包括了损失。损失与费用一样都是对经济利益的减少,因此,费用和损失在性质上没有差别。但从狭义上讲,两者是有区别的,费用形成于企业日常活动,损失形成于企业非日常活动。费用是相对于收入而言的,两者存在着配比关系;而损失与利得是对应的,但两者不存在配比关系。企业从事或发生的某些活动或事项导致经济利益流出企业,要正确区分其形成是否属于企业的日常活动。例如,企业处置固定资产的净损失、因违约支付罚款、对外捐赠、因自然灾害等非常原因造成财产毁损等,这些活动或事项形成的经济利益的流出属于企业的损失,而不是费用。

3．费用的分类

1) 按经济内容划分

产品制造企业发生的各种费用按其经济内容(称为费用要素)划分,主要有劳动对象方面的费用、劳动手段方面的费用和活劳动方面的费用三大费用要素。

为了具体地反映产品制造企业各种费用的构成和水平,还应在此基础上,将产品制造企业费用进一步划分为以下 8 个费用要素。

(1) 外购材料费用,是指企业为进行生产而耗费的一切从外部购入的原材料、半成品、辅助材料、包装物、修理用备件和低值易耗品等。

(2) 外购燃料费用,是指企业为进行生产而耗用的一切从外部购进的各种燃料。

(3) 外购动力费用,是指企业为进行生产而耗用的一切从外部购进的各种动力。

(4) 工资费用及职工福利费用,是指企业应计入生产费用的职工工资以及按照工资总额的一定比例提取的职工福利费。

(5) 折旧费用,是指企业所拥有的或控制的固定资产按照使用情况计提的折旧费用。

(6) 利息支出,是指企业为筹集生产经营资金而发生的利息支出。

(7) 税金,是指企业应计入生产费用的各种税金。如房产税、车船税、土地使用税等。

(8) 其他支出,是指不属于以上各费用要素的费用支出。

2) 按经济用途分类

产品制造企业的各种费用按其经济用途分类,可以分为生产成本和期间费用两大类。

(1) 生产成本,主要是指与生产产品直接有关的原材料、职工工资、福利费以及发生在车间、分厂的管理费用,基本上相当于原来的车间成本。这类费用在企业生产过程中,有的直接为产品所消耗,有的与管理和组织生产直接相关,因此,需要进一步划分为直接材料、燃料和动力、直接人工和制造费用等产品成本项目。

其中,直接材料,是指构成产品实体的原材料以及有助于产品形成的主要材料和辅助材料;燃料和动力,是指直接用于产品生产的燃料和动力;直接人工,是指企业在生产产品和提供劳务过程中,直接参加产品生产的工人工资以及按生产工人工资总额和规定的比例计算提取的职工福利费;制造费用,是指企业各生产单位(如生产车间)为组织和管理生产而发生的各项费用,包括工资和福利费、折旧费、修理费、办公费、水电费、机物料消耗、劳动保护费、季节性和修理期间的停工损失以及其他制造费用等。

(2) 期间费用,是指与生产产品无直接关系或关系不密切的在当期发生的必须从当期收入中得到补偿的费用。由于它仅与当期实现的收入相关,因此必须计入当期损益。期间费用包括管理费用、财务费用和销售费用。

其中,管理费用,是指企业行政管理部门为管理和组织生产经营活动所发生的费用;财务费用,是指企业为筹集资金而发生的费用;销售费用,是指企业在销售商品、产品或提供劳务过程中发生的各项费用。

现代企业的成本、费用管理是实行制造成本法。我国以往实行的是完全成本法,即发生的全部成本、费用都一一分摊在产品上,库存的产成品按"完全成本"计价。这种方法除核算烦琐、不利于成本管理外,突出的一个弊端是为潜亏留下了制度上的缺口。制造成本法则把"完全成本"分解为生产成本和期间费用两部分,简化了成本计算;有利于对车间进行成本考核和管理;有利于企业按照制造成本进行决策;管理费用不再沉淀在库存产成品之中,堵住了挂账潜亏的漏洞。

4. 费用的确认与计量

企业发生费用如何进行确认,这是正确计算企业损益的重要前提。我国《企业会计准则——基本准则》规定,费用只有在经济利益很可能流出从而导致企业资产减少或者负债增加且经济利益的流出额能够可靠计量时才能予以确认。符合费用定义和费用确认条件的项目,应当列入利润表。也就是说,确认费用的条件有两条:一是某项资产的减少或负债的增加,如果不会减少企业的经济利益,就不能作为费用。如生产产品领用材料、支付的工资和其他的支出,虽然已经减少了存货和货币资金,即某种资金已经减少,但是,它又转化为另一种资产形式,企业的经济利益并没有减少,因此,它只是成本而不是费用。只有产品已完工并销售时,才确认为费用。二是某项资产的减少或负债的增加必须能够准确地加以计量。如果某项资产的耗费不能够加以计量,也无法做出合理的估计,从而也就不能在利润表中确认为费用。

关于费用的计量,我国《企业会计准则——基本准则》及《企业产品成本核算制度(试行)》规定:"企业应当按照实际发生额核算成本和费用。采用定额计划成本方法的,应当合理计算成本差异,月终编制会计报表时,调整为实际成本。"

6.2.2 生产成本的核算

1. 成本计算的一般程序

成本计算,是指按照成本计算对象分配和归集生产费用并计算其总成本和单位成本的过程,是会计核算的一种专门方法。在企业生产经营过程的各个阶段中,成本计算和费用核算是同时进行的。各种费用发生后,先要按各成本计算对象在有关账户中进行归集、登记和分配,然后再计算出该对象的成本。尽管企业的类型不同,经济业务各异,但在成本计算的基本内容以及进行成本计算的一般程序方面却有相同之处,归纳起来,主要有以下几个方面。

(1) 确定成本计算对象。成本计算对象即费用归属的对象。在进行成本计算时,只有确定成本计算对象,才能按各该对象归集费用、计算成本。在生产过程中,为制造各种产品而发生的费用,应以各种产品为成本计算对象进行归集和计算各种产品的成本。

(2) 确定成本计算期。成本计算期,是指多少时间计算一次成本。一般来说,成本计算期应与产品的生产周期相一致,但这主要取决于企业的生产特点。如果是反复不断地大量生产同一种产品或几种产品,就必须按月计算成本。

(3) 确定成本项目。企业在进行成本计算时,必须确定成本项目。成本项目要按照有关制度规定并结合企业具体情况确定。产品的成本项目一般分为直接材料、燃料和动力、直接人工和制造费用。

(4) 正确归集和分配各种费用。成本计算的过程实际上就是费用的归集和分配过程。有些费用的发生直接与各该成本计算对象有关,称为直接费用,可以直接计入该对象的成本中;有些费用的发生同几个成本计算对象有关,称为间接费用,就要按照一定的分配标准在几个成本对象之间进行分配。分配间接费用的标准对成本计算的正确性影响很大,必须慎重选用。一经选用,不得随意变动,以保持各期成本计算口径的一致性。

(5) 按成本计算对象登记费用明细账。计算成本必须按规定的成本项目为各个成本计算对象开设有关明细账,将发生的各种费用,按其经济用途在各明细账上进行归集和分配,借以计算各成本对象的成本。

(6) 编制成本计算单。根据费用明细账中提供的资料,按照规定的成本计算期与成本项目,分别计算各个成本计算对象的总成本和单位成本,编制成本计算单。

2. 生产成本核算的账户设置

企业进行产品生产成本(cost of production)的核算,通常应设置"生产成本"和"制造费用"等账户。

(1) "生产成本"账户。该账户属于成本类,用来核算企业为进行工业性生产而发生的各项生产费用。其借方登记企业发生的各项直接材料、直接人工和制造费用;贷方登记期末按实际成本计价的、生产完工入库的工业产品、自制材料、自制工具以及提供工业性的成本结转;期末余额一般在借方,表示期末尚未加工完成的在产品制造成本。

"生产成本"账户应按不同的成本计算对象(包括产品的品种、产品的批次和产品生产的步骤等)设置明细分类账,并按直接材料、直接人工和制造费用等成本项目设置专栏,进行明细核算,以便于分别归集各成本计算对象所发生的各项生产费用和核算各成本计算对象的总成本、单位成本和期末在产品成本。

企业可以根据本身生产特点和管理要求,将"生产成本"账户分为"基本生产成本"和"辅助生产成本"两个明细账户。"基本生产成本"账户是为了归集进行基本生产所发生的各种生产费用和计算基本生产产品成本而设立的。该明细账户可按基本生产车间和产品品种、批别、生产阶段设置明细账,账中按基本生产规定的成本项目设置专栏进行登记。"辅助生产成本"账户是为了归集企业为基本生产服务而进行的产品生产和劳务供应所发生的费用以及计算辅助生产产品成本和劳务成本而设立的。该明细账户应按辅助生产车间和产品、劳务分设明细账,账中按辅助生产的成本项目分设专栏和专行进行登记。

(2)"制造费用"账户。该账户属于成本类,用来归集和核算企业为生产产品和提供劳务而发生的各项间接费用。其借方登记企业月份内发生的各项制造费用;贷方登记分配结转应由各种产品生产负担的制造费用;期末一般无余额。"制造费用"通常按不同的车间、部门设置明细账,账内按照费用项目设立专栏,分别反映各车间各项制造费用的发生和分配转出情况。

(3)"库存商品"账户。该账户属于资产类,核算企业生产完工、验收入库或购入的可供销售的商品实际成本。其借方登记已经完工、验收入库或购入的各种商品的实际生产成本;贷方登记已经出售的各种商品的实际成本;期末借方余额反映库存商品的实际成本。

3. 生产成本的计算方法

企业生产成本的计算方法包括基本方法和辅助方法。产品成本计算方法的确定,主要是为了适应企业的生产特点和管理要求,正确提供产品成本资料,为成本管理服务。

1)基本方法

(1)品种法,以产品品种为成本计算对象的产品成本计算方法。一般适用于单步骤的大量大批生产,如发电等;也可用于管理上不需分步骤计算成本的多步骤的大量大批生产,如水泥厂等。其特点:①以产品品种为成本计算对象,设置产品成本明细账和成本计算单,归集生产费用;②成本计算定期按月进行,即成本计算期与会计报告期一致,而与产品生产周期不一致;③月末一般需要将生产费用在完工产品与在产品之间进行分配。

(2)分批法,以产品批别为成本计算对象的产品成本计算方法。一般适用于单件、小批生产,如重型机械制造、船舶制造等。

(3)分步法,以产品生产步骤为成本计算对象的产品成本计算方法。一般适用于大量大批且管理上要求分步骤计算成本的生产,如纺织、冶金等。

2)辅助方法

(1)分类法,以产品类别归集生产费用,再按一定标准在同类各产品之间进行分配,计算产品成本。一般适用于产品品种、规格繁多的企业,如灯泡厂、钉厂等,可简化成本计算。

(2)定额法,以产品的定额成本为基础,加、减脱离定额差异和定额变动差异,进而计算产品实际成本的方法。此方法目的在于加强成本管理,进行成本控制。

4. 生产成本的归集和分配

下面以产品品种为成本计算对象,举例说明各种费用的归集与分配。

(1)直接材料费用的归集和分配。生产产品所发生的直接材料,如果明确不同产品领用,则属于直接计入费用,应根据领料凭证直接计入该产品的直接材料成本项目;如果是为生产几种产品共同耗用、不能分产品计算，则属于间接计入费用，应采用适当的分配方法，分配计入这几种产品成本的直接材料成本项目。在分配时，一般采用按产品重量或产品体积比例分配，也可按材料的定额消耗量或定额费用比例分配。假定按定额消耗量比例进行分配，则其计算公式为

材料费用分配率＝（材料实际消耗量×材料单价）÷各种产品定额消耗量总和

某种产品应分配的材料费用＝某种产品定额消耗量×材料费用分配率

例6-9 公司某生产车间20×3年3月生产甲、乙产品。本月生产甲产品领用A材料400kg，单价80元；生产乙产品领用B材料800kg，单价20元；同时，领用C材料630kg，单价40元，系甲、乙两种产品共同耗用，已知甲、乙产品的定额消耗量分别为200kg和400kg；另外，车间一般耗用D材料400kg，单价30元；管理部门耗用D材料200kg。请进行相应的计算并编制会计分录。

计算材料费用分配率：

C材料费用分配率＝（40×630）÷（200＋400）＝42（元/kg）

甲产品应负担的材料费用＝42×200＝8 400（元）

乙产品应负担的材料费用＝42×400＝16 800（元）

根据生产甲、乙产品的领料凭证，作会计分录如下。

借：生产成本——甲产品　　　　　　　40 400（80×400＋8 400）
　　　　　　——乙产品　　　　　　　32 800（20×800＋16 800）
　　制造费用　　　　　　　　　　　　12 000
　　管理费用　　　　　　　　　　　　6 000
　　贷：原材料——A材料　　　　　　32 000
　　　　　　——B材料　　　　　　　16 000
　　　　　　——C材料　　　　　　　25 200
　　　　　　——D材料　　　　　　　18 000

（2）直接人工费用的归集与分配。直接人工费用是指直接参加产品生产的工人的职工薪酬。在只生产一种产品时，生产工人职工薪酬属于直接计入费用，不需分配就可以直接记入"生产成本"账户的直接人工成本项目中。在生产多种产品时，如果实行计件工资制度，则标准工资属于直接计入费用，而与产品生产无直接关系的奖金、津贴和补贴，以及特殊情况下支付的工资等属于间接计入费用，应根据直接计入的工资比例或生产工时比例，分配计入各有关产品成本中；如果实行计时工资制度，这些工资均应按生产工时比例分配计入各种产品成本中。

在按生产工时比例分配工资费用时，可以在实际工时或定额工时中任选一种，以何种资料准确为选择标准。其计算公式为

直接人工费用分配率＝生产工人工资总额÷各种产品实际（定额）工时之和

某种产品应分配的直接人工费用＝该产品实际（定额）工时×直接人工费用分配率

例6-10 接例6-9，该公司采用计时工资制度，20×3年3月发生的生产工人工资总额为60 000元，其中甲产品的定额工时为15 000h，乙产品的定额工时为25 000h；车间管理人员工资为6 000元，厂部管理人员工资为8 000元。请编制工资分配的会计分录。

根据定额工时分配直接人工费用的计算如下。

直接人工费用分配率=60 000÷(15 000+25 000)=1.5(元/h)

甲产品应分配的直接人工费用=1.5×15 000=22 500(元)

乙产品应分配的直接人工费用=1.5×25 000=37 500(元)

根据分配结果,应作会计分录如下。

借:生产成本——甲产品　　　　　　　　　　22 500
　　　　　　——乙产品　　　　　　　　　　37 500
　　制造费用　　　　　　　　　　　　　　　6 000
　　管理费用　　　　　　　　　　　　　　　8 000
　　贷:应付职工薪酬　　　　　　　　　　　　74 000

(3) 外购燃料和动力的归集与分配。应当根据实际耗用数量或者合理的分配标准对燃料和动力费用进行归集和分配。生产部门直接用于生产的燃料和动力直接计入生产成本;生产部门间接用于生产的燃料和动力(如照明、取暖)计入制造费用。

(4) 制造费用的归集与分配。基本生产车间发生的直接用于产品生产但没有专门设立成本项目的费用,以及间接用于产品生产的费用,应先记入"制造费用"账户及其相应明细账;月末,再将归集的全部制造费用转入"生产成本——基本生产成本"账户。

在基本生产车间只生产一种产品的情况下,制造费用可以直接计入该种产品的成本。在生产多种产品的情况下,制造费用应采用适当的分配方法计入各种产品的成本。企业可以采取的分配标准包括机器工时、人工工时、计划分配率等。企业具体选用哪种分配方法,由企业自行决定。分配方法一经确定,不得随意变更。如需变更,应当在财务报表附注中予以说明。这里简单说明生产工人工资比例法。该方法是按照计入各种产品成本的生产工人实际工资的比例分配制造费用。由于工资费用分配表中有生产工人工资资料,因而核算工作很简便。但是采用该方法,各种产品生产的机械化程度应该相差不大,否则机械化程度高的产品,由于工资费用少,负担的制造费用也少,会影响费用分配的合理性。如果生产工人工资都是按照生产工时比例分配计入各种产品成本的,那么,按照生产工人工资比例分配制造费用,实际上也就是按照生产工人工时比例分配制造费用。

"制造费用"账户如果有年末余额,就是全年制造费用的实际发生额与计划分配额的差额,一般应在年末调整计入12月的产品成本,借记"生产成本——基本生产成本"账户,贷记"制造费用"账户。如果实际发生额大于计划分配额,用蓝字补加,相反则用红字冲减。

例 6-11　接例 6-10,假设公司 20×3 年 3 月共发生制造费用 54 000 元,请按生产工人的工资比例将发生的制造费用金额分配到甲、乙两种产品成本中,并编制相应的会计分录。

每元工资应负担的制造费用=54 000÷(22 500+37 500)=0.9(元)

甲产品应分摊的制造费用=22 500×0.9=20 250(元)

乙产品应分摊的制造费用=37 500×0.9=33 750(元)

借:生产成本——甲产品　　　　　　　　　　20 250
　　　　　　——乙产品　　　　　　　　　　33 750
　　贷:制造费用　　　　　　　　　　　　　　54 000

通过上述制造费用的归集和分配,除采用按年度计划分配率分配法的企业以外,"制造费用"账户及所属明细账应无月末余额。

5. 在产品成本的计算和完工产品的结转

通过上述要素费用的归集和分配,在"生产成本——基本生产成本"账户和所属各种产品成本明细账的各个成本项目中,归集了应由本月基本生产车间的各种产品负担的全部生产费用。将这些费用加上月初在产品成本,在完工产品和月末在产品之间进行分配,就可算出各种完工产品和月末在产品的成本。

完工产品成本的基本计算公式为

本期完工产品成本＝期初在产品成本＋本期发生的生产费用－期末在产品成本

从上述公式可以看出,计算月末在产品成本是计算完工产品成本的条件。实际工作中,正确计算在产品成本是正确计算完工产品成本的关键。

(1) 在产品成本的计算。在产品,是企业已投产但尚未完工的在制品和半成品。某种产品在没有在产品的情况下,计入该种产品成本的全部生产费用,就是本期完工产品的成本;如果本月没有完工产品,计入该种产品的全部生产费用就是期末在产品成本;如果既有完工产品,又有在产品,那么该种产品本月发生的生产费用加月初在产品的生产费用,需要采用适当的分配方法,在本月完工产品和期末在产品之间进行分配,分别计算出完工产品成本和月末在产品成本。

一般来说,在产品成本计算的方法通常有以下几种:约当产量法、定额比例法、原材料扣除法、完工百分比等方法。例如,约当产量比例法是将月末在产品数量按照完工程度折算为相当于完工产品的产量,即约当产量,然后按照完工产品产量与月末在产品约当产量的比例分配计算完工产品成本和月末在产品成本。这种方法适用于月末在产品数量较多,各月在产品数量变化也较大,且产品成本中直接材料费用和直接人工等加工费用的比重相差不大的产品。如果在产品数量、金额不重要或在产品期初、期末数量变动不大,可以不计算在产品成本中。

(2) 完工产品成本的结转。企业完工产品经产成品仓库验收入库以后,其成本应从"生产成本——基本生产成本"账户及所属产品成本明细账的贷方转出,转入"库存商品"账户的借方。"生产成本——基本生产成本"账户的月末余额,就是基本生产在产品的成本。

例6-12 接例6-9、例6-10及例6-11,公司20×3年3月甲产品100台全部制造完工,并已验收入库。按实际生产成本86 300元结转。另外,乙产品尚未制造完工。根据甲产品、乙产品的基本生产成本明细账(略)编制成本计算单如表6-5所示。

表6-5 产品生产成本计算单

20×3年3月 单位:元

项目	甲产品		乙产品	
	总成本(100台)	单位成本	总成本(200台)	单位成本
直接材料	40 400	404	32 800	164
直接人工	22 500	225	37 500	187.50
制造费用	20 250	202.50	33 750	168.75
产品生产成本	83 150	831.50	104 050	520.25

请根据资料编制相应的会计分录。

公司应作会计分录如下。

借：库存商品——甲产品　　　　　　　　　　　　83 150
　　贷：生产成本——甲产品　　　　　　　　　　　　83 150
另外，月末"生产成本——乙产品"账户的借方余额 104 050 元为乙产品的在产品实际成本。

6.2.3　营业成本的核算

1. 主营业务成本核算

主营业务成本（main business costs），是指企业销售商品、提供劳务等经常性活动所发生的成本。企业一般在确认销售商品、提供劳务等主营业务收入时，或在期（月）末，将已销售商品、已提供劳务的成本结转入主营业务成本。

企业应设置"主营业务成本"账户，该账户属于损益类，并可按主营业务的种类进行明细核算。本期（月）末，企业应根据本期（月）销售各种商品、提供各种劳务等实际成本，计算应结转的主营业务成本，借记"主营业务成本"账户，贷记"库存商品""合同履约成本"等账户；期末，企业应借记"本年利润"账户，贷记"主营业务成本"账户。结转后"主营业务成本"账户无余额，有关账务处理参见本项目任务 6.1 相关内容。

2．其他业务成本核算

其他业务成本（other operational costs），是指企业除主营业务活动以外的企业经营活动所发生的成本。

企业应设置"其他业务成本"账户，该账户属于损益类，并可按其他业务成本的种类进行明细核算。企业发生的其他业务成本，借记"其他业务成本"账户，贷记"原材料""周转材料""累计折旧""累计摊销""应付职工薪酬""银行存款"等账户；期末，企业应借记"本年利润"账户，贷记"其他业务成本"账户。结转后"其他业务成本"账户无余额，有关账务处理参见本项目任务 6.1 例 6-7 相关内容。

3．税金及附加核算

税金及附加（business tax and surcharges），是指企业经营活动发生的消费税、城市维护建设税、资源税和教育费附加、房产税、车船税、土地使用税、印花税、环境保护税、土地增值税等相关税费。

企业应设置"税金及附加"账户，该账户属于损益类。企业按规定计算确定的与经营活动相关的税费，借记"税金及附加"账户，贷记"应交税费"账户；期末，企业应借记"本年利润"账户，贷记"税金及附加"账户。结转后"税金及附加"账户无余额，有关账务处理参见项目 5 任务 5.4 相关内容。

6.2.4　期间费用的核算

1. 销售费用的核算

1）销售费用的内容

销售费用（selling expenses），是指企业在销售商品和材料、提供劳务过程中发生的各项费用，包括企业在销售商品过程中发生的包装费、保险费、展览费和广告费、商品维修费、预计产品质量保证损失、运输费、装卸费等费用,以及企业发生的为销售本企业商品而专设的销售机构的职工薪酬、业务费、折旧费、固定资产修理费等费用。

商品流通企业在进货过程中发生的运输费、装卸费、包装费、运输途中的合理损耗和入库前的挑选整理费用,也作为销售费用处理。

2) 销售费用的核算

企业发生的销售费用在"销售费用"账户中核算,并按费用项目如运输费、广告费、保险费等设置明细账户,进行明细核算。

(1) 企业在销售商品过程中发生的包装费、保险费、展览费和广告费、运输费、装卸费等费用,借记"销售费用"账户,贷记"库存现金""银行存款"等账户。

(2) 企业发生的为销售本企业商品而专设的销售机构的职工薪酬、业务费等经营费用,借记"销售费用"账户,贷记"应付职工薪酬""银行存款""累计折旧"等账户。

(3) 期末,应将该科目的发生额转入"本年利润"账户中,结转后该账户一般无余额。

例 6-13 某公司20×3年8月发生销售费用如下:以银行存款支付电视台广告费6 000元,取得并确认的增值税专用发票注明可抵扣税款360元;分配专设销售机构的职工工资4 000元,分配发生的职工福利费560元;以现金支付应由企业负担的销售A产品的运输费900元,取得增值税专用发票注明可抵扣税款81元。月末结转销售费用。请编制相应的会计分录。

公司应作会计分录如下。

① 支付广告费。

借:销售费用——广告费　　　　　　　　　　　6 000
　　应交税费——应交增值税(进项税额)　　　　360
　　贷:银行存款　　　　　　　　　　　　　　　　　　6 360

② 分配职工工资及提取福利费。

借:销售费用——职工薪酬　　　　　　　　　　4 560
　　贷:应付职工薪酬——工资　　　　　　　　　　　4 000
　　　　　　　　　　——福利费　　　　　　　　　　560

③ 支付运输费。

借:销售费用——运输费　　　　　　　　　　　900
　　应交税费——应交增值税(进项税额)　　　　81
　　贷:银行存款　　　　　　　　　　　　　　　　　　981

④ 月末结转销售费用。

借:本年利润　　　　　　　　　　　　　　　　11 460
　　贷:销售费用　　　　　　　　　　　　　　　　　　11 460

2. 管理费用的核算

1) 管理费用的内容

管理费用(administrative expenses),是指企业为组织和管理生产经营活动而发生的各种管理费用,包括企业在筹建期间发生的开办费、董事会和行政管理部门在企业的经营管理中发生的或者应由企业统一负担的公司经费(包括行政管理部门职工薪酬、物料消耗、低值易耗品摊销、办公费和差旅费等)、工会经费、董事会费(包括董事会成员津贴、会议费和差旅费等)、聘请中介机构费、咨询费(含顾问费)、诉讼费、业务招待费、房产税、车船税、土地使用税、印花税、技术转让费、矿产资源补偿费、研究费用、排污费以及企业生产车间(部门)和行政管理部门发生的固定资产修理费等。

2) 管理费用的核算

企业发生的管理费用在"管理费用"账户核算,并按费用项目进行明细核算。

(1) 企业在筹建期间内发生的开办费,包括人员工资、办公费、培训费、差旅费、印刷费、注册登记费以及不计入固定资产成本的借款费用等在实际发生时,借记"管理费用"账户(开办费),贷记"银行存款"等账户。

(2) 行政管理部门人员的职工薪酬,借记"管理费用"账户,贷记"应付职工薪酬"账户。

(3) 行政管理部门计提的固定资产折旧,借记"管理费用"账户,贷记"累计折旧"账户。

(4) 发生的办公费、水电费、业务招待费、聘请中介机构费、咨询费、诉讼费、技术转让费、研究费用,借记"管理费用"账户,贷记"银行存款""研发支出"等账户。

(5) 期末,应将本科目的余额转入"本年利润"账户,结转后"管理费用"账户无余额。

例 6-14 某公司 20×3 年 8 月发生的管理费用如下：以银行存款支付业务招待费 8 900 元；分配管理人员工资 15 000 元,发生职工福利费 2 100 元；计算应交土地使用税 4 500 元。月末结转管理费用。请编制相应的会计分录。

公司应作会计分录如下。

① 支付业务招待费。

借：管理费用——业务招待费　　　　　　　8 900
　　贷：银行存款　　　　　　　　　　　　　　　　8 900

② 分配职工工资及福利费。

借：管理费用——工资及福利费　　　　　17 100
　　贷：应付职工薪酬——工资　　　　　　　　15 000
　　　　　　　　　　　——福利费　　　　　　　　2 100

③ 计算应交土地使用税。

借：税金及附加——土地使用税　　　　　　4 500
　　贷：应交税费——应交土地使用税　　　　　4 500

④ 月末结转管理费用。

借：本年利润　　　　　　　　　　　　　　26 000
　　贷：管理费用　　　　　　　　　　　　　　　26 000

3. 财务费用的核算

财务费用(finance expenses),是指企业为筹集生产经营所需资金等而发生的筹资费用,包括利息支出(减利息收入)、汇兑损益以及相关的手续费、企业发生的现金折扣或收到的现金折扣等。企业发生的财务费用在"财务费用"账户核算,并按费用项目进行明细核算。企业为购建或生产满足资本化条件的资产发生的应予资本化的借款费用,在"在建工程"等账户核算。

企业发生的财务费用,借记"财务费用"账户,贷记"银行存款""未确认融资费用"等账户。发生的应冲减财务费用的利息收入、汇兑损益、现金折扣,借记"银行存款""应付账款"等账户,贷记"财务费用"账户。期末,应将该账户的余额转入"本年利润"账户中,结转后该账户一般无余额。

例 6-15 某公司 20×3 年 8 月发生的财务费用如下：预提本月短期借款利息 6 500 元；当月取得利息收入 3 500 元。月末结转财务费用。请编制相应的会计分录。

公司应作会计分录如下。

(1) 预提本月利息。

借：财务费用	6 500
贷：应付利息	6 500

(2) 当月取得利息收入。

借：银行存款	3 500
贷：财务费用	3 500

(3) 月末结转财务费用。

借：本年利润	3 000
贷：财务费用	3 000

任务 6.3 利润核算

6.3.1 利润的构成

1. 利润的含义

利润(profit)，是指企业在一定会计期间的经营成果。利润包括收入减去费用后的净额、直接计入当期利润的利得和损失等。直接计入当期利润的利得和损失是指应当计入当期损益、会导致所有者权益发生增减变动的、与所有者投入资本或者向所有者分配利润无关的利得或者损失。

对利润进行核算，可以及时反映企业在一定会计期间的经营业绩和获利能力，反映企业的投入产出效率和经济效益，有助于企业投资者和债权人据此进行盈利预测，评价企业经营绩效，做出正确的决策。因此，利润的核算是企业会计核算的重要组成部分。企业一般应按月计算利润，按月计算利润有困难的企业，可以按季或者按年计算利润。

2. 利润的计算公式

利润的金额取决于收入和费用、直接计入当期利润的利得和损失金额的计量。在利润表中，利润分为营业利润、利润总额和净利润三个层次。

(1) 营业利润(operation profit)。营业利润是指企业在一定期间的日常活动取得的利润。营业利润具体构成可用公式表示为

营业利润 = 营业收入 − 营业成本 − 税金及附加 − 销售费用 − 管理费用
　　　　− 研发费用 − 财务费用 + 其他收益 + 投资收益(− 投资损失)
　　　　+ 净敞口套期收益(− 净敞口套期损失) + 公允价值变动收益(− 公允价值变动损失)
　　　　− 信用减值损失 − 资产减值损失 + 资产处置收益(− 资产处置损失)

式中，营业收入，是指企业经营业务所确认的收入总额，包括主营业务收入和其他业务收入；营业成本，是指企业经营业务所发生的实际成本总额，包括主营业务成本和其他业务成本；

研发费用,是指企业进行研究与开发过程中发生的费用化支出以及计入管理费用自行开发无形资产的摊销;其他收益,主要是指与企业日常活动相关,除冲减相关成本费用以外的政府补助;投资收益(或损失),是指企业以各种方式对外投资所取得的收益(或损失);公允价值变动收益(或损失),是指企业交易性金融资产等公允价值变动形成的应计入当期损益的利得(或损失);信用减值损失,是指企业计提的各项金融工具减值准备所形成的预期信用损失;资产减值损失,是指企业计提有关资产减值准备所计提的损失;资产处置收益(或损失)反映企业出售划分为持有待售的非流动资产(金融工具、长期股权投资和投资性房地产除外)或处置组(子公司和业务除外)时确认的处置利得或损失,以及处置未划分为持有待售的固定资产、在建工程、生产性生物资产及无形资产而产生的处置利得或损失,还包括债务重组中因处置非流动资产产生的利得或损失和非货币性资产交换中换出非流动资产产生的利得或损失。

(2) 利润总额(total profit)。利润总额是指企业一定期间的营业利润,加上营业外收入减去营业外支出后的所得税前利润总额。利润总额构成可用公式表示为

$$利润总额 = 营业利润 + 营业外收入 - 营业外支出$$

式中,营业外收入和营业外支出是指企业发生的与其经营活动无直接关系的收支项目。

(3) 净利润(net profit)。净利润是指企业在一定期间的利润总额减去所得税费用后的净额。用公式表示为

$$净利润(税后利润) = 利润总额 - 所得税费用$$

式中,所得税费用是指根据《企业会计准则》的要求确认的应从当期利润总额中扣除的当期所得税费用和递延所得税费用。

6.3.2 营业外收入和营业外支出的核算

营业外收入(non-operation income)和营业外支出(non-business expenditure)亦称营业外利得和损失,或简称利得与损失。这些收入和支出偶发性很强,前后不发生联系,而且每项收入和支出往往是彼此孤立的。收入没有相应的成本和费用,支出没有相应的收入。在企业经营活动中,难免会遇到一些与企业经营无直接联系的经济业务,如发生自然灾害、非常事项或其他客观因素造成的财产损失,以及其他各种意外的收入和支出等。在计算企业利润总额时,应把与经营活动无直接联系的收支与营业收入、成本和费用区分开,在报表上单独列出,目的是对企业经营成果进行合理的考核,同时加强各期利润信息的可比性和预测性,向报表用户提供更多的有用信息。

(1) 营业外收入。营业外收入是指企业发生的与其生产经营活动无直接关系的各项收入。营业外收入并不是由企业的经营资金耗费所产生的,不需要企业付出代价,是一种纯收入,因此不需要与费用配比。营业外收入包括非流动资产毁损报废收益、债务重组利得、与企业日常活动无关的政府补助(government subsidies)、盘盈利得、捐赠利得等。

营业外收入的核算通过"营业外收入"账户进行。该账户属于损益类,贷方登记本期实际发生的各项营业外收入;借方登记期末转入"本年利润"账户的营业外收入;期末结转后,该账户无余额。该账户应当按照营业外收入的具体项目设置明细账户。

(2) 营业外支出。营业外支出是指企业发生的与其生产经营活动无直接关系的各项支

出。包括非流动资产毁损报废损失、债务重组损失、公益性捐赠支出、非常损失、盘亏损失、罚款支出等。

营业外支出的核算通过"营业外支出"账户进行。该账户属于损益类,借方登记本期实际发生的营业外支出;贷方登记期末转入"本年利润"账户的营业外支出;期末结转后,该账户无余额。该账户应当按照营业外支出的具体项目设置明细科目。

例 6-16 某公司以银行存款支付违约金 1 500 元。请编制相应的会计分录。

公司应作会计分录如下。

借:营业外支出 1 500
  贷:银行存款 1 500

6.3.3 所得税费用的核算

1. 当期所得税的计算

按照《中华人民共和国企业所得税法》规定,企业取得利润后,应先向国家缴纳所得税(income tax)。由于财务会计和税收分别遵循不同的原则,服务于不同的目的,从而形成了会计利润和纳税所得的差异,因此,按会计准则确认的所得税费用(income tax expenses)与按税法计算的应交所得税并不完全一致。为了规范企业所得税的确认、计量和相关信息的列报,我国《企业会计准则第 8 号——所得税》要求企业采用资产负债表债务法(the balance sheet liability method)。资产负债表债务法,是以资产负债表为重心,按企业资产、负债的账面价值与税法规定的计税基础之间的差额,计算暂时性差异,据以确认递延所得税负债或递延所得税资产,再确认所得税费用的会计核算方法。

2. 应交所得税的计算

企业在确定当期所得税时,对于当期发生的交易或事项,会计处理与税收处理不同的,应在会计利润的基础上,按照适用税收法规的要求进行调整,计算出当期应纳税所得额,按照应纳税所得额与适用所得税税率计算确定当期应交所得税。一般情况下,应纳税所得额可在会计利润的基础上,考虑会计与税收之间的差异,按照以下公式计算确定:

应交所得税 = 应纳税所得额 × 所得税税率

应纳税所得额 = 会计利润 + 按照会计准则规定计入利润表但计税时不允许税前扣除的费用
± 计入利润表的费用与按照税法规定可予税前抵扣的金额之间的差额
± 计入利润表的收入与按照税法规定应计入应纳税所得额的收入之间的差额 − 税法规定的不征税收入
± 其他需要调整的因素

3. 所得税费用的会计处理

企业应根据会计准则的规定,对当期所得税加以调整计算后,据以确认应从当期利润总额中扣除的所得税费用。

企业应设置"所得税费用"账户,核算企业确认的应从当期利润总额中扣除的所得税费用。该账户属于损益类,可按"当期所得税费用""递延所得税费用"设置明细账户,进行明细核算。资产负债表日,企业按照税法规定计算确定的当期应交所得税,借记"所得税费用——当期所得税费用"账户,贷记"应交税费——应交所得税"账户。期末,应将"所得税费用"账户的余额转入"本年利润"账户,结转后"所得税费用"账户无余额。

例 6-17　某公司某年 12 月 31 日计算当年应纳所得税额,利润总额为 300 000 元,假定无纳税调整项目。所得税税率为 25%。请编制相应的会计分录。

公司应作会计分录如下。

借:所得税费用　　　　　　　　　　　　　　　75 000
　　贷:应交税费——应交所得税　　　　　　　　　75 000

需要说明的是,执行《企业会计准则第 18 号——所得税》规定的企业应采用资产负债表债务法对所得税业务进行处理;执行《小企业会计准则》规定的企业应采用应付税款法对所得税业务进行处理。

应付税款法(payable method),是指本期税前会计利润与应纳税所得额之间的差异造成的影响纳税的金额直接计入当期损益,而不递延到以后各期的会计处理方法。在应付税款法下,不需要确认税前会计利润与应纳税所得额之间的差异造成的影响纳税的金额,因此,当期计入损益的所得税费用等于当期按应纳税所得额计算的应交所得税。

根据实际应交的所得税额,应作会计分录如下。

借:所得税费用
　　贷:应交税费——应交所得税

实际上交所得税,应作会计分录如下。

借:应交税费——应交所得税
　　贷:银行存款

6.3.4　本年利润的核算

企业实现的利润(或亏损)一律通过"本年利润(profit of the year)"账户进行核算,该账户属于所有者权益类,核算企业实现的净利润(或发生的净亏损)。会计期末,企业应将各收益类账户的累计发生额转入该账户的贷方,将各成本、费用或支出类账户的累计发生额转入该账户的借方。结转后,"本年利润"账户如为贷方余额,表示企业当年实现的净利润;如为借方余额,表示企业当年发生的净亏损。

年度终了,企业应将"本年利润"账户的余额,转入"利润分配——未分配利润"账户,如为净利润,借记"本年利润"账户,贷记"利润分配"账户;如为净亏损,作相反会计分录。年度结账后,"本年利润"账户无余额。

例 6-18　某公司 20×3 年 8 月 31 日各损益类科目如表 6-6 所示。

表 6-6　损益类科目余额表　　　　　　　　　　　　　　　单位:元

会计科目	借方余额	贷方余额
主营业务收入		90 000
主营业务成本	60 000	
税金及附加	3 600	
销售费用	3 000	

续表

会计科目	借方余额	贷方余额
管理费用	7 500	
财务费用	1 500	
投资收益		5 000
其他业务收入		15 000
其他业务成本	12 000	
营业外收入		40 000
营业外支出	15 400	
所得税费用	15 510	

根据以上资料,公司月末请按规定将损益类账户结计的余额结转到"本年利润"账户。公司应作会计分录如下。

(1) 结转各收益类科目余额。

借:主营业务收入　　　　　　　　　　　　　　90 000
　　其他业务收入　　　　　　　　　　　　　　15 000
　　投资收益　　　　　　　　　　　　　　　　5 000
　　营业外收入　　　　　　　　　　　　　　　40 000
　　贷:本年利润　　　　　　　　　　　　　　150 000

(2) 结转各成本费用或支出类科目余额。

借:本年利润　　　　　　　　　　　　　　　　118 510
　　贷:主营业务成本　　　　　　　　　　　　60 000
　　　　税金及附加　　　　　　　　　　　　　3 600
　　　　其他业务成本　　　　　　　　　　　　12 000
　　　　销售费用　　　　　　　　　　　　　　3 000
　　　　管理费用　　　　　　　　　　　　　　7 500
　　　　财务费用　　　　　　　　　　　　　　1 500
　　　　营业外支出　　　　　　　　　　　　　15 400
　　　　所得税费用　　　　　　　　　　　　　15 510

经过收入与支出的对比后,"本年利润"账户的期末贷方余额31 490元,为该企业8月实现的净利润。

拓展阅读

《企业会计准则第14号——收入》
《企业产品成本核算制度(试行)》
《企业会计准则第18号——所得税》
《中华人民共和国企业所得税法实施条例》
《企业内部控制应用指引第9号——销售业务》

项目训练

一、简答题

1. 什么是收入？收入有何特征？
2. 如何进行在某一时点和某一时段履行履约义务并确认收入的账务处理？
3. 什么是费用？如何进行费用的确认？
4. 期间费用包括哪些内容？如何进行相关的账务处理？
5. 利润总额由哪些内容组成？应如何计算？

二、单项选择题

1. 甲企业向乙企业销售 A 商品 1 000 件，每件售价 280 元。由于是成批销售，甲企业给予乙企业 10% 的商业折扣，甲企业规定的现金折扣条件为 2/10, n/20。经评估确认乙企业会在 10 天内付清货款，甲确认的销售收入为（　　）元。
   A. 274 400　　　　B. 252 000　　　　C. 280 000　　　　D. 246 960

2. A 公司对家电产品实行"包退、包换、包修"的销售政策。20×3 年，该公司共销售家电产品 200 万元（不含增值税）。根据以往经验：包退产品占 1%，包换产品占 2%，包修产品占 3%。则该公司 20×3 年应确认的收入金额为（　　）万元。
   A. 196　　　　　　B. 200　　　　　　C. 198　　　　　　D. 188

3. 下列项目中，属于产品制造企业其他业务收入的是（　　）。
   A. 罚款收入
   B. 出售固定资产收入
   C. 出租专利权收入
   D. 保险赔偿收入

4. 下列各项目中，属于产品制造企业的主营业务收入的是（　　）。
   A. 产品销售收入
   B. 原材料销售收入
   C. 包装物出租收入
   D. 购买债券取得的收入

5. 如果安装程序比较简单，或检验是为了最终确定合同价格而必须进行的程序时，这种商品销售在（　　）时确认收入。
   A. 发出商品
   B. 收到货款
   C. 安装或检验完毕
   D. 签订合同

6. 甲企业销售 A 产品每件 500 元，若客户购买 100 件（含 100 件）以上可得到 10% 的商业折扣。乙公司于 20×3 年 8 月 5 日购买该企业产品 200 件，款项尚未支付。按规定现金折扣条件为 2/10, 1/20, n/30。适用的增值税税率为 13%，双方签订合同时评估享受现金折扣的可能性为零。该企业于 8 月 23 日收到该笔款项时，应给予客户的现金折扣为（　　）元（假定计算现金折扣时不考虑增值税）。
   A. 2 000　　　　　B. 1 800　　　　　C. 1 000　　　　　D. 900

7. 企业销售部门发生的业务招待费应记入（　　）账户。
   A. "制造费用"　　B. "营业费用"　　C. "生产成本"　　D. "管理费用"

8. 根据企业会计准则的规定，企业支付的税款滞纳金应当记入（　　）账户。
   A. "财务费用"
   B. "其他业务成本"

C. "销售费用"　　　　　　　　　　　D. "营业外支出"
9. 企业对遭受自然灾害的地区捐赠一批物资,所发生的捐赠支出应计入(　　)。
　　A. 销售费用　　B. 其他业务成本　　C. 营业外支出　　D. 管理费用
10. 某工业企业本期的营业收入 100 万元,营业成本 50 万元,管理费用 10 万元,投资收益 20 万元,所得税 18 万元。假定不考虑其他因素,该企业本期营业利润为(　　)万元。
　　A. 40　　　　B. 42　　　　C. 60　　　　D. 72

三、多项选择题

1. 下列各项收入中,属于产品制造企业的其他业务收入的有(　　)。
　　A. 转让无形资产使用权取得的收入　　B. 出租包装物的租金收入
　　C. 提供运输劳务所取得的收入　　　　D. 销售原材料所取得的收入
2. 下列各项中,可归集到生产成本项目的有(　　)。
　　A. 对固定资产进行改建的支出费用
　　B. 医务人员工资及福利费
　　C. 车间管理人员工资及福利费
　　D. 为生产产品提供燃料和动力而支出的费用
3. 下列各项支出在发生时应直接确认为当期费用的有(　　)。
　　A. 固定资产安装工人工资支出　　　　B. 广告费支出
　　C. 专设销售机构职工工资支出　　　　D. 管理人员工资支出
4. 企业发生的下列费用中,应计入管理费用的有(　　)。
　　A. 土地使用税　　B. 待业保险费　　C. 劳动保险费　　D. 业务招待费
5. 下列项目中,应列入财务费用的有(　　)。
　　A. 银行存款的利息收入　　　　　　　B. 外币兑换发生的汇兑损失
　　C. 金融机构手续费　　　　　　　　　D. 购货方享受的现金折扣
6. 下列各项中,属于企业"销售费用"账户核算范围的是(　　)。
　　A. 广告费
　　B. 业务招待费
　　C. 预计产品质量保证损失
　　D. 专设销售机构发生的固定资产修理费
7. 下列项目中,应计入营业外支出的有(　　)。
　　A. 出售无形资产净损失　　　　　　　B. 火灾造成的存货损毁净损失
　　C. 缴纳的税收滞纳金　　　　　　　　D. 公益性捐赠支出
8. 下列项目属于营业外收入的有(　　)。
　　A. 转让无形资产所有权取得的收入　　B. 固定资产盘盈收入
　　C. 无法支付的应付账款　　　　　　　D. 出租固定资产的收入
9. 下列各项中,影响企业营业利润的有(　　)。
　　A. 管理费用　　B. 税金及附加　　C. 所得税费用　　D. 投资收益
10. 下列科目中,应于期末将余额结转"本年利润"账户的有(　　)。
　　A. 其他业务收入　　　　　　　　　　B. 税金及附加
　　C. 生产成本　　　　　　　　　　　　D. 应交税费——应交增值税

四、判断题

1. 收入能够导致企业所有者权益增加,但导致所有者权益增加的不一定都是收入。（   ）
2. 企业的收入可表现为货币资金的流入。（   ）
3. A公司将一批商品销售给B公司,但合同规定A公司仍保留通常与所有权相联系的继续管理权或对已售出的商品实施控制。因而,A公司不能确认收入。（   ）
4. 按照现行《企业会计准则》的规定,购货方获得的销售折让,销售企业应作为财务费用处理。（   ）
5. 在采用买断方式委托其他单位代销产品时,应当在收到代销单位的代销清单后确认收入的实现。（   ）
6. 费用是相对于一定期间而言的,是一定期间为进行生产而发生的费用;成本则是相对于一定的产品而言的,是为一定产品的生产而发生的费用。（   ）
7. 企业只生产一种产品的情况下,本期发生的构成产品成本的费用均为直接费用。（   ）
8. 企业出售无形资产和出租无形资产取得的收益,均应作为其他业务收入。（   ）
9. 企业对外投资取得投资收益10万元,利润总额为100万元,公益性捐赠支出20万元,非公益性捐赠支出30万元,该业务对企业营业利润的影响数为增加120万元。（   ）
10. 期末,企业所发生的一切收入和支出都必须结转"本年利润"账户。（   ）

五、实训题

实 训 一

【目的】 练习商品销售收入业务的核算。

【资料】 某公司20×3年6月发生如下业务。

(1) 销售产品一批,价款30 000元,增值税税率13%,成本价20 000元,已收到货款,并将提货单交给购买方。

(2) 预收货款25 000元,存入银行。

(3) 销售产品一批,价款40 000元,增值税税率13%,成本30 000元,代垫运费1 500元,款项已支付。

【要求】 根据上述业务编制会计分录。

实 训 二

【目的】 练习生产成本的核算。

【资料】 某企业发生如下业务。

(1) 该企业生产甲、乙两种产品,甲产品投产1 000件,月末完工800件,乙产品投产200件,月末全部完工。

(2) 甲产品领用直接材料40 000元,乙产品领用直接材料16 000元。

(3) 甲、乙两种产品共耗用生产工人工资8 000元,职工福利费1 120元。

(4) 甲、乙两种产品共耗用制造费用5 000元。

(5) 月末甲产品完工 800 件已入库,乙产品完工 200 件已入库。

(6) 甲产品月末完工的 200 件产品只负担材料费用 8 000 元,其余费用全部由完工产品负担。

【要求】

(1) 试以工时为标准列式计算分配直接人工与制造费用(甲产品的工时为 7 000h,乙产品的工时为 3 000h)。

(2) 计算甲、乙两种产品的总成本和单位成本。

实 训 三

【目的】 练习生产费用在完工产品与月末在产品之间的分配。

【资料】

(1) 某企业 9 月生产甲产品,其月初在产品成本和本月发生的生产费用合计数为 361 000 元,其中原材料 250 000 元,直接人工 66 000 元,制造费用 45 000 元。原材料系开始生产时一次投入。

(2) 甲产品本月完工产品产量 2 500 件,月末在产品 625 件,完工程度为 80%。

【要求】 用约当产量法计算完工产品和月末在产品成本,编制完工产品入库的会计分录。

实 训 四

【目的】 练习收入、费用和利润的核算。

【资料】 某企业 20×3 年 12 月发生下列有关经济业务。

(1) 出售一项无形资产形成净损失 15 000 元。

(2) 上个月售出的一批 A 产品由于质量不合格,购货方要求在价格上给予 10% 的折让,该企业同意并办妥了有关手续(该企业上月已确认了该批商品的销售收入,但货款尚未收到;A 产品单位成本 80 元,上月售出时的单价为 100 元,共售出 100 件,增值税税率为 13%)。

(3) 用银行存款支付税款滞纳金 20 000 元。

(4) 转账支付短期借款利息 5 600 元(该企业按月支付利息)。

(5) 计提存货跌价准备 3 000 元。

(6) 经结转有关损益类科目并计算企业当年实现利润总额(税前会计利润)150 000 元。

【要求】

(1) 根据上述业务编制有关会计分录。

(2) 计算企业当年应交的所得税并编制有关会计分录(所得税税率为 25%,无其他纳税调整因素)。

(3) 计算企业当年实现的净利润,并编制结转"所得税费用"科目(其他损益类科目的结转略)和"本年利润"科目年末余额的会计分录。

项目 7 所有者权益核算

学习目标

素质目标：
1. 通过对实收资本和资本公积业务的分析和掌握，树立保值增值的工作目标。
2. 通过对留存收益业务的分析和掌握，确立资本积累、循环周转的发展理念。
3. 通过对利润分配业务的分析和掌握，理解依法分配、利益兼顾的工作原则。
4. 以所有者利益为出发点，建立资本管理、长远发展的经营战略思想。
5. 以工作处理方式和流程为内容，突出价值引领，明确职业方向。

知识目标：
1. 模拟转换企业和其投资者的身份，列举不同投资形式，类推企业业务处理程序。
2. 识别所有者权益的不同来源内容，证明所有者与债权人对资产的不同的要求权。
3. 总结利润分配程序，解决弥补亏损、股利分配、留存积累之间的分配关系。
4. 说明盈余公积和未分配利润的积累作用，预测留存收益对企业发展的影响。
5. 复述利润形成过程，归纳弥补亏损的途径，推断企业减资的处理程序。

能力目标：
1. 模拟工作场景，分析、整理业务，识别会计处理涉及的账户并得以类推。
2. 模拟吸收投资业务，区分一般企业实收资本和股份制公司股本及增减资业务。
3. 区分盈余公积和资本公积，例证二者对弥补亏损、转增资本等方面的不同作用。
4. 联系《公司法》等相关法律规范，扩展学习资本管理等内容。
5. 探知企业利润分配的管理要求，尝试制定利润分配核算程序。

项目引入

所有者权益是一个涵盖了任何企业组织形式的净资产的广义概念，具体到某一特定形式的企业组织，所有者权益便以不同形式出现。从会计核算角度看，公司制企业中的股份有限公司对所有者权益的核算比其他类型的企业复杂。

按照共享收益、共担风险的原则，企业投资人所享有的利益与债权人所享有的利益有着根本上的区别，表现为资产扣除负债后的剩余权益，因此所有者权益的确认依赖于资产、负债的确认，并在资产负债表中按照实收资本、资本公积、其他综合收益、盈余公积、未分配利润项目分别反映。企业所有者权益最大的特点是涉及的法律、法规比较多,在进行学习时要扩展《公司法》等相关法律、法规等内容,在进行业务处理时也要遵循企业或公司制度,尤其是弥补亏损、增减资本、分配股利等业务,既要考虑各方利益进行全面核算,又要谋划长远发展进行综合处理。

本项目主要介绍实收资本、资本公积以及留存收益的核算。

项目要求

(1) 熟悉本项目内容在资产负债表中的位置(见表7-1)。

表7-1 所有者权益项目在资产负债表中的信息列示

资　产	期末余额	上年年末余额	负债和所有者权益(或股东权益)	期末余额	上年年末余额
流动资产:			流动负债:		
			⋮		
			非流动负债:		
			⋮		
			所有者权益(或股东权益):		
			实收资本(或股本)		
			⋮		
			资本公积		
			减:库存股		
			⋮		
			盈余公积		
			未分配利润		
			所有者权益(或股东权益)合计		
			负债和所有者权益(或股东权益)总计		

(2) 根据本项目知识点内在的逻辑关系,制作本项目思维导图。
(3) 搜集与本项目有关的企业真实案例。
(4) 学完本项目,了解资产负债表中"实收资本""资本公积""盈余公积""未分配利润"等项目是如何填列的。

任务1 实收资本和股本核算

　　任务调研:了解企业实收资本的业务是如何产生的,相关的业务处理程序是怎样的。

任务2 资本公积核算

　　任务调研:了解企业资本公积的业务是如何产生的,相关的业务处理程序是怎样的。

任务3 留存收益核算

　　任务调研:了解企业利润分配的业务是如何产生的,相关的业务处理程序是怎样的。

所有者权益(equity)，是指企业资产扣除负债后由所有者享有的剩余权益。其来源包括所有者投入的资本、直接计入所有者权益的利得和损失、留存收益等。直接计入所有者权益的利得是指由企业非日常活动所形成的、会导致所有者权益增加的、与所有者投入资本无关的经济利益的流入。而直接计入所有者权益的损失是指由企业非日常活动所发生的、会导致所有者权益减少的、与向所有者分配利润无关的经济利益的流出。

股份公司和有限公司与独资企业和合伙企业之间最主要的差别体现在所有者权益方面。在独资企业和合伙企业，只需为业主或各个合伙人设置一个资本账户和提款账户，用于记录资本和损益的增减变动情况。而对于股份公司和有限公司则受到《中华人民共和国公司法》(简称《公司法》)等法律、法规的限制，公司必须对所有投入的资本和赚取的利润严格区别。公司制企业所有者权益的核算政策性很强，不仅要遵循国家相关法律，而且涉及企业的筹资、利润分配等重大决策，因此，学习所有者权益会计核算的前提是熟悉上述有关规定。

任务7.1 实收资本和股本核算

7.1.1 实收资本概述

实收资本(paid-in capital)，是指所有者按照企业章程或者合同、协议的约定，实际投入企业的资本。实收资本是企业创建时所有者投入企业的"本钱"，是企业进行生产经营活动的必要物质基础。2013年10月国务院部署公司注册资本登记制度改革，放宽注册资本登记条件。除法律、法规另有规定外，公司实收资本不再作为工商登记事项。注册资本由实缴登记改为认缴登记，降低开办公司成本，实现一元也能办公司。实行由公司股东(发起人)自主约定认缴出资额、出资方式、出资期限等，并对缴纳出资情况真实性、合法性负责的制度。

股东认足公司章程规定的出资后，由全体股东指定的代表或者共同委托的代理人向公司登记机关报送公司登记申请书、公司章程等文件，申请设立登记。

公司需要减少注册资本时，必须编制资产负债表及财产清单。公司应当自作出减少注册资本决议之日起10日内通知债权人，并于30日内在报纸上公告。债权人自接到通知书之日起30日内，未接到通知书的自公告之日起45日内，有权要求公司清偿债务或者提供相应的担保。

7.1.2 有限责任公司实收资本的核算

有限责任公司，是指由50个以下股东出资设立，每个股东以其所认缴的出资额对公司承担有限责任，公司以其全部资产对其债务承担责任的法人。对有限公司投资者投入资本应设置"实收资本"账户进行核算，核算企业实际收到的投资人投入的资本。其贷方发生额反映企业实收资本的增加数；借方发生额反映实收资本的减少数；期末贷方余额，反映企业实有的资本数额。

1. 企业接受现金资产投资

企业收到投资者以现金投入的资本时，应当以实际收到或存入企业开户银行的金额作为实收资本入账，借记"银行存款"账户，贷记"实收资本"账户。对于实际收到或者存入企业开户银行的金额超过投资者在企业注册资本中所占份额的部分,应当贷记"资本公积"账户。

2. 企业接受非现金资产投资

企业收到投资者以非现金资产投入的资本时,应按照投资合同或协议约定的价值确定(合同或协议约定价值不公允的除外)作为实收资本入账,在办理完有关产权转移手续后,借记"固定资产""原材料""库存商品"等账户,贷记"实收资本"账户。对于投资各方确认的资产价值超过其在注册资本中所占份额的部分,应当计入资本公积。涉及增值税的,还应进行相应账务处理。

例 7-1 某新建公司由 A、B、C 三方共同投资。A 投入 2 000 000 元现金;B 投入一项专利权,协议确定价值为 3 000 000 元;C 以设备作为投资,账面原值 3 500 000 元,已提折旧 400 000 元,合同确定的价值为 3 000 000 元。假定不考虑增值税及其他相关税费,请编制相应的会计分录。

根据上述资料,公司应作会计分录如下:

```
借:银行存款                          2 000 000
    贷:实收资本——A                         2 000 000
借:无形资产                          3 000 000
    贷:实收资本——B                         3 000 000
借:固定资产                          3 000 000
    贷:实收资本——C                         3 000 000
```

需要说明的是,初建有限公司时,各投资者按照合同、协议或公司章程投入企业的资本,应全部记入"实收资本"账户,企业的实收资本应等于企业的注册资本。但在企业增资扩股时,如有新投资者介入,新介入的投资者缴纳的出资额大于按其约定比例计算的其在注册资本中所占的份额部分,不记入"实收资本"账户,而作为资本公积,记入"资本公积"账户。

7.1.3 股份有限公司股本的核算

股份有限公司,是指将全部资本划分为等额股份,股东以其认购的股份为限对公司承担责任,公司以全部财产对公司债务承担责任的法人。设立股份有限公司可以采取发起设立或者募集设立的方式。应当有二人以上二百人以下为发起人,其中须有半数以上的发起人在中国境内有住所。与其他企业相比,其显著特点在于将企业的资本划分为等额股份,并通过发行股票的方式来筹集资本。股票的面值与股份总数的乘积即为公司股本,股本等于股份有限公司的注册资本。

从理论上讲,股票发行有三种情况:①溢价发行,即公司发行股票所得收入大于股本总额;②折价发行,即公司发行股票所得收入小于股本总额;③面值发行,亦称平价发行,即公司发行股票所得收入等于股本总额。但从实务来看,许多国家都不允许折价发行股票。在我国,企业不允许折价发行股票。

为了如实反映公司的股本情况,股份有限公司应设置"股本"账户进行核算。公司因发行股票、可转换债券转换成股票及发放股票股利等原因取得股本时记入该账户贷方;按法定程序报经批准减少注册资本的公司在实际返还股款时记入该账户借方;该账户贷方余额表示公司所拥有的股本总额。"股本"账户应按普通股和优先股设置明细账户进行明细核算。

例 7-2 某股份有限公司委托某证券公司代理发行普通股票 3 000 万股,每股面值

1元,发行价格为1.5元。该公司与受托单位约定,按发行收入3%收取手续费。收到的股款已存入银行。请编制相应的会计分录。

$$发行费用=1.5×30\ 000\ 000×3\%=1\ 350\ 000(元)$$

公司应作会计分录如下。

(1) 支付发行费用。

借:资本公积——股本溢价　　　　　　　　1 350 000
　贷:银行存款　　　　　　　　　　　　　　　　1 350 000

(2) 收到发行收入。

借:银行存款　　　　　　　　　　　　　　43 650 000
　贷:股本　　　　　　　　　　　　　　　　　　30 000 000
　　　资本公积——股本溢价　　　　　　　　　　13 650 000

值得注意的是,发行股票相关的手续费、佣金等交易费用,如果是溢价发行股票的,应从溢价中抵扣,冲减资本公积(股本溢价)。无溢价发行股票或溢价金额不足以抵扣的,应将不足抵扣的部分冲减盈余公积和未分配利润。

7.1.4　实收资本(或股本)增减变动的核算

我国有关法律规定,企业资本(或股本)除了下列情况外,不得随意变动:一是符合增资条件,并经有关部门批准增资;二是企业按法定程序报经批准减少注册资本。

1. 企业增资

(1) 企业接受投资者额外投入实现增资。企业接受新的投资者的投资可以增加资本。所有者权益增加的途径很多,净利润增加,所有者权益就增加了,但不能说所有者权益增加都是净利润的增加。接受新的所有者投资也可以使所有者权益增加。

在企业按规定接受投资者额外投入实现增资时,企业应当按实际收到的款项或其他资产,借记"银行存款"等账户,按增加的实收资本或股本金额,贷记"实收资本"或"股本"账户,按照两者之间的差额,贷记"资本公积——资本溢价"或"资本公积——股本溢价"账户。

(2) 资本公积转增资本。在企业采用资本公积转增资本时,企业应按照转增的资本金额,借记"资本公积"账户,贷记"实收资本"或"股本"账户。

(3) 盈余公积转增资本。在企业采用盈余公积转增资本时,企业应按照转增的资本金额,借记"盈余公积"账户,贷记"实收资本"或"股本"账户。

(4) 采用发放股票股利方式增资。在股份有限公司股东大会或类似机构批准采用发放股票股利的方式增资时,公司应在实施该方案并办理完增资手续后,根据实际发放的股票股利数,借记"利润分配——转作股本的普通股股利"账户,贷记"股本"账户。

值得注意的是,公司发放现金股利时,应借记"利润分配——分配普通股的股利"账户,贷记"应付股利"账户。这两种发放股利方式账务处理的区别在于:一个是会计分录不一样,一个是时间不一样。发放股票股利是在办完增资手续后进行账务处理;发放现金股利是在宣布分配方案进行账务处理。

2. 企业减资

减少资本有两种情况,第一种是资本过剩要减资;第二种是发生重大亏损要减资。

(1) 资本过剩。资本过剩是指注册资本过剩,经批准以后可以减少资本。一是由于一些政策性的原因,如煤矿、煤炭行业,很多小的煤窑要减掉,出现减少注册资本。二是由于在申办上市公司或一个新的项目时盘子做得很大,资本筹起来后,很可能造成项目用不了这么多钱,造成资本过剩。资本过剩带来的问题,就是股东的投资肯定达不到当时承诺的投资回报率,因此将来开股东大会就可能提出各种议案。很多企业就会把盘子设计得小一些,跟这个项目相对应,然后再履行它的承诺。

(2) 重大亏损。公司在经营中由于特殊原因发生了重大亏损,在短期内是难以用利润和公积金弥补的。而按规定,公司如有未弥补的亏损,将不能发放股利。此时,公司如不进行减资,即使以后年度实现了利润,也必须首先用于弥补亏损,而不能先向投资者发放股利,这势必会动摇投资者的信念,影响其投资信誉。

企业减少实收资本应按法定程序报经批准,股份制公司可以采用回购本公司股票的方式减资。企业应设置"库存股"账户,核算公司收购的尚未转让或注销的本公司股份金额。企业为减少注册资本而收购本公司股份时,应按实际支付的金额,借记"库存股"账户,贷记"银行存款"等账户。注销库存股时,应按股票面值和注销股数计算的股票面值总额,借记"股本"账户,按注销库存股的账面余额,贷记"库存股"账户,按其差额,借记"资本公积——股本溢价"账户,股本溢价不足冲减的,应借记"盈余公积""利润分配——未分配利润"账户。

任务7.2 资本公积核算

7.2.1 资本公积概述

1. 资本公积的来源

资本公积(capital surplus),是企业收到投资者出资额超出其在注册资本(或股本)中所占份额的部分。资本公积包括资本溢价(或股本溢价)和其他资本公积等。形成资本溢价(或股本溢价)的原因有溢价发行股票、投资者超额缴入资本等。

2. 资本公积与实收资本(或股本)、留存收益、其他综合收益的区别

1) 资本公积与实收资本(或股本)的区别

(1) 从来源和性质看。实收资本(或股本)是指投资者按照企业章程或合同、协议的约定,实际投入企业并依法进行注册的资本,它体现了企业所有者对企业的基本产权关系。资本公积是投资者的出资中超出其在注册资本中所占份额的部分,以及直接计入所有者权益的利得和损失,它不直接表明所有者对企业的基本产权关系。

(2) 从用途看。实收资本(或股本)的构成比例是确定所有者参与企业财务经营决策的基础,也是企业进行利润分配或股利分配的依据,同时还是企业清算时确定所有者对净资产的要求权的依据。资本公积的用途主要是用来转增资本(或股本)。资本公积不体现各所有者的占有比例,也不能作为所有者参与企业财务经营决策或进行利润分配(或股利分配)的依据。

2) 资本公积与留存收益的区别

留存收益是企业从历年实现的利润中提取或形成的留存于企业的内部积累,来源于企业生产经营活动实现的利润。资本公积的来源不是企业实现的利润,而主要来自资本溢价

(或股本溢价)等。

3) 资本公积与其他综合收益的区别

其他综合收益是指企业根据《企业会计准则》规定未在当期损益中确认的各项利得和损失。资本公积和其他综合收益均会引起企业所有者权益发生增减变动,资本公积不会影响企业的损益,而部分其他综合收益项目则在满足《企业会计准则》规定的条件时,可以重分类进损益,从而成为企业利润的一部分。

3. 资本公积核算的账户设置

资本公积的核算包括资本公积溢价(或股本溢价)的核算、资本公积转增资本的核算等内容。为了核算企业资本公积的增减变动情况,企业应设置"资本公积"账户,该账户的贷方核算企业资本公积增加数额;借方核算企业资本公积减少数额;期末贷方余额,反映企业实有的资本公积。该账户应当分别"资本溢价(股本溢价)""其他资本公积"设置明细账户,进行明细核算。

7.2.2 资本公积的核算

1. 资本溢价的核算

除股份有限公司以外的其他类型的企业,在企业创立时,投资者认缴的出资额全部记入"实收资本"账户,一般不会产生资本公积。但在企业重组并有新的投资者加入时,为了维护原有投资者的权益,新加入的投资者的出资额,并不一定全部作为实收资本处理。这是因为,在企业正常经营后,其资本利润率通常要高于企业初创阶段,同时企业有内部积累,新投资者加入企业后,对这些积累也要分享,所以新加入的投资者往往要付出大于原投资者的出资额,才能取得与原投资者相同的出资比例。按其投资比例计算的出资额部分,记入"实收资本"账户,大于部分应记入"资本公积"账户。

例 7-3 某公司由 A、B 两位股东各投资 500 000 元设立。设立时的实收资本为 100 万元。经过几年的经营,有 C、D 两位投资者要加入该企业,经过协商,决定将企业的注册资本增加到 2 000 000 元,这两位投资者共出资 1 400 000 元,各拥有该企业的 25% 的股份。在会计核算时,将 C、D 股东投入资金中的 1 000 000 元记入"实收资本"账户,其余的 400 000 元记入"资本公积——资本溢价"账户。请编制相应的会计分录。

该公司应作会计分录如下。

借:银行存款　　　　　　　　　　　　1 400 000
　　贷:实收资本——股东 C　　　　　　　500 000
　　　　　　　　——股东 D　　　　　　　500 000
　　　　资本公积——资本溢价　　　　　　400 000

2. 股本溢价的核算

股本溢价,是指股份有限公司溢价发行股票时实际收到的款项超过股票面值总额的数额。因此,为提供企业股本总额及其构成及注册资本等信息,在采用与股票面值相同的价格发行股票的情况下,企业发行股票取得的收入,应全部记入"股本"账户;在采用溢价发行股票的情况下,企业发行股票取得的收入,相当于股票面值部分记入"股本"账户,超出股票面值的溢价收入记入"资本公积——股本溢价"账户。

发行股票相关的手续费、佣金等交易费用，如果是溢价发行股票的，应从溢价中抵扣，冲减资本公积（股本溢价），借记"资本公积——股本溢价"账户，贷记"银行存款"账户；无溢价发行股票或溢价金额不足以抵扣的，应将不足抵扣的部分冲减盈余公积和未分配利润。

例 7-4　某股份有限公司委托某证券公司代理发行普通股票 1 000 万股，每股面值 1 元，发行价格为 1 元。该公司与受托单位约定，每股支付证券公司佣金、手续费 0.1 元。收到的股款已存入银行。假定不考虑相关税费，请编制相应的会计分录。

该公司应作会计分录如下。

　　借：银行存款　　　　　　　　　　　　　　　　　　9 000 000
　　　　盈余公积　　　　　　　　　　　　　　　　　　1 000 000
　　　贷：股本　　　　　　　　　　　　　　　　　　　10 000 000

若企业只有 700 000 元的盈余公积，则公司应作会计分录如下。

　　借：银行存款　　　　　　　　　　　　　　　　　　9 000 000
　　　　盈余公积　　　　　　　　　　　　　　　　　　　700 000
　　　　利润分配——未分配利润　　　　　　　　　　　　300 000
　　　贷：股本　　　　　　　　　　　　　　　　　　　10 000 000

3．资本公积转增资本的核算

资本公积的主要用途就是根据企业经营、发展的需要，通过履行一定的法定程序后转增资本。资本公积由全体投资者共同享有，在转增资本时，按投资者在公司实收资本（或股本）中所占比例，分别转入各投资者名下。

经股东大会或类似机构决议，用资本公积转增资本时，借记"资本公积——资本溢价"或"资本公积——股本溢价"账户，贷记"实收资本"账户。

任务 7.3　留存收益核算

留存收益，是指企业从历年实现的利润中提取或留存于企业的内部积累，它来源于企业生产经营活动所实现的利润，包括盈余公积和未分配利润两部分。盈余公积（surplus reserve），是指企业按照规定从净利润中提取的积累资金。盈余公积根据其用途不同可分为法定盈余公积和任意盈余公积两项。未分配利润（undistributed profit），是企业留待以后年度进行分配的结存利润。其含义：一是留待以后年度处理的利润；二是未指定特定用途的利润。相对于所有者权益的其他部分来讲，企业对于未分配利润的使用分配有较大的自主权。从数量上讲，未分配利润是期初未分配利润，加上本期实现的净利润，减去提取的各种盈余公积和向投资者分配利润后的余额。

7.3.1　利润分配

1．利润分配的程序

利润分配（allocation of profits），是指企业按照国家政策或合同协议、董事会决议等规定,对已实现的净利润在企业和投资人之间进行分配。

根据我国有关法规的规定,企业实现的净利润,应按下列顺序进行分配。

(1) 弥补以前年度亏损(指超过用所得税前的利润抵补亏损的期限后,仍未补足的部分)。

(2) 提取法定盈余公积。法定盈余公积应按本年净利润扣除第一项后余额的10%提取。企业提取的法定盈余公积累计额超过其注册资本的50%以上的,可不再提取。

(3) 向投资者分配利润。企业当期实现的净利润,加上年初未分配利润(减去年初未弥补亏损)、盈余公积弥补亏损后的余额,为可供分配的利润;可供分配的利润减去提取的法定盈余公积、法定公益金后,为可供投资者分配的利润,可按约定比例分配给投资者。

股份有限公司在提取了法定盈余公积之后,应按照下列顺序进行分配:支付优先股股利;提取任意盈余公积金,任意盈余公积金按照公司章程或者股东会决议提取和使用;支付普通股股利。

企业当年无利润时,不得向投资者分配利润。但是,股份有限公司在用盈余公积弥补亏损后,经股东大会特别决议,可按不超过股票面值6%的比例用盈余公积分配股利。股利分配后,企业法定盈余公积不得低于注册资本的25%。

企业的净利润除国家另有规定外,应严格按以上顺序进行分配。企业以前年度的亏损未弥补完,不得提取法定盈余公积。在提取法定盈余公积前,不得向投资者分配利润。

2. 利润分配的核算

企业应设置"利润分配"账户,进行利润分配的核算。该账户属于所有者权益类,核算企业利润的分配(或亏损的弥补)和历年分配(或弥补)后的余额。该账户的贷方反映年末从"本年利润"账户转入的本年净利润以及用盈余公积补亏的数额;借方反映按规定提取的盈余公积、向投资者分配的利润数额以及年末从"本年利润"账户转入的本年亏损数额。该账户年末余额,反映企业历年的未分配利润(或未弥补亏损)。在"利润分配"账户下应当分别"提取法定盈余公积""提取任意盈余公积""应付现金股利或利润""转作股本的股利""盈余公积补亏""未分配利润"等设置明细账户,进行明细核算。

利润分配的核算主要包括利润分配和利润结转等内容。

(1) 企业按规定提取的盈余公积,借记"利润分配——提取法定盈余公积、提取任意盈余公积"账户,贷记"盈余公积——法定盈余公积""盈余公积——任意盈余公积"账户。

经股东大会或类似机构决议,分配给股东或投资者的现金股利或利润,借记"利润分配——应付现金股利或利润"账户,贷记"应付股利"账户。

经股东大会或类似机构决议,分配给股东的股票股利,应在办理增资手续后,借记"利润分配——转作股本的股利"账户,贷记"股本"账户。

用盈余公积弥补亏损,借记"盈余公积——法定盈余公积或任意盈余公积"账户,贷记"利润分配——盈余公积补亏"账户。

(2) 年度终了,企业应将本年实现的净利润,自"本年利润"账户转入"利润分配"账户,借记"本年利润"账户,贷记"利润分配——未分配利润"账户,为净亏损的作相反的会计分录;同时,将"利润分配"科目所属其他明细账户的余额转入"利润分配——未分配利润"明细账户。结转后,"利润分配"账户除"未分配利润"明细账户外,其他明细账户应无余额。"未分配利润"明细账户的贷方余额,则表示未分配利润的数额;借方余额,则表示未弥补的亏损数额。

7.3.2 盈余公积

1. 盈余公积的组成

公司制企业和非公司制企业盈余公积包括法定盈余公积和任意盈余公积。按照《公司法》有关规定，公司制企业应当按照净利润（减弥补以前年度亏损，下同）的10%提取法定盈余公积。但是，非公司制企业法定盈余公积的提取比例可超过净利润的10%。法定盈余公积累计额已达注册资本的50%时可以不再提取。

法定盈余公积和任意盈余公积的区别在于其各自计提的依据不同，前者以国家的法律、法规为依据；后者由企业的权力机构自行决定。

2. 盈余公积核算的账户设置

为了核算盈余公积的提取和使用等增减变动情况，企业应设置"盈余公积"账户，该账户为所有者权益类账户。该账户贷方反映企业提取的盈余公积，该账户的借方反映盈余公积的使用，贷方余额为企业盈余公积的实有数额。"盈余公积"账户应按盈余公积的种类设置"法定盈余公积""任意盈余公积"等明细账户设置三栏式明细账进行明细分类核算。

3. 盈余公积使用的核算

一般盈余公积的使用不外乎以下三个用途。

(1) 转增资本。当企业提取的盈余公积累积比较多时，可以将盈余公积转增资本（股本），但是必须经股东大会或类似机构批准。而且用盈余公积转增资本（股本）后，留存的盈余公积不得少于注册资本的25%。

转增时，应按照批准的转增资本数额，借记"盈余公积——法定盈余公积"账户，贷记"实收资本"或"股本"账户。

(2) 弥补亏损。企业发生亏损时，应由企业自行弥补。弥补亏损的渠道主要有三个：①用以后年度税前利润弥补；②用以后年度税后利润弥补；③以盈余公积弥补亏损。根据《企业会计准则》和有关法规的规定，企业发生亏损，可以用发生亏损后五年内实现的税前利润来弥补，当发生的亏损在五年内仍不足弥补的，应使用随后所实现的所得税后利润弥补。通常，当企业发生的亏损在所得税后利润仍不足弥补的，可以用所提取的盈余公积来加以弥补，但是，用盈余公积弥补亏损应当由董事会提议，股东大会批准，或者由类似的机构批准。

值得注意的是，企业以前两种方法弥补亏损时，无须为此作特别的会计分录，年末将"本年利润"账户贷方余额转入"利润分配——未分配利润"明细账户的贷方后，该明细账户借方累积的亏损自然减少或消失。这两种方法所不同的是年末结转的本年利润，一个是税前利润；另一个是税后利润。企业经股东大会或类似机构决议，用盈余公积弥补亏损时，借记"盈余公积"账户，贷记"利润分配——盈余公积补亏"账户。

(3) 发放股利。在特殊情况下，当企业累积的盈余公积比较多，而未分配利润比较少时，为了维护企业形象，给投资者以合理的回报，对于符合规定条件的企业，也可以用盈余公积分派现金利润或股利。因为盈余公积从本质上讲是由收益形成的，属于资本增值部分。

股份公司经股东大会决议，用盈余公积派送新股时，按派送新股计算的金额，借记"盈余公积"账户,按股票面值和派送新股总数计算的金额,贷记"股本"账户,如有差额,贷记"资本公积——股本溢价"账户。

企业经股东大会或类似机构决议,用盈余公积分配现金股利或利润时,借记"盈余公积"账户,贷记"应付股利"账户;用盈余公积分配股票股利或转增资本,应当于实际分配股票股利或转增资本时,借记"盈余公积"账户,贷记"实收资本"或"股本"账户。

例 7-5 某公司 20×3 年实现净利润 3 465 320 元,按当年实现净利润的 10% 和 5% 分别提取法定盈余公积和任意盈余公积。经董事会决议,按本期可向股东分配利润的 80% 向投资人分配利润。假设无年初未分配利润,请编制相应的会计分录。

公司应作会计分录如下。

(1) 年末,将"本年利润"账户累计实现的利润转入"利润分配"账户。

借:本年利润　　　　　　　　　　　　　3 465 320
　　贷:利润分配——未分配利润　　　　　　3 465 320

(2) 年末,进行利润分配。

应提取法定盈余公积 = 3 465 320 × 10% = 346 532(元)
应提取任意盈余公积 = 3 465 320 × 5% = 173 266(元)
本期可供股东分配的利润 = 3 465 320 − 346 532 − 173 266 = 2 945 522(元)
应向投资人分配的利润 = 2 945 522 × 80% = 2 356 417.6(元)

借:利润分配——提取法定盈余公积　　　　346 532
　　　　　　——提取任意盈余公积　　　　173 266
　　　　　　——应付现金股利或利润　　2 356 417.6
　　贷:盈余公积——法定盈余公积　　　　　346 532
　　　　　　　——任意盈余公积　　　　　173 266
　　　应付股利　　　　　　　　　　　　2 356 417.6

(3) 将"利润分配"其他明细账户结转至"未分配利润"明细账户。

借:利润分配——未分配利润　　　　　　2 876 215.6
　　贷:利润分配——提取法定盈余公积　　　346 532
　　　　　　　——提取任意盈余公积　　　173 266
　　　　　　　——应付现金股利或利润　2 356 417.6

值得注意的是,经过年末结转后,该企业 20×3 年"本年利润"账户及"利润分配"账户的其他明细账户均无余额,只有"利润分配——未分配利润"账户贷方有余额 58 910.4 元,反映的是历年累计的未分配利润。

拓展阅读

《企业会计准则——基本准则》
《中华人民共和国公司法》
《中华人民共和国企业法人登记管理条例施行细则》
《企业会计准则——应用指南》

项目训练

一、简答题

1. 所有者权益与负债有何区别？
2. 所有者权益由哪些内容构成？
3. 简述公司制企业实收资本的核算特点。
4. 简述利润分配的程序。

二、单项选择题

1. 甲企业收到某单位作价投入的原材料一批，该批原材料实际成本为450 000元，双方确认的价值为460 000元，经税务部门认定应交的增值税为59 800元，甲企业应记入"实收资本"账户的金额为（　　）元。

    A. 460 000　　　B. 519 800　　　C. 450 000　　　D. 526 500

2. 有限责任公司在增资扩股时，如有新投资者加入，新加入的投资者缴纳的出资额大于其在注册资本中所占的份额部分，不记入"实收资本"账户，而记为（　　）账户。

    A. 盈余公积　　　B. 资本公积　　　C. 未分配利润　　　D. 营业外收入

3. 有限责任公司增资扩股时，新介入的投资者缴纳的投资额大于其按投资比例计算的其在注册资本中所占的份额部分，应记入（　　）账户。

    A. "资本公积"　　　B. "实收资本"　　　C. "股本"　　　D. "盈余公积"

4. 法定盈余公积金已达到注册资本的（　　）时可不再提取。

    A. 20%　　　B. 25%　　　C. 10%　　　D. 50%

5. 某股份制公司委托某证券公司代理发行普通股100 000股，每股面值1元，每股按2.3元的价格出售。按协议，证券公司从发行收入中收取2%的手续费，从发行收入中扣除。则该公司记入"资本公积"账户的数额为（　　）元。

    A. 130 000　　　B. 128 000　　　C. 225 400　　　D. 125 400

6. 采用溢价发行股票方式筹集资本，其"股本"账户所登记的金额是（　　）。

    A. 实际收到的款项
    B. 实际收到的款项减去付给证券商的费用
    C. 实际收到的款项加上冻结资金期间利息收入
    D. 股票面值乘以股份总数

7. 下列各项中，会引起留存收益总额发生增减变动的是（　　）。

    A. 盈余公积转增资本　　　B. 盈余公积补亏
    C. 资本公积转增资本　　　D. 用税后利润补亏

8. 某企业年初未分配利润为4万元，本年实现净利润12万元，本年提取一般盈余公积1.2万元，提取任意盈余公积0.6万元，向投资者发放现金股利2.4万元。该企业年末未分配利润为（　　）万元。

    A. 16　　　B. 14.2　　　C. 11.8　　　D. 12

9. 某企业当年盈利 300 万元，以前年度未弥补亏损 40 万元(已超过规定的弥补期限)，企业用盈余公积弥补了 30 万元，另外 10 万元可用(   )。
   A. 资本公积弥补   B. 以后年度的盈余公积弥补
   C. 所得税后利润弥补   D. 所得税前利润弥补
10. 企业用利润弥补亏损时，应(   )。
    A. 借记"本年利润"账户，贷记"利润分配——未分配利润"
    B. 借记"利润分配——未分配利润"账户，贷记"本年利润"账户
    C. 借记"利润分配——未分配利润"账户，贷记"盈余公积"账户
    D. 无须专门作账务处理

三、多项选择题

1. 下列项目中，同时引起资产和所有者权益发生增减变化的项目有(   )。
   A. 接受捐赠   B. 减少实收资本
   C. 投资者投入资本   D. 用盈余公积弥补亏损
2. 企业增加资本的方式有(   )。
   A. 资本公积转增   B. 盈余公积转增
   C. 新投资者投入   D. 发放现金股利
3. 企业减少实收资本应按法定程序报经批准，一般发生在企业(   )而需要减资的情况下。
   A. 资本过剩   B. 发生重大亏损   C. 投资者要求   D. 盈利
4. 留存收益包括(   )。
   A. 法定盈余公积   B. 其他综合收益   C. 任意盈余公积   D. 未分配利润
5. 下列关于盈余公积正确的叙述有(   )。
   A. 盈余公积是指企业按照规定从利润总额中提取的积累资金
   B. 法定盈余公积累计额达到注册资本的 50%时可不再提取
   C. 任意盈余公积按照税后利润的 5%～10%的比例提取
   D. 盈余公积转增资本后，以转增后留存的此项公积金不得少于注册资本的 25%为限
6. 企业提取的盈余公积经批准可以用于(   )。
   A. 弥补亏损   B. 职工福利
   C. 转增资本   D. 发放现金股利
7. 下列各项中，属于企业留存收益的有(   )。
   A. 资本公积   B. 法定盈余公积   C. 任意盈余公积   D. 未分配利润
8. 企业自行弥补亏损的合法渠道包括(   )。
   A. 用以后年度税前利润弥补   B. 用以前年度税后利润弥补
   C. 用盈余公积弥补   D. 用资本公积弥补
9. 下列各项中，会引起年末未分配利润数额变化的是(   )。
   A. 企业减资   B. 用资本公积转增资本
   C. 本年利润转入   D. 提取盈余公积
10. 下列各项中，不会引起留存收益总额发生增减变动的有(   )。

A. 提取任意盈余公积　　　　　　　B. 盈余公积弥补亏损
C. 用盈余公积分配现金股利　　　　D. 用未分配利润分配股票股利

四、判断题

1. 所有者权益来源于所有者投入的资本和留存收益,不应该包括利得和损失。（　　）
2. 投资者可以凭借对企业的所有权,以股利或利润的形式参与企业的利润分配,但不能参与企业的经营管理。（　　）
3. 股份制企业"股本"账户的入账金额应为核定的股份总额与股票面值乘积。（　　）
4. 企业接受的原材料投资,其增值税税额不能计入实收资本。（　　）
5. 有限责任公司在增资扩股时,新加入的投资者缴纳的出资额,大于其按约定比例计算的其在注册资本中所占的份额的部分,应记入"资本公积"账户。（　　）
6. 可供分配利润＝当年实现利润＋年初未分配利润(或－年初未弥补亏损)。（　　）
7. 未分配利润是经过弥补亏损、提取法定盈余公积、提取任意盈余公积和向投资者分配利润等利润分配之后的剩余利润,是企业留待以后年度进行分配的历年结存的利润。（　　）
8. 用一般盈余公积转增资本或弥补亏损,均不影响所有者权益总额的变化。（　　）

五、实训题

实训一

【目的】　练习股本业务的核算。

【资料】　甲公司委托某证券公司代理发行股票 500 万股,每股面值 10 元,每股发行价格 11 元,根据合同规定,甲公司按发行收入的 1% 向证券公司支付发行费用,从溢价收入中扣除。假设发行收入已全部收到,发行费用已全部支付,不考虑其他因素。

【要求】　编制甲公司的有关会计分录。

实训二

【目的】　练习投入资本的核算。

【资料】　乙公司原由投资者 A 和投资者 B 共同出资成立,每人出资 200 000 元,各占 50% 的股份。经营两年后,投资者 A 和投资者 B 决定增加公司资本,此时有一新的投资者 C 要加入乙公司。经有关部门批准后,乙公司实施增资,将实收资本增加到 900 000 元。经三方协商,一致同意,完成下述投入后,三方投资者各拥有乙公司 300 000 元实收资本,并各占乙公司 1/3 的股份。各投资者的出资情况如下。

(1) 投资者 A 以一台设备投入乙公司作为增资,该设备原价 180 000 元,已提折旧 95 000 元,评估确认原价 180 000 元,评估确认净值 126 000 元。

(2) 投资者 B 以一批原材料投入乙公司作为增资,该批材料账面价值 105 000 元,评估确认价值 110 000 元,税务部门认定应交增值税税额为 14 300 元。投资者 B 已开具了增值税专用发票。

(3) 投资者 C 以银行存款投入乙公司 390 000 元。

【要求】　根据以上资料,分别编制乙公司接受投资者 A、投资者 B 增资时以及投资者 C 出资时的会计分录。

实 训 三

【目的】 练习利润分配的核算。

【资料】 甲股份有限公司年初未分配利润为 1 000 000 元,本年实现净利润 2 000 000 元,即"本年利润"年末贷方余额 2 000 000 元,本年提取法定盈余公积 200 000 元,提取任意盈余公积 100 000 元,支付普通股股票股利 100 000 元,支付普通股现金股利 350 000 元。

【要求】 编制甲股份有限公司利润分配及年终结转的会计分录,并计算其"利润分配——未分配利润"科目的期末余额。

实 训 四

【目的】 练习所有者权益的核算。

【资料】 A 公司由甲、乙双方投资建立,甲的投资比例为 60%,乙的投资比例为 40%。20×3 年 A 公司发生下列经济业务。

(1) 接受甲公司专用设备一台作为投资,其账面原值 125 000 元,已提折旧 50 000 元,经双方协商,作价 85 000 元。

(2) 接受某外商捐赠的一台需要安装的新设备一台,该设备国内市场价格为 100 000 元(同按税法规定确定的价值),A 公司另以银行存款支付该设备相关税费 10 000 元,支付安装调试费 20 000 元。设备安装完毕。

(3) 用盈余公积弥补亏损 100 000 元。

(4) 收到甲公司投入商品一批作为原材料使用,计价 70 000 元(同按税法规定确定的价值),增值税 9 100 元,材料已验收入库。

(5) 20×3 年发生亏损 500 000 元。

【要求】 根据上述业务编制会计分录。

第3篇 运用会计

项目 8 财务报表与分析

学习目标

素质目标：
1. 学习会计报告的内容构成，提升综合系统的全局意识。
2. 准确分析数据信息，认真填制报表项目，提高诚实守信的职业素养。
3. 进行报表数据比较，树立资产保值增值、综合收益提高的发展理念。
4. 通过对报表数据指标的计算，培养关注长期发展、分析重点因素的工作方法。
5. 以工作处理方式和流程为内容，建立准确系统编制、及时完整报送的管理理念。

知识目标：
1. 选择一家生产企业，列举主要业务事项，整理会计信息，推断其报告内容。
2. 说明资产负债表主要报表项目的计算过程，区别运用不同编制方法。
3. 说明利润表主要报表项目的填列方法，采用多步式证明综合收益形成过程。
4. 识别不同财务报表分析指标，归纳分析其计算方法及指标反映的信息内容。
5. 复述会计信息质量要求，总结财务会计报告编制原则和编制要求。

能力目标：
1. 模拟工作场景，分析、整理业务，识别会计信息，完成会计报表编制。
2. 在会计报告编制者和使用者之间转换身份，类推会计报告的意义作用。
3. 模拟主管会计岗位，综合考量报表数据，编写报表指标分析报告。
4. 联系权责发生制，检验企业经营成果形成对资产、负债、所有者权益的影响。
5. 尝试采用收付实现制编制现金流量表，扩展报告企业现金流入流出情况。

项目引入

高质量的会计信息是保证会计决策有用的基石。财务报告是企业会计信息系统管理的最后一道工序，其中，财务报表数据资料及其指标分析所揭示的会计信息应遵循会计准则和公认会计原则的基本要求，保证真实、合法、完整、准确、及时，这是会计职业道德最基本的诚信原则，也是企业诚信的重要表现。企业会计机构和会计人员应当以职业操守为重，坚持准则，按规定要求对企业各项经济业务进行确认、计量和报告，不做假账，诚信为本。而企业的管理层以及投资者、债权人、政府主管部门、社会公众等企业会计信息的使用者会从各自的信息需要出发分析报表数据，只有信息的真实有效才能帮助他们分析过去经济事项，控制现在资金运动，预测未来价值趋势，作出切实可行的管理决策，继而推动企业真正做强做大、可持续发展。从诸多企业经营的历史来看，有一些企业为追求某一方面经济利益,粉饰报表数据,提供虚假会计信息,这些不讲究诚信原则的企业,虽然可能暂时成功,但是无法长期保持竞争力。

为了充分发挥会计信息的作用,确保信息质量,各会计主体单位必须按照一定的程序、方法和要求,编报合法、真实和公允的财务报表。

(1) 为了确保财务报表编报的及时性,政府有关部门对各单位财务报表编报时间作出了明确的规定。

(2) 企业应当以持续经营为基础,根据实际发生的交易和事项进行确认和计量,在此基础上编制财务报表。企业不应以附注披露代替确认和计量。

(3) 财务报表项目的列报应当在各个会计期间保持一致,不得随意变更,除非会计准则要求改变,或主体的经营性质发生重大变化,改变后的列报能够提供更可靠、更相关的信息。

(4) 企业应当考虑报表项目的重要性。重要性是指财务报表某项目的省略或错报会影响使用者据此做出经济决策。重要性应当根据企业所处的环境,从项目的性质和金额大小两方面予以判断。

(5) 当期财务报表的列报,至少应当提供所有列报项目的上一可比期间的比较数据,以及与理解当期财务报表相关的说明。

此外,企业在列报财务报表时,应严格遵守资产、负债、所有者权益、收入和费用的定义和确认标准,如实反映企业的交易与其他经济事项,真实而公允地反映企业的财务状况、经营成果以及现金流量。在必要的情况下,企业还可以通过附注的形式来补充说明财务报表的内容以及财务报表不能反映的内容,进一步提高财务报表的真实性与公允性。

项目要求

(1) 根据本项目知识点内在的逻辑关系,制作本项目思维导图。

(2) 了解我国上市公司对外披露哪些财务报表,它们之间的钩稽关系以及财务报表的编制要求。

(3) 搜集与本项目有关的企业真实案例。

(4) 查阅上市公司会计诚信问题的相关案例资料,设定角色为企业会计人员,思考在报表编制过程中怎样执行会计诚信原则;设定角色为投资者或债权人,思考如何通过分析财务报表中的各项指标检查企业会计诚信问题。

(5) 学完本项目,要求每个学习小组选择一家上市公司,对其近两年的财务报表进行全面分析并上交课业报告,报告需同时交 PPT 和 Word 电子文档,报告封面注明组员姓名及分工明细(注意角色轮换),并准备在班级演示。

任务1 资产负债表编制

任务调研:观察企业资产负债表,分析各项目数据来源,理解编制原理和方法。

任务2 利润表编制

任务调研:观察企业利润表,分析各项目数据来源,理解多步法编制方法。

任务3 所有者权益变动表编制

任务调研:了解企业所有者权益变动表编制作用。

任务4 附注编写

任务调研:了解会计报表附注的内容及其信息披露的作用。

任务5　财务报表分析

任务调研：了解企业常用报表分析指标及其意义。

财务报表列报应遵循如下基本要求。

(1) 企业应当以持续经营为基础，根据实际发生的交易和事项，按照《企业会计准则》的规定进行确认和计量，在此基础上编制财务报表。企业不应以附注披露代替确认和计量。

企业管理层应当评价企业的持续经营能力，对持续经营能力产生重大怀疑的，应当在附注中披露导致对持续经营能力产生重大怀疑的影响因素。

企业正式决定或被迫在当期或将在下一个会计期间进行清算或停止营业的，表明其处于非持续经营状态，应当采用其他基础编制财务报表，并在附注中声明财务报表未以持续经营为基础列报、披露，未以持续经营为基础的原因和财务报表的编制基础。

(2) 财务报表项目的列报应当在各个会计期间保持一致，不得随意变更，但下列情况除外：一是会计准则要求改变财务报表项目的列报；二是企业经营业务的性质发生重大变化后，变更财务报表项目的列报能够提供更可靠、更相关的会计信息。

(3) 性质或功能不同的项目，应当在财务报表中单独列报，但不具有重要性的项目除外。性质或功能类似的项目，其所属类别具有重要性的，应当按其类别在财务报表中单独列报。

重要性，是指财务报表某项目的省略或错报会影响使用者据此作出经济决策。判断项目的重要性，应当考虑该项目的性质是否属于企业日常活动等因素；判断项目金额大小的重要性，应当通过单项金额占资产总额、负债总额、所有者权益总额、营业收入总额、营业成本总额、净利润等直接相关项目金额的比重加以确定。

(4) 财务报表中的资产项目和负债项目的金额、收入项目和费用项目的金额不得相互抵销，但满足抵销条件的除外。

但是，资产项目按扣除减值准备后的净额列示，不属于抵销。非日常活动产生的损益，以收入扣减费用后的净额列示，不属于抵销。

(5) 当期财务报表的列报，至少应当提供所有列报项目上一会计期间的比较数据，以及与理解当期财务报表相关的说明，但其他会计准则另有规定的除外。

财务报表项目的列报发生变更的，应当对上期比较数据按照当期的列报要求进行调整，并在附注中披露调整的原因和性质，以及调整的各项目金额。对上期比较数据进行调整不切实可行的，应当在附注中披露不能调整的原因。不切实可行，是指企业在做出所有合理努力后仍然无法采用某项规定。

(6) 企业应当在财务报表的显著位置至少披露下列各项：一是编报企业的名称；二是资产负债表日或财务报表涵盖的会计期间；三是人民币金额单位；四是财务报表是合并财务报表的，应当予以标明。

(7) 企业至少应当按年编制财务报表。年度财务报表涵盖的期间短于一年的，应当披露年度财务报表的涵盖期间，以及短于一年的原因。

任务 8.1　资产负债表编制

8.1.1　资产负债表的作用

资产负债表(balance sheet)，是反映企业某一特定日期财务状况的会计报表，它反映企业在某一特定日期所拥有或控制的经济资源、所承担的现时义务和所有者对净资产的要求权。它是根据资产、负债和所有者权益(或股东权益,下同)之间的相互关系,按照一定的分类标准和一定的顺序,把企业一定日期的资产、负债和所有者权益各项目予以适当排列,并对日常工作中形成的大量数据进行高度浓缩整理后编制而成的。例如,公历每年 12 月 31 日的资产负债表反映的是某一时点的财务状况,因此,它是一张静态会计报表。

资产负债表所提供的信息,对于企业管理部门、上级主管部门、投资者、债权人、银行及其他金融机构、税务部门来讲,都具有重要作用。资产负债表可以提供某一日期资产的总额及结构,表明企业拥有或控制的资源及分布情况;可以提供某一日期的负债总额及结构,表明企业未来需要用多少资产或劳务清偿债务以及清偿时间;可以反映所有者所拥有的权益,据以判断资本保值、增值的情况以及对负债的保障程度。资产负债表还可以提供进行财务分析的基本资料,如将流动资产与流动负债进行比较,计算出流动比率;将速动资产与流动负债进行比较,计算出速动比率等。这些资料可以表明企业的变现能力、偿债能力和资金周转能力,从而有助于财务报表使用者做出经济决策。

8.1.2 资产负债表的结构

资产负债表一般有表首、正表两部分。其中,表首概括地说明报表名称、编制单位、编制日期、报表编号、货币名称及计量单位等。正表是资产负债表的主体。资产负债表是根据"资产=负债+所有者权益"会计等式的原理设计的,格式主要有报告式和账户式两种。报告式是上下平衡,账户式是左右平衡。我国企业资产负债表采用账户式,根据资产、负债、所有者权益之间的钩稽关系,按照一定的分类标准和顺序,把企业一定日期的资产、负债和所有者权益各项目予以适当排列。资产按其流动性大小排列,在报表左方,具体分为流动资产和非流动资产等。流动性大的资产如"货币资金""交易性金融资产"等排在前面;流动性小的如"长期股权投资""固定资产"等排在后面。负债和所有者权益排列在报表右方。负债按偿还期长短和先后顺序进行列示,具体分为流动负债和非流动负债等。"短期借款""应付票据""应付账款"等需要在一年以内或者长于一年的一个正常营业周期内偿还的流动负债排在前面;"长期借款"等在一年以上才需偿还的非流动负债排在中间。在企业清算之前不需要偿还的所有者权益项目排在后面,所有者权益按其永久性递减的顺序进行列示,具体按实收资本、资本公积、其他综合收益、盈余公积、未分配利润等项目分项列示。这种排列方式反映了企业资产、负债、所有者权益的总体规模和结构,直观地反映出企业财务状况的优劣、负债水平和偿债能力的强弱。

我国一般企业资产负债表格式如表 8-1 所示。

表 8-1 资产负债表

会企 01 表

编制单位:A 公司　　　　　　　20×2 年 12 月 31 日　　　　　　　单位:元

项　　目	期末余额	年初余额	项　　目	期末余额	年初余额
流动资产:			流动负债:		
货币资金	2 488 900		短期借款	900 000	
交易性金融资产	45 000		交易性金融负债		
衍生金融资产			衍生金融负债		

续表

项　　目	期末余额	年初余额	项　　目	期末余额	年初余额
应收票据	738 000		应付票据	600 000	
应收账款	897 300		应付账款	861 400	
应收款项融资			预收款项		
预付款项	30 000		合同负债		
其他应收款	15 000		应付职工薪酬	330 000	
存货	7 740 000		应交税费	109 800	
合同资产			其他应付款	653 000	
一年内到期的非流动资产			一年内到期的非流动负债		
其他流动资产			其他流动负债		
流动资产合计	11 954 200		流动负债合计	3 454 200	
非流动资产:			非流动负债:		
债权投资			长期借款	4 300 000	
其他债权投资			应付债券		
长期应收款			其中:优先股		
长期股权投资	750 000		永续债		
其他权益工具投资			租赁负债		
其他非流动金融资产			长期应付款		
投资性房地产			预计负债		
固定资产	2 800 000		递延收益		
在建工程	4 500 000		递延所得税负债		
生产性生物资产			其他非流动负债		
油气资产			非流动负债合计	4 300 000	
使用权资产			负债总计	7 754 200	
无形资产	2 700 000		所有者权益(或股东权益):		
开发支出			实收资本(或股本)	14 350 000	
商誉			其他权益工具		
长期待摊费用			其中:优先股		
递延所得税资产			永续债		
其他非流动资产			资本公积		
非流动资产合计	10 750 000		减:库存股		
			其他综合收益		
			专项储备		
			盈余公积	400 000	
			未分配利润	200 000	
			所有者权权益(或股东权益)合计	14 950 000	
资产总计	22 704 200		负债和所有者权益(或股东权益)总计	22 704 200	

法定代表人:李霞　　　主管会计工作的负责人:韦明国　　　会计机构负责人:张俊松

8.1.3 资产负债表的内容

企业的资产负债表由资产、负债与所有者权益三个会计要素组成，每一会计要素中又包含了若干项目，它们在确认、计量以及管理方面均有差异，了解这些项目的具体内容及相关规定，对于解读资产负债表是十分必要的。下面将按照它们在资产负债表中的项目名称逐一加以说明。

1. 资产项目的内容

企业的资产由流动资产、非流动资产两大类别组成，每一大类又包括了若干项目。

（1）"货币资金"项目，反映企业期末持有的现金、银行存款和其他货币等总额，根据"库存现金""银行存款"和"其他货币资金"各账户期末借方余额合计填列。

（2）"交易性金融资产"项目，反映企业持有的交易性金融资产的期末价值，即以公允价值计量且其变动计入当期损益的金融资产，包括为交易目的所持有的债券投资、股票投资、基金投资、权证投资等和直接指定为以公允价值计量且其变动计入当期损益的金融资产。本项目应当根据"交易性金融资产"账户期末借方余额填列。

（3）"应收票据"项目，反映企业期末持有的因销售商品、产品，提供劳务等而收到的、未到期收款也未向银行贴现的应收票据的期末价值，包括商业承兑汇票和银行承兑汇票。本项目应当根据"应收票据"账户期末借方余额扣减相关的已计提的坏账准备后的净额填列。

（4）"应收账款"项目，反映企业期末持有的因销售商品、产品，提供劳务等经营活动应收取的款项的实际价值。如"预收账款"账户所属明细账有借方余额，也包括在本项目内。本项目应当以扣减累计提取的坏账准备后的净额填列。

特别需要说明的是，企业与同一客户在购销商品结算过程中形成的债权债务关系，应当单独列示，不应当相互抵销，即应收账款不能与预收款项相互抵销、预付账款不能与应付账款相互抵销、应付账款不能与应收账款相互抵销、预收账款不能与预付账款相互抵销。

（5）"应收款项融资"项目，反映资产负债表日以公允价值计量且其变动计入其他综合收益的应收票据和应收账款等。

（6）"预付款项"项目，反映企业期末持有的按照购货合同规定预付给供应单位的款项。如"预付账款"账户所属有关明细账户期末有贷方余额的，应在本表"应付账款"项目内反映。如"应付账款"账户所属明细账户有借方余额的，也应包括在本项目内。

（7）"其他应收款"项目，反映企业期末持有的其他应收款的实际价值。本项目应根据"其他应收款""应收利息""应收股利"账户的期末余额扣减已提取的坏账准备后的净额填列。

（8）"存货"项目，反映企业期末持有的在库、在途和在加工中的各项存货的实际价值，包括各种材料、库存商品、在产品、半成品、周转材料（或者包装物及低值易耗品）、发出商品、委托加工物资等。本项目应当按照存货账户的期末余额，扣减已提取的存货跌价准备后的净额填列。

材料采取计划成本核算以及库存商品采用计划成本或售价核算的企业，"存货"项目还应加上或减去"材料成本差异""商品进销差价"期末余额后的金额填列。

（9）"合同资产"项目，反映企业按照《企业会计准则第14号——收入》的相关规定，根据本企业履行履约义务与客户付款之间的关系在资产负债表中列示的合同资产。"合同资产"项目应根据"合同资产"账户的相关明细科目期末余额分析填列，同一合同下的合同资产和合同负债应当以净额列示,其中净额为借方余额的,应当根据其流动性在"合同资产"或"其他非流动资产"项目中填列,已计提减值准备的,还应以减去"合同资产减值准备"账户中相关的期末余额后的金额填列;其中净额为贷方余额的,应当根据其流动性在"合同负债"或"其他非流动负债"项目中填列。

(10)"持有待售资产"项目,反映资产负债表日划分为持有待售类别的非流动资产及划分为持有待售类别的处置组中的流动资产和非流动资产的期末账面价值。本项目应根据"持有待售资产"账户的期末余额,减去"持有待售资产减值准备"账户的期末余额后的金额填列。

(11)"一年内到期的非流动资产"项目,反映企业预计自资产负债表日起一年内变现的非流动资产。

(12)"债权投资"项目,反映资产负债表日企业以摊余成本计量的长期债权投资的期末账面价值。本项目应根据"债权投资"账户的相关明细科目期末余额,减去"债权投资减值准备"账户中相关减值准备的期末余额后的金额分析填列。自资产负债表日起一年内到期的长期债权投资的期末账面价值,在"一年内到期的非流动资产"项目反映。企业购入的以摊余成本计量的一年内到期的债权投资的期末账面价值,在"其他流动资产"项目反映。

(13)"其他债权投资"项目,反映资产负债表日企业分类为以公允价值计量且其变动计入其他综合收益的长期债权投资的期末账面价值。本项目应根据"其他债权投资"账户的相关明细科目期末余额分析填列。自资产负债表日起一年内到期的长期债权投资的期末账面价值,在"一年内到期的非流动资产"项目反映。企业购入的以公允价值计量且其变动计入其他综合收益的一年内到期的债权投资的期末账面价值,在"其他流动资产"项目反映。

(14)"长期应收款"项目,反映企业融资租赁产生的应收款项和采用递延方式具有融资性质的销售商品和提供劳务等产生的应收款项。如果长期应收款项计提了坏账准备,本项目则应当以扣减提取的坏账准备后的净额填列。本项目按减去相应的"未实现融资收益"期末余额后的金额填列。长期应收款中将于一年内到期的部分,在"一年内到期的非流动资产"项目反映。

(15)"长期股权投资"项目,反映企业期末持有的采用成本法和权益法核算的长期股权投资的实际价值。本项目应根据"长期股权投资"账户的期末余额,扣减"长期股权投资减值准备"账户的余额后填列。

(16)"其他权益工具投资"项目,反映资产负债表日企业指定为以公允价值计量且其变动计入其他综合收益的非交易性权益工具投资的期末账面价值。本项目应根据"其他权益工具投资"账户的期末余额填列。

(17)"投资性房地产"项目,反映企业期末持有的投资性房地产的实际价值,包括采用成本模式计量的投资性房地产和采用公允价值模式计量的投资性房地产。本项目应根据"投资性房地产"账户的期末余额,扣减"投资性房地产减值准备"账户期末余额后填列。

(18)"固定资产"项目,反映企业期末持有的固定资产的实际价值。本项目应根据"固定资产"账户的期末余额,扣减"累计折旧"和"固定资产减值准备"账户的余额后填列。

(19)"在建工程"项目,反映企业期末基建、更新改造等在建工程发生的价值。企业与固定资产有关的后续支出,包括固定资产发生的日常修理费、大修理费用、更新改造支出、房屋的装修费用等,满足固定资产确认条件的,也在本项目反映,没有满足固定资产确认条件的,不在本项目反映。本项目应根据"在建工程"账户的期末余额填列。在建工程计提了减值准备,还应当扣减累计计提的减值准备金额。

(20)"生产性生物资产"项目,反映企业(农业)持有的生产性生物资产的期末实际价值。本项目应根据"生产性生物资产"账户的期末余额,扣减"生产性生物资产累计折旧"后的余额填列。如果生产性生物资产计提了减值准备的,还应当扣减累计计提的减值准备金额。

(21)"油气资产"项目,反映企业(石油天然气开采)持有的矿区权益和油气井及相关设施的实际价值。企业(石油天然气开采)与油气开采活动相关的辅助设备及设施在"固定资产"项目反映,不在本项目反映。本项目应根据"油气资产"账户的期末余额,扣减"累计折耗"账户的余额填列。如果油气资产计提了减值准备,还应当扣减累计计提的减值准备金额。

(22)"使用权资产"项目,反映资产负债表日承租人企业持有的使用权资产的期末账面价值。本项目应根据"使用权资产"账户的期末余额,减去"使用权资产累计折旧"和"使用权资产减值准备"账户的期末余额后的金额填列。

(23)"无形资产"项目,反映企业期末持有的无形资产成本,包括专利权、非专利技术、商标权、著作权和土地使用权等。采用成本模式计量的已出租的土地使用权和持有并准备增值后转让的土地使用权,在"投资性房地产"项目反映,不在本项目反映。本项目应根据"无形资产"账户的期末余额,扣减"累计摊销"和"无形资产减值准备"账户的余额后填列。

(24)"开发支出"项目,反映企业进行研究与开发无形资产过程中发生的各项支出的期末价值。本项目应根据"研发支出"账户的期末余额填列。

(25)"商誉"项目,反映企业合并中形成的商誉期末价值。本项目可以根据"商誉"账户的期末余额填列。如果企业单独设置"商誉减值准备"账户核算商誉发生的减值,则本项目应当根据"商誉"账户的期末余额扣减"商誉减值准备"账户的余额后填列。

(26)"长期待摊费用"项目,反映企业已经发生但应由本期和以后各期负担的分摊期限在一年以上的各项费用,如以经营租赁方式租入固定资产发生的改良支出。"长期待摊费用"账户中将于一年内摊销的部分,应在"一年内到期的非流动资产"项目中反映。

(27)"递延所得税资产"项目,反映企业根据所得税准则确认的可抵扣暂时性差异产生的所得税资产的期末价值。根据税法规定可用以后年度税前利润弥补的亏损产生的所得税资产,也在本项目反映。本项目应根据"递延所得税资产"账户的期末余额填列。

(28)"其他非流动资产"项目,反映企业除以上资产以外的其他非流动资产。如企业期末持有的公益性生物资产,应在"其他非流动资产"项目反映。

2. 负债项目的内容

企业的负债由流动负债和非流动负债两大类别组成,每一大类又包括了若干项目。

(1)"短期借款"项目,反映企业向银行或其他金融机构等借入的期限在一年以下(含一年)的各种借款。本项目应根据"短期借款"账户的期末余额填列。

(2)"交易性金融负债"项目,反映企业承担的交易性金融负债的公允价值和企业持有的直接指定为以公允价值计量且其变动计入当期损益的金融负债。本项目应根据"交易性金融负债"账户的期末余额填列。

（3）"应付票据"项目，反映企业购买材料、商品和接受劳务供应等而开出、承兑的商业汇票，包括银行承兑汇票和商业承兑汇票。本项目应根据"应付票据"账户的期末余额填列。

（4）"应付账款"项目，反映企业因购买原材料、商品和接受劳务供应等经营活动应支付的款项。本项目应根据"应付账款"账户的期末余额填列。建造承包商的"工程施工"期末余额小于"工程结算"账户期末余额的差额，也在本项目反映。如"预付账款"账户所属明细账有贷方余额，也包括在本项目内。

（5）"预收款项"项目，反映企业按照合同规定向购货单位预收的款项。本项目应根据"预收款项"账户所属各明细科目的期末贷方余额合计填列。如"预收账款"账户所属各明细科目有贷方余额的，也应包括在本项目内。

（6）"合同负债"项目，反映企业按照《企业会计准则第14号——收入》的相关规定，根据本企业履行履约义务与客户付款之间的关系在资产负债表中列示的合同负债。本项目应根据"合同负债"的相关明细账户期末余额分析填列。

（7）"应付职工薪酬"项目，反映企业根据有关规定应付给职工的各种薪酬。外商投资企业按规定从净利润中提取的职工奖励及福利基金，也在本项目反映。本项目应根据"应付职工薪酬"账户的期末余额填列。"应付职工薪酬"期末转为债权的，以"－"号填列。

（8）"应交税费"项目，反映企业按照税法规定计算应缴纳的各种税费，包括增值税、消费税、所得税、资源税、土地增值税、城市维护建设税、房产税、土地使用税、车船税、教育费附加、矿产资源补偿费等。企业代扣代缴的个人所得税，也通过本项目反映。企业所缴纳的税金不需要预计应交数的，如印花税、耕地占用税等，不在本项目反映。本项目应根据"应交税费"账户的期末余额填列。"应交税费"期末转为债权的，以"－"号填列。

（9）"其他应付款"项目，反映企业除应付票据、应付账款、预收账款、应付职工薪酬、应交税费和长期应付款等以外的其他各项应付、暂收的款项。本项目应根据"其他应付款""应付利息""应付股利"账户的期末余额填列。

（10）"持有待售负债"项目，反映资产负债表日处置组中与划分为持有待售类别的资产直接相关的负债的期末账面价值。本项目应根据"持有待售负债"账户的期末余额填列。

（11）"一年内到期的非流动负债"项目，反映企业非流动负债中将于资产负债表日后一年内到期部分的金额，如将于一年内偿还的长期借款。

（12）"长期借款"项目，反映企业向银行或其他金融机构借入的期限在一年以上（不含一年）的各项借款。本项目应根据"长期借款"账户的期末余额填列。

（13）"应付债券"项目，反映企业为筹集长期资金而发行的债券本金和利息。发行一年期及一年期以内的短期债券，在"交易性金融负债"项目反映，不在本项目反映。本项目应根据"应付债券"账户的期末余额填列。

（14）"租赁负债"项目，反映资产负债表日承租人企业尚未支付的租赁付款额的期末账面价值。本项目应根据"租赁负债"账户的期末余额填列。自资产负债表日起一年内到期应予以清偿的租赁负债的期末账面价值，在"一年内到期的非流动负债"项目反映。

（15）"长期应付款"项目，反映企业除长期借款和企业债券以外的其他各种长期应付款项目，包括应付租入固定资产的融资租赁费、以分期付款方式购入固定资产等发生的应付款项，本项目应根据"长期应付款"账户期末余额减去"未确认融资费用"账户期末余额填列。

长期应付款中将于一年内到期的部分,在"一年内到期的非流动负债"项目反映。

(16)"预计负债"项目,反映企业根据或有事项等相关准则确认的各项预计负债,包括对外提供担保、未决诉讼、产品质量保证、重组义务以及固定资产和矿区权益弃置义务等产生的预计负债。本项目应根据"预计负债"账户的期末余额填列。企业按照《企业会计准则第22号——金融工具确认和计量》的相关规定,对贷款承诺等项目计提的损失准备,应当在本项目中填列。

(17)"递延收益"项目,反映企业尚待确认的收入或收益。本项目核算包括企业根据政府补助准则确认的应在以后期间计入当期损益的政府补助金额、售后租回形成融资租赁的售价与资产账面价值差额等其他递延性收入。本项目应根据"递延收益"账户的期末余额填列。本项目中摊销期限只剩一年或不足一年的,或预计在一年内(含一年)进行摊销的部分,不得归类为流动负债,仍在本项目中填列,不转入"一年内到期的非流动负债"项目。

(18)"递延所得税负债"项目,反映企业根据所得税准则确认的应纳税暂时性差异产生的所得税负债。本项目应根据"递延所得税负债"账户的期末余额填列。

(19)"其他非流动负债"项目,反映企业除上述非流动负债以外的负债,如企业"递延收益"账户中除了将于一年内到期的部分期末余额,应在"其他非流动负债"项目反映。

3. 所有者权益项目的内容

所有者权益是企业资产扣除负债后由所有者享有的剩余权益。公司的所有者权益又称为股东权益。而不同组织的企业,其资产、负债的核算大同小异,显著区别在于所有者权益的核算。

(1)"实收资本(或股本)"项目,反映企业接受投资者投入企业的实收资本。本项目应根据"实收资本(或股本)"账户的期末余额填列。

(2)"其他权益工具"项目,反映资产负债表日企业发行在外的除普通股以外分类为权益工具的金融工具的期末账面价值,并下设"优先股"和"永续债"两个项目,分别反映企业发行的分类为权益工具的优先股和永续债的账面价值。

(3)"资本公积"项目,反映企业收到投资者出资额超出其在注册资本或股本中所占份额的部分以及直接计入所有者权益的利得和损失等的期末余额。本项目应根据"资本公积"账户的期末余额填列。期末资本公积为负数的,以"-"号填列。

(4)"库存股"项目,反映企业收购、转让或注销的本公司股份金额。本项目应根据"库存股"账户的期末余额填列。

(5)"其他综合收益"项目,反映企业其他综合收益的期末余额。本项目应根据"其他综合收益"账户的期末余额填列。

(6)"专项储备"项目,反映高危行业企业按国家规定提取的安全生产费的期末账面价值。本项目应根据"专项储备"账户的期末余额填列。

(7)"盈余公积"项目,反映企业从净利润中提取的盈余公积的期末余额。本项目应根据"盈余公积"账户的期末余额填列。

(8)"未分配利润"项目,反映企业尚未分配的利润。本项目应根据"利润分配——未分配利润"明细账户的期末余额填列。期末累计未分配利润为负数的,以"-"号填列。

8.1.4 资产负债表的编制方法

资产负债表正表各项目均应填制"期末余额"和"上年年末余额"两栏。

1. "上年年末余额"栏内各项数字的填列方法

"上年年末余额"栏内各项数字应根据上年年末资产负债表"期末余额"栏内所列数字填列。如果本年度资产负债表规定的各个项目的名称和内容同上年度不相一致，应对上年年末资产负债表各项目的名称和数字按照本年度的规定进行调整，填入本表"上年年末余额"栏内。

2. "期末余额"各项目的基本填列方法

资产负债表是反映资金运动处于相对静止状态的报表，"期末余额"是指某一会计期末的数字，即月末、季末、半年末、年末的数字。资产负债表各项目"期末余额"的数据来源，可以通过以下几种方式取得。

(1) 根据总账余额填列。如"交易性金融资产""短期借款""应付票据""应付职工薪酬"等项目，根据"交易性金融资产""短期借款""应付票据""应付职工薪酬"各总账账户的余额直接填列；有些项目则需根据几个总账账户的期末余额计算填列，如"货币资金"项目，需根据"现金""银行存款""其他货币资金"三个总账账户的期末余额的合计数填列。

(2) 根据明细账余额计算填列。如"应付账款"项目，需要根据"预收款项"和"预付款项"两个账户所属的相关明细账户的期末贷方余额计算填列；"预收款项"项目，需要根据"应收账款"和"预收账款"两个账户所属的相关明细账户的期末借方余额计算填列。

(3) 根据总账和明细账余额分析计算填列。如"长期借款"项目，需要根据"长期借款"总账账户余额扣除"长期借款"账户所属的明细账户中将在一年内到期且企业不能自主地将清偿义务展期的长期借款后的金额计算填列。

(4) 根据有关账户余额减去其备抵账户余额后的净额填列。如资产负债表中的"应收票据""长期股权投资""在建工程"等项目，应当根据"应收票据""长期股权投资""在建工程"等账户的期末余额减去"坏账准备""长期股权投资减值准备""在建工程减值准备"等账户余额后的净额填列。"固定资产"项目，应当根据"固定资产"账户的期末余额减去"累计折旧""固定资产减值准备"备抵账户余额后的净额填列；"无形资产"项目，应当根据"无形资产"账户的期末余额，减去"累计摊销""无形资产减值准备"备抵账户余额后的净额填列。

(5) 综合运用上述填列方法分析填列。如资产负债表中的"存货"项目，需要根据"原材料""委托加工物资""周转材料""材料采购""在途物资""发出商品""材料成本差异"等总账账户期末余额的分析汇总数，再减去"存货跌价准备"账户余额后的净额填列。

8.1.5 资产负债表的编制实例

例 8-1 A 股份公司为增值税一般纳税人，增值税税率为 13%，所得税税率为 25%。公司 20×3 年 1 月 1 日有关科目余额如表 8-2 所示。请根据该公司 20×3 年发生的有关经济业务编制会计分录,并编制公司20×3年度资产负债表。

表8-2 科目余额表 单位:元

科目名称	借方余额	科目名称	贷方余额
库存现金	8 900	短期借款	900 000
银行存款	2 480 000	应付票据	600 000
交易性金融资产	45 000	应付账款	861 400
应收票据	738 000	其他应付款	650 000
应收账款	900 000	应付职工薪酬	330 000
坏账准备	−2 700	应交税费	109 800
预付账款	30 000	应付利息	3 000
其他应收款	15 000	长期借款	4 300 000
原材料	5 080 000	股本	14 350 000
周转材料——低值易耗品	750 000	盈余公积	400 000
库存商品	1 910 000	未分配利润	200 000
长期股权投资	750 000		
固定资产	4 000 000		
累计折旧	−1 200 000		
在建工程	4 500 000		
无形资产	2 880 000		
累计摊销	−180 000		
合计	22 704 200	合计	22 704 200

该公司20×3年发生的经济业务如下。

(1) 收到银行付款通知,用银行存款支付到期的商业承兑汇票300 000元。

(2) 购入生产用原材料一批,用银行存款支付货款749 400元和增值税税额97 422元,材料已验收入库,增值税专用发票经税务平台确认可以抵扣。

(3) 向客户销售产品一批,开出的增值税专用发票上注明销售价款3 000 000元,增值税390 000元。该批产品已发出,已收到款项2 373 000元,其中货款2 100 000元,增值税273 000元,余款尚未收到。该销售行为符合商品销售收入确认条件。

(4) 公司将持有的交易性金融资产(全部为股票投资)出售,该资产账面价值45 000元,所售价款49 240元已存入银行(转让金融商品按一般计税方法6%计算增值税)。

(5) 购入不需安装的设备1台,取得可抵扣的增值税专用发票上注明设备价款750 000元,增值税税额97 500元。另支付运杂费3 000元,未取得可抵扣税款的票据。以上款项均以银行存款支付,设备已验收交付使用。

(6) 购入建造职工宿舍用的专用工程物资一批,价款150 000元,取得增值税普通发票。款项已用银行存款支付。

(7) 计算公司在建厂房和职工宿舍等工程应付职工的工资600 000元,按14%分配职工福利费84 000元。

(8) 计算未完工工程应负担的长期借款利息45 000元。该项借款利息未付。

(9) 厂房工程完工交付生产部门使用,办理竣工验收移交手续。相关单据列明固定资产价值2 400 000元。

(10) 公司的一栋仓库经批准报废,账面原值600 000元,已提折旧540 000元。发生清理费用2 400元,取得残值收入2 400元,以上款项均通过银行存款收支。该项固定资产已清理完毕,结转清理净损益。

(11) 从银行借入3年期借款1 200 000元,款项已存入银行账户,该项借款用于购建固定资产。

(12) 公司将要到期的一张面值为600 000元的无息银行承兑汇票(不含增值税),连同解讫通知和进账单交银行办理转账,收到银行盖章退回的进账单一联。

(13) 公司出售一台不需用设备,售价900 000元。该设备原值1 200 000元,已提折旧450 000元。公司开出增值税专用发票,注明销项税额117 000元。款项已收妥入账。

(14) 提取应计入本期损益的借款利息共64 500元,其中短期借款利息34 500元,长期借款利息30 000元。

(15) 提取现金1 500 000元,准备发放工资。

(16) 支付工资1 500 000元。

(17) 分配应支付的职工工资900 000元(不包括在建工程应负担的工资600 000元),其中生产人员工资825 000元,车间管理人员工资30 000元,行政管理部门人员工资45 000元。

(18) 分配职工福利费126 000元(不包括在建工程应负担的福利费84 000元),其中生产工人福利费115 500元,车间管理人员福利费4 200元,行政管理部门人员福利费6 300元。

(19) 归还短期借款本金750 000元,利息37 500元,利息部分已预提。

(20) 经统计,公司基本生产领用原材料2 205 000元,领用低值易耗品157 500元,周转材料采用一次摊销法摊销。

(21) 本期摊销无形资产180 000元,摊销印花税30 000元,以银行存款支付基本生产车间固定资产修理费270 000元。

(22) 计提固定资产折旧300 000元,其中应计入制造费用240 000元,管理费用60 000元。

(23) 收到应收账款1 017 000元,存入银行。根据公司实际情况,经过减值测试提取2 700元坏账准备。

(24) 用银行存款支付产品展览费、广告费210 500元。未取得可抵扣税款的票据。

(25) 期末将本期制造费用转入生产成本。同时,计算并结转本期完工产品成本3 847 200元。公司本期没有期初在产品,本期生产的产品全部完工入库。

(26) 公司采用商业承兑汇票结算方式向客户销售产品一批,开出的增值税专用发票注明价款750 000元,增值税税额97 500元,收到金额847 500元的商业承兑汇票1张。该销售符合商品销售收入确认条件,产品已经发出。

(27) 公司将上述承兑汇票到银行办理贴现,银行实付贴现金额817 500元。

(28) 公司计算本期应缴纳的教育费附加9 000元和地方教育费附加6 000元。

(29) 用银行存款缴纳本期增值税300 000元,教育费附加15 000元。结转本期未交增值税。

(30) 期末结转本期主营业务成本2 250 000元。

(31) 期末将各损益类账户的发生额转入"本年利润"账户,计算本年应交企业所得税税额并将"所得税费用"账户的发生额转入"本年利润"账户。不考虑纳税调整项目。计算出净利润 712 500 元。

(32) 结转本年利润。根据净利润的 10% 提取法定盈余公积 71 250 元,提取任意盈余公积 35 625 元。

(33) 宣告分派普通股现金股利 148 218 元。

(34) 将"利润分配"各明细账户的余额转入"未分配利润"明细账户。

(35) 按与银行的借款合同所规定的期限,偿还长期借款本金 1 500 000 元。

(36) 用银行存款缴纳企业所得税 135 700 元。

根据上述资料编制会计分录,并编制资产负债表。

根据上述业务编制会计分录如下。

(1) 借:应付票据　　　　　　　　　　　　300 000
　　　贷:银行存款　　　　　　　　　　　　　300 000

(2) 借:原材料　　　　　　　　　　　　　749 400
　　　应交税费——应交增值税(进项税额)　　97 422
　　　贷:银行存款　　　　　　　　　　　　　846 822

(3) 借:银行存款　　　　　　　　　　　　2 373 000
　　　应收账款　　　　　　　　　　　　　1 017 000
　　　贷:主营业务收入　　　　　　　　　　3 000 000
　　　　　应交税费——应交增值税(销项税额)　390 000

(4) 转让金融商品应交增值税=(49 240-45 000)÷(1+6%)×6%=240(元)

借:银行存款　　　　　　　　　　　　　49 240
　　贷:交易性金融资产　　　　　　　　　　45 000
　　　　投资收益　　　　　　　　　　　　　4 000
　　　　应交税费——转让金融商品应交增值税　240

(5) 借:固定资产　　　　　　　　　　　　753 000
　　　应交税费——应交增值税(进项税额)　　97 500
　　　贷:银行存款　　　　　　　　　　　　　850 500

(6) 借:工程物资　　　　　　　　　　　　150 000
　　　贷:银行存款　　　　　　　　　　　　　150 000

(7) 借:在建工程　　　　　　　　　　　　684 000
　　　贷:应付职工薪酬——工资、奖金、津贴和补贴　600 000
　　　　　　　　　　　　——职工福利费　　　　84 000

(8) 借:在建工程　　　　　　　　　　　　45 000
　　　贷:长期借款——应计利息　　　　　　　45 000

(9) 借:固定资产　　　　　　　　　　　2 400 000
　　　贷:在建工程　　　　　　　　　　　　2 400 000

(10) 借:固定资产清理　　　　　　　　　　60 000
　　　累计折旧　　　　　　　　　　　　　540 000

　　　　贷：固定资产　　　　　　　　　　　　　　　　600 000
　　　借：固定资产清理　　　　　　　　　　　　　　　 2 400
　　　　贷：银行存款　　　　　　　　　　　　　　　　 2 400
　　　借：银行存款　　　　　　　　　　　　　　　　　 2 400
　　　　贷：固定资产清理　　　　　　　　　　　　　　 2 400
固定资产报废处置净损失＝60 000＋2 400－2 400＝60 000（元）
　　　借：营业外支出——非流动资产处置净损失　　　60 000
　　　　贷：固定资产清理　　　　　　　　　　　　　 60 000
(11) 借：银行存款　　　　　　　　　　　　　　　 1 200 000
　　　　贷：长期借款——本金　　　　　　　　　　1 200 000
(12) 借：银行存款　　　　　　　　　　　　　　　　 600 000
　　　　贷：应收票据　　　　　　　　　　　　　　　600 000
(13) 借：固定资产清理　　　　　　　　　　　　　　 750 000
　　　　累计折旧　　　　　　　　　　　　　　　　　450 000
　　　　贷：固定资产　　　　　　　　　　　　　　1 200 000
　　　借：银行存款　　　　　　　　　　　　　　　 1 017 000
　　　　贷：固定资产清理　　　　　　　　　　　　　900 000
　　　　　应交税费——应交增值税（销项税额）　　 117 000
固定资产出售，处置净收益＝900 000－750 000＝150 000（元）
　　　借：固定资产清理　　　　　　　　　　　　　　 150 000
　　　　贷：资产处置损益　　　　　　　　　　　　　 150 000
(14) 借：财务费用　　　　　　　　　　　　　　　　 64 500
　　　　贷：应付利息　　　　　　　　　　　　　　　 34 500
　　　　　长期借款——应计利息　　　　　　　　　　30 000
(15) 借：库存现金　　　　　　　　　　　　　　　 1 500 000
　　　　贷：银行存款　　　　　　　　　　　　　　1 500 000
(16) 借：应付职工薪酬——工资　　　　　　　　　1 500 000
　　　　贷：库存现金　　　　　　　　　　　　　　1 500 000
(17) 借：生产成本　　　　　　　　　　　　　　　　 825 000
　　　　制造费用　　　　　　　　　　　　　　　　　 30 000
　　　　管理费用——管理人员薪酬　　　　　　　　　45 000
　　　　贷：应付职工薪酬——工资　　　　　　　　 900 000
(18) 借：生产成本　　　　　　　　　　　　　　　　 115 500
　　　　制造费用　　　　　　　　　　　　　　　　　 4 200
　　　　管理费用——管理人员薪酬　　　　　　　　　 6 300
　　　　贷：应付职工薪酬——职工福利费　　　　　 126 000
(19) 借：短期借款　　　　　　　　　　　　　　　　 750 000
　　　　应付利息　　　　　　　　　　　　　　　　　 37 500
　　　　贷：银行存款　　　　　　　　　　　　　　　787 500

(20) 借：生产成本 2 205 000
　　　贷：原材料 2 205 000
　　借：制造费用 157 500
　　　贷：周转材料——低值易耗品 157 500
(21) 借：管理费用——无形资产摊销费 180 000
　　　贷：累计摊销 180 000
　　借：税金及附加——印花税 30 000
　　　贷：应交税费——应交印花税 30 000
　　借：制造费用 270 000
　　　贷：银行存款 270 000
(22) 借：制造费用 240 000
　　　　管理费用——折旧费 60 000
　　　贷：累计折旧 300 000
(23) 借：银行存款 1 017 000
　　　贷：应收账款 1 017 000
　　借：信用减值损失 2 700
　　　贷：坏账准备 2 700
(24) 借：销售费用 210 500
　　　贷：银行存款 210 500
(25) 借：生产成本 701 700
　　　贷：制造费用 701 700
　　借：库存商品 3 847 200
　　　贷：生产成本 3 847 200
(26) 借：应收票据 847 500
　　　贷：主营业务收入 750 000
　　　　　应交税费——应交增值税（销项税额） 97 500
(27) 借：财务费用 30 000
　　　　银行存款 817 500
　　　贷：应收票据 847 500
(28) 借：税金及附加 15 000
　　　贷：应交税费——应交教育费附加 9 000
　　　　　　　　　——应交地方教育费附加 6 000
(29) 借：应交税费——应交增值税（已交税金） 300 000
　　　　　　　　——应交教育费附加 9 000
　　　　　　　　——应交地方教育费附加 6 000
　　　贷：银行存款 315 000
　　借：应交税费——应交增值税（转出未交增值税）
　　　　　　　　　　　　　　　　109 578
　　　贷：应交税费——未交增值税 109 578

(30) 借：主营业务成本　　　　　　　　　　　2 250 000
　　　贷：库存商品　　　　　　　　　　　　　　　2 250 000
(31) 借：主营业务收入　　　　　　　　　　　3 750 000
　　　　资产处置损益　　　　　　　　　　　　150 000
　　　　投资收益　　　　　　　　　　　　　　　4 000
　　　贷：本年利润　　　　　　　　　　　　　　3 904 000
　　　借：本年利润　　　　　　　　　　　　2 954 000
　　　贷：主营业务成本　　　　　　　　　　　　2 250 000
　　　　　销售费用　　　　　　　　　　　　　　210 500
　　　　　税金及附加　　　　　　　　　　　　　45 000
　　　　　管理费用　　　　　　　　　　　　　　291 300
　　　　　财务费用　　　　　　　　　　　　　　94 500
　　　　　信用减值损失　　　　　　　　　　　　2 700
　　　　　营业外支出　　　　　　　　　　　　　60 000
本期应交所得税＝(3 904 000－2 954 000)×25％＝237 500(元)
　　　借：所得税费用　　　　　　　　　　　　237 500
　　　　贷：应交税费——应交所得税　　　　　　　237 500
　　　借：本年利润　　　　　　　　　　　　　237 500
　　　　贷：所得税费用　　　　　　　　　　　　　237 500
(32) 借：利润分配——提取法定盈余公积　　　71 250
　　　　　　　　——提取任意盈余公积　　　35 625
　　　贷：盈余公积——法定盈余公积　　　　　　71 250
　　　　　　　　——任意盈余公积　　　　　　35 625
(33) 借：利润分配——应付股利　　　　　　148 218
　　　贷：应付股利　　　　　　　　　　　　　　148 218
(34) 借：利润分配——未分配利润　　　　　255 093
　　　贷：利润分配——提取法定盈余公积　　　　71 250
　　　　　　　　——提取任意盈余公积　　　　35 625
　　　　　　　　——应付股利　　　　　　　148 218
　　　借：本年利润　　　　　　　　　　　　712 500
　　　贷：利润分配——未分配利润　　　　　　　712 500
(35) 借：长期借款——本金　　　　　　　　1 500 000
　　　贷：银行存款　　　　　　　　　　　　　1 500 000
(36) 借：应交税费——应交所得税　　　　　135 700
　　　贷：银行存款　　　　　　　　　　　　　　135 700

根据上述会计分录登记相应账户，计算各账户20×3年12月31日的期末余额如表8-3所示。

表 8-3　科目余额表　　　　　　　　　　　　　单位：元

科目名称	借方余额	科目名称	贷方余额
库存现金	8 900	短期借款	150 000
银行存款	2 687 718	应付票据	300 000
应收票据	138 000	应付账款	861 400
应收账款	900 000	其他应付款	650 000
坏账准备	−5 400	应付职工薪酬	540 000
预付账款	30 000	应交税费	351 418
其他应收款	15 000	应付股利	148 218
原材料	3 624 400	长期借款	4 075 000
周转材料——低值易耗品	592 500	股本	14 350 000
库存商品	3 507 200	盈余公积	506 875
长期股权投资	750 000	未分配利润	657 407
固定资产	5 353 000		
累计折旧	−510 000		
工程物资	150 000		
在建工程	2 829 000		
无形资产	2 880 000		
累计摊销	−360 000		
合计	22 590 318	合计	22 590 318

根据上述资料编制 A 公司 20×3 年 12 月 31 日的资产负债表，如表 8-4 所示。

表 8-4　资产负债表

会企 01 表
编制单位：A 公司　　　　　20×3 年 12 月 31 日　　　　　单位：元

资产	期末余额	上年年末余额	负债和所有者权益（或股东权益）	期末余额	上年年末余额
流动资产：			流动负债：		
货币资金	2 696 618	2 488 900	短期借款	150 000	900 000
交易性金融资产		45 000	交易性金融负债		
衍生金融资产			衍生金融负债		
应收票据	138 000	738 000	应付票据	300 000	600 000
应收账款	894 600	897 300	应付账款	861 400	861 400
应收款项融资			预收款项		
预付款项	30 000	30 000	合同负债		
其他应收款	15 000	15 000	应付职工薪酬	540 000	330 000
存货	7 724 100	7 740 000	应交税费	351 418	109 800
合同资产			其他应付款	798 218	653 000
持有待售资产			持有待售负债		

续表

资　产	期末余额	上年年末余额	负债和所有者权益（或股东权益）	期末余额	上年年末余额
一年内到期的非流动资产			一年内到期的非流动负债		
其他流动资产			其他流动负债		
流动资产合计	11 498 318	11 954 200	流动负债合计	3 001 036	3 454 200
非流动资产：			非流动负债：		
债权投资			长期借款	4 075 000	4 300 000
其他债权投资			应付债券		
长期应收款			其中：优先股		
长期股权投资	750 000	750 000	永续债		
其他权益工具投资			租赁负债		
其他非流动金融资产			长期应付款		
投资性房地产			预计负债		
固定资产	4 843 000	2 800 000	递延收益		
在建工程	2 979 000	4 500 000	递延所得税负债		
生产性生物资产			其他非流动负债		
油气资产			非流动负债合计	4 075 000	4 300 000
使用权资产			负债合计	7 076 036	7 754 200
无形资产	2 520 000	2 700 000	所有者权益（或股东权益）：		
开发支出			实收资本（或股本）	14 350 000	14 350 000
商誉			其他权益工具		
长期待摊费用			其中：优先股		
递延所得税资产			永续债		
其他非流动资产			资本公积		
非流动资产合计	11 092 000	10 750 000	减：库存股		
			其他综合收益		
			专项储备		
			盈余公积	506 875	400 000
			未分配利润	657 407	200 000
			所有者权益（或股东权益）合计	15 514 282	14 950 000
资产总计	22 590 318	22 704 200	负债和所有者权益（或股东权益）总计	22 590 318	22 704 200

法定代表人：李霞　　主管会计工作的负责人：韦明国　　会计机构负责人：张俊松

任务 8.2　利润表编制

8.2.1　利润表的作用

利润表（income statement），是反映企业在一定会计期间经营成果的会计报表。例如，反映20×3年1月1日至12月31日经营成果的利润表,由于它反映的是某一期间的情况,所以又称为动态报表。有时,利润表也称为损益表、收益表。

利润表主要提供有关企业经营成果方面的信息。通过利润表,可以反映企业一定会计期间的收入实现情况;可以反映一定会计期间的费用耗费情况;可以反映企业生产经营活动的成果,即净利润的实现情况,据以判断资本保值、增值情况。将利润表中的信息与资产负债表中的信息相结合,还可以提供进行财务分析的基本资料,如将赊销收入净额与应收账款平均余额进行比较,计算出存货周转率;将销货成本与存货平均余额进行比较,计算出存货周转率;将净利润与资产总额进行比较,计算出资产收益率等。利润表可以表现企业资金周转情况以及企业的盈利能力和水平,便于会计报表使用者判断企业未来的发展趋势,做出经济决策。

8.2.2 利润表的结构

利润表一般有表首、正表两部分。其中,表首说明报表名称、编制单位、编制日期、报表编号、货币名称、计量单位等;正表是利润表的主体,反映形成经营成果的各个项目和计算过程。所以,曾经将利润表称为损益计算书。

利润表是根据"利润＝收入－费用"的会计等式设计。这里所讲的收入、费用均指广义的收入、费用概念,即列入利润表中的收入和费用。利润表正表的格式一般有两种:单步式利润表和多步式利润表。单步式利润表是将当期所有的收入列在一起,然后将所有的费用列在一起,两者相减得出当期净损益。多步式利润表是通过对当期的收入、费用、支出项目按性质加以归类,按利润形成的主要环节列示一些中间性利润指标,如营业利润、利润总额及净利润,分步计算当期净损益。利润表的这种阶梯式的结构,直观地反映了企业的三大动态要素状况及企业的获利能力。我国一般采用多步式利润表。

我国企业利润表格式见后文编制实例内容。

8.2.3 利润表的内容

(1)"营业收入"项目,反映企业经营主要业务和其他业务所确认的收入总额。本项目应根据"主营业务收入"科目和"其他业务收入"科目的发生额分析填列。

(2)"营业成本"项目,反映企业经营主要业务和其他业务发生的实际成本总额。本项目应根据"主营业务成本"科目和"其他业务成本"科目的发生额分析填列。

(3)"税金及附加"项目,反映企业经营业务应负担的消费税、城市维护建设税、资源税、土地增值税、教育附加、房产税、车船税、城镇土地使用税、印花税等。本项目应根据"税金及附加"科目的发生额分析填列。

(4)"销售费用"项目,反映企业在销售商品过程中发生的包装费、广告费等费用和为销售企业商品而专设的销售机构的职工薪酬、业务费等经营费用。本项目应根据"销售费用"科目的发生额分析填列。

(5)"管理费用"项目,反映企业为组织和管理生产经营发生的管理费用。本项目应根据"管理费用"科目的发生额分析填列。

(6)"研发费用"项目,反映企业进行研究与开发过程中发生的费用化支出及计入管理费用的自行开发无形资产的摊销。本项目应根据"管理费用"科目下的"研发费用"明细科目的发生额及"管理费用"科目下"无形资产摊销"明细科目的发生额分析填列。

(7)"财务费用"项目,反映企业为筹集生产经营所需资金等而发生的筹资费用。本项目应根据"财务费用"科目的相关明细科目发生额分析填列。其中,"利息费用"项目,反映企业为筹集生产经营所需资金等而发生的应予费用化的利息支出。本项目应根据"财务费用"科目的相关明细科目发生额分析填列。"利息收入"项目,反映企业应冲减财务费用的利息收入。本项目应根据"财务费用"科目的相关明细科目发生额分析填列。

(8)"其他收益"项目,反映计入其他收益的政府补助,以及其他与日常活动相关且计入其他收益的项目。本项目应根据"其他收益"科目的发生额分析填列。企业作为个人所得税的扣缴义务人,根据《中华人民共和国个人所得税法》收到的扣缴税款手续费,应作为其他与日常活动相关的收益在本项目中填列。

(9)"投资收益"项目,反映企业以各种方式对外投资所取得的收益。如为净损失,以"—"号填列。企业持有的交易性金融资产处置和出售时,处置收益部分应当自"公允价值变动损益"项目转出,列入本项目。本项目下应当单独列示对联营企业和合营企业的投资收益。

(10)"净敞口套期收益"项目,反映净敞口套期下被套期项目累计公允价值变动转入当期损益的金额或现金流量套期储备转入当期损益的金额。本项目应根据"净敞口套期损益"科目的发生额分析填列;如为套期损失,以"—"号填列。

(11)"公允价值变动收益"项目,反映企业按照相关准则规定应当计入当期损益的资产或者负债公允价值变动净收益,如交易性金融资产当期公允价值的变动额。如为净损失,以"—"号填列。

(12)"信用减值损失"项目,反映企业按照《企业会计准则第22号——金融工具确认和计量》的要求计提的各项金融工具信用减值准备所确认的信用损失。本项目应根据"信用减值损失"科目的发生额分析填列。

(13)"资产减值损失"项目,反映企业各项资产发生的减值损失。本项目应根据"资产减值损失"科目的发生额分析填列。

(14)"资产处置收益"项目,反映企业出售划分为持有待售的非流动资产(金融工具、长期股权投资和投资性房地产除外)或处置组(子公司和业务除外)时确认的处置利得或损失,以及处置未划分为持有待售的固定资产、在建工程、生产性生物资产及无形资产而产生的处置利得或损失。债务重组中因处置非流动资产(金融工具、长期股权投资和投资性房地产除外)产生的利得或损失和非货币性资产交换中换出非流动资产(金融工具、长期股权投资和投资性房地产除外)产生的利得或损失也包括在本项目内。本项目应根据"资产处置损益"科目的发生额分析填列;如为处置损失,以"—"号填列。

(15)"营业外收入"项目,反映企业发生的与其经营活动无直接关系的各项收入。本项目应根据"营业外收入"科目的发生额分析填列。

(16)"营业外支出"项目,反映企业发生的与其经营活动无直接关系的各项支出。本项目应根据"营业外支出"科目的发生额分析填列。本项目下应当单独列示非流动资产处置损失。"非流动资产处置损失"项目,如为净收益,则以"—"号填列。

(17)"所得税费用"项目,反映企业根据所得税准则确认的应从当期利润总额中扣除的所得税费用。本项目应根据"所得税费用"科目的发生额分析填列。

(18)"其他综合收益的税后净额"项目,反映企业根据《企业会计准则》规定未在损益中确认的各项利得和损失扣除所得税影响后的净额。

(19)"综合收益总额"项目,反映企业净利润与其他综合收益(税后净额)的合计金额。

8.2.4 利润表的编制方法

在我国,利润表采用多步式,每个项目通常又分为"本期金额"和"上期金额"两栏分别填列。年度利润表中"上期金额"栏内各项数字,应根据上年度利润表"本期金额"栏内所列数字填列。如果上年度利润表规定的各个项目的名称和内容同本年度不相一致,应对上年度利润表各项目的名称和数字按本年度的规定进行调整,填入本表"上期金额"栏内。

利润表中的"本期金额"栏反映的是计入利润表中各项目的本期实际发生数,主要是根据各损益类科目的发生额分析填列。在编制年度利润表时,该栏目应填列的是自年初起至本月末止的累计实际发生数。

我国企业利润表的主要编制步骤如下。

第一步,以营业收入为基础,减去营业成本、税金及附加、销售费用、管理费用、研发费用、财务费用,加上公允价值变动收益(减去公允价值变动损失)、投资收益(减去投资损失)、资产处置损益,减去资产减值损失、信用减值损失,计算出营业利润。

第二步,以营业利润为基础,加上营业外收入,减去营业外支出,计算出利润总额。

第三步,以利润总额为基础,减去所得税费用,计算出净利润(或亏损)。

第四步,以净利润(或净亏损)和其他综合收益为基础,计算出综合收益总额。

第五步,以净利润(或净亏损)为基础,计算出每股收益。

如果是股份有限公司,还要计算基本每股收益以及稀释每股收益。其中"基本每股收益"项目,应当根据每股收益准则规定计算的金额填列。企业应当按照归属于普通股股东的当期净利润,除以发行在外普通股的加权平均数计算基本每股收益。"稀释每股收益"项目,应当根据每股收益准则规定计算的金额填列。

8.2.5 利润表的编制实例

例 8-2 仍以前述 A 公司的资料为例,说明该公司 20×3 年度利润表的编制方法。

该公司有关损益类科目的发生额如表 8-5 所示。

表 8-5 损益类科目发生额   单位:元

科目名称	借方发生额	贷方发生额	科目名称	借方发生额	贷方发生额
主营业务收入		3 750 000	信用减值损失	2 700	
主营业务成本	2 250 000		投资收益		4 000
税金及附加	45 000		营业外支出	60 000	
销售费用	210 500		所得税费用	237 500	
管理费用	291 300		资产处置损益		150 000
财务费用	94 500				

根据上述资料,编制 A 公司 20×3 年度利润表,如表 8-6 所示。

表 8-6　利润表　　　　　　　　　　　　　　　　　　　　　　　　会企 02 表

编制单位:A 公司　　　　　　　　　　20×3 年　　　　　　　　　　　　　单位:元

项　　目	本期金额	上期金额
一、营业收入	3 750 000	
减:营业成本	2 250 000	
税金及附加	45 000	
销售费用	210 500	
管理费用	291 300	
研发费用		
财务费用	94 500	
其中:利息费用	94 500	
利息收入		
加:其他收益		
投资收益(损失以"一"号填列)	4 000	
其中:对联营企业和合营企业的投资收益		
以摊余成本计量的金融资产终止确认收益(损失以"一"号填列)		
净敞口套期收益(损失以"一"号填列)		
公允价值变动收益(损失以"一"号填列)		
信用减值损失(损失以"一"号填列)	−2 700	
资产减值损失(损失以"一"号填列)		
资产处置收益(损失以"一"号填列)	150 000	
二、营业利润(亏损以"一"号填列)	1 010 000	
加:营业外收入		
减:营业外支出	60 000	
三、利润总额(亏损总额以"一"号填列)	950 000	
减:所得税费用	237 500	
四、净利润(净亏损以"一"号填列)	712 500	
(一)持续经营净利润(净亏损以"一"号填列)		
(二)终止经营净利润(净亏损以"一"号填列)		
五、其他综合收益的税后净额		
(一)不能重分类进损益的其他综合收益		
1. 重新计量设定受益计划变动额		
2. 权益法下不能转损益的其他综合收益		
3. 其他权益工具投资公允价值变动		
4. 企业自身信用风险公允价值变动		
……		
(二)将重分类进损益的其他综合收益		
1. 权益法下可转损益的其他综合收益		
2. 其他债权投资公允价值变动		
3. 金融资产重分类计入其他综合收益的金额		
4. 其他债权投资信用减值准备		

续表

项　　目	本期金额	上期金额
5.现金流量套期		
6.外币财务报表折算差额		
……		
六、综合收益总额		
七、每股收益		
（一）基本每股收益		
（二）稀释每股收益		

法定代表人：李霞　　　主管会计工作的负责人：韦明国　　　会计机构负责人：张俊松

任务8.3　所有者权益变动表编制

所有者权益变动表（statement of stockholders equity），是指反映构成企业所有者权益各组成部分的当期增减变动情况的报表。当期损益、直接计入所有者权益的利得和损失，以及与所有者（或股东，下同）的资本交易导致的所有者权益的变动，应当分别列示。所有者权益变动表是通过两个资产负债表日之间权益的变动，反映企业当期净资产的增加或减少。净资产的增减代表了企业当期活动形成的总收益和总费用，包括直接计入所有者权益的利得和损失，体现了全面收益观。通过该表，可以全面反映企业在特定经营期内权益的综合变动情况，了解企业所有者权益变动的原因、所有者权益变动的结构，分析公司的发展战略等。我国企业一般所有者权益变动表格式如表8-7所示。

1. 所有者权益变动表各项目的列报说明

（1）"上年年末余额"项目，反映企业上年资产负债表中实收资本（或股本）、其他权益工具、资本公积、库存股、其他综合收益、专项储备、盈余公积、未分配利润的年末余额。

"会计政策变更""前期差错更正"项目，分别反映企业采用追溯调整法处理的会计政策变更的累积影响金额和采用追溯重述法处理的会计差错更正的累积影响金额。

（2）"本年增减变动金额"项目：

①"综合收益总额"项目，反映净利润和其他综合收益扣除所得税影响后的净额相加后的合计金额。

②"所有者投入和减少资本"项目，反映企业当年所有者投入的资本和减少的资本。

a."所有者投入的普通股"项目，反映企业接受投资者投入形成的实收资本（或股本）和资本溢价或股本溢价。

b."其他权益工具持有者投入资本"项目，反映企业发行的除普通股以外分类为权益工具的金融工具的持有者投入资本的金额。

c."股份支付计入所有者权益的金额"项目，反映企业处于等待期中的权益结算的股份支付当年计入资本公积的金额。

表 8-7 所有者权益变动表

编制单位：A公司　　　　　　　　　　　　　　　　年度　　　　　　　　　　　　　　　　　　　　会企 04 表
单位：元

项　目	本年金额										上年金额									
	实收资本（或股本）	其他权益工具			资本公积	减：库存股	其他综合收益	专项储备	盈余公积	未分配利润	所有者权益合计	实收资本（或股本）	其他权益工具			资本公积	减：库存股	其他综合收益	专项储备	盈余公积	未分配利润	所有者权益合计
		优先股	永续债	其他									优先股	永续债	其他							
一、上年年末余额																						
加：会计政策变更																						
前期差错更正																						
其他																						
二、本年年初余额																						
三、本年增减变动金额（减少以"-"号填列）																						
（一）综合收益总额																						
（二）所有者投入和减少资本																						
1. 所有者投入的普通股																						
2. 其他权益工具持有者投入资本																						
3. 股份支付计入所有者权益的金额																						
4. 其他																						
（三）利润分配																						
1. 提取盈余公积																						
2. 对所有者（或股东）的分配																						

续表

项目	本年金额										上年金额									
	实收资本（或股本）	其他权益工具			资本公积	减：库存股	其他综合收益	专项储备	盈余公积	未分配利润	所有者权益合计	实收资本（或股本）	其他权益工具			资本公积	减：库存股	其他综合收益	专项储备	盈余公积	未分配利润	所有者权益合计
		优先股	永续债	其他									优先股	永续债	其他							
3. 其他																						
（四）所有者权益内部结转																						
1. 资本公积转增资本（或股本）																						
2. 盈余公积转增资本（或股本）																						
3. 盈余公积弥补亏损																						
4. 设定受益计划变动额结转留存收益																						
5. 其他综合收益结转留存收益																						
6. 其他																						
四、本年年末余额																						

③"利润分配"项目,反映企业当年的利润分配金额。

④"所有者权益内部结转"项目,反映企业构成所有者权益的组成部分之间当年的增减变动情况。

a."资本公积转增资本(或股本)"项目,反映企业当年以资本公积转增资本或股本的金额。

b."盈余公积转增资本(或股本)"项目,反映企业当年以盈余公积转增资本或股本的金额。

c."盈余公积弥补亏损"项目,反映企业当年以盈余公积弥补亏损的金额。

d."设定受益计划变动额结转留存收益"项目,反映企业因重新计量设定受益计划净负债或净资产所产生的变动计入其他综合收益,结转至留存收益的金额。

e."其他综合收益结转留存收益"项目,主要反映:第一,企业指定为以公允价值计量且其变动计入其他综合收益的非交易性权益工具投资终止确认时,之前计入其他综合收益的累计利得或损失从其他综合收益中转入留存收益的金额;第二,企业指定为以公允价值计量且其变动计入当期损益的金融负债终止确认时,之前由企业自身信用风险变动引起而计入其他综合收益的累计利得或损失从其他综合收益中转入留存收益的金额等。

2. "上年金额"栏的填列方法

所有者权益变动表"上年金额"栏内各项数字,应根据上年度所有者权益变动表"本年金额"栏内所列数字填列。上年度所有者权益变动表规定的各个项目的名称和内容同本年度不一致的,应对上年度所有者权益变动表各项目的名称和数字按照本年度的规定进行调整,填入所有者权益变动表的"上年金额"栏内。

3. "本年金额"栏的填列方法

所有者权益变动表"本年金额"栏内各项数字一般应根据"实收资本(或股本)""其他权益工具""资本公积""库存股""其他综合收益""专项储备""盈余公积""利润分配""以前年度损益调整"账户的发生额分析填列。

企业的净利润及其分配情况作为所有者权益变动的组成部分,不需要单独编制利润分配表列示。

任务8.4 附注的编写

附注(P.S.),是对在资产负债表、利润表、现金流量表和所有者权益变动表等报表中列示项目的文字描述或明细资料,以及对未能在这些报表中列示项目的说明等。

由于企业日常发生的经济业务千差万别、数量繁多,每个企业都必须按照一定的程序、方法把日常发生的经济交易和事项进行分类、汇总、加工成系统的会计核算记录,并定期编制以表格形式表现的财务报表。为了便于使用者理解,一些在报表中被高度浓缩的项目需要进一步分解、解释或补充,这样,附注就成为财务会计报告的组成部分。

《企业会计准则第30号——财务报表列报》规定,附注一般应当按照下列顺序披露。

(1)财务报表的编制基础。

(2) 遵循《企业会计准则》的声明。

(3) 重要会计政策的说明,包括财务报表项目的计量基础和会计政策的确定依据等。

(4) 重要会计估计的说明,包括下一会计期间内很可能导致资产、负债账面价值重大调整的会计估计的确定依据等。

(5) 会计政策和会计估计变更以及差错更正的说明。

(6) 对已在资产负债表、利润表、现金流量表和所有者权益变动表中列示的重要项目的进一步说明,包括终止经营税后利润的金额及其构成情况等。

(7) 或有和承诺事项、资产负债表日后非调整事项、关联方关系及其交易等需要说明的事项。

任务 8.5　财务报表分析

财务报表是企业或其他经济实体向外界传递会计信息的主要手段。企业通过编制财务报表,可以将企业的生产经营成果和财务状况以书面的形式提供给社会各有关方面。而对财务报表分析的前提是正确理解财务报表。财务报表分析(financial statement analysis),是指以财务报表和其他资料为依据和起点,采用专门方法,系统分析和评价企业的过去和现在的财务状况、经营成果及其现金流量情况,目的是了解过去、评价现在、预测未来,帮助利益集团改善决策。其最基本的功能,是将大量的报表数据转换成对特定决策有用的信息,减少决策的不确定性。

8.5.1　财务报表分析方法

财务报表分析的方法主要有趋势分析法、比率分析法和因素分析法。

1. 趋势分析法

趋势分析法(trend analysis approach)又称水平分析法,是将两期或连续数期财务报告中相同指标进行对比,确定其增减变动的方向、数额和幅度,以说明企业财务状况或经营成果的变动趋势的一种方法。趋势分析法的具体运用主要有以下三种。

(1) 会计报表项目比较。它是将连续数期的会计报表的金额并列起来,比较其相同项目的增减变动金额和幅度,据以判断企业财务状况、经营成果和资金变动情况发展变化的一种方法。会计报表项目比较既要计算出有关项目增减变动的绝对额,又要计算出其增减变动的百分比。

(2) 会计报表项目构成比较。它是在会计报表比较的基础上发展而来,是以会计报表中的某个总体指标作为100%,再计算出其各组成项目占该总体指标的百分比,从而来比较各个项目百分比的增减变动,以此来判断有关财务活动的变化趋势。这种方法比前述两种方法更能准确地分析企业财务活动的发展趋势,并能消除不同时期、不同企业之间业务规模差异的影响,有利于分析企业的耗费水平和盈利水平。因此,它既可用于同一企业不同时期财务状况的纵向比较,又可用于不同企业之间的横向比较。

(3) 重要财务指标比较。它是将不同时期相同的财务指标进行比较,直接观察其增减变动情况及变动幅度,考察其发展趋势,预测其发展前景。对不同时期的财务指标比较,有定期动态比率和环比动态比率两种方法。

① 定期动态比率,是以某一时期的数值为固定的基期数值而计算出来的动态比率。其计算公式为

$$定期动态比率 = 分析期数值 \div 固定基期数值$$

② 环比动态比率,是以每一分析期的前期数值为基期数值而计算出来的动态比率。其计算公式为

$$环比动态比率 = 分析期数值 \div 前期数值$$

2. 比率分析法

比率分析法(proportion analysis approach),是把某些彼此存在关联的项目加以对比,计算出比率,据以确定经济活动变动程度的分析方法。比率是相对数,采用这种方法,能够把某些条件下的不可比指标变为可以比较的指标,以利于进行分析。比率指标主要有以下三类。

(1) 相关比率。它是某个项目与其相关但又不同的项目加以对比所得的比率,反映有关经济活动的相互关系。利用相关比率指标,可以考察有联系的相关业务安排得是否合理,以保障企业运营活动能够顺畅进行。如将经营现金净流量与流动负债加以对比,计算现金流动负债比率,据以判断企业偿付短期负债的现实能力。

(2) 构成比率。又称结构比率。它是某项经济指标的各个组成部分与总体的比率,反映部分与总体的关系。其计算公式为

$$构成比率 = 某个组成部分数值 \div 总体数值$$

利用构成比率可以考察总体中某个部分的形成和安排是否合理,以便协调各项财务活动。

(3) 效率比率,它是某项经济活动中所得与所费的比率,反映投入与产出的关系。利用效率比率指标,可以进行得失比较,考察经营成果,评价经济效益。如将利润项目与销售成本、销售收入、资本等项目加以对比,可计算出成本利润率、销售利润率以及资本利润率等指标,可以从不同的角度观察比较企业获利能力的高低及其增减变动。

3. 因素分析法

因素分析法(element analysis approach),是依据分析指标与其影响因素的关系,从数量上确定各因素对分析指标影响方向和影响程度的一种方法。因素分析法具体包括以下两种。

(1) 连环替代法,是将分析指标分解为各个可以计量的因素,并根据各个因素之间的依存关系,顺次用各因素的比较值(通常为实际值)替代基准值(通常为标准值或计划值),据以测定各因素对分析指标的影响。

(2) 差额分析法,是连环替代法的一种简化形式,是利用各个因素的比较值与基准值之间的差额,来计算各因素对分析指标的影响。

例 8-3 某企业 20×3 年 8 月某种原材料费用的实际数为 53 900 元,而其计划数为 48 000 元,产品产量、单位产品材料耗用量和材料单价资料如表 8-8 所示。

表 8-8 材料耗用量和材料单价资料表

项　　目	单位	计划数	实际数
产品产量	台	1 000	1 100
单位产品材料耗用量	kg	8	7
材料单价	元	6	7
材料费用总额	元	48 000	53 900

根据表 8-7 中资料,材料费用总额实际数较计划数增加 5 900 元,这是分析对象。运用因素分析法,计算各因素变动对材料费用总额的影响程度如下。

计划指标：　　　　　　　1 000×8×6＝48 000(元)　　　　　①
第一次替代：　　　　　　1 100×8×6＝52 800(元)　　　　　②
第二次替代：　　　　　　1 100×7×6＝46 200(元)　　　　　③
第三次替代(实际指标)：　1 100×7×7＝53 900(元)　　　　　④

②－①＝52 800－48 000＝4 800(元)　　　产量增加的影响
③－②＝46 200－52 800＝－6 600(元)　　材料节约的影响
④－③＝53 900－46 200＝7 700(元)　　　价格提高的影响
4 800－6 600＋7 700＝5 900(元)　　　　全部因素的影响

因素分析法既可以全面分析各因素对某一经济指标的影响,又可以单独分析某个因素对某一经济指标的影响,在会计报表分析中应用颇为广泛。

以上介绍的财务报表分析方法都有各自的特点,能够满足不同的分析目的和分析要求,并相互联系、相互配合,构成了一个完整的分析方法体系。一般情况下,企业可以根据分析的目的(与计划比较分析或与历史比较分析等),首先利用趋势分析法对企业的财务状况、经营成果、现金流量等进行总体分析；其次,在总体分析的基础上,运用比率分析法进行具体分析,分析财务状况的结构、经营成果、现金流量是否合理,分析偿债能力、盈利能力等；最后,运用其他分析法对具体分析中找出的重点因素进行分析。

8.5.2 财务报表质量分析

只有根据真实的财务报表,才有可能得出正确的分析结论。过去,财务报表分析通常假定报表是真实的。随着市场经济的发展,特别是资本市场的不断发展与完善,对财务报表质量进行分析已成为财务报表分析的重要组成部分。

财务报表质量分析,是财务报表经济技术分析的基础和前提。它是通过分析国家宏观经济形势、会计政策的选择、注册会计师的审计意见等来判定财务报表是否真实地、公允地反映了企业的经济状况。

1. 国家宏观经济形势

在国家宏观经济形势中,对财务报表的质量影响最为严重的是通货膨胀。如果一个国家的通货膨胀过高,采用历史成本法编制的财务报表往往不能公允地反映企业的经济状况,需要调整为一般物价水平的财务报表。从调整方法上看可分为三类：一是改变会计计量单位的一般物价水平会计或不变购买力会计；二是改变会计计量基础的现行成本会计或现行重置成本会计;三是改变会计计量单位和计量基础的不变币值与现行成本相结合的会计。除通货膨胀外,国家的经济政策以及各种经济法规也会对财务报表质量产生较大的影响。在对财务报表进行分析时,这是不可忽视的因素之一。

企业的生存与发展受宏观经济运行状况、宏观经济政策及行业发展状况等因素的影响。公司的财务报表应该反映宏观经济运行状况和行业发展状况对企业经营活动和财务状况的影响。如果企业财务报表严重脱离宏观经济运行状况和行业发展状况,那就需要进行分析调查,以鉴定财务会计报告的真实性。

2. 会计政策的选择

会计政策,是企业编报财务报表时所采用的特定原则、基础、惯例和做法。会计政策虽然是对会计处理的一种规范,但是这种规范并不是绝对的,而是具有较大程度的相对性。从静态方面看,对同一会计事项的账务处理,会计准则允许使用几种不同的规则和程序,企业可以自行选择。例如,存货计价方法、折旧方法、所得税费用的确认方法、对外投资收益的确认方法等。而各种方法所导致的结果对会计主体来说意味着不同的经济评价。从动态方面看,由于会计自身不具有独立存在价值,会计服务于经济管理,所以经济管理的环境、内容和手段的变化,都会引起会计的变化。换句话说,会计必须自觉或不自觉地实现自身的调整和发展,以适应经济管理的要求,这体现为会计规范的修订、增加和完善。会计规范在静态上的可选择性和动态上的变动性交织在一起,使得会计职业行为具有相当程度的人为可操作性。所以,在分析财务报表时应考虑到会计人员进行会计处理时的会计政策选择。比如在实际经济活动中,存货的计价都可能对利润产生不同的影响。虽然财务报表附注对会计政策的选择有一定的表述,但报表使用人未必能完成可比性的调整工作。因此,财务报表分析人员在分析财务报表时应考虑到企业的会计政策选择,尽可能降低因会计政策不同选择对会计主体经济评价的影响。

另一项非常值得注意的是企业在会计政策变更之时采取的"巨额冲销"。企业可以把业绩不佳归于政策的变更或外界环境的变化,以便在以后年度建立起正常的盈余增长,以达到粉饰企业财务报表质量的目的。

3. 注册会计师的意见

注册会计师是市场经济条件下的"经济警察"。虽然注册会计师不可能杜绝会计造假的事件,但是注册会计师专业化流程的工作和专业化知识为财务报告质量分析已把了一道关,为使用者节约了时间和精力。因此,对财务报表进行质量分析,应充分考虑注册会计师出具的审计报告。

审计报告是注册会计师对企业的财务报表是否真实反映其财务状况、经营成果和资金变动情况等方面发表的审计意见。审计报告包括无保留意见、保留意见、拒绝发表意见和否定意见四种类型。不同类型的审计意见是使用者辨别企业财务报表反映其财务状况及经营成果和现金流量情况真实程度的重要依据。

此外,财务报表的规范与否、是否有遗漏及数据是否存在反常现象也是报表分析人员判定财务报表真实性时应注意的。一般来说,不规范的报表,其真实性应受到怀疑;有遗漏是违背充分披露原则的,很可能是在不想讲真话,也不能说假话的情况下形成的;无合理的反常原因而出现的数据反常现象,可能会与数据的真实性和一贯性等问题相关联。

8.5.3 常用财务分析指标

财务分析是评价企业经营状况的一条重要途径。由于分析的目的和分析的角度不同，对所计算的指标可作不同的分类。但这种分类并不存在标准化的模式，也不存在标准化的指标体系。因为企业的各项业务是相互关联、相互制约的，所以某项指标的意义可能是多方面的，它也许既与企业的周转能力相关，又与企业的偿债能力或盈利能力相关。财务比率分析有一个显著特点，那就是它使得各个不同规模的企业的会计数据所传递的经济信息单位化或标准化。当然，单单是计算各种分析指标，其作用非常有限，更重要的是应对计算出来的指标作出比较分析，以帮助企业的经营者、投资者以及其他有关人员正确评估企业的经营成果和财务状况，及时调整投资结构和经营决策，并对未来作出科学的规划。

企业常用的财务分析指标主要包括偿债能力指标、营运能力指标和盈利能力指标。下面以中达公司 20×2 年资产负债表（见表 8-9）和利润表（见表 8-10）对公司财务报表进行相关分析。

表 8-9 资产负债表

编制单位：中达公司　　　　20×2 年 12 月 31 日　　　　单位：万元

资产	期末余额	上年年末余额	负债和所有者权益（或股东权益）	期末余额	上年年末余额
流动资产：			流动负债：		
货币资金	900	800	短期借款	2 300	2 000
交易性金融资产	580	1 060	应付账款	1 200	1 000
应收账款	1 300	1 200	预收款项	400	300
预付款项	70	40	其他应付款	100	100
存货	5 200	4 000	流动负债合计	4 000	3 400
其他流动资产			非流动负债：		
流动资产合计	8 050	7 100	长期借款	2 500	2 000
非流动资产：			非流动负债合计	2 500	2 000
债权投资	400	400	负债合计	6 500	5 400
固定资产	14 000	12 000	所有者权益：		
无形资产	550	500	实收资本(或股本)	12 000	12 000
非流动资产合计	14 950	12 900	盈余公积	1 600	1 600
			未分配利润	2 900	1 000
			所有者权益（或股东权益）合计	16 500	14 600
资产总计	23 000	20 000	负债及所有者权益（或股东权益）总计	23 000	20 000

表 8-10　利润表

编制单位：中达公司	20×2年12月	单位：万元
项　　目	本期金额	上期金额
一、营业收入	21 200	18 800
减：营业成本	12 400	10 900
税金及附加	1 200	1 080
销售费用	1 900	1 620
管理费用	1 000	800
财务费用	300	200
加：投资收益	300	300
二、营业利润	4 700	4 500
加：营业外收入	150	100
减：营业外支出	650	600
三、利润总额	4 200	4 000
减：所得税费用	1 050	1 000
四、净利润	3 150	3 000

注：资产负债表和利润表均为简化格式，仅用于示例。

1. 偿债能力分析

偿债能力(debt-paying ability)，是指企业用其资产偿还长期债务与短期债务的能力。企业有无支付现金的能力和偿还债务能力，是企业能否健康生存和发展的关键。企业偿债能力是反映企业财务状况和经营能力的重要标志。偿债能力是企业偿还到期债务的承受能力或保证程度，包括偿还短期债务和长期债务的能力。企业偿债能力，静态地讲，就是用企业资产清偿企业债务的能力；动态地讲，就是用企业资产和经营过程创造的收益偿还债务的能力。企业有无现金支付能力和偿债能力是企业能否健康发展的关键。企业偿债能力分析是企业财务分析的重要组成部分。

1) 短期偿债能力分析

短期偿债能力，是指企业流动资产对流动负债及时足额偿还的保证程度，是衡量企业当前财务能力，特别是流动资产变现能力的重要标志。企业短期偿债能力的衡量指标主要有流动比率、速动比率和现金流动负债比率三项。

(1) 流动比率，是指企业流动资产与流动负债的比率，它表明企业每一元流动负债有多少流动资产作为偿还保证，反映企业用可在短期内转变为现金的流动资产偿还到期流动负债的能力。其计算公式为

$$\text{流动比率} = \frac{\text{流动资产}}{\text{流动负债}} \times 100\%$$

一般情况下，流动比率越高，反映企业短期偿债能力越强，债权人的权益越有保证。国际上通常认为，流动比率的下限为100%；而流动比率等于200%时较为适当，它表明企业财务状况稳定可靠，除了满足日常生产经营的流动资金需要外，还有足够的财力偿付到期短期债务。如果比例过低，则表示企业可能捉襟见肘，难以如期偿还债务。但是，流动比率也不可以过高，过高则表明企业流动资产占用较多，会影响资金的使用效率和企业的筹资成本，进而影响获利能力。究竟应保持多高水平的流动比率，主要视企业对待风险与收益的态

度予以确定。

中达公司 20×2 年的流动比率如下(计算结果保留小数点后两位,下同)。

$$年初流动比率 = \frac{7\,100}{3\,400} \times 100\% = 208.82\%$$

$$年末流动比率 = \frac{8\,050}{4\,000} \times 100\% = 201.25\%$$

该公司 20×2 年年初和年末的流动比率均超过一般公认标准,反映该公司具有较强的短期偿债能力。

(2) 速动比率,是指企业速动资产与流动负债的比率。所谓速动资产,是指流动资产减去变现能力较差且不稳定的存货、预付账款、一年内到期的非流动资产和其他流动资产等之后的余额。由于剔除了存货等变现能力弱且不稳定的资产,因此,速动比率较之流动比率能够更加准确、可靠地评价企业资产的流动性及其偿还短期负债的能力。其计算公式为

$$速动比率 = \frac{速动资产}{流动负债} \times 100\%$$

式中,　　速动资产 = 货币资金 + 交易性金融资产 + 应收账款 + 应收票据
　　　　　　　　 = 流动资产 - 存货 - 预付账款 - 一年内到期的非流动资产
　　　　　　　　　 - 其他流动资产

报表中如有应收利息、应收股利和其他应收款项目,可视情况归入速动资产项目。

一般情况下,速动比率越高,表明企业偿还流动负债的能力越强。国际上通常认为,速动比率等于 100% 时较为适当。如果速动比率小于 100%,必使企业面临很大的偿债风险;如果速动比率大于 100%,尽管债务偿还的安全性很高,但却会因企业现金及应收账款资金占用过多而大大增加企业的机会成本。

在运用该指标分析公司短期偿债能力时,应结合应收账款的规模、周转速度和其他应收款的规模,以及它们的变现能力进行综合分析。如果某企业速动比率虽然很高,但应收账款周转速度慢,且它与其他应收款的规模大,变现能力差,那么该企业较为真实的短期偿债能力要比该指标反映的差。尽管速动比率较之流动比率更能反映出流动负债偿还的安全性和稳定性,但并不能认为速动比率较低的企业的流动负债到期绝对不能偿还。实际上,如果企业存货流转顺畅,变现能力较强,即使速动比率较低,只要流动比率高,企业仍然有望偿还到期的债务本息。

根据表 8-9 资料,该公司 20×2 年的速动比率如下。

$$年初速动比率 = \frac{800 + 1\,060 + 1\,200}{3\,400} \times 100\% = 90\%$$

$$年末速动比率 = \frac{900 + 580 + 1\,300}{4\,000} \times 100\% = 69.5\%$$

分析表明中达公司 20×2 年年末的速动比率比年初有所降低,虽然该公司流动比率超过一般公认标准,但由于流动资产中存货所占比重过大,导致公司速动比率未达到一般公认标准,公司的实际短期偿债能力并不理想,需采取措施加以扭转。

(3) 现金流动负债比率,是指企业一定时期内的经营现金净流量同流动负债的比率,它可以从现金流量角度反映企业当期偿付短期负债的能力。其计算公式为

$$现金流动负债比率 = \frac{年经营现金净流量}{年末流动负债} \times 100\%$$

式中,年经营现金净流量,是指一定时期内企业经营活动所产生的现金及现金等价物流入量与流出量的差额。

现金流动负债比率从现金流入和流出的动态角度对企业的实际偿债能力进行考察。由于有利润的年份不一定有足够的现金(含现金等价物)来偿还债务,所以利用以收付实现制为基础计量的现金流动负债比率指标,能充分体现企业经营活动所产生的现金结算净流量可以在多大程度上保证当期流动负债的偿还,直观地反映企业偿还流动负债的实际能力。用该指标评价企业偿债能力更加谨慎,该指标越大,表明企业经营活动产生的现金结算净流量越多,越能保障企业按期偿还到期债务,但也并不是越大越好,该指标过大则表明企业流动资金利用不充分,获利能力不强。

根据表8-9资料,同时假设中达公司20×1年度和20×2年度的经营现金净流量分别为3 000万元和5 000万元(经营现金净流量的数据可以从公司的现金流量表中获得),则该公司20×1年度和20×2年度的现金流动负债比率分别如下。

$$20 \times 1 年度的现金流动负债比率 = \frac{3\,000}{3\,400} \times 100\% = 88.24\%$$

$$20 \times 2 年度的现金流动负债比率 = \frac{5\,000}{4\,000} \times 100\% = 125\%$$

中达公司20×2年度的现金流动负债比率比20×1年度有明显的提高,表明该公司的短期偿债能力增强。

2) 长期偿债能力分析

长期偿债能力,是指企业偿还长期负债的能力。企业长期偿债能力的衡量指标主要有资产负债率、产权比率、或有负债比率、已获利息倍数等。

(1) 资产负债率,又称负债比率,是指企业负债总额对资产总额的比率。它表明企业资产总额中,债权人提供资金所占的比重,以及企业资产对债权人权益的保障程度。其计算公式为

$$资产负债率 = \frac{负债总额}{资产总额} \times 100\%$$

一般情况下,资产负债率越小,表明企业长期偿债能力越强。但是也并非说该指标对谁都是越小越好。从债权人来说,该指标越小越好,这样企业偿债越有保证;从企业所有者来说,如果该指标较大说明利用较少的自有资本投资形成了较多的生产经营用资产,不仅扩大了生产经营规模,而且在经营状况良好的情况下,还可以利用财务杠杆的原理,得到较多的投资利润,如果该指标过小则表明企业对财务杠杆利用不够。但资产负债率过大,则表明企业的债务负担重,企业资金实力不强,不仅对债权人不利,而且企业有濒临倒闭的危险。此外,企业的长期偿债能力与获利能力指标(收益)结合起来分析,予以平衡考虑。保守观点认为资产负债率不应高于50%,国际上通常认为资产负债率等于60%时较为适当。

根据表8-9资料,中达公司20×2年的资产负债率如下。

$$年初资产负债率 = \frac{5\,400}{20\,000} \times 100\% = 27\%$$

$$年末资产负债率 = \frac{6\,500}{23\,000} \times 100\% = 28.26\%$$

中达公司 20×2 年年初和年末的资产负债率均不高,说明公司长期偿债能力较强,这样有助于增强债权人对公司出借资金的信心。

(2)产权比率,也称资本负债率,是指企业负债总额与所有者权益的比率,是企业财务结构稳健与否的重要标志。它反映企业所有者权益对债权人权益的保障程度。其计算公式为

$$产权比率 = \frac{负债总额}{所有者权益总额} \times 100\%$$

一般情况下,产权比率越低,表明企业的长期偿债能力越强,债权人权益的保障程度越高,承担的风险越小,但企业不能充分地发挥负债的财务杠杆效应。所以,企业在评价产权比率适度与否时,应从提高获利能力与增强偿债能力两个方面综合进行,即在保障债务偿还安全的前提下,应尽可能提高产权比率。

根据表 8-9 资料,中达公司 20×2 年的产权比率如下。

$$年初产权比率 = \frac{5\,400}{14\,600} \times 100\% = 36.99\%$$

$$年末产权比率 = \frac{6\,500}{16\,500} \times 100\% = 39.39\%$$

该公司 20×2 年年初和年末的产权比率都不高,同资产负债率的计算结果可相互印证,表明公司的长期偿债能力较强,债权人的保障程度较高。

产权比率与资产负债率对评价偿债能力的作用基本相同,两者的主要区别是:资产负债率侧重于分析债务偿付安全性的物质保障程度,产权比率则侧重于揭示财务结构的稳健程度以及自有资金对偿债风险的承受能力。

(3)已获利息倍数,是指企业一定时期息税前利润与利息支出的比率,反映了获利能力对债务偿付的保证程度。其中,息税前利润总额指利润总额与利息支出的合计数,利息支出指实际支出的借款利息、债券利息等。其计算公式为

$$已获利息倍数 = \frac{息税前利润总额}{利息支出}$$

式中,息税前利润总额=利润总额+利息支出=净利润+所得税+利息支出

已获利息倍数不仅反映了企业获利能力的大小,而且反映了获利能力对偿还到期债务的保证程度,它既是企业举债经营的前提依据,也是衡量企业长期偿债能力大小的重要标志。一般情况下,已获利息倍数越高,表明企业长期偿债能力越强。国际上通常认为,该指标为 3 时较为适当。从长期来看,若要维持正常偿债能力,利息保障倍数至少应大于 1,如果利息保障倍数过小,企业将面临亏损以及偿债的安全性与稳定性下降的风险。究竟企业已获利息倍数应是多少,才算偿付能力强,这要根据往年经验结合行业特点来判断。

根据表 8-10 资料,同时假定表中财务费用全部为利息支出,中达公司 20×1 年度和 20×2 年度的已获利息倍数分别如下。

$$20×1\text{年度的已获利息倍数} = \frac{4\,000 + 200}{200} = 21$$

$$20×2\text{年度的已获利息倍数} = \frac{4\,200 + 300}{300} = 15$$

从以上的计算结果来看,该公司 20×1 年度和 20×2 年度的已获利息倍数都较高,有较

强的偿付负债利息的能力。进一步分析还需结合往年的情况和行业的特点进行判断。

2. 营运能力分析

营运能力(operating capacity),是指企业充分利用现有资源创造社会财富的能力,它是评价企业资产利用程度和营运活力的标志。强有力的营运能力,既是企业获利的基础,又是企业及时足额地偿付到期债务的保证。

营运能力分析,主要是通过销售收入(或销售成本)与企业各项资产的比例关系,分析各项资产的周转速度,了解各项资产对收入和财务目标的贡献程度。因此,营运能力分析也称资产管理比率分析。一般来说,企业取得的销售收入越多,所需投入的资产价值也越大。如果企业投入的资产价值大、收入少、利润低,则说明企业资产投入的构成不合理,经济资源没有得到有效配置和利用。如果企业投入的资产能创造较高收入,获得较多利润,则说明企业投资合理,各项资产之间的比例恰当,资产使用效率高。营运能力分析的比率指标主要包括总资产周转率、应收账款周转率、存货周转率、流动资产周转率等。周转率有两种表现形式:一是资产在一定时期内周转的次数;二是资产周转一次所需要的时间(天数)。通过周转率指标,可以分别提示企业资产管理效率的高低、销售能力的强弱、信用状况的好坏及管理者工作绩效的优劣等。

$$周转率(周转次数) = \frac{周转额}{资产平均余额}$$

$$周转期(周转天数) = \frac{计算期天数}{周转次数} = 资产平均余额 \times \frac{计算期天数}{周转额}$$

具体来说,营运能力分析可以从以下几个方面进行。

1) 流动资产营运能力分析

反映流动资产周转情况的指标主要有应收账款周转率、存货周转率和流动资产周转率。

(1) 应收账款周转率,是指企业一定时期内营业收入(或销售收入,本项目下同)与平均应收账款余额的比率,是反映应收账款周转速度的指标。其计算公式为

$$应收账款周转率(周转次数) = \frac{营业收入}{平均应收账款余额}$$

式中,

$$平均应收账款余额 = \frac{应收账款余额年初数 + 应收账款余额年末数}{2}$$

$$应收账款周转期(周转天数) = \frac{平均应收账款余额 \times 360}{营业收入}$$

应收账款周转率反映企业应收账款变现速度的快慢及管理效率的高低,周转率高表明:①收账迅速,账龄较短;②资产流动性强,短期偿债能力强;③可以减少收账费用和坏账损失,从而相对增加企业流动资产的投资收益。同时借助应收账款周转期与企业信用期限的比较,还可以评价购买单位的信用程度,以及企业原定的信用条件是否适当。

利用上述公式计算应收账款周转率时,需要注意以下几个问题:①公式中的应收账款包括会计核算中"应收账款"和"应收票据"等全部赊销账款在内;②如果应收账款余额的波动性较大,应尽可能使用更详尽的计算资料,如按每月的应收账款余额来计算其平均占用额;③分子、分母的数据应注意时间的对应性。

根据表8-9和表8-10资料,同时假设中达公司20×0年年末的应收账款余额为1 100万

元,该公司20×1年度和20×2年度应收账款周转率的计算如表8-11所示。

表 8-11　应收账款周转率计算表　　　　　　　　金额单位:万元

项目	20×0年	20×1年	20×2年
营业收入		18 800	21 200
应收账款年末余额	1 100	1 200	1 300
平均应收账款余额		1 150	1 250
应收账款周转率(次)		16.35	16.96
应收账款周转期(天)		22.02	21.23

以上计算结果表明,该公司20×2年度的应收账款周转率比20×1年度略有改善,周转次数由16.35次提高为16.96次,周转天数由22.02天缩短为21.23天。这不仅说明公司的运营能力有所增强,而且对流动资产的变现能力和周转速度也会起到促进作用。

(2) 存货周转率,是指企业一定时期营业成本(或销售成本,本项目下同)与平均存货余额的比率,是反映企业流动资产流动性的一个指标,也是衡量企业生产经营各环节中存货运营效率的一个综合性指标。其计算公式为

$$存货周转率(周转次数)=\frac{营业成本}{平均存货余额}$$

式中,

$$平均存货余额=\frac{存货余额年初数+存货余额年末数}{2}$$

$$存货周转期(周转天数)=\frac{平均存货余额\times 360}{营业成本}$$

存货周转速度的快慢,不仅反映出企业采购、储存、生产、销售各环节管理工作状况的好坏,而且对企业的偿债能力及获利能力产生决定性的影响。一般来讲,存货周转率越高越好,存货周转率越高,表明其变现的速度越快,周转额越大,资产占用水平越低。因此,通常存货既不能储存过少,否则可能造成生产中断或销售紧张,也不能储存过多,形成呆滞、积压。一定要保持结构合理、质量可靠。存货是流动资产的重要组成部分,其质量和流动对企业流动比率具有举足轻重的影响,进而影响企业的短期偿债能力。故一定要加强存货的管理,来提高其投资的变现能力和获利能力。

在计算存货周转率时应注意以下两个问题:①存货计价方法对存货周转率具有较大的影响,因此,在分析企业不同时期或不同企业的存货周转率时,应注意存货计价方法的口径是否一致;②分子、分母的数据应注意时间上的对应性。

根据表8-9和表8-10资料,同时假设中达公司20×0年年末的存货余额为3 800万元,该公司20×1年度和20×2年度存货周转率的计算如表8-12所示。

表 8-12　存货周转率计算表　　　　　　　　金额单位:万元

项目	20×0年	20×1年	20×2年
营业成本		10 900	12 400
年末存货余额	3 800	4 000	5 200
平均存货余额		3 900	4 600
存货周转率(次)		2.79	2.70
存货周转期(天)		128.81	133.55

以上计算结果表明,该公司20×2年度的存货周转率比20×1年度有所延缓,存货周转次数由2.79次降为2.70次,周转天数由128.81天增为133.55天。这反映出该公司20×2年度存货管理效率不如20×1年度,其原因可能与20×2年度存货较大幅度增长有关。

(3) 流动资产周转率,是指企业一定时期营业收入与平均流动资产总额的比率,是反映企业流动资产周转速度的指标。其计算公式为

$$流动资产周转率(周转次数)=\frac{营业收入}{平均流动资产总额}$$

式中,

$$平均流动资产总额=\frac{流动资产余额年初数+流动资产余额年末数}{2}$$

$$流动资产周转期(天)=\frac{平均资产总额\times 360}{营业收入}$$

在一定时期内,流动资产周转次数越多,表明以相同的流动资产完成的周转额越多,流动资产利用效果越好。从流动资产周转天数来看,周转一次所需要的天数越少,表明流动资产在经历生产和销售各阶段时所占用的时间越短。生产经营任何一个环节上的工作改善,都会反映到周转天数的缩短上来。

根据表8-9和表8-10资料,同时假设中达公司20×0年年末的流动资产总额为6 000万元,该公司20×1年度和20×2年度流动资产周转率的计算如表8-13所示。

表8-13 流动资产周转率计算表　　　　金额单位:万元

项　　目	20×0年	20×1年	20×2年
营业收入		18 800	21 200
流动资产年末总额	6 000	7 100	8 050
平均流动资产总额		6 550	7 575
流动资产周转率(次)		2.87	2.80
流动资产周转期(天)		125.43	128.63

由此可见,该公司20×2年度的流动资产周转期比20×1年度延缓了3.2天,流动资金占用增加,增加占用的数额计算如下。

$$\frac{(128.63-125.43)\times 21 200}{360}=188.44(万元)$$

2) 固定资产营运能力分析

反映固定资产周转情况的主要指标是固定资产周转率,它是指企业一定时期营业收入与平均固定资产净值的比率,是衡量固定资产利用效率的一项指标。其计算公式为

$$固定资产周转率(周转次数)=\frac{营业收入}{平均固定资产净值}$$

式中,

$$平均固定资产净值=\frac{固定资产净值年初数+固定资产净值年末数}{2}$$

$$固定资产周转期(周转天数)=\frac{平均固定资产净值\times 360}{营业收入}$$

需要说明的是,与固定资产有关的价值指标有固定资产原价、固定资产净值和固定资产净额等。其中,固定资产原价是指固定资产的历史成本;固定资产净值为固定资产原价扣除已计提的累积折旧后的金额(即固定资产净值=固定资产原价-累计折旧);固定资产净额则是固定资产原价扣除已计提的累计折旧以及已计提的减值准备后的余额(即固定资产净额=固定资产原价-累计折旧-已计提减值准备)。

一般情况下,固定资产周转率越高,表明企业固定资产利用充分,同时也能表明企业固定资产投资得当,固定资产结构合理,能够充分发挥效率。反之,如果固定资产周转率不高,则表明固定资产使用效率不高,提供的生产成果不多,企业的运营能力不强。

运用固定资产周转率时,需要考虑固定资产因计提折旧的影响其净值在不断地减少,以及因更新重置其价值会突然增加的影响。同时,由于折旧方法的不同,可能影响其可比性。在分析时,一定要剔除这些不可比因素。

根据表8-9和表8-10资料,同时假设中达公司20×0年年末的固定资产净值为11 800万元,表8-9中的固定资产金额均为固定资产净值(未计提固定资产减值准备)。该公司20×1年度和20×2年度固定资产周转率的计算如表8-14所示。

表8-14 固定资产周转率计算表 金额单位:万元

项 目	20×0年	20×1年	20×2年
营业收入净额		18 800	21 200
固定资产年末净值	11 800	12 000	14 000
平均固定资产净值		11 900	13 000
固定资产周转率(次)		1.58	1.63
固定资产周转期(天)		227.87	220.75

以上计算结果表明,公司20×2年度的固定资产周转率比20×1年度有所加快,其主要原因是固定资产净值的增加幅度低于营业收入增长幅度所引起,这表明公司的运营能力有所提高。

3)总资产营运能力分析

反映总资产周转情况的主要指标是总资产周转率,它是指企业一定时期营业收入与平均资产总额的比率,可以用来反映企业全部资产的利用效率。其计算公式为

$$总资产周转率(周转次数)=\frac{营业收入}{平均资产总额}$$

$$平均资产总额=\frac{资产总额年初数+资产总额年末数}{2}$$

$$总资产周转期(周转天数)=\frac{平均资产总额\times 360}{营业收入}$$

总资产周转率越高,表明企业全部资产的使用效率越高;反之,如果该指标较低,则说明企业利用全部资产进行经营的效率较差,最终会影响企业的获利能力。企业应采取各项措施来提高企业的资产利用程度,比如提高销售收入或处理多余的资产。

根据表8-9和表8-10资料,同时假设中达公司20×0年年末的资产总额为19 000万元,该公司20×1年度和20×2年度总资产周转率的计算如表8-15所示。

表 8-15　总资产周转率计算表　　　　　金额单位：万元

项　目	20×0 年	20×1 年	20×2 年
营业收入		18 800	21 200
资产年末总额	19 000	20 000	23 000
平均资产总额		19 500	21 500
总资产周转率(次)		0.96	0.99
总资产周转期(天)		373.40	365.09

以上计算表明，该公司 20×2 年度的总资产周转率比 20×1 年度略有加快。这是因为该公司固定资产平均净值的增长程度(9.24%)虽低于营业收入的增长程度(12.77%)，但流动资产平均余额的增长程度(15.65%)却以更大幅度高于营业收入的增长程度，所以总资产的利用效果难以大幅度提高。

需要说明的是，在上述指标的计算中均以年度作为计算期，在实际中，计算期应视分析的需要而定，但应保持分子与分母在时间口径上一致。如果资金占用的波动性较大，企业应采用更详细的资料进行计算。如果各期占用额比较稳定，波动不大，季度、年度的平均资金占用额也可以直接用(期初数＋期末数)÷2 的公式来计算。

3．盈利能力分析

盈利能力(profit ability)，是指企业赚取利润和使资金增值的能力，它通常体现为企业收益数额的大小和水平的高低，是企业管理者、投资者和债权人都日益重视和关注的企业经营基本问题之一，是综合判断企业经营成果的最主要的分析方法，它主要通过损益表中的有关项目及损益表与资产负债表有关项目之间的联系来评价企业当期的经营成果和未来的发展趋势。用以反映企业盈利能力的比率指标很多，可以按照会计基本要素设置营业利润率、成本费用利润率、总资产报酬率、净资产收益率、盈余现金保障倍数和资本收益率等指标，借以评价企业各要素的获利能力及资本保值增值情况。此外，上市公司经常使用的盈利能力指标还有每股收益、市盈率等。

(1) 营业利润率，是指企业一定时期营业利润与营业收入的比率。其计算公式为

$$营业利润率 = \frac{营业利润}{营业收入} \times 100\%$$

营业利润率越高，表明企业市场竞争力越强，发展潜力越大，从而获利能力越强。

需要说明的是，从利润表来看，企业的利润包括营业利润、利润总额和净利润三种形式。而营业收入包括主营业务收入和其他业务收入，收入来源有商品销售收入、提供劳务收入和资产使用权收入等，在实务中也经常使用销售净利率、销售毛利率等指标(计算公式如下)来分析企业经营业务的获利水平。此外，通过考察营业利润占整个利润总额比重的升降，可以发现企业经营理财状况的稳定性、面临的危险或者可能出现的转机迹象。

$$销售净利率 = \frac{净利润}{销售收入} \times 100\%$$

$$销售毛利率 = \frac{销售收入 - 销售成本}{销售收入} \times 100\%$$

根据表 8-9 和表 8-10 资料，中达公司 20×1 年度和 20×2 年度的营业利润率的计算如表 8-16 所示。

表8-16 营业利润率计算表　　　　　金额单位：万元

项目	20×1年	20×2年
营业利润	4 500	4 700
营业收入	18 800	21 200
营业利润率	23.94%	22.17%

从以上分析可以看出，该公司的营业利润率略有下降。通过分析可以看到，这种下降趋势主要是由于公司20×2年的成本费用增加所至，由于下降幅度不大，可见，公司的经营方向和产品结构仍符合现有市场需要。

（2）成本费用利润率，是指企业一定时期利润总额与成本费用总额的比率。其计算公式为

$$成本费用利润率=\frac{利润总额}{成本费用总额}\times 100\%$$

式中，　成本费用总额＝营业成本＋税金及附加＋销售费用＋管理费用＋财务费用

该指标越高，表明企业为取得利润付出的代价越小，成本费用控制越好，获利能力越强。同利润一样，成本费用的计算口径也可以分为不同层次，比如主营业务成本、营业成本等。在评价成本费用效果时，应当注意成本费用与利润之间在计算层次和口径上的对应关系。

根据表8-9和表8-10资料，中达公司20×1年和20×2年度的成本费用利润率的计算如表8-17所示。

表8-17 成本费用利润率计算表　　　　　金额单位：万元

项目	20×1年	20×2年
营业成本	10 900	12 400
税金及附加	1 080	1 200
销售费用	1 620	1 900
管理费用	800	1 000
财务费用	200	300
成本费用总额	14 600	16 800
利润总额	4 000	4 200
成本费用利润率	27.4%	25%

从以上计算结果可以看到，该公司20×2年度的成本费用利润比20×1年度有所下降，公司应当深入检查导致成本费用上升的因素，改进有关工作以扭转效益指标下降的状况。

（3）总资产报酬率，是指企业一定时期内获得的报酬总额与平均资产总额的比率。它是反映企业资产综合利用效果的指标，也是衡量企业利用债权人和所有者权益总额所取得盈利的重要指标。其计算公式为

$$总资产报酬率=\frac{息税前利润总额}{平均资产总额}\times 100\%$$

式中，　息税前利润总额＝利润总额＋利息支出＝净利润＋所得税＋利息支出

总资产报酬率全面反映了企业全部资产的获利水平，企业所有者和债权人对该指标都非常关心。一般情况下，该指标越高，表明企业的资产利用效益越好，整个企业获利能力越强，经营水平越高。企业还可以将该指标与市场资本利率进行比较，如果前者较后者大，则说明企业可以充分利用财务杠杆，适当举债经营，以获得更多的收益。

根据表8-9和表8-10资料，同时假设表中财务费用全部为利息支出，而且中达公司20×0年度的年末资产总额为19 000万元。该公司20×1年度和20×2年度总资产报酬率的计算如表8-18所示。

表8-18 总资产报酬率计算表			金额单位：万元
项 目	20×0年	20×1年	20×2年
利润总额		4 000	4 200
利息支出		200	300
息税前利润总额		4 200	4 500
年末资产总额	19 000	20 000	23 000
平均资产总额		19 500	21 500
总资产报酬率		21.54%	20.93%

计算结果表明，企业20×2年度的资产综合利用效率略低于20×1年度，需要对公司资产的使用情况、增产节约工作等情况作进一步的分析考察，以便改进管理，提高效益。

(4) 净资产收益率，是指企业一定时期净利润与平均净资产的比率。它是反映自有资金投资收益水平的指标，是企业获利能力指标的核心。其计算公式为

$$净资产收益率 = \frac{净利润}{平均净资产} \times 100\%$$

式中，

$$平均净资产 = \frac{所有者权益年初数 + 所有者权益年末数}{2}$$

净资产收益率是评价企业自有资本及其积累获取报酬水平的最具综合性与代表性的指标，反映企业资本运营的综合效益。该指标通用性强，适应范围广，不受行业局限，在国际上的企业综合评价中使用率非常高。通过对该指标的综合对比分析，可以看出企业获利能力在同行业中所处的地位，以及与同类企业的差异水平。一般认为，净资产收益率越高，企业自有资本获取收益的能力越强，运营效益越好，对企业投资人和债权人权益的保证程度越高。

根据表8-9和表8-10资料，同时假定中达公司20×0年度的年末净资产为13 000万元。该公司20×1年度和20×2年度净资产收益率的计算如表8-19所示。

表8-19 净资产收益率计算表			金额单位：万元
项 目	20×0年	20×1年	20×2年
净利润		3 000	3 150
年末净资产额	13 000	14 600	16 500
平均净资产		13 800	15 550
净资产收益率		21.74%	20.26%

中达公司 20×0 年度的净资产收益率比 20×1 年度降低了 1 个多百分点，这是由于该公司所有者权益的增长快于净利润的增长所引起的，根据前列资料可以求得，该公司的所有者权益增长率为 (15 550－13 800)÷13 800×100%＝12.68%，而其净利润的增长率为 (3 150－3 000)÷3 000×100%＝5%。

(5) 盈余现金保障倍数，是指企业一定时期经营现金净流量与净利润的比值，反映了企业当期净利润中现金收益的保障程度，真实反映了企业盈余的质量，是评价企业盈利状况的辅助指标。其计算公式为

$$盈余现金保障倍数 = \frac{经营现金净流量}{净利润}$$

盈余现金保障倍数是从现金流入和流出的动态角度，对企业收益的质量进行评价，在收付实现制的基础上，充分反映出企业当期净利润中有多少是有现金保障的。一般来说，当企业当期净利润大于 0 时，盈余现金保障倍数应当大于 1。该指标越大，表明企业经营活动产生的净利润对现金的贡献越大。

根据表 8-10，同时假设中达公司 20×1 年度和 20×2 年度的经营现金净流量分别为 3 000 万元和 5 000 万元（经营现金净流量的数据可以从公司的现金流量表中获得），该公司 20×1 年度和 20×2 年度的盈余现金保障倍数的计算如表 8-20 所示。

表 8-20　盈余现金保障倍数计算表　　金额单位：万元

项目	20×1 年	20×2 年
经营现金净流量	3 000	5 000
净利润	3 000	3 150
盈余现金保障倍数	1	1.59

从以上计算结果可以看出，该公司 20×2 年度的盈余现金保障倍数比 20×1 年度有较大的提高，这是因为种种原因在净利润略有增长（增长 150 万元）的情况下，经营现金净流量有较大幅度的增长（增长 2 000 万元），表明该公司收益的流动性有所提高。

以上列举了一些常用的财务分析指标，了解、掌握这些指标是为了对企业的财务状况进行分析，以便更好地进行决策。在对这些比率进行分析过程中，不难看出不同的决策者注重的比率是不尽相同的，为了更为清楚地看到这一点，将上述指标进行归纳如下：

(1) 短期债权人关心企业短期盈利能力，保证其债务、利息及时足额偿付。因此，比较关注短期偿债能力比率（流动比率、速动比率、现金比率），一些反映营运能力的比率（应收账款周转率、存货周转率），以及企业整体的盈利情况和债务承担情况的比率（总资产报酬率、资产负债率等）。

(2) 长期债权人关心企业长期盈利能力，关注企业长期的发展，保障其投资的安全性和获利性。因此，比较关注长期偿债能力比率（资产负债率、产权比率、已获利息倍数等），企业营运能力比率，以及获利能力比率。

(3) 企业所有者关心投入企业资产的营利性和增值性，因此，比较关注企业盈利能力比率、资产保值增值比率。考虑到企业利用财务杠杆进行生产经营的利弊，所有者还比较关注长期偿债能力比率。另外，由于上市公司股票可以自由让渡，所以上市公司的所有者（股东）更为关注股票和市价比率，以作出正确决策。

（4）企业经营者全面关心企业的各项活动，全面分析和考评各项比率，因为这些比率能从不同的侧面反映企业管理当局生产经营的方针政策以及不足之处，为管理当局改进生产经营提供决策的依据和方向。而作为政府兼具多重身份，既是宏观经济管理者，又是国有企业的所有者和重要的市场参与者，因此政府对企业财务分析的关注点因其身份不同而异。

拓展阅读

《企业会计准则第 30 号——财务报表列报》
《企业会计准则第 32 号——中期财务报告》
《企业内部控制应用指引第 14 号——财务报告》
《关于修订印发 2018 年度一般企业财务报表格式的通知》（财会〔2018〕15 号）
《关于加强会计人员诚信建设的指导意见》
《关于对会计领域违法失信相关责任主体实施联合惩戒的合作备忘录》

项目训练

一、简答题

1. 编制财务报表应遵循哪些要求？
2. 什么是资产负债表？如何编制资产负债表？
3. 什么是利润表？如何编制利润表？
4. 什么是所有者权益变动表？所有者权益变动表至少应当单独列示哪些项目？
5. 资产负债表、利润表、所有者权益变动表之间有何钩稽关系？
6. 常用财务报表分析指标有哪些？

二、单项选择题

1. 财务报告信息质量最为重要的特征是（　　）。
   A. 可比性　　　　B. 明晰性　　　　C. 有用性　　　　D. 客观性
2. 资产负债表的下列项目中，只需要根据总分类账账户直接填列的项目是（　　）。
   A. 货币资金　　　B. 实收资本　　　C. 预付账款　　　D. 预收账款
3. "应收账款"账户明细账中若有贷方余额，应将其计入资产负债表中的（　　）项目。
   A. 应收账款　　　B. 预收账款　　　C. 应付账款　　　D. 其他应付款
4. 下列资产负债表项目，需要根据相关总账所属明细账户的期末余额分析填列的是（　　）。
   A. 应收账款　　　B. 应收票据　　　C. 应付票据　　　D. 应付工资
5. 资产负债表中的"未分配利润"项目，应根据（　　）填列。
   A. "利润分配"账户余额
   B. "本年利润"账户余额

C. "本年利润"和"利润分配"账户的余额计算后

D. "盈余公积"账户余额

6. 某企业20×3年"主营业务收入"账户贷方发生额是2 000万元,借方发生额为退货50万元,发生现金折扣50万元,"其他业务收入"账户贷方发生额为100万元,"其他业务支出"账户借方发生额为80万元,那么企业利润表中"营业收入"项目填列的金额为(　　)万元。

　　A. 2 000　　　　B. 2 050　　　　C. 2 100　　　　D. 2 070

7. (　　)能够反映企业某一特定时点的财务状况,表明企业运用所有的资产的获利能力。

　　A. 资产负债表　　　　　　　　B. 利润表
　　C. 现金流量表　　　　　　　　D. 所有者权益变动表

8. 在下列财务分析主体中,必须对企业营运能力、偿债能力、盈利能力及发展能力的全部信息予以详尽了解和掌握的是(　　)。

　　A. 短期投资者　　B. 企业债权人　　C. 企业经营者　　D. 税务机关

9. 如果流动负债小于流动资产,则期末以现金偿付一笔短期借款所导致的结果是(　　)。

　　A. 营运资金减少　　　　　　　B. 营运资金增加
　　C. 流动比率降低　　　　　　　D. 流动比率提高

10. 企业大量增加速动资产可能导致的结果是(　　)。

　　A. 减少资金的机会成本　　　　B. 增加资金的机会成本
　　C. 增加财务风险　　　　　　　D. 提高流动资产的收益率

11. 下列关于衡量短期偿债能力的指标说法正确的是(　　)。

　　A. 流动比率较高时说明企业有足够的现金或存款用来偿债
　　B. 如果速动比率较低,则企业没有能力偿还到期的债务
　　C. 与其他指标相比,用现金流动负债比率评价短期偿债能力更加谨慎
　　D. 现金流动负债比率＝现金÷流动负债

12. 某公司20×3年度营业收入为3 000万元。年初应收账款余额为150万元,年末应收账款余额为250万元,每年按360天计算,则该公司应收账款周转天数为(　　)天。

　　A. 15　　　　　B. 17　　　　　C. 22　　　　　D. 24

三、多项选择题

1. 按现行《企业会计准则》规定,一套完整的财务报表应当包括(　　)。

　　A. 资产负债表　　　　　　　　B. 利润表
　　C. 现金流量表　　　　　　　　D. 所有者权益变动表

2. 下列资产负债表各项目中,属于流动负债项目的有(　　)。

　　A. 应付职工薪酬　　　　　　　B. 一年内到期的长期负债
　　C. 应付债券　　　　　　　　　D. 应交税费

3. 下列资产负债表项目中,根据总账余额直接填列的有(　　)。

A．短期借款　　　B．实收资本　　　C．资本公积　　　D．应收账款

4．下列项目应记入资产负债表中"存货"项的是（　　）。

A．在途物资　　　B．发出商品　　　C．委托加工物资　　D．周转材料

5．下列账户中可能影响资产负债表"应收账款"项目金额的有（　　）。

A．应收账款　　　B．预收账款　　　C．预付账款　　　D．坏账准备

6．下列项目中，会影响企业利润表中"营业利润"的填列金额的有（　　）。

A．对外投资取得的投资收益　　　　B．出租无形资产取得的租金收入
C．计提固定资产减值准备　　　　　D．缴纳所得税

7．某公司当年经营利润很多，却不能偿还当年债务，为查清原因，应检查的财务比率有（　　）。

A．已获利息倍数　　　　　　　　　B．流动比率
C．存货周转率　　　　　　　　　　D．应收账款周转率

8．提高营业净利率的途径主要包括（　　）。

A．扩大营业收入　　　　　　　　　B．提高负债比率
C．降低成本费用　　　　　　　　　D．提高成本费用

9．企业进行债务风险分析与评判主要通过（　　）等方面的财务指标。

A．资产负债结构　　　　　　　　　B．资产周转速度
C．债务负担水平　　　　　　　　　D．现金偿债能力

四、判断题

1．企业必须对外提供资产负债表、利润表和现金流量表，财务报表附注不属于企业必须对外提供的资料。（　　）

2．资产负债表中，"货币资金"项目，可以根据"现金""银行存款""其他货币资金"三个明细科目的期末余额的合计数填列。（　　）

3．甲公司为上市公司，其提供的利润表中，"本期金额"栏中的各个项目都要按照本期相关项目的发生额分析填列。（　　）

4．营业利润的计算以营业收入为基础，减去营业成本、税金及附加、销售费用、管理费用、财务费用、资产减值损失、公允价值变动收益，最后加上投资收益。（　　）

5．资产负债表是时点报表，利润表是时期报表，前者主要反映一个企业的财务状况及偿债能力，后者主要反映企业的获利能力。（　　）

6．资产负债表中，"长期借款"项目，应根据"长期借款"的总账余额直接填列。（　　）

7．利润表能够反映企业某一特定时点的财务状况，表明企业运用所有的资产的获利能力。（　　）

8．在财务分析中，将通过对比两期或连续数期财务报告中的相同指标，以说明企业财务状况或经营成果变动趋势的方法称为水平分析法。（　　）

9．速动比率用于分析企业的短期偿债能力，所以，速动比率越大越好。（　　）

10．尽管流动比率可以反映企业的短期偿债能力，但有的企业流动比率较高，却有可能出现无力支付到期的应付账款的情况。（　　）

11．用于评价企业盈利能力的总资产报酬率指标中的"报酬"是指息税前利润。（　　）

五、实训题

实 训 一

【目的】 练习资产负债表上项目的填列。

【资料】 A公司20×3年12月31日有关账户的余额如下。

应收账款——甲	15 000元（借）	应付账款——A	30 000元（贷）
预收账款——丙	20 000元（贷）	预付账款——C	10 000元（借）
预收账款——丁	13 000元（借）	预付账款——D	18 000元（贷）

【要求】 计算资产负债表上"应收账款""应付账款""预收账款""预付账款"项目的金额（列示计算过程）。

实 训 二

【目的】 练习资产负债表的编制。

【资料】 北方股份有限公司（以下简称北方公司）为增值税一般纳税工业企业，其有关资料如下。

（1）北方公司销售的产品、材料均为应纳增值税货物，适用的增值税税率为13%，产品材料价格中均不含增值税。

（2）北方公司材料和产成品均按实际成本核算，其销售成本随着销售同时结转。

（3）北方公司20×3年度资产负债表年初数如表8-21所示。

表 8-21 资产负债表

编制单位：北方公司　　　　　　　20×3年12月31日　　　　　　　　　单位：万元

资　　产	期末余额	上年年末余额	负债和所有者权益	期末余额	上年年末余额
流动资产：			流动负债：		
货币资金		10	短期借款		
交易性金融资产			交易性金融负债		
应收票据		20	应付票据		
应收账款		95	应付账款		80
预付款项		40	预收款项		80
其他应收款		25	应付职工薪酬		10
存货		250	应交税费		
一年内到期的非流动资产			其他应付款		80
其他流动资产			一年内到期的非流动负债		20
流动资产合计		440	其他流动负债		
非流动资产：			流动负债合计		270
债权投资			非流动负债：		
其他债权投资			长期借款		80

续表

资　产	期末余额	上年年末余额	负债和所有者权益	期末余额	上年年末余额
长期应收款			应付债券		
长期股权投资		200	长期应付款		
投资性房地产			预计负债		
固定资产		1 100	递延所得税负债		
在建工程			其他非流动负债		
无形资产		210	非流动负债合计		80
开发支出			负债合计		350
商誉			所有者权益:		
长期待摊费用			实收资本(或股本)		1 200
递延所得税资产			资本公积		
其他非流动资产			减:库存股		
非流动资产合计		1 510	盈余公积		100
			未分配利润		300
			所有者权益合计		1 600
资产总计		1 950	负债和所有者权益总计		1 950

(4) 北方公司20×3年度发生如下经济业务。

① 购入材料一批,专用发票注明的材料价款200万元,可确认抵扣的增值税26万元,材料已经入库,但货款尚未支付。假定该公司材料采用实际成本法核算。

② 通过银行转账支付上述购买材料的货款及增值税226万元。

③ 采用缴款提货方式销售甲产品一批,该批产品的成本300万元,销售货款400万元,开出专用发票注明的增值税税额为52万元,产品已经发出,提货单已经交给买方,货款及增值税均已收到并存入银行。

④ 销售材料一批,原材料实际成本8万元,销售价款10万元,材料已经发出,收到货款及增值税存入银行,开具增值税专用发票。

⑤ 当年分配并发放职工工资66万元,其中:生产工人工资50万元,车间管理人员工资8万元,企业管理人员工资8万元。

⑥ 北方公司对南方公司进行长期投资,占南方公司80%的股份,长期持有,采用权益法核算。南方公司20×3年度实现净利润100万元,北方公司按比例确认其投资收益。

⑦ 转让一专利权,取得转让价款20万元存入银行,该专利权的账面原值为20万元,已经摊销了10万元。

⑧ 向银行借入短期借款300万元,并用银行存款支付短期借款利息财务费用10万元。

⑨ 12月28日偿还银行长期借款50万元(本金40万元,利息10万元)。

⑩ 本年度计提坏账准备5万元。

⑪ 转让20×1年购入设备一台(已抵扣进项税额),原价40万元,已提折旧10万元,取得转让收入20万元,支付清理费用5万元。现设备已清理完毕,款项已通过银行结算。

⑫ 摊销无形资产价值5万元,计提管理用固定资产折旧10万元。

⑬ 年度所得税费用和应交所得税为19.14万元,期末结转损益。
⑭ 计算本年净利润,按10%的比例计提法定盈余公积,并结转入未分配利润。

【要求】
(1) 编制北方公司上述经济业务的会计分录(除"应交税费"科目外,其余科目可不写明细科目)。
(2) 填列北方公司20×3年12月31日资产负债表的年末数。金额单位用万元表示。

实 训 三

【目的】 练习利润表的编制。

【资料】 A公司为增值税一般纳税人,适用的增值税税率为13%,所得税税率为25%。假定不考虑其他相关税费。A公司主要生产和销售甲产品。原材料按实际成本核算。在销售时逐笔结转销售成本。20×3年度,A公司相关经济业务和事项如下。

(1) 2月5日,销售甲产品一批,该批产品的实际成本为60万元,增值税专用发票上注明的货款为100万元,增值税税额为13万元。产品已经发出,提货单已经交给买方,买方用银行存款支付增值税13万元,对货款部分开具一张面值为100万元、期限为4个月的不带息商业承兑汇票。

(2) 5月10日,销售甲产品一批,增值税专用发票上注明的货款为600万元,增值税税额为78万元。产品已经发出,货款和增值税已经收到并存入银行,该批产品的实际成本为300万元。

(3) 本年生产产品领用原材料300万元,生产车间管理领用原材料60万元,企业管理部门领用原材料20万元。

(4) 10月3日,销售原材料一批,该批原材料的实际成本为18万元,增值税专用发票上注明的货款为20万元,增值税为2.6万元。原材料已经发出,货款和增值税已经收到并存入银行。

(5) 分配本年度工资200万元,其中:生产工人工资100万元,车间管理人员工资40万元,企业管理人员工资40万元,在建工程人员工资20万元。假定不考虑应付福利费。

(6) 本年计提坏账准备13万元。

(7) 本年计提固定资产折旧100万元,其中:计入制造费用70万元,计入管理费用30万元。

(8) 本年度用银行存款支付本期发生的广告费用6万元、销售商品过程中发生的运杂费14万元、计入当期损益的利息费用及银行手续费合计为4万元。

(9) 本年度用银行存款缴纳增值税60万元、所得税35万元。

(10) 计算并确认本年应交所得税。不考虑所得税纳税调整因素。

(11) 将本年度的损益类科目结转至"本年利润"科目。

【要求】
(1) 编制A公司上述业务和事项的会计分录。
(2) 编制A公司20×3年度的利润表。

实 训 四

【目的】 练习财务比率的计算。

【资料】 某公司流动资产由速动资产和存货构成,年初存货为 170 万元,年初应收账款为 150 万元,年末流动比率为 200%,年末速动比率为 100%,存货周转率为 4 次,年末流动资产余额为 300 万元。一年按 360 天计算。

【要求】

(1) 计算该公司流动负债年末余额。

(2) 计算该公司年末存货余额和年平均余额。

(3) 计算该公司本年营业成本。

(4) 假定本年赊销净额为 1 080 万元,应收账款以外的其他速动资产忽略不计,计算该公司应收账款周转天数。

实 训 五

【目的】 练习流动比率的计算及分析。

【资料】 某公司拥有 100 万元的流动资产以及 50 万元的流动负债。下列每一笔交易对公司的流动比率有哪些影响?

(1) 用 10 万元现金购买了一台机器。

(2) 用 5 万元现金购买了未到期不能随时出售的债券。

(3) 应收账款增加 10 万元,为避免因此带来的现金短缺,公司借入银行短期借款 10 万元。

(4) 增发 20 万元的普通股,所募资金用于扩建生产线。工程合同规定当即付 15 万元,余款暂欠,年底结清。

(5) 公司以赊购增加了应付账款 8 万元,用暂时节约下来的这笔款项支付已宣派尚未发放的现金股利。

(6) 公司为某企业提供 10 万元的借款担保。

【要求】 根据上述资料分别计算出结果并同时说明理由。

参 考 文 献

[1] 财政部会计资格评价中心.初级会计实务[M].北京:经济科学出版社,2019.
[2] 财政部会计资格评价中心.中级会计实务[M].北京:经济科学出版社,2019.
[3] 陈强.财务会计实务[M].3版.北京:清华大学出版社,2017.
[4] 陈强.财务会计全真实训[M].3版.北京:清华大学出版社,2017.
[5] 陈强.中级财务会计[M].2版.北京:清华大学出版社,2008.